Analysis Guide for Royalty Compliance Management of Import
and Export Commodities in Manufacturing Industry

制造业

进出口商品
特许权使用费合规管理
分析指南

杜连莹 ◎ 编著

中国海关出版社有限公司
中国·北京

图书在版编目（CIP）数据

进出口商品特许权使用费合规管理分析指南：制造业 / 杜连莹编著 . -- 北京：中国海关出版社有限公司，2024. -- ISBN 978-7-5175-0863-2

Ⅰ. F713.3

中国国家版本馆 CIP 数据核字第 2024DW6533 号

进出口商品特许权使用费合规管理分析指南（制造业）

JINCHUKOU SHANGPIN TEXUQUAN SHIYONGFEI HEGUI GUANLI FENXI ZHINAN (ZHIZAOYE)

作　　者：杜连莹	
责任编辑：吴　婷　夏淑婷	
责任印制：孙　倩	
出版发行：中国海关出版社有限公司	
社　　址：北京市朝阳区东四环南路甲 1 号	邮政编码：100023
编 辑 部：01065194242-7532（电话）	
发 行 部：01065194221/4238/4246/5127（电话）	
社办书店：01065195616（电话）	
https://weidian.com/?userid=319526934（网址）	
印　　刷：北京金康利印刷有限公司	经　　销：新华书店
开　　本：889mm×1194mm　1/16	
印　　张：20	字　　数：470 千字
版　　次：2024 年 12 月第 1 版	
印　　次：2024 年 12 月第 1 次印刷	
书　　号：ISBN 978-7-5175-0863-2	
定　　价：300.00 元	

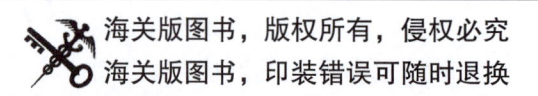

海关版图书，版权所有，侵权必究
海关版图书，印装错误可随时退换

参与人员

顾　　问　｜　高瑞峰　朱　昉　王　新

专家审核　｜　张　琳　赵　泉　王　刚　刘　鹏
　　　　　　　｜　陈　昊　朱　明　谈文洲　吴　毅

统　　筹　｜　范一夫　陈亦龙

校　　对　｜　郑　超　陈奕喆　熊祥林　张　楠
　　　　　　　｜　李佳楠　舒　悦　陆俊颖　王　峰
　　　　　　　｜　冼妙颜　郝鸿铭

序 一

《进出口商品特许权使用费合规管理分析指南（制造业）》一书是在国际贸易不断发展的背景下，针对进出口商品特许权使用费合规问题日益突出的现状，由具有丰富海关监管和稽查一线工作经验的作者撰写而成的。该书旨在通过深入研究制造业特许权使用费，结合现代企业管理理念，如企业资源计划（ERP）、企业管理解决方案（SAP），以及项目管理、产品设计、过程研发、供应链管理等多个阶段的实操研究，对特许权使用费进行合规判断。书中通过仿真技术，如财务仿真、设计仿真、物流仿真、场景仿真，揭示了特许权及相关费用的产生过程、财务安排和贸易形式，旨在依据《中华人民共和国海关确定进出口货物计税价格办法》解决特许权及相关费用的应税认定问题，明确界定"相关性"和"销售条件"这两个关键问题，从而准确判定特许权及相关费用是否应当计入进口商品的计税价格，提高判定的可靠性和效率。

"商品特许权使用费合规管理辅助系统"提供了创新的建模理念、先进的大数据分析技术、强大的计算能力以及严密的安全保障措施。针对制造业中特许权使用费的特定应用环境，该系统实现了合规分析报告的标准化与规范化，确保了操作的高效性和安全性，为行业提供了权威、可靠的解决方案。通过对系统各方面的精细化讲解，《进出口商品特许权使用费合规管理分析指南（制造业）》旨在助力企业更好地理解和运用该系统，提升其在复杂市场环境中的竞争力和合规管理水平。

"商品特许权使用费合规管理辅助系统"的诞生，不仅是技术创新的胜利，更是智慧海关建设的里程碑。它从高效的技术分析路线极大地缩短了特许权及相关费用应税论证的过程，提升了判定的可靠性，为企业的合规管理插上了智慧的翅膀，助力企业在国际贸易的天空中翱翔得更高、更远。

海关总署关税一级专家、海口海关关长

海关总署稽查一级专家、一级巡视员、企业管理和稽查司副司长

序 二

党的二十届三中全会吹响进一步全面深化改革、推进中国式现代化前进的号角，"十四五"海关发展规划勾画出远景目标：科技支撑现代化水平全面提升，建成更高水平的智慧海关。中国出入境检验检疫协会肩负着推动我国检验检疫事业发展，促进贸易产业国际化安全、快速转型的重要使命。为了更好地推进智慧海关建设，进一步深化关检业务全面融合，协会积极促进贸易便利化、合规化发展，致力于持续推动进出口通关数字化解决方案。

"商品特许权使用费合规管理辅助系统"就是进出口通关数字化解决方案的典型代表，它以企业产品全生命周期的相关过程数据为基础，结合SAP管理思想，通过财务仿真、研发仿真、物流仿真、场景仿真，还原了特许权及相关费用的产生过程、财务安排和贸易形式。

特许权使用费是海关审价的重要内容，也是专业技术性很强的估价业务。海关执法一线、企业关务人员普遍认为特许权使用费的认定、量化及分摊审查难度高、关企分歧大，如何科学准确地确定应税费用并提供数字化解决方案及操作指引，是需要海关监管思考研究的重要议题。"商品特许权使用费合规管理辅助系统"正是对这一重要议题的有益探索与创新研究，填补了特许权使用费的空白，为协助海关一线审价、服务企业规范申报提供了智慧高效、客观公正的科学工具。

中国出入境检验检疫协会会长

目 录
Contents

第一章　制造业概述

第一节　制造业基本信息 / 2
一、制造业是拉动经济增长的重要产业 / 2
二、产业链 / 3
三、汽车行业趋势 / 4
四、集成电路行业趋势 / 5
五、医疗器械行业趋势 / 7

第二节　制造业解决方案 / 9
一、企业资源计划 / 9
二、企业管理解决方案 / 13

第三节　制造业特许权使用费 / 19
一、六种主要技术服务贸易形式 / 20
二、特许权使用费与应税特许权使用费 / 21
三、特许权及相关费用 / 23

第二章　制造业项目及公认会计原则

第一节　项目确定 / 26
一、项目确定的过程 / 26
二、项目确定的主要内容 / 26

第二节　项目开发（以汽车行业为例） / 27
　　一、欧系项目开发流程 / 27
　　二、日系项目开发流程 / 30

第三节　成本控制 / 34
　　一、成本控制相关流程 / 34
　　二、成本企划流程及特征 / 36
　　三、成本控制的相关单证 / 39

第四节　公认会计原则 / 41
　　一、公认会计原则的定义 / 41
　　二、WTO、中国、美国、日本关于公认会计原则的规定 / 43

第五节　贸易单证与相关文件 / 45
　　一、框架协议结构（以中外合资公司为例） / 45
　　二、境外付款申请书 / 58
　　三、产能保障合同 / 60
　　四、进口后费用（以车辆为例） / 61
　　五、其他费用 / 62

第三章　制造业产品设计及过程研发

第一节　制造业产品设计过程 / 66
　　一、总体布置 / 66
　　二、造型设计 / 66
　　三、车身零部件设计 / 66

第二节　制造业产品研发过程 / 67

第三节　专利或专有技术 / 67
　　一、专利 / 67

二、专有技术 / 70
三、专利和专有技术的异同点 / 72
四、进口环节的专利或专有技术 / 72

第四节
特许权及相关费用协议 / 74
一、特许权使用费协议 / 74
二、协助费协议 / 76
三、保修费协议 / 77

第四章　制造业产品供应链管理

第一节　产品供应链概要 / 80

第二节　供应商管理 / 84
一、供应商管理体系 / 84
二、供应商评估 / 85
三、质量管理 / 87

第三节　原材料及零部件采购 / 95
一、采购流程 / 96
二、汽车零部件清单 / 97
三、其他产品清单 / 119

第四节　制造业分销 / 121
一、制造业分销渠道的组成机构 / 121
二、制造业分销渠道的模式 / 122
三、制造业分销模式的分类 / 122
四、制造业分销渠道运行现状 / 123
五、品牌专卖制的营销区域网络规划 / 123

第五节　制造业零配件贸易单证与管理文件　/　124

一、制造业零配件《供应商管理手册》　/　124

二、《质量手册》　/　130

三、采购管理文件　/　130

四、招投标协议　/　136

五、进出口合同　/　154

第五章　特许权及相关费用应税管理

第一节　海关估价结构体系　/　156

一、成交价格　/　157

二、估价方法　/　165

第二节　特许权及相关费用　/　167

一、特许权使用费　/　167

二、协助费　/　170

三、保修费　/　176

四、进口后费用　/　181

第三节　相关费用的应税认定　/　185

一、实付或应付价格　/　185

二、相关性和销售条件　/　187

三、特许权使用费的量化分摊　/　189

四、应税特许权使用费不存在重复征收　/　192

第六章　特许权使用费应用场景

第一节　公认会计原则　/　196

一、情景模拟　/　196

二、估价分析　/　197

三、结论 / 198

第二节　实付或应付价格之一：应用场景相关描述 / 198
　　一、情景模拟 / 198
　　二、估价分析 / 199
　　三、结论 / 200

第三节　实付或应付价格之二：价格补偿机制 / 200
　　一、情景模拟 / 200
　　二、估价分析 / 203
　　三、结论 / 204

第四节　专利或专有技术 / 204
　　一、情景模拟 / 204
　　二、估价分析 / 205
　　三、结论 / 207

第五节　特许权使用费：技术转让费 / 207
　　一、情景模拟 / 207
　　二、行业背景 / 208
　　三、估价分析 / 209
　　四、结论 / 210

第六节　特许权使用费：技术提成费 / 210
　　一、情景模拟 / 210
　　二、法律依据 / 212
　　三、估价分析 / 213
　　四、结论 / 214

第七节　特许权使用费：规划服务费、设计费 / 214
　　一、情景模拟 / 214
　　二、法律依据 / 217

三、估价分析 / 218
四、结论 / 218

第八节　技术提成费和商标使用费 / 219
一、情景模拟 / 219
二、法律依据 / 220
三、估价分析 / 222
四、结论 / 222

第九节　协助费 / 223
一、情景模拟 / 223
二、估价分析 / 225
三、结论 / 226

第十节　进口后费用 / 227
一、情景模拟 / 227
二、法律依据及估价分析 / 229
三、结论 / 231

第十一节　保修费之一 / 232
一、情景模拟 / 232
二、法律依据及估价分析 / 233
三、评论 / 234
四、结论 / 235

第十二节　保修费之二 / 236
一、情景模拟 / 236
二、法律依据及估价分析 / 240
三、结论 / 241

第十三节　汽车行业特许权使用费与保修费估价解析 / 242
一、汽车行业概况 / 242

二、行业定价政策 / 242

三、应用场景 / 243

第十四节　集成电路行业特许权使用费与协助费估价解析 / 256

一、行业概况 / 256

二、行业定价政策 / 257

三、应用场景 / 260

第十五节　生物医药行业特许权使用费估价解析 / 262

一、行业概况 / 262

二、行业定价政策 / 263

三、应用场景 / 263

第七章　商品特许权使用费合规管理辅助系统

第一节　系统登录指南 / 273

一、登录注册模块 / 273

二、首页说明模块 / 274

三、企业首页模块 / 275

四、企业个人中心模块 / 277

五、项目管理模块 / 278

六、项目申报模块 / 278

七、申报总结模块 / 291

八、提交记录模块 / 291

九、海关登录模块 / 293

十、海关首页模块 / 293

十一、审核企业模块 / 294

十二、审查记录模块 / 297

十三、海关个人中心模块 / 297

第二节　系统概述 / 298
　　一、目标 / 298
　　二、系统组成 / 299

第三节　功能概述 / 300
　　一、功能分解 / 300
　　二、用户视角功能 / 301

参考资料 / 304

第一章

制造业概述

第一节
制造业基本信息

一、制造业是拉动经济增长的重要产业

随着新一轮科技革命和产业变革深入推进，以数字技术为代表的一组通用目的技术在快速发展的同时，也在推动国民经济各产业发生深刻变革。在科技变革、能源范式转换、市场需求变化等力量的推动下，制造业加速向知识化、数智化、低碳化、服务化的方向发展。制造业现代化发展维度见表1-1。

表1-1 制造业现代化发展维度

维度	概念
知识化	在全球产业分工的背景下，发达国家的制造业更加知识化，表现为先进制造业和战略性新兴产业的比重增加。新质生产力的出现，特别是颠覆性技术和通用目的技术，推动了新知识密集型产业的形成和既有产业知识密集度的提升
数智化	制造业的数智化转型涵盖企业内部的全领域、产品价值链的全过程、产品的全生命周期以及企业所处的全商业生态
低碳化	为实现我国"2030碳达峰""2060碳中和"目标，制造业在支持可再生能源、储能、碳捕获、碳存储等领域的发展中，将迎来新的增长点和发展机遇
服务化	制造业与服务业的融合是当前产业发展的一个重要趋势，这种融合有助于提升整个产业链的价值，同时也为企业带来了新的增长点。服务型制造从基于自身能力的服务向基于数据的服务拓展，这一转变不仅丰富了服务型制造的模式，也给制造业企业开拓了新的赛道

二、产业链

产业链结构是指制造业从研发设计、生产到最终产品的销售和售后的整个流程中的各个环节。制造业、集成电路（IC）产业链结构见图 1-1、图 1-2。医疗器械行业分类概览见图 1-3。

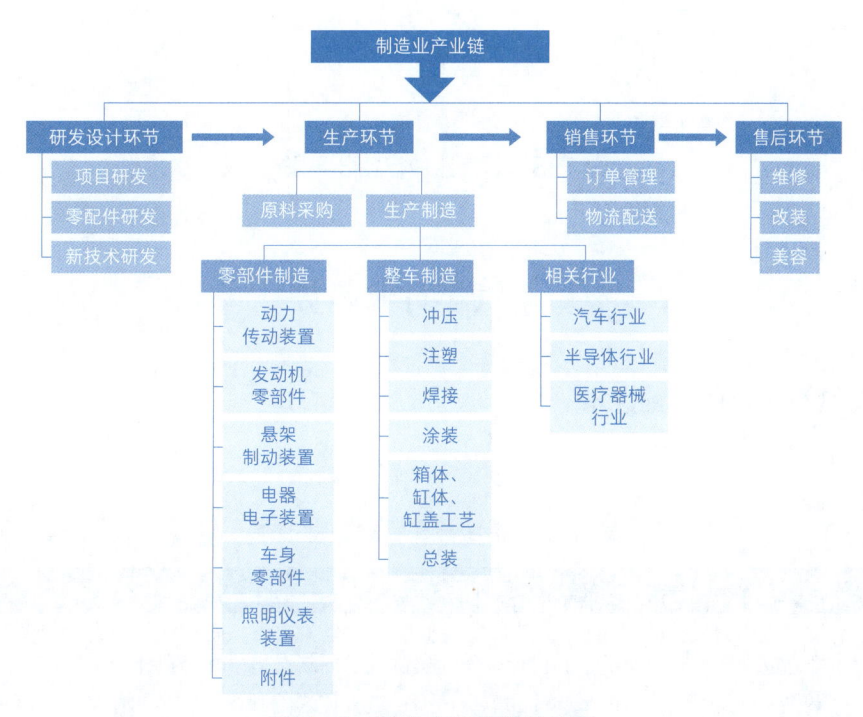

图 1-1 制造业产业链结构图

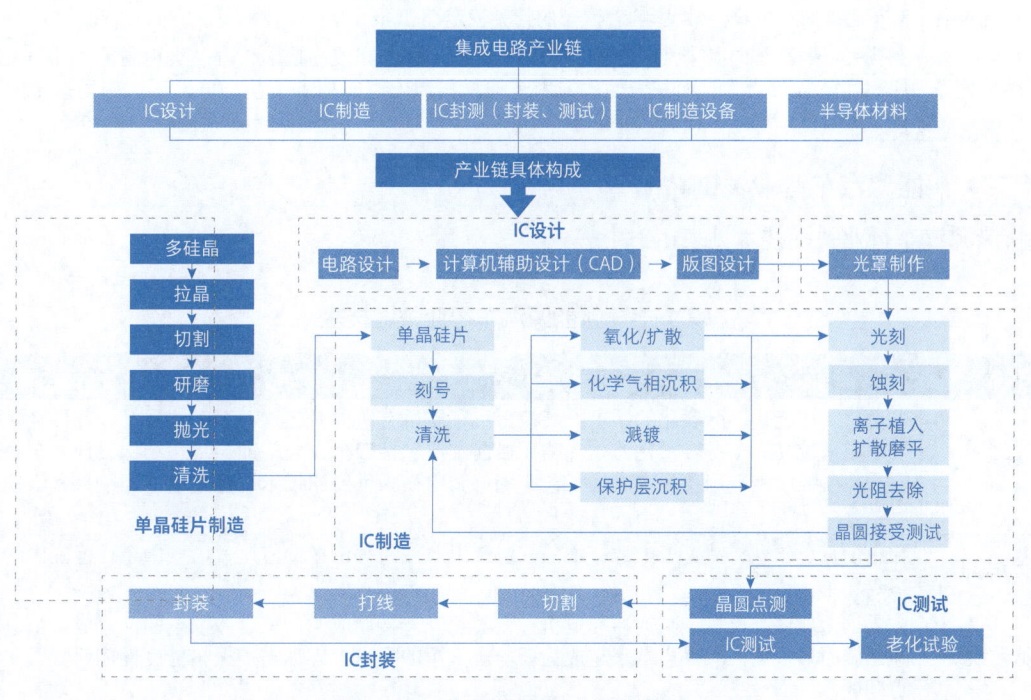

图 1-2 集成电路产业链流程图

医疗器械

高值医用耗材　　医疗设备　　体外诊断

图 1-3　医疗器械行业分类概览

三、汽车行业趋势

（一）传统汽车行业关键技术

传统汽车行业关键技术见表1-2。

表 1-2　传统汽车行业关键技术

技术	概念
发动机制造	发动机作为汽车的"心脏"，其性能对整车表现至关重要。面对环保压力和能源挑战，节能减排已成为汽车制造业的核心目标。发动机制造的创新点集中在轻量化、低摩擦、高能效方面
变速器制造	不仅关系到驾驶体验的平顺性和响应速度，还直接影响到车辆的燃油经济性，其发展方向是智能化、高效化、轻量化
悬挂系统制造	汽车底盘的"压舱石"，影响着汽车的行驶稳定性和舒适性，该技术发展方向是智能化、个性化
制动系统	直接关系到汽车的安全性能，企业采用先进的传感器和控制技术，可以实现制动系统的智能化控制，提高制动性能和安全性；采用新型材料和先进的加工工艺，可以实现制动系统的轻量化，降低整车重量，提高燃油效率

（二）新能源汽车行业关键技术

新能源汽车行业关键技术见表1-3。

表 1-3　新能源汽车行业关键技术

技术	概念
整车	电动化、智能化、网联化的需求发展使得汽车质量有所提升，这对于车体及车体部件轻量化的要求越来越高。车身轻量化的技术路径目前主要包括四个方面，即轻量化结构设计、车身刚度提升、高强度钢应用及先进成形工艺应用。其中最为重要的技术是包括电池、电机和电控的三电系统
动力电池	在电动汽车领域，锂离子电池技术的先进性以及在新兴市场的应用，已成为全球范围内的研发热点
电驱动系统	主要动力部件是电机、减速器和电机控制器相互连接而成的"三合一"电驱动总成。由电机高速运转而形成的巨大噪声越来越成为新能源汽车的噪声、震动与声振粗糙度性能研究关注的重点问题

表 1-3 续

技术	概念
智能控制系统	新能源汽车整车控制系统是一个高度集成化的技术体系，它依赖于人工智能、监控设备、全球定位系统（GPS）定位、视觉计算和大数据等多项先进技术的融合与协同工作
燃料电池	氢燃料电池技术的持续发展，车用燃料电池系统的耐久性一直是燃料电池汽车商业化发展的关键瓶颈之一。所谓燃料电池系统的耐久性指的是其组件的使用寿命。通常，电池寿命在整个使用寿命中占据大约 80% 的比例

四、集成电路行业趋势

（一）半导体设备行业概况

半导体设备分为 IC 制造设备和封测设备，IC 制造设备包括光刻机、刻蚀机等八大类，封测设备包括分选机、划片机等。

中国半导体设备行业市场规模[①]从 2019 年的 968.4 亿元增长至 2023 年的 2190.24 亿元（见图 1-4），占全球市场份额的 35%。

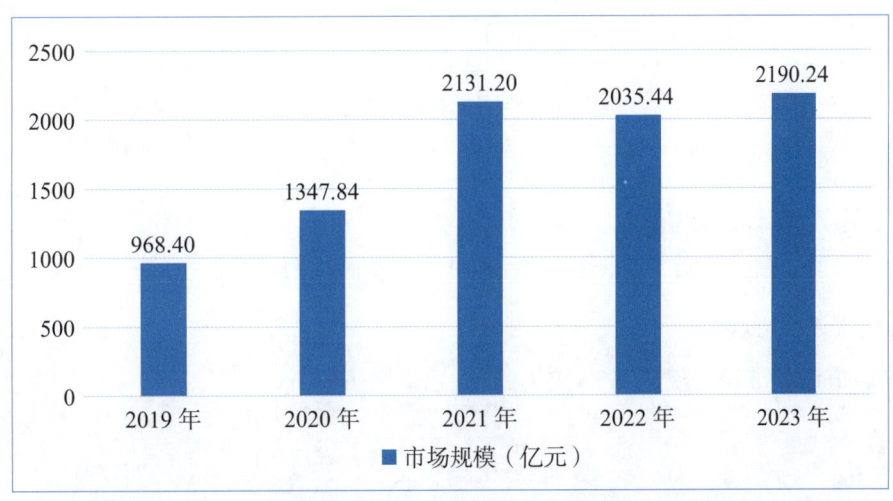

图 1-4 2019—2023 年中国半导体设备行业市场规模

数据来源：国际半导体产业协会（SEMI），由中商产业研究院整理。

年份	市场规模（亿元）
2019 年	968.40
2020 年	1347.84
2021 年	2131.20
2022 年	2035.44
2023 年	2190.24

（二）国产化进展与挑战

根据华经情报网发布的《2023 年中国半导体设备行业现状及发展趋势分析，半导体设备国产替代进程将加快》，2023 年中国半导体设备国产化在一些领域如去胶、化学机械抛光（CMP）、刻蚀和清洗设备市场已突破双位数，但在光刻机、量测和检测设备等领域国产化率仍低于 10%。

---

① 本书涉及的数据，除特殊说明外，均不包含港澳台地区相关数据。

且面临美国制裁和技术限制，如中芯国际被列入"实体清单"，限制了先进制程的发展。

预计随着国内本土晶圆制造厂资本开支增加和半导体设备国产替代推进，国内半导体设备厂商业绩将继续增长。

（三）前道设备市场分析

前道设备技术难度高，生产工序繁多，成本占比约为 80%，市场规模从 2019 年的 834.76 亿元增长至 2023 年的 1907.7 亿元（见图 1-5）。

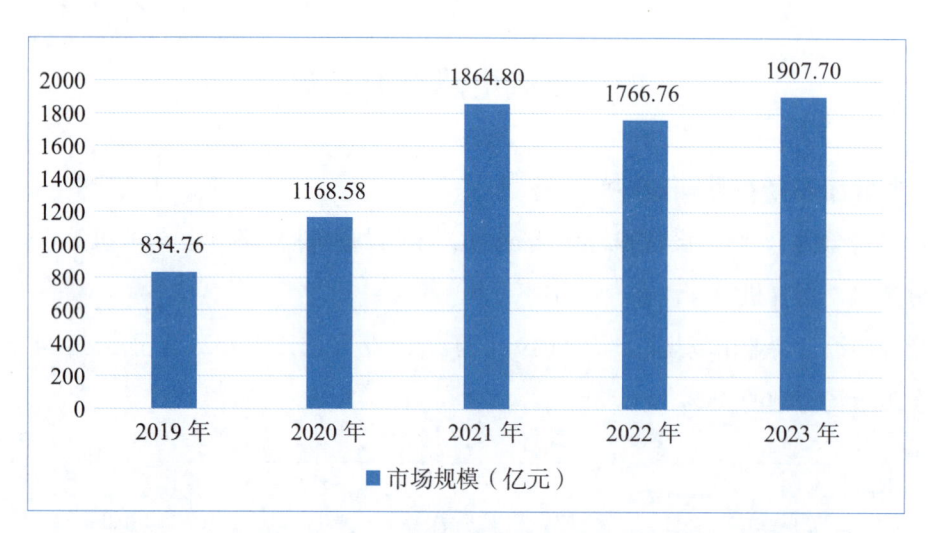

图 1-5　2019—2023 年中国半导体设备行业前道设备市场规模

数据来源：SEMI，由中商产业研究院整理。

（四）后道设备市场分析

后道设备主要包括测试机、分选机、探针台，市场主要由国外企业占据，国内企业如长川科技、华峰测控等逐步崛起。

2023 年后道设备市场规模达到 282.54 亿元（见图 1-6）。

图 1-6　2019—2023 年中国半导体设备行业后道设备市场规模

数据来源：SEMI，由中商产业研究院整理。

（五）行业竞争格局

全球半导体设备市场集中度高，主要由美国、日本和荷兰企业主导，如应用材料、阿斯麦、泛林半导体和东京电子。中国半导体设备国产化虽有进展，但整体国产化率仍较低，高端设备国产替代任重道远。

五、医疗器械行业趋势

（一）医疗器械行业概况

医疗器械是指直接或者间接用于人体的仪器、设备、器具、体外诊断试剂及校准物、材料以及其他类似或者相关的物品。按照医疗器械的具体用途，可将医疗器械分为高值医用耗材、低值医用耗材、医疗设备、体外诊断（IVD）四大类。

中国医疗器械市场规模由 2019 年的 6235 亿元增长至 2023 年的 10358 亿元（见图 1-7）。

图 1-7　2019—2023 年中国医疗器械市场规模

数据来源：弗若斯特沙利文，由中商产业研究院整理。

（二）国产化进展与挑战

尽管在某些领域取得了突破，但技术创新需要长期投入和积累，在高端医疗器械的研发、制造和材料等方面，国内企业与国际先进水平仍存在差距。国内企业在核心技术和关键零部件方面仍依赖进口。

（三）医疗仪器市场分析

随着中国医疗行业的快速发展，医疗仪器的需求量也在不断增长。中国医疗仪器市场规模由 2019 年的 2336 亿元增长至 2023 年的 3810 亿元（见图 1-8）。

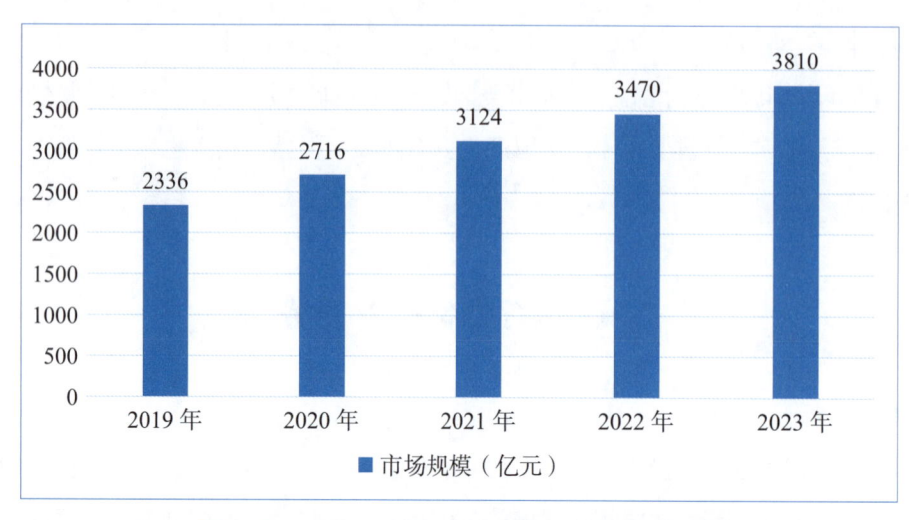

图 1-8　2019—2023 年中国医疗仪器市场规模

数据来源：弗若斯特沙利文，由中商产业研究院整理。

（四）医疗耗材市场分析

随着中国人口老龄化的不断加深和医保体制日益完善，医疗耗材市场快速增长。中国医疗耗材市场规模由 2019 年的 3899 亿元增长至 2022 年的 5931 亿元（见图 1-9）。

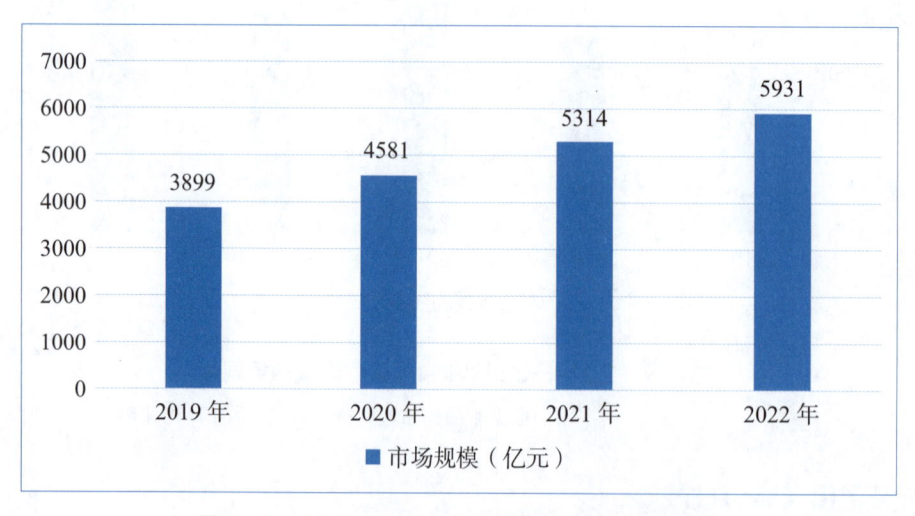

图 1-9　2019—2022 年中国医疗耗材市场规模

数据来源：弗若斯特沙利文，由中商产业研究院整理。

（五）行业竞争格局

我国医疗器械行业市场竞争激烈，产品同质化现象严重。随着行业的快速发展，市场吸引力较大，但同时也面临较高的准入门槛。在未来的发展中，企业需要不断提升技术创新能力和产品质量，以增强市场竞争力。

第二节
制造业解决方案

研究制造业应税特许权及相关费用，需要系统了解制造业的生产经营管理模式。只有在全面了解制造业相关管理系统的基础上，才能真实客观地还原贸易实质。目前，国内制造企业广泛应用企业资源计划（Enterprise Resource Planning，ERP）进行集成化管理。

一、企业资源计划

企业资源计划系统架构概览见图 1-10、图 1-11。

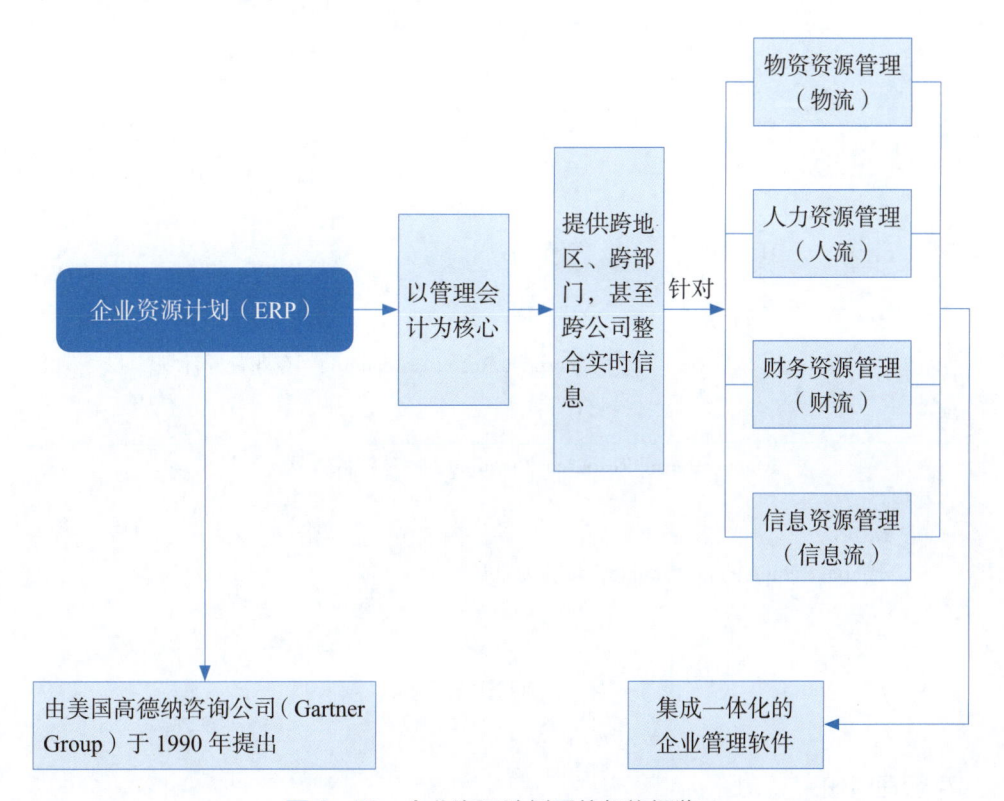

图 1-10　企业资源计划系统架构概览 1

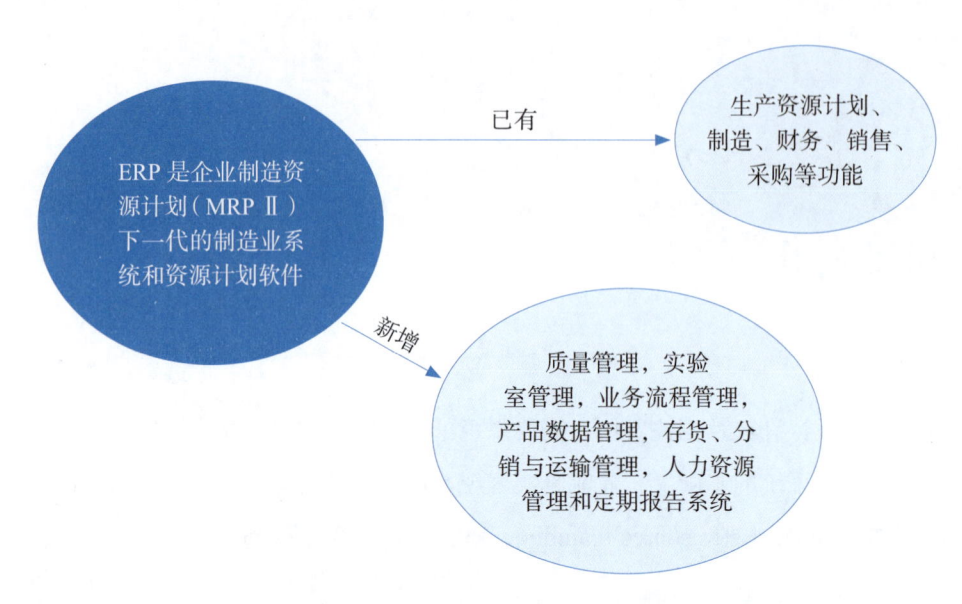

图 1-11　企业资源计划系统架构概览 2

（一）ERP 发展历程

ERP 发展历程（见图 1-12）可以概括为以下几个阶段。

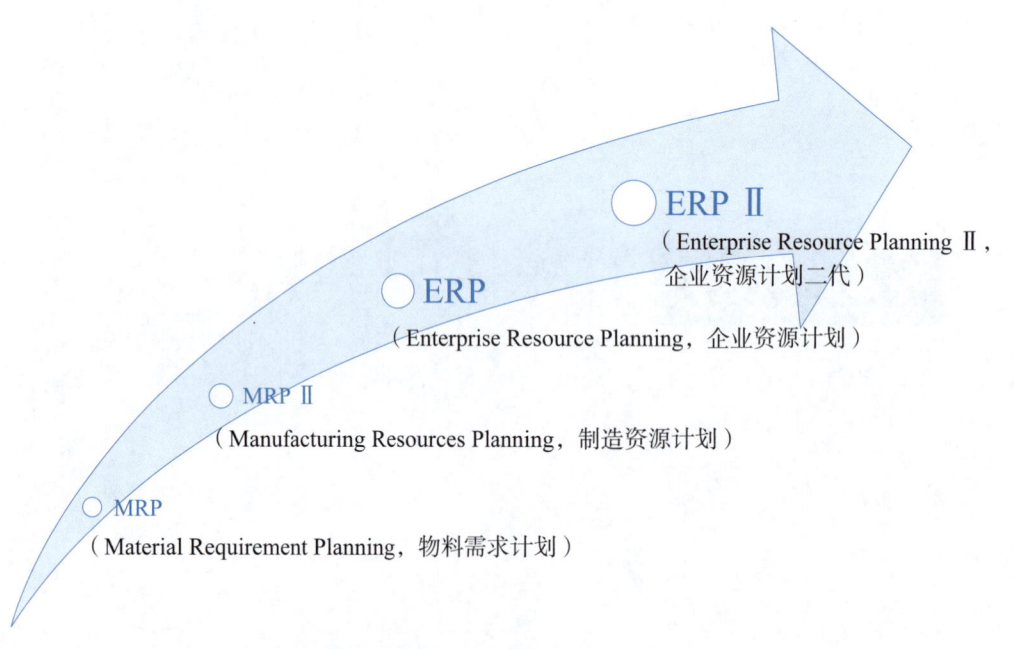

图 1-12　ERP 发展历程

1. 库存管理时代

20 世纪 40 年代，出现了基本的库存管理理论；20 世纪 50 年代，引入了订货点法，以控制库存水平。

2. 物料需求计划（MRP）时代

20 世纪 60 年代，MRP 作为一种新的库存管理方法被提出，主要关注生产过程中物料的需求和时间安排。

3. 制造资源计划（MRP Ⅱ）时代

20 世纪 70 年代，MRP 扩展到 MRP Ⅱ。MRP Ⅱ 不仅包括物料需求计划，还整合了生产、财务、销售等多个部门的信息，形成了一个更全面的生产管理系统。

4. 企业资源计划（ERP）时代

20 世纪 90 年代初，随着信息技术的发展，特别是互联网的兴起，MRP Ⅱ 进一步发展成为 ERP。ERP 不仅覆盖了企业内部的所有资源，还开始向供应链管理（SCM）和客户关系管理（CRM）等领域扩展。

5. 企业资源计划二代（ERP Ⅱ）时代

21 世纪初，美国高德纳咨询公司提出了 ERP Ⅱ 的概念，ERP Ⅱ 不仅包括 ERP 的所有功能，还扩展到了协同商务，强调企业与其合作伙伴之间的协同工作。

（二）ERP 演变历程简述

ERP 演变历程简述见表 1-4。

表 1-4 ERP 演变历程简述

产生时间	缩写	全称	概述	区别
20 世纪 60 年代末	MRP	物料需求计划	在产品结构中，物料的需求量是相关的，在需要的时候提供需要的数量	围绕订单的供货管理
20 世纪 80 年代	MRP Ⅱ	制造资源计划	MRP Ⅱ 围绕企业的基本经营目标，以生产计划为主线，对企业制造的各种资源进行统一的计划和控制	围绕主生产计划的制造资源管理
20 世纪 90 年代初	ERP	企业资源计划	ERP 建立在信息技术基础上，利用现代企业的先进管理思想，全面地集成了企业所有资源信息，为企业提供决策、计划、控制与经营业绩评估的全方位和系统化的管理平台	围绕经营目标形成的集成化管理
21 世纪初	ERP Ⅱ	企业资源计划二代	由美国高德纳咨询公司提出。ERP Ⅱ 相对 ERP 有如下特点：管理范围更大，继续支持与扩展企业的流程重组，运用最先进的计算机技术	覆盖企业运营管理全过程的计算机技术

（三）ERP II 概况图

ERP II 概况图见图 1-13。

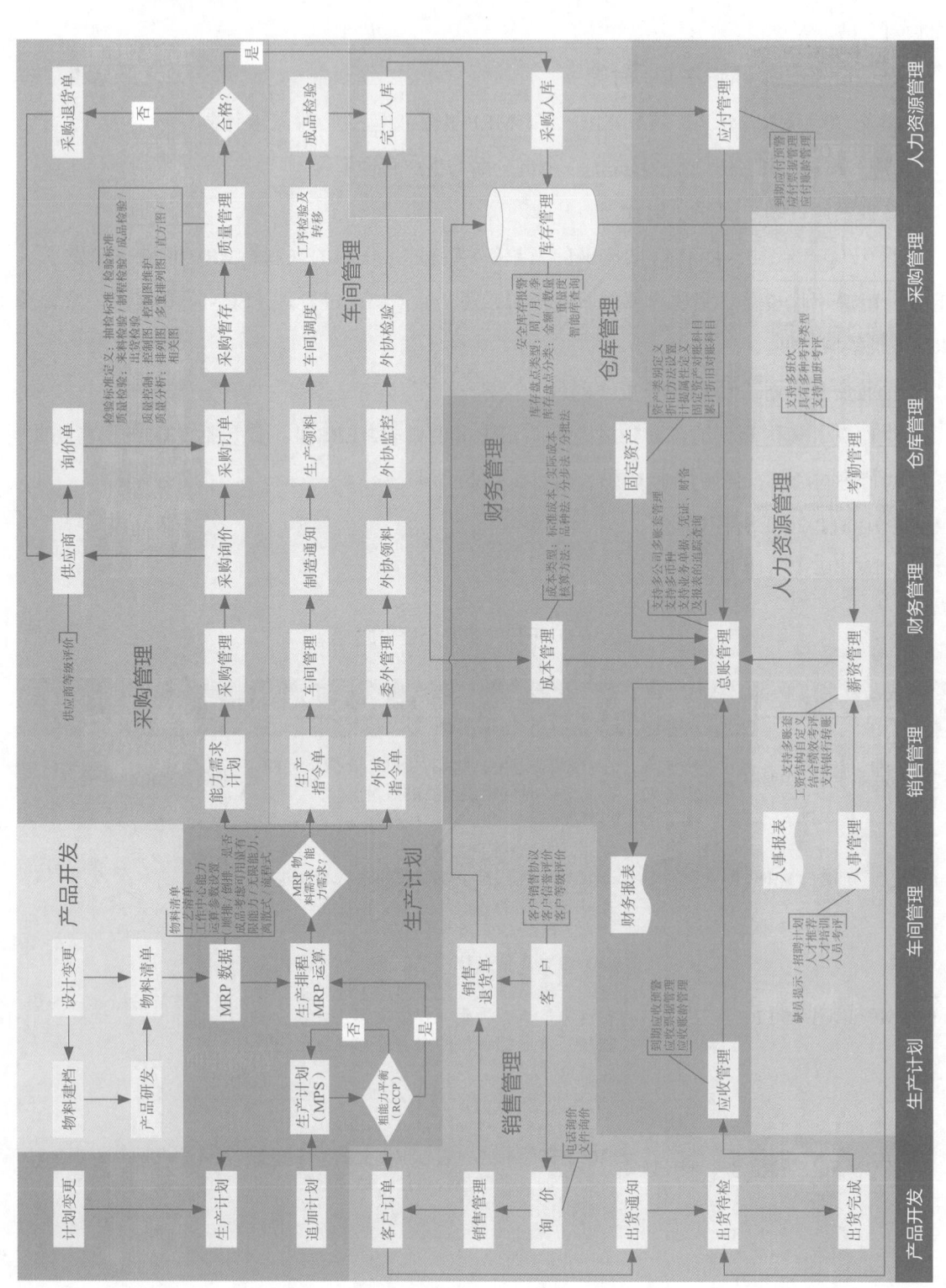

图 1-13　ERP II 概况图

（四）制造业引入 ERP 原因分析

制造业通常出于集成管理、流程优化、实时数据分析、规范业务流程、响应市场需求变化、促进数实融合等原因引入 ERP 系统，常见原因如图 1-14 所示。

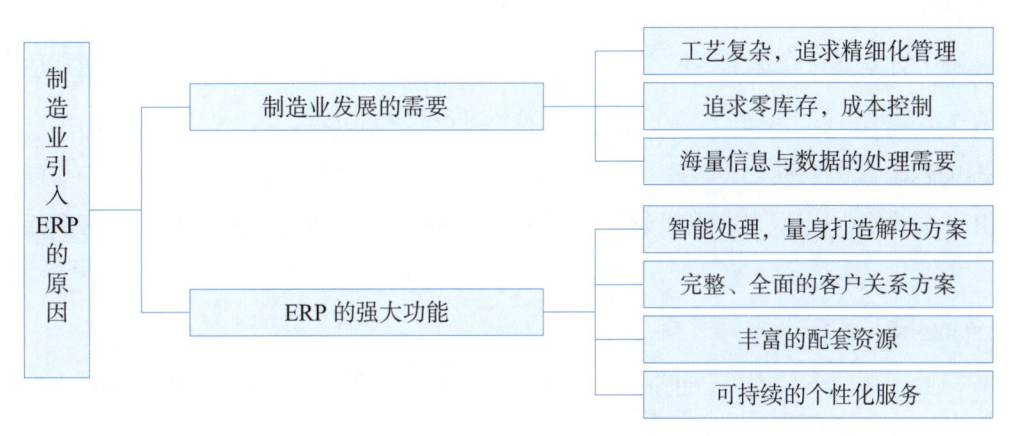

图 1-14　制造业引入 ERP 的原因

二、企业管理解决方案

企业管理解决方案即 SAP（System Applications and Products）。SAP 是 ERP 解决方案的先驱，也是全世界企业用户量排名第一的 ERP 软件，可以为各种行业、不同规模的企业提供全面的解决方案。

（一）SAP 在制造业的一体化管理解决方案

SAP 在制造业的一体化管理解决方案提供了全面的业务管理支持，其核心优势和特点可以概括如下。

1. 综合性解决方案

SAP 集成了企业资源计划（ERP）、供应链管理（SCM）、客户关系管理（CRM）和供应商关系管理（SRM）等多个模块，帮助制造企业实现全面的业务管理。

2. 灵活性和可定制性

SAP 解决方案能够根据制造企业的具体需求进行定制，满足企业的个性化需求，确保解决方案能够符合企业的实际运营情况。

3. 供应链管理能力

SAP 通过集成企业内外部的供应商和合作伙伴，实现供应链的可见性和协同，提高供应链的响应速度和灵活性。

4. 生产计划和控制

SAP 解决方案具有高度的生产计划和控制能力，帮助制造企业优化生产进度、物料需求和设备利用率。

5. 快速部署

SAP 解决方案通过快速部署使企业在几周内上线系统，快速响应市场变化，尤其适合高增长企业的灵活需求。

6. 内嵌人工智能（AI）技术

SAP 解决方案内嵌 AI 技术帮助管理层实现实时数据分析，加速决策，确保资源利用率的最优化。

7. 全面的支持服务

SAP 提供全面的支持服务，包括加速采用、培训和社区资源，解决了技术团队能力不足的问题，确保系统稳定运行。

8. 集成高级功能

SAP 解决方案集成了销售云（Sales Cloud）和相关费用（Concur Expense）等多种高级功能，实现了从订单到生产、财务的全流程一体化管理，提升运营效率和财务透明度。

9. 项目全成本核算与控制

SAP 解决方案实现项目全过程的成本管理，涵盖售前过程、生产制造和工程服务阶段的成本控制。

10. 数字化制造支持

SAP 解决方案支持数字化制造，通过构建可分析、可预测的数字模型，将复杂的物理生产过程转化为清晰、透明的数据流，使得生产管理的每一个环节都能够被精准掌控与优化。

SAP 在制造业的一体化管理解决方案通过集成多个管理模块，提供了一个灵活、高效、透明的管理平台，帮助制造企业提升业务效率、降低成本、优化交付，并增强客户满意度。

（二）SAP 的组成模块

SAP 涵盖生产计划（PP）、物料管理（MM）、质量管理（QM）等子模块（见图 1-15），还涉及相关外挂系统及技术，如产品生命周期管理系统（Product Lifecycle Management，PLM）等，企业利用 SAP 系统进行运营管理。

第一章 制造业概述

WM（Warehouse Management）：仓库管理

CO（Controlling）：财务控制

CS（Customer Service）：客户服务

FI（Finance）：财务管理

QM（Quality Management）：质量管理

PLM（Product Lifecycle Management）：产品生命周期管理系统

SD（Sales & Distribution）：销售与分销

PP（Production Planning）：生产计划

MM（Material Management）：物料管理

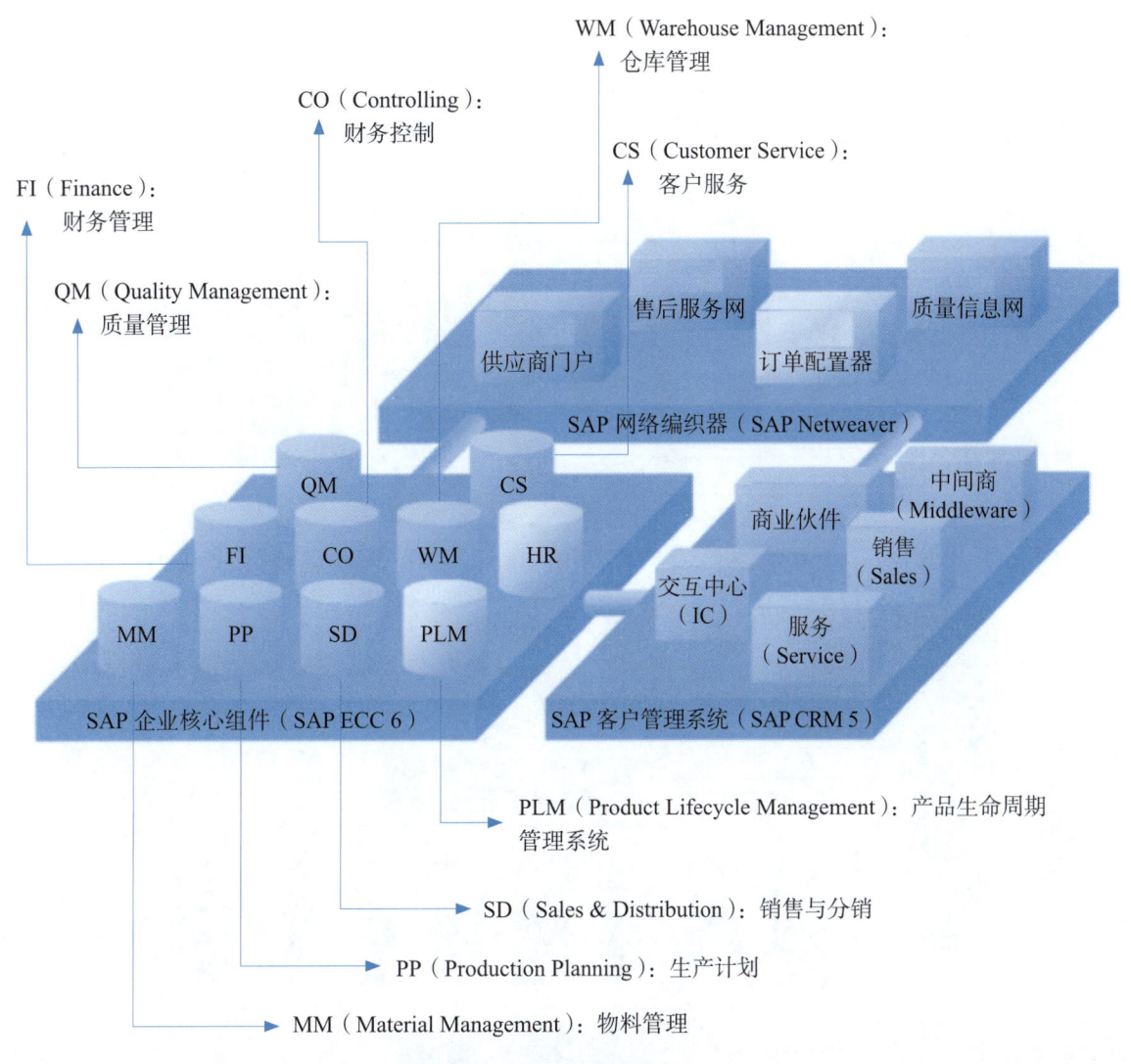

图 1-15 SAP 系统结构

（三）SAP 关联下的企业组织结构

企业组织结构无固定标准，其目的是实现企业、集团的战略目标，有效执行决策，依据计划完成企业既定目标，而将工作进行划分，一般设有下列核心机构。图 1-16 以车企为例，详细展示了汽车制造项目中的关键流程和参与部门。

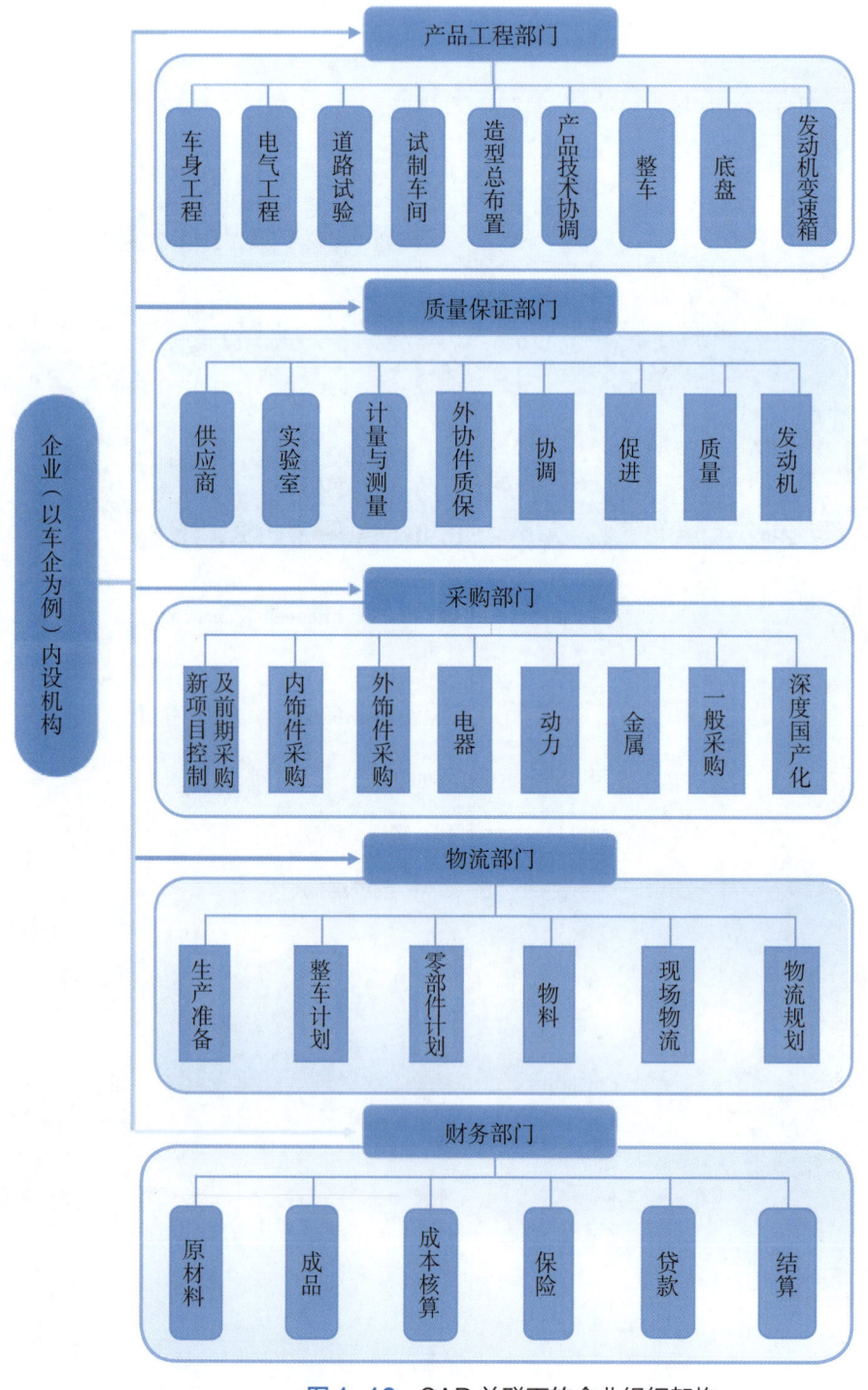

图 1-16　SAP 关联下的企业组织架构

以汽车行业为例，各机构部门的功能和作用如下。

1. 产品工程部门

产品工程部门下设造型总布置、产品技术协调、车身工程、电气工程、试制车间、整车、道路试验等部门。负责及参与制订整车（或产品）开发计划，选定供应商，召开项目启动会，交接相关产品开发计划资料，签订试制协议，汇总质量保证部门的报告、产品总成开发试验报告，出具最终工程样件认可，并与采购部门共同出具零部件生产和供应认可。

2. 质量保证部门

质量保证部门下设外部协作加工件质保、实验室、计量与测量等部门。参与选定供应商，与供应商协商价格和供货条件；对样件进行尺寸及材料检验（包括材料测试、尺寸测量、车身主检具匹配等），对供应商（关联方）提供的产品工程样件和检验报告进行尺寸和材料检验，负责工程样件认可送样评审，接收并检查供应商（非关联方）提供的首批检验样件和检验报告，对首批样件的尺寸、材料、性能、试装、外观和表面进行检验并将检验结果通知供应商；负责零部件装车道路试验、强化道路试验、交变道路试验等，产品工程样件检验和首批样件检验，与产品工程部门共同出具产品工程性能认可、首批样件认可；按批量生产要求进行两日生产以验证批量生产是否成熟，向物流部门提供在批量生产条件下生产的第一批合格产品，由其向客户批量供货；负责分析和消除客户在批量生产及使用零部件时遇到的问题；负责过程审核和产品审核；针对问题和薄弱环节制定措施，并加以改进。

3. 采购部门

采购部门下设新项目控制及前期采购、一般采购、内饰件采购、外饰件采购等部门。负责制订整车（或产品）开发计划，选定供应商，召开项目启动会，交接相关产品、质量开发计划资料，与供应商协商价格和供货条件，签订试制协议，参与零部件生产和供应认可，负责生产准备，提出全散装件（CKD）减货申请（应在早期提出）。

4. 物流部门

物流部门下设生产准备、整车计划、零部件计划等部门。参与与供应商协商价格和供货条件，负责在批量生产条件下生产的第一批合格产品的物流，负责向客户批量供货。

5. 财务部门

财务部门提出立项研究预算。撰写初始的项目财务分析和经济目标报告，包括详细的开发费用预算、详细的基于近几年企业义务计划的业务规划目标、车型的物料成本的初始目标、初始的项目投资估算，发布经济性目标；撰写项目财务预算及收益报告，包括成本数据、收益率评估、实际收益与目标对比评估，完成零部件产品的目标成本清单，与整车目标物料价格进行对比，落实预算、执行控制；撰写开发生产过程中项目经济性和物料成本、投资及开发费用更新报告；撰写实际物料成本、投资和开发费的项目经济性总结报告。

参与编制中长期利益计划，设定目标利益，计算目标成本与成本企划目标，估计成本，评估成本企划活动的实际达成状况与成果等。

（四）其他系统的简介

制造执行系统（MES）：能够实时监控和控制制造过程中的各个环节，包括生产计划、生产进度、物料管理、质量控制、设备维护等。通过 MES，工厂可以提高生产效率，降低生产成本，同时保证产品质量。

仓库管理系统（WMS）：主要负责仓库管理和物流配送，可以实现库存管理、收货发货、仓储操作等。WMS 可以提高库存管理的准确性和效率，降低库存成本，同时提高物流配送的速度和准确性。

质量管理系统（QMS）：主要用于质量管理，可以实现产品质量控制、检测、跟踪等功能。通过 QMS，工厂可以提高产品质量、降低产品缺陷率、提高客户满意度。

交易处理系统（TPS）：一种生产流程改善方法，旨在通过减少浪费和提高生产效率来提高制造业的竞争力。TPS 可以帮助工厂提高生产效率、降低生产成本、提高产品质量，从而提高工厂的竞争力。

产品生命周期管理系统（PLM）：一种综合性的解决方案，通过集成产品数据管理、团队协作和流程控制功能，优化产品从概念设计到市场推广的全生命周期管理。该系统提供了一个中央化的信息存储库，促进了团队成员间的信息共享与协作，有效提升工作效率和减少错误。PLM 通过管理产品生命周期的各个阶段，包括设计、开发、测试、生产和市场推广，有助于提高产品质量，降低生产成本，并加速产品上市时间，从而增强企业的市场竞争力。

电子数据交换（EDI）是一种按照统一标准格式，通过通信网络在不同电子计算机系统间传输经济信息的技术，它能够实现贸易伙伴间的数据自动交换和处理。EDI 的特点即通过减少纸面单证的使用，提高商务处理的效率。EDI 的应用范围广泛，涉及贸易、运输、保险、银行和海关等行业，通过使用国际公认的标准格式，EDI 促进了各行业间的信息交流和业务流程的优化，是现代电子商务处理的重要方法。

ERP、MES、WMS、QMS、TPS、PLM 及 EDI 可以协同工作，为工厂提供全面、高效的管理和监督支持，帮助工厂避免不必要的重复工作和数据输入，提高效率和生产质量，从而提高企业的竞争力和盈利能力。

第三节
制造业特许权使用费

特许权使用费在制造业产生的主要背景如下。

(一) 技术进步与创新驱动

在当今全球化和知识经济时代，制造业不断进行技术升级和创新。许多先进的制造技术、工艺流程和设计理念成为企业竞争的关键。一些拥有核心技术的企业通过研发投入获得了独特的技术成果，这些技术成果可以为其他企业带来巨大的价值提升。例如，在高端电子设备制造领域，某些企业掌握了关键的芯片设计技术或精密制造工艺，其他企业为了使用这些先进技术来提高自身产品的性能和质量，愿意支付特许权使用费以获取技术授权。

(二) 知识产权保护意识增强

随着全球对知识产权保护的重视程度不断提高，企业越来越意识到知识产权的价值。制造业企业在研发过程中会产生大量的专利、商标、版权等知识产权。通过法律手段保护这些知识产权，并将其以特许权的形式授权给其他企业使用，可以为知识产权所有者带来经济收益，同时也鼓励了企业进行更多的创新投入。例如，一家汽车制造企业研发出了一种新型的发动机技术，并获得了专利保护。其他汽车制造商如果想使用这项技术，就需要向专利所有者支付特许权使用费。

(三) 产业分工与专业化协作

现代制造业的产业链越来越复杂，企业之间的分工也越来越细化。不同企业在产业链的不同环节具有各自的优势。一些企业专注于技术研发和创新，另一些企业则擅长生产制造和市场推广。通过特许权使用费的方式，技术研发型企业可以将自己的技术成果授权给生产制造型企业使用，实现产业链上的优势互补和资源共享。例如，在医疗器械制造领域，一些研发型企业专注于开发新型的医疗设备技术，生产制造企业则利用自己的生产能力和市场渠道将这些技术转化为实际产品，双方通过特许权使用费的方式进行合作，共同推动产业的发展。

(四) 跨境经营与全球市场竞争

在全球化的背景下，制造业企业面临着来自全球各地的竞争。为了快速进入不同国家和地区的市场，企业可以通过支付特许权使用费的方式获得当地企业的品牌、技术或生产许可。这样可以减少市场进入的风险和成本，提高企业在全球市场的竞争力。例如，一家中国的家电制造企业想要进入欧洲市场，可以通过支付特许权使用费的方式获得欧洲某知名品牌的授权，借助该品牌的市场影响力和销售渠道迅速打开欧洲市场。

一、六种主要技术服务贸易形式

（一）技术的买断
技术所有人的全部权利或者独占权利发生转移，形成技术的买断，买断技术所需要的费用即是特许权使用费，通常在科研成果转化时发生。

（二）许可
技术权利人许可其他人在确定的期限、一定区域内从事权利人的独占权的行为，是技术服务贸易中最常见的方式，具体有商标许可、专利许可等，许可的过程中通常都会产生特许权使用费。

（三）专有技术
专有技术不享有类似专利或商标的法律保护，其许可可能与专利或商标许可合同独立，也可能包括在专利或商标许可合同中，由于专有技术没有公开，保密是其特点。技术服务费、技术提成费等是专有技术许可过程中产生的最典型的特许权使用费。

（四）特许和经销
这是一种商品与服务的特许或经销制度，一方以其信誉、技术信息和专长与另一方的投资联合，直接向消费者销售货物或者提供服务。通常基于商标、商号和经营场所的独特装饰或设计，并与某种形式的专有技术联系在一起，如技术信息、技术服务、经营管理服务。特许加盟费、特约经销费等是特许和经销过程中最常见的特许权使用费。

（五）"交钥匙"工程
"交钥匙"工程即国际工程承包，承包人负责项目的设计、施工，负责设备供应、安装、调试，提供技术培训、质量管理服务，承包过程中可能产生咨询服务费、技术费等。

（六）合营
合营方以某种特定方式结合其资源制造、生产、销售产品或提供服务。一方知识产权独占权的转让可以构成向合营公司出资的部分，也可以是一方向合营公司授予许可。合营过程中产生的特许权使用费类型较多，经常是商标使用费、专利使用费和专有技术使用费同时发生。

海关征税的对象主要是有形货物，例如，《中华人民共和国进出口税则》列明的所有商品，而单纯的技术服务贸易不属于海关税收的管辖范围。但是，如果买方在购买进口货物的同时，又发生了一项技术服务贸易，技术服务贸易是随附于货物贸易同步发生的，则技术服务贸易涉及的特许权使用费就构成了应税的价格调整项目，应合并计入进口货物的计税价格。判断的要素如下所示:"技术服务"的载体是否进口,"技术服务"是否赋予进口有形货物价值。

二、特许权使用费与应税特许权使用费

(一)特许权使用费的定义

特许权使用费(Royalty)指的是在国际贸易中,买方为了获得知识产权权利人或其有效授权人关于销售权等的许可或转让,而必须支付的费用。其包括但不限于专利权、商标权、著作权等知识产权的使用许可费用。特许权使用费的定义和涉及的关键要素见图 1-17。

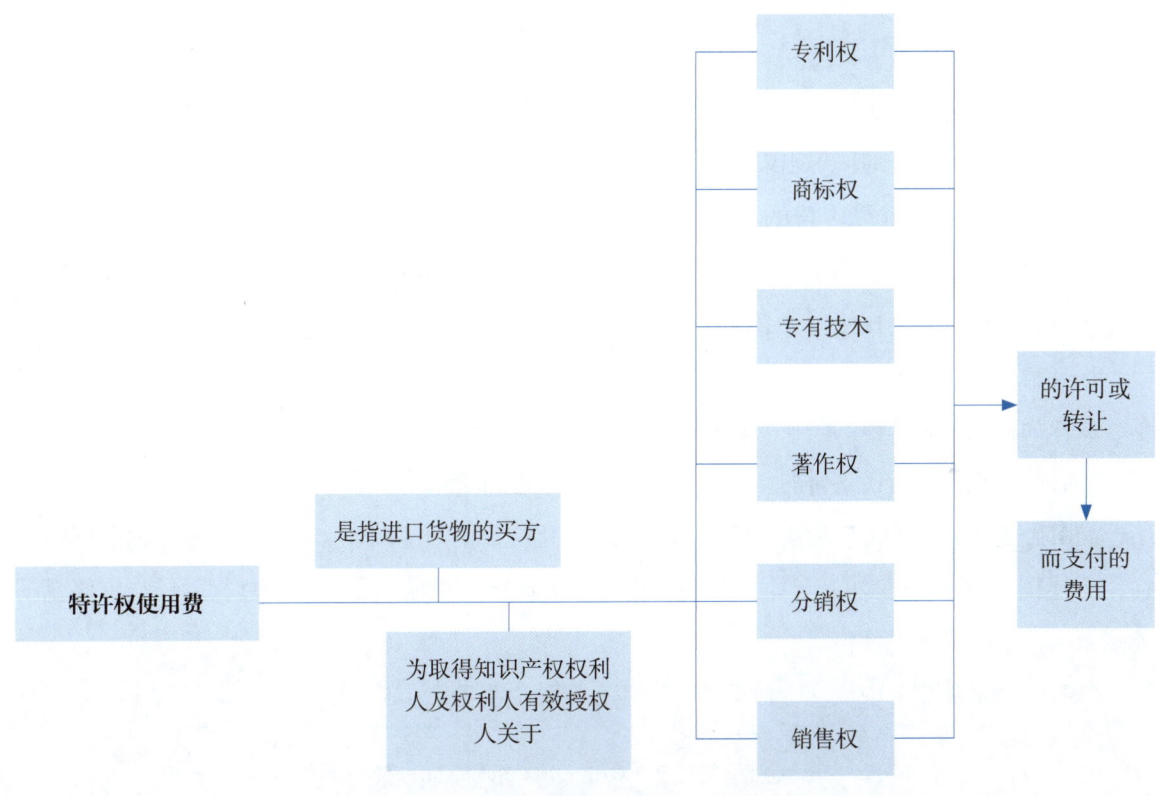

图 1-17 特许权使用费的定义和涉及的关键要素

相较于《不列颠百科全书》对特许权使用费较为宽泛的解释,《WTO 估价协定》[①] 所指的特许权使用费有着更为明确的定义。为了确保 WTO 各成员能够正确地运用《WTO 估价协定》,《WTO 估价协定》在第八条第一款 C 项中对特许权使用费进行了定义。

1. 所指的特许权使用费应包括对专利、商标及版权所支付的费用。但在进口国(地区)内复制产品的费用不能加入进口货物的实付或应付价格中确定海关计税价格。

---

① 编辑注:《WTO 估价协定》全称为《关于实施〈1994 年关税与贸易总协定〉第七条的协定》。

2.如果进口商支付的是因取得在进口国（地区）内转售或分销进口货物权利的许可费，只要这笔许可费不是所估货物向进口国（地区）出口销售的一项要件，那么该项支付不应加入进口货物的实付或应付价格中。

根据上述条款，WTO 海关估价技术委员会以列举的方式对特许权使用费进行了定义。特许权使用费应包括：

1.为专利支付的费用；

2.为商标支付的费用；

3.为版权支付的费用。

同时有两种例外的情况：

1.在进口国（地区）内复制产品的费用；

2.因取得在进口国（地区）内转售或分销进口货物权利的许可费，并且这笔特许权使用费不是所估货物向进口国（地区）出口销售的一项要件。

（二）特许权使用费应税的条件

为进口货物支付的特许权使用费必须满足一定的条件才是应税的。从第八条第一款 C 项的规定出发，应税的特许权使用费必须是：

1.与被估货物有关；

2.作为被估货物销售的一项要件；

3.必须是直接或间接支付的，尚未包括在实付或应付价格内。

满足上述条件的特许权使用费必须以客观、量化的数据为基础。如果客观、量化的数据不存在，不能按《WTO 估价协定》第八条规定作为成交价格调整项，那么进口货物的成交价格就不能按第一条确定为计税价格。

《WTO 估价协定》中成交价格调整项一般介绍性说明见表 1-5。

表 1-5 《WTO 估价协定》中成交价格调整项一般介绍性说明

	内容
《WTO 估价协定》中成交价格调整项一般介绍性说明	1.《WTO 估价协定》规定的计税价格的主要依据是该协议第一条规定的"成交价格"。该协定第一条应与第八条一并解读。 （1）进口货物的计税价格，由海关以该货物的成交价格为基础确定，并应当包括货物运抵中华人民共和国境内[①] 输入地点起卸前的运输及其相关费用、保险费。 （2）进口货物的成交价格，是指卖方向中华人民共和国境内销售该货物时买方为进口该货物向卖方实付、应付的，并且按照《中华人民共和国海关确定进出口货物计税价格办法》（海关总署令第213 号，简称《确价办法》）第二章第三节的规定调整后的价款总额，包括直接支付的价款和间接支付的价款。 注：本书讨论的计税价格指进口货物的计税价格。

---

① 编辑注：本书中的"境内"，除特殊说明外，是指中华人民共和国关境内。

表 1-5 续

		内容	
《WTO估价协定》中成交价格调整项一般介绍性说明	2.《WTO估价协定》第八条在根据第一条的规定确定计税价格时，应在进口货物的实付或应付价格中加入右列各项	（1）右列各项，只要由买方负担但未包括在货物实付或应付的价格中	①佣金和经纪费用，购买佣金除外
			②为完税目的而与所涉货物被视为一体的容器费用
			③包装费用，无论是人工费用还是材料费用
		（2）与进口货物的生产和出口销售有关的，由买方以免费或降低成本的方式直接或间接供应的按适当比例分摊的右列货物和服务的价值，只要该价值未包括在实付或应付的价格中	①进口货物包含的材料、零部件和类似货物
			②在生产进口货物过程中使用的工具、冲模、铸模和类似货物
			③在生产进口货物过程中消耗的材料
			④生产进口货物所必需的，在进口国（地区）以外的其他地方所从事的工程、开发、工艺、设计工作，以及计划和规划
		（3）作为被估价货物销售的条件，买方必须直接或间接支付与被估价货物有关的特许权使用费，只要此类特许权使用费未包括在实付或应付的价格中	
		（4）进口货物任何随后进行的转售、处置或使用，而使卖方直接或间接获得的收入的这部分的价值	

三、特许权及相关费用

特许权及相关费用审查重点见表 1-6。

表 1-6 特许权及相关费用审查重点

费用类别	需要关注的理由	贸易单证审查重点	财务科目审查重点
特许权使用费	与货物的有形价值分离，现场难以监管	代理总协议、特许权使用费的相关协议	关注其他应付款、非贸易项下对外付汇
保修费用	作为进口货物价值的一部分，如果分开列支，通关环节难以发现	原始采购合同	关注采购商品成本记录、应付账款记录
协助费用	发生在进口行为之前，进口单证难以体现，通关环节难以发现	针对进口商的贸易清单	关注固定资产、采购成本、制造成本、与租赁相关的费用科目
其他费用	确定费用发生环节和发生地	安装调试协议、技术援助协议、运保费合同、培训合同	关注合同、发票等相关记账凭证

第二章

制造业项目及公认会计原则

第一节
项目确定

一、项目确定的过程

项目确定的过程见图 2-1。

立项	经前期市场调研，由营销或企划部门提出新产品需求，针对宏观政策、市场需求、竞争态势、工艺技术、生产成本、研发能力等进行可行性初步分析，明确项目定位及决策依据，提出项目任务
项目启动	从宏观形势、产业政策、市场环境、成本控制、产品竞争力等方面分析制订项目任务书，包括：产品型号定位、配置规划、技术参数、开发计划、生产纲领、目标市场、预测销量、售价区间、质量计划、采购计划、产成品验证计划、强制性检验试验清单等。在完成对上述项目任务书要求的综合可行性研究后，正式启动项目，将上述初步设定的要求发放给相应的设计部门
项目策划	各设计部门根据要求确认各个总成部件要求的可行性以后，确认项目目标，包括技术开发目标、项目设计目标、项目质量目标、项目成本目标和采购成本目标等，编制最初版本的产品技术描述说明书，确认新产品型号的重要参数和使用性能，形成项目方案
项目确定	评审项目方案，所有目标在项目经济架构中必须可行，项目任务书通过董事会决议并确定

图 2-1 项目确定的过程

二、项目确定的主要内容

（一）产品型号确定

产品型号确定包括对产品定位、架构、配置、参数和性能、外观形式、造型效果图、各个总成，以及零部件设计清单等的评审确定。

所有设计应遵守目标市场的相关法规、产业政策。

(二)投资额度及利润确定

运用成本管理方法,确定项目经济性方案,明确产品设计费用、过程研发费用和采购目标成本;确定批量制造模具和生产设备的投资额度等;在分析公司经营现状并对今后经营形势作出预测的基础上,提出公司销售总收入、利润总额及销售利润等指标。

(三)技术信息确定

确定产品型号相关技术参数,以汽车行业为例,如使用寿命里程、动力指标、使用油耗、噪声和排放等;确定整车架构、各个总成和关键部件的技术方案,完成初步总布置方案设计,确保符合专利、法规、标准化要求;确定制造工艺策略;确定产品和制造过程的质量目标;制订功能主模型和检具计划。

(四)销售确定

完成品牌、产品组合、销售计划、销量、售价、配置、上市计划、营销成本的确定。

(五)生命周期确定

产品生命周期,是指产品自开发成功和上市销售,在市场上由弱到强,又由盛转衰,再到被市场淘汰所持续的时间。其长短主要取决于市场竞争的激烈程度和科技进步的速度,通常分为四个典型阶段:市场导入期、成长期、成熟期、衰退期。

在立项评估阶段,根据新产品竞争优势、目标市场、投放时间及企业自身能力确定其生命周期。

(六)年产量确定

根据企业销售计划、成本企划、目标利益、生产能力等确定年产量。

第二节　项目开发(以汽车行业为例)

一、欧系项目开发流程

(一)设计项目流程

图 2-2 详细描绘了设计项目从产品构想到样品认可的全过程。过程涉及多个关键项目,如项目策划与可行性分析等。

图 2-2 设计项目流程

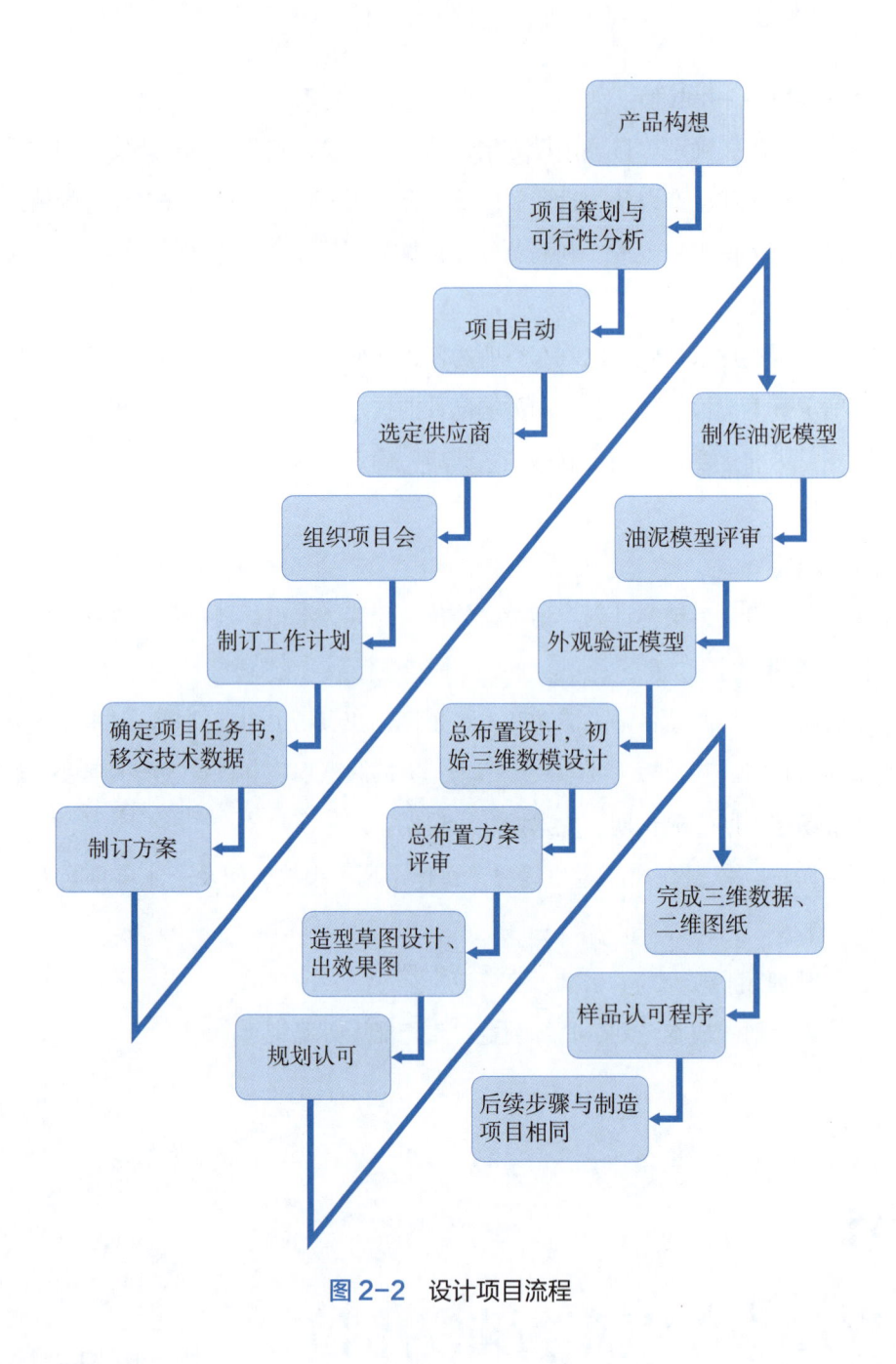

（二）制造项目流程

图 2-3 详细描绘了制造项目从制订整车项目计划至量产的全过程。过程涉及多个关键阶段，如选定供应商、工程设计、样件认可程序等。

图 2-3　制造项目流程

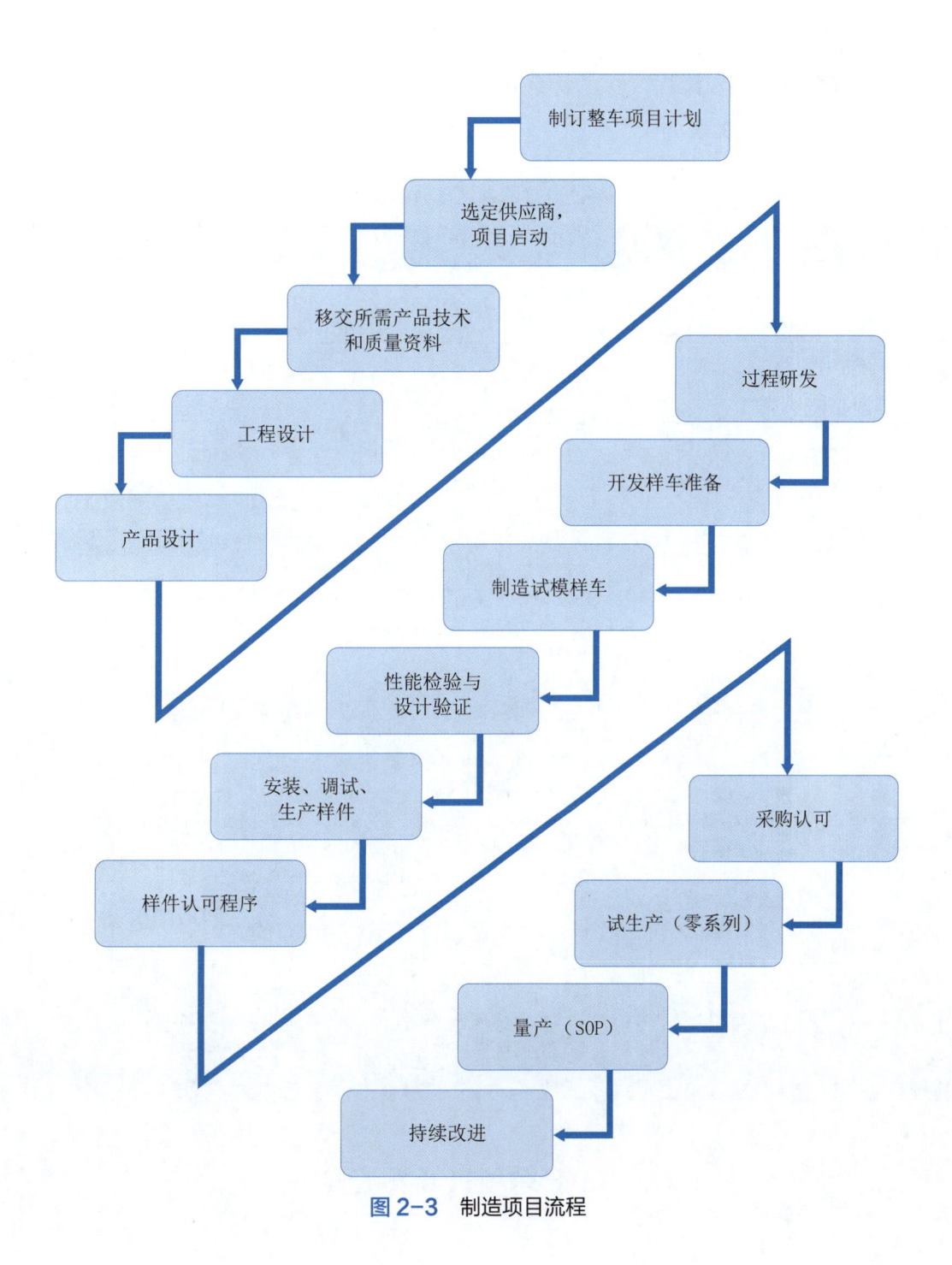

(三) 欧系汽车开发流程

欧系汽车开发流程见表 2-1。

表 2-1 欧系汽车开发流程

阶段		内容	时间节点		
			全新整车	6个月大改装	3个月
第一阶段	项目确定	项目任务书经启动、策划并通过董事会决议后确定			
第二阶段	产品研发	项目确定后，制订详细的研发计划，包括车型结构研发、零部件研发；确定各个阶段的时间节点；评估研发工作量；进行成本预算，及时控制开发成本；制作零部件清单		21个月	11个月
第三阶段	过程研发	根据目标车型，确定工艺设计和技术标准，选择最优加工方法，合理安排加工顺序；对整车进行细化设计，各个总成分到相关部门分别进行设计开发，并按照开发计划规定的时间节点分批提交零部件的设计方案；完成整车各个总成及零部件的设计研发，保证整车性能满足项目技术和质量要求			
第四阶段	试生产	将设计方案由图纸转换为实车的过程，验证设计的正确性、符合性，并暴露存在可装性、符合性等各类问题和得出结构、整车匹配的优化性建议，相关意见反馈给设计部门，对修改后的实物再次进行验证，直至闭环为止，确保向生产线输出正确的图纸。经试生产，新车型的性能得到确认，产品定型。进入量产准备阶段，包括制订生产流程链、各种生产设备到位、生产线铺设等。同步进行的投产准备工作还包括模具、治具、夹具的开发和各种检具的制造。期间要反复完善冲压、焊装、涂装及总装生产线，在确保生产流程和样车性能的条件下，开始小批量生产，进一步验证产品的可靠性		18个月	13个月
第五阶段	量产	通常经三次小批量试制，试验过程中发现的问题已基本解决，整个生产线都具有批量生产能力，所有零部件都已经供应到位且动力总成已经量产；整个生产线能按设计节拍、控制计划等在正常生产条件下连续生产可销售状态的整车，开始批量生产	—		

二、日系项目开发流程

（一）日系项目开发的主要方法

1. 流程分解

将新产品开发项目管理流程分解为一系列的阶段（Phase）、里程碑（Milestone）和事件（Event）（又叫节点）。

2. 设置指标

每一个阶段、里程碑和节点都规定了关键绩效指标（Key Performance Indicator，KPI）。

3. 指标控制

通过完成每一阶段、里程碑和节点的关键绩效指标，确保所有的项目风险都得到识别，并进行有效的控制。

4. 项目完成

通过完成每一阶段、里程碑和节点（见表 2-2），来确保整个新产品开发的顺利完成。

表 2-2　整车新产品开发项目管理的四个阶段、七个里程碑、六个节点

四个阶段	七个里程碑	六个节点
①计划（见表 2-3）	①车辆构思：了解制造业新技术、新工艺、新材料，针对目标车型完成车辆总体构思和概念	①图纸发行
	②外部协作加工及风险评估：基于失效模式的设计评审，从设计上对产品风险进行分析；实现过程风险评估的标准化；进口商与供应商共同采取对策，降低风险级别	
	③同步工程：推动产品各子系统（工艺、工装①、质量、物流等）的同步开发；审查同步工程设计图纸，根据成本目标和制造要求提出设计变更请求；跟踪设计变更进展情况，并最终确定产品、模具、工装、质量、采购、物流等方面	②工装、模具
②初始评估（见表 2-4）	④工装及第一次质量评估：了解供应商零部件的质量状态和工装的状态，尽快识别出零部件质量问题或工装问题并采取对策	③检具
	⑤工序完成件及零部件批准：按照供应商零部件日程表和关键质量指标跟踪表，跟踪确认生产线的准备状态、质量完成情况、作业准备情况	④第一次试生产
③最终验证（见表 2-5）	⑥小批量试生产及供应商质量确认：通过小批量试生产，跟踪确认供应商生产线的准备状态、质量完成情况、作业准备情况	⑤第二次试生产
④批量生产（见表 2-6）	⑦批量生产及项目总结：供应商的生产线已经稳定地进行批量生产；供应商的人员配备已经到位并稳定，所有培训已经完成；供应商的质量标准、检验数据已经落实执行；新产品试制及准备阶段出现的问题点已经识别和归纳，措施已经开始实施	⑥批量生产启动

注：节点②工装、模具在①和②两个阶段的交界处。
　①工装即工艺装备，指制造过程中所用的各种工具的总称。

表 2-3　整车新产品开发项目管理的第一个阶段：计划

序号	进口商计划内容	序号	供应商计划内容
1	车型	1	技术开发流程
2	生产地	2	工艺同步工程
3	企划台数、生命周期	3	设计质量要求，包括关键质量评估基准
4	投产日期	4	生产能力、过程能力指数和限度样品的评估基准
5	主要参数尺寸	5	对分供应商产品质量要求和评估基准
6	销售国家（地区）	6	控制计划
7	成本目标	7	产品质量检验标准
8	性能、品质目标	8	质量验证计划
9	利润预估	9	过程失效模式及后果分析

计划目标：在图纸发行和模具、工装启动会议之前，确保进口商与供应商对产品的技术标准、质量要求都明确和理解。

表 2-4　整车新产品开发项目管理的第二个阶段：初始评估

序号	进口商评估内容	序号	供应商评估内容
1	评估工装状态：零部件日程表	1	产品是否符合设计和质量检验标准
		2	产品项目开发文件初稿的提交与批准
2	评估零部件质量完成品合格率：关键质量指标跟踪表	3	过程生产能力的论证
		4	限度样品的提交
3	生产线是否准备就绪	5	产品是否满足尺寸、功能及法规的要求
4	对供应商人员雇佣、培训状态的评估	6	产品是否满足耐久性、可靠性要求
		7	零部件分供应商的生产过程是否满足设计和质量要求，包括原材料材质认证
5	对供应商质量标准、检验数据的评估	8	向进口商提交产品批准程序申请

初始评估目标：在供应商质量确认阶段前，确保产品的设计意图可以在生产硬件（设备、模具、工装等）与批量生产相当的生产线上实现。

表 2-5　整车新产品开发项目管理的第三个阶段：最终验证

序号	进口商职责	序号	供应商职责
1	确认供应商的生产线是否准备就绪	1	产品项目开发文件的批准
		2	通过进口商的产品批准程序
		3	过程生产能力的验证
2	对供应商人员雇佣、培训状态的评估	4	产品控制计划的实施
		5	对分供应商的产品生产过程能力的验证
		6	完成新产品的小批量试制和大批量试制
3	对供应商质量标准、检验数据的评估	7	满足产品的尺寸、功能及法规要求
		8	开发必要的检测计划
		9	完成长期耐久性、可靠性测试

最终验证阶段目标：确保产品的设计意图和质量要求在生产硬件和批量生产线上能够以批量生产速度持续稳定地得以实现。

表 2-6　整车新产品开发项目管理的第四个阶段：批量生产

序号	进口商职责	序号	供应商职责
1	跟踪确认供应商批量生产运行情况，确保生产线、人员、设备等稳定运行	1	实施特别的检查计划
		2	监控工序质量指标
		3	及时调整生产硬件
2	对新产品开发进行项目管理总结	4	向进口商提出"最终批准"的申请
		5	项目总结

批量生产阶段目标：确保从量产开始一直到产品稳定销售，产品的设计意图和质量要求都能够得到稳定、持续的满足。

（二）日系汽车开发流程

图 2-4 详细描绘了汽车从最初的调查工作到批量生产的全过程。该流程图按照时间线排列，从 0 个月开始，一直到 48 个月，涵盖了汽车开发的各个关键阶段。

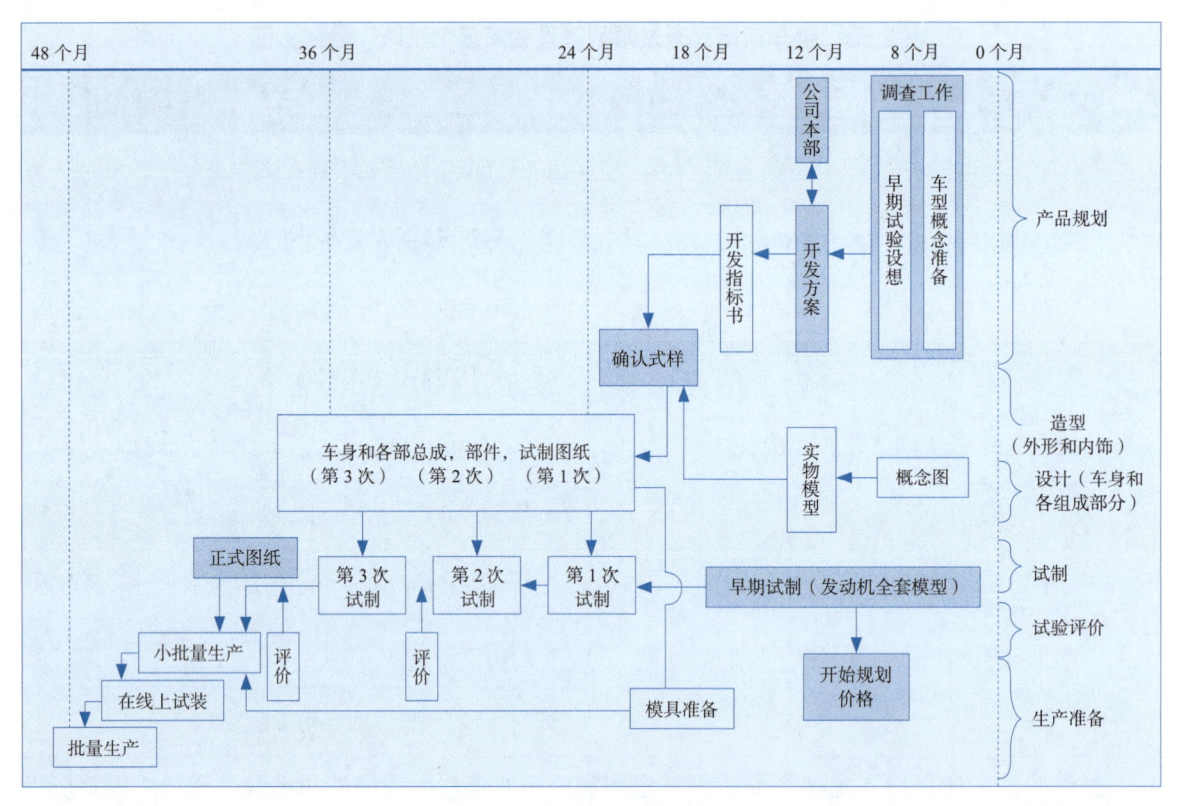

图 2-4　日系汽车开发流程

第三节 成本控制

追求以最低的成本实现利润的最大化，是任何企业持之以恒的目标。成本控制贯穿企业设计研发、进口采购、生产制造和销售的全过程。

一、成本控制相关流程

（一）标准成本制订流程

标准成本制订流程见图 2-5。

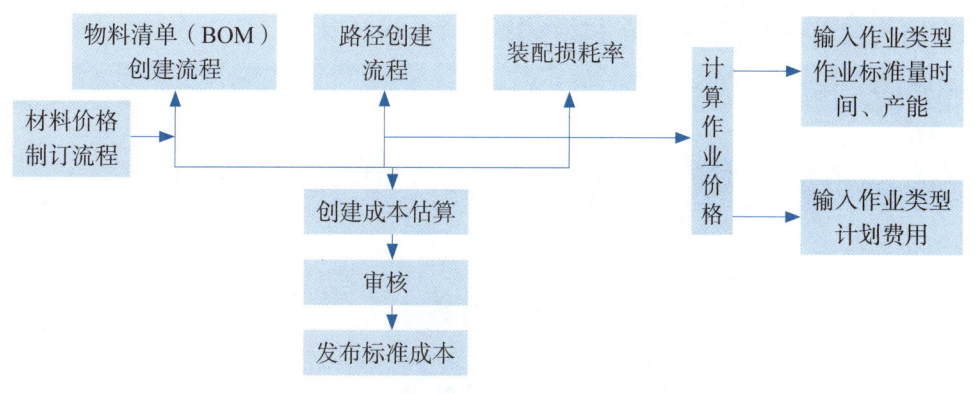

图 2-5 标准成本制订流程

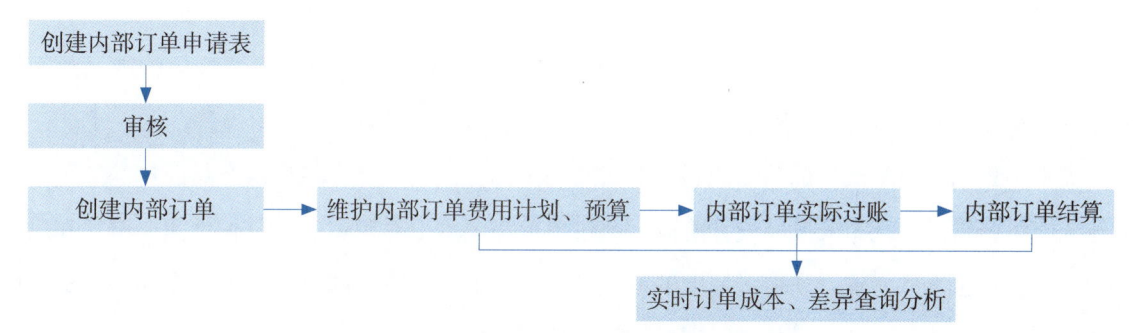

（二）内部订单制订流程

内部订单制订流程见图 2-6。

图 2-6 内部订单制订流程

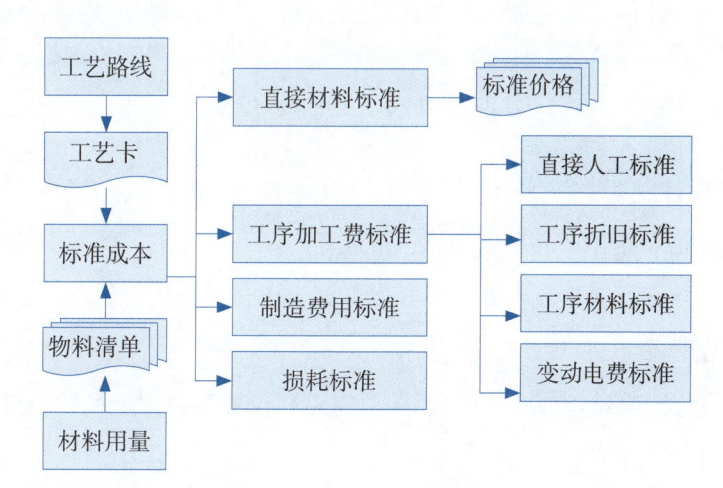

（三）标准成本编制流程

标准成本编制流程见图 2-7。

图 2-7 标准成本编制流程

（四）销售利润分析流程

销售利润分析流程见图 2-8。

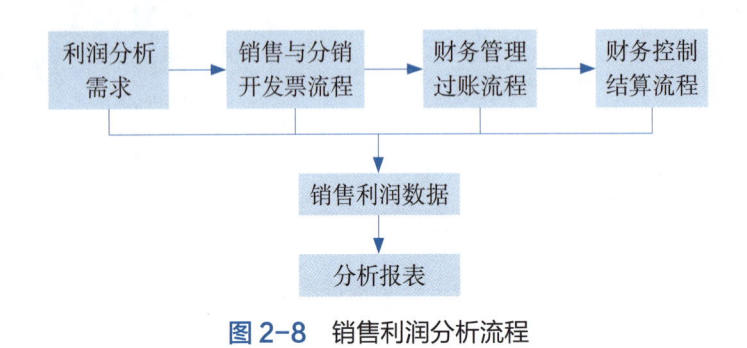

利润分析需求 → 销售与分销开发票流程 → 财务管理过账流程 → 财务控制结算流程 → 销售利润数据 → 分析报表

图 2-8　销售利润分析流程

二、成本企划流程及特征

成本企划（Target Cost Management）是源于日本的一种成本管理模式，是从新产品的企划设计立项至生产开始阶段，为降低成本和确保利润而实行的各种管理活动。

成本企划的实质是成本的前馈控制，即按照一定的方法与步骤，将降低产品成本的"重心"由传统的生产阶段追溯至开发、设计阶段，通过提前在图纸上对制造过程进行预演，避免在后续制造过程中产生无效作业，使得大幅度削减成本成为可能。日本及欧美许多大型企业早已引入成本企划的管理方式，在企划设计之时即开始进行成本控制。

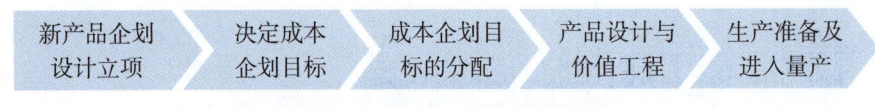

（一）成本企划的具体流程

成本企划的具体流程见图 2-9。

新产品企划设计立项 → 决定成本企划目标 → 成本企划目标的分配 → 产品设计与价值工程 → 生产准备及进入量产

图 2-9　成本企划的具体流程

1. 新产品企划设计立项

以产品经理为中心，提出产品企划构想，形成新产品开发方案：型号构思、开发计划、目标售价及目标销量等，经董事会决议对新产品开发方案予以核准承认，新产品企划设计立项，进入决定成本企划目标的阶段。

以整车为例，开发方案的主要内容包括车型构思和技术参数，如尺寸、排气量、最高马力、变速比、减速比、车体构成等。

2. 决定成本企划目标

参考公司长期的利润率目标来决定本次已立项提案的目标利润率。

目标销售价格 – 目标利润 = 目标成本（Target Cost）

通过累计法计算出估计成本，以整车为例，由于汽车的大小零组件合计约有 2 万件，但在开发新车时并非 2 万件全部都会变更，通常会变更而须重新估计的有 5000 件左右。故有效的估计成本以现有车型的成本加减拟变更部分的成本差额予以算出。

估计成本 – 目标成本 = 成本企划目标

3. 成本企划目标的分配

经协调讨论，按产品构造、机能和成本费用形态的分类，将成本企划目标细分给负责各个零部件设计的部门去实施产品设计与价值工程，确认目标达成。以整车为例，这些设计部门包括引擎、驱动、底盘、车身、电子电器、内装等。

4. 产品设计与价值工程

成本企划目标细分至各设计部门后，各设计部门就开始从事产品设计及价值工程。对设计部门而言，其目标不仅是要设计出符合顾客需求的且有良好品质的产品，更是必须达成产品成本目标。设计部门根据各零部件的目标成本和其他相关部门提供的资讯制成图纸，再根据图纸实际试生产。与之相关的部门，主要有财务部内的成本管理及技术部内的成本企划两个分部门。前者策划目标利益方案，估计内置零部件的价格，掌控整体实际的事务；后者则是负责成本预估，确认设计部门目标达成，负责价值工程的事务。成本企划针对试生产的产成品估计成本，若估计出的成本与目标成本间仍有差距，未达成本目标，则各部门协力实施价值工程检讨，依照检讨结果对图纸加以修正。再根据图纸实际试生产估计其成本，未达成本目标则再实施价值工程、修改图纸。如此重复进行以下程序：画制、修改图纸→实际制作（试生产）→估计成本（估计成本如何随着设计变更而改变）→（未达成本目标）实施价值工程（如通过改善材料式样、零部件数、加工方法、加工时间等），直至技术、质量、成本各目标均达成，设计作业才完成，此时量产用的正式图纸也形成了。

5. 生产准备及进入量产

进入生产准备阶段，除检查确认生产设备及组装线的准备状况、具体的制造程序、产品售价及采购部门开始进行外购零部件的价格交涉外，根据正式图纸进行最终试制作，成本企划部门执行最后成本估计以确认达成成本目标（若因产品问题或生产问题而未达成，则再实施价值工程）。通常，唯有当成本目标确认已达成时，新产品方能进入量产（若是允许未达成本目标的新产品量产，则即使该产品得以销售，亦无法获得预期的目标利益，甚至可能导致亏损）。约进入生产阶段 3 个月后（因为若有异常，其可能在最初 3 个月内发生），检视成本目标的实际达成状况，进行成本企划实绩的评估，确认责任归属，以评审、衡量成本企划活动的成果。至此，新产品的成本企划活动正式告一段落。但值得注意的是，成本企划中的目标成本尚有其他功能，如成为制订制造阶段的标准成本的基础，且可延续至下一代新产品，成为估计下一代新产品成本的起点。

（二）成本企划的特征

1. 前馈控制模式

相对于事后控制的传统成本管理模式，成本企划是一种产品成本的前馈控制模式。根据成本企划观点，产品成本的 70% 以上在产品设计时已经注入，进入生产阶段后产品成本可改善的空间已经有限。因此，为避免产生无效重复作业，成本管理的重心应前移至产品的开发、设计阶段。

2. 成本注入与最优成本

通过图纸规划进行产品生产的预演，利用图纸规划排除各种对产品生产无效或低因素的作业成本，检测产品的生产过程是否达到成本目标的要求，进而决定是否可以进行生产。预演时的各种条件完全遵照产品实际生产过程中的具体要求，将产品成本注入材料、零部件等加工生产的过程，通过价值工程的方法得出最优的产品成本结构，保证在产品前期实现最优成本的可能性。

3. 具有市场导向

成本企划是以市场为导向，整合产品技术、质量、利润计划等具有市场导向的成本（利益）管理手法。通过分析消费者最可能接受的售价，以目标销售价格减去目标利润得到目标成本，以此目标成本为基础来管理控制开发、设计活动的成本企划，在尽可能满足消费者需求功能的同时，把产品的成本降到最低，有效提升企业的市场竞争力。

4. 采用差额估计与差额管理

成本的差额估计与差额管理，即所有的成本、费用不是从最初开始累计，而是将焦点放在与现有型号产品的差异上，通过将现有型号产品的成本加减因变更设计所导致成本的差额来计算。设计部的目标，并不是目标成本总额，而是通过设计活动降低成本目标值（成本企划目标）。这种差额估计与差额管理的方式，可以有效地节省时间，同时提高成本估计的精确度。

5. 不同职能领域的人共同参与配合（Cross-functional）

传统的新产品开发流程基本为接力式（Step by step），即先有产品的基本构思规划，再进入开发、设计、试制、生产准备阶段。在这种开发方式下，可能会出现产品不符合市场需求，或在试制、生产阶段发生开发设计时预想不到的问题等。与此相反，成本企划一改接力式的开发流程，以产品经理为主导，组成一个横跨职能的团队，如同橄榄球运动，由团队的各成员适时地提供必要资讯，互相协调合作，共同努力去达成目标。设计部执行图面设计及价值工程；生产技术部估计生产条件、提供生产技术方面可能遇到的问题，并通过沟通获知须做哪些准备或检讨工作；采购部估计外购零部件的价格，提前从设计部门获知各零组件的设计构想及其目标成本，并将目标提示给供应商，广泛募集改善提案，与供应商接触并探讨达成目标成本的方法；业务部提供有关市场销售价格与式样等资讯，并对售价与式样的关系做调整；生产管理部检验生产地点及内外制零部件；会计部根据业务、技术等部门提供的资讯，提示目标成本、估计内制零部件的价格，并随时掌控成本变化的情形。这种橄榄球式的开发过程，因各阶段作业重叠，可缩短前置时间，制造开发出符合顾客需求的产品。

三、成本控制的相关单证

（一）内部订单

内部订单见表 2-7。

表 2-7　内部订单

部门：				编号：	
客户名称				交货地点	
交货日期				订货日期	
产品型号	产品名称	规格	单位	数量	备注
其他					
编制/日期：		审批/日期：		签收/日期：	

（二）会计凭证

会计凭证见表2-8。

表2-8　会计凭证

会计凭证							
凭证号			日期			附单据数	
摘要	会计科目		货币	汇率	借方金额/本币		贷方金额/本币
		合计					
会计主管		复核		记账	出纳		制单

（三）记账依据的发票

记账依据的发票见表2-9。

表2-9　记账依据的发票

发票		
发票编号		
对价内容		
经办人员		
录入时间		
发票时间		
会计记账		
描述	销售税	发票金额

第四节 公认会计原则

一、公认会计原则的定义

(一)《国际会计准则》及《WTO 估价协定》对公认会计原则的解释

《国际会计准则》及《WTO 估价协定》对公认会计原则的解释见图 2-10。

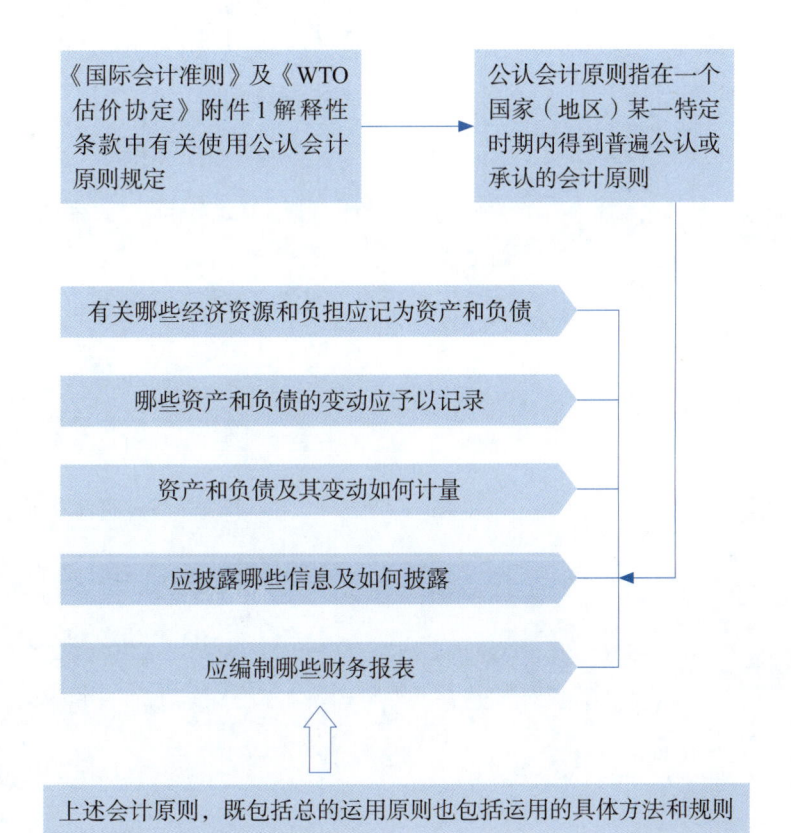

图 2-10 《国际会计准则》及《WTO 估价协定》对公认会计原则的解释

- 《国际会计准则》及《WTO 估价协定》附件 1 解释性条款中有关使用公认会计原则规定 → 公认会计原则指在一个国家（地区）某一特定时期内得到普遍公认或承认的会计原则
- 有关哪些经济资源和负担应记为资产和负债
- 哪些资产和负债的变动应予以记录
- 资产和负债及其变动如何计量
- 应披露哪些信息及如何披露
- 应编制哪些财务报表

上述会计原则，既包括总的运用原则也包括运用的具体方法和规则

（二）中国公认会计原则

中国公认会计原则见图 2-11，其总则与一般原则见图 2-12。

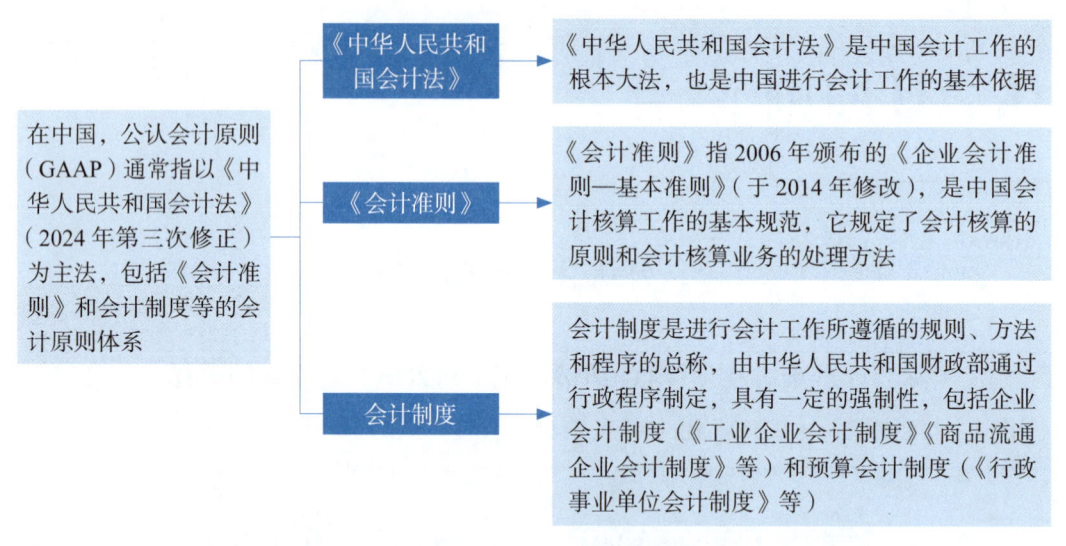

在中国，公认会计原则（GAAP）通常指以《中华人民共和国会计法》（2024 年第三次修正）为主法，包括《会计准则》和会计制度等的会计原则体系

- 《中华人民共和国会计法》→ 《中华人民共和国会计法》是中国会计工作的根本大法，也是中国进行会计工作的基本依据
- 《会计准则》→ 《会计准则》指 2006 年颁布的《企业会计准则—基本准则》（于 2014 年修改），是中国会计核算工作的基本规范，它规定了会计核算的原则和会计核算业务的处理方法
- 会计制度 → 会计制度是进行会计工作所遵循的规则、方法和程序的总称，由中华人民共和国财政部通过行政程序制定，具有一定的强制性，包括企业会计制度（《工业企业会计制度》《商品流通企业会计制度》等）和预算会计制度（《行政事业单位会计制度》等）

图 2-11　中国公认会计原则

- 总则 → 主要明确会计准则制定的目的和依据，规定会计准则的适用范围，会计核算的基本前提和会计核算基础工作
- 一般原则 → 主要对会计核算的基本要求作出规定　归纳为 12 项原则：
  - 客观性原则
  - 相关性原则
  - 可比性原则
  - 一贯性原则
  - 及时性原则
  - 明晰性原则
  - 权责发生制原则
  - 配比性原则
  - 谨慎性原则
  - 历史成本原则
  - 划分收益性支出与资本性支出原则
  - 重要性原则

图 2-12　中国公认会计总则与一般原则

二、WTO、中国、美国、日本关于公认会计原则的规定

(一) WTO 关于公认会计原则的规定

WTO 关于公认会计原则的规定见表 2-10。

表 2-10　WTO 关于公认会计原则的规定

机构	法律法规	法条内容
WTO	《WTO 估价协定》中公认会计原则的使用	1. 公认会计原则指在特定时间内某国家（地区）关于下列内容的一致意见或实质性权威支持：何种经济资源和债务应记为资产和债务，资产和债务的何种变化应予记录，如何衡量资产和债务及其变化，何种信息应予以披露及如何披露，以及应编制何种财务报表等。这些标准可以是普遍适用的概括性准则，也可以是详细的做法和程序。 2. 就《WTO 估价协定》而言，每一成员方的海关应使用与适合所涉条款的该国家（地区）公认会计原则相一致的方式准备的信息。例如，根据《WTO 估价协定》第五条的规定对通常的利润和一般费用的确定应使用与进口国（地区）公认会计原则相一致的方式准备的信息；根据第六条的规定对通常的利润和一般费用的确定应使用与生产国（地区）公认会计原则相一致的方式准备的信息；在进口国（地区）中对第八条第一款 b 项 ii 目所规定的某一要素的确定应使用与该国家（地区）原则相一致的方式准备的信息
	《WTO 估价协定》中关于其第六条的说明	《WTO 估价协定》第六条第一款 a 项所指的"成本或价值"应依据生产商或生产商代表提供的有关被估价货物生产方面的信息予以确定。应以生产商的商业往来账目为依据，只要此类账目与生产该货物的国家（地区）中适用的公认会计原则相一致
	《WTO 估价协定》第八条第一款 b 项 ii 目	《WTO 估价协定》第八条第一款 b 项 ii 目所列要素分摊到进口货物的问题涉及两个因素，即要素本身的价值和价值分摊到进口货物的方式。这些要素的分摊应以适合有关情况的合理方式并依照公认会计原则进行

(二) 中国关于公认会计原则的规定

中国关于公认会计原则的规定见表 2-11。

表 2-11　中国关于公认会计原则的规定

国别	法律法规	法条内容
中国	《确价办法》第十二条	在根据本办法第十一条第一款第二项确定应当计入进口货物计税价格的货物价值时，应当按照下列方法计算有关费用……如果货物在被提供给卖方前已经被买方使用过，应当计入的价值为根据国内公认的会计原则对其进行折旧后的价值
	《确价办法》第二十四条	按照倒扣价格估价方法确定进口货物计税价格的，下列各项应当扣除……按照本条的规定确定扣除的项目时，应当使用与国内公认的会计原则相一致的原则和方法
	《确价办法》第二十五条	计算价格估价方法，是指海关以下列各项的总和为基础，确定进口货物计税价格的估价方法……按照本条第一款的规定确定有关价值或者费用时，应当使用与生产国或者地区公认的会计原则相一致的原则和方法
	《确价办法》第五十一条	本办法下列用语的含义……公认的会计原则，是指在有关国家或者地区会计核算工作中普遍遵循的原则性规范和会计核算业务的处理方法。包括对货物价值认定有关的权责发生制原则、配比原则、历史成本原则、划分收益性与资本性支出原则等

（三）美国关于公认会计原则的规定

美国关于公认会计原则的规定见表 2-12。

表 2-12　美国关于公认会计原则的规定

国别	法律法规	法条内容
美国	《海关法典》第十九条	公认会计原则指被普遍接受或承认的下列内容： A. 哪些经济资源和义务应被记为资产和负债； B. 哪些资产和负债的变动应予以记录； C. 资产、负债及其变动应如何计量； D. 什么样的信息应被披露和怎样披露； E. 财务报表如何出具。 上述一系列特定的一般公认会计原则的运用都是围绕着货物价值如何认定展开的

（四）日本关于公认会计原则的规定

日本关于公认会计原则的规定见表 2-13。

表 2-13　日本关于公认会计原则的规定

国别	法律法规	法条内容
日本	《日本海关关税法》基本通告	1. 根据《日本海关关税法》第四条第一项至第四条第八项的规定计算进口货物的计税价格时，应使用与适用条款中相关国家（地区）公认的会计原则相一致的方法所制成的资料。 2. 根据《日本海关关税法》第四条第一项至第四条第八项的规定计算进口货物的计税价格时，以此为前提的事实认定，应基于真实的买卖关系进行。还有，真实的买卖关系，最重要的是使用进口商提供的资料进行判断，但是如果对该资料是否正确显示了真实的买卖关系存在疑义时，应将该疑义的内容对该进口商进行说明后要求其提供补充说明及追加资料，并应将该补充说明、追加资料以及其他客观资料中显示的个别性情况进行综合考虑后加以判断

第五节
贸易单证与相关文件

一、框架协议结构（以中外合资公司为例）

（一）企业章程

企业章程见表 2-14。

表 2-14　企业章程

条款	内容
宗旨和经营范围	公司将采用境外公司（投资方）先进的技术制造和销售产品及其零部件，公司的主要业务活动如下：制造和销售产品及零部件；进口和/或境内采购为公司工程设计、制造、管理、装配、检测、售后服务以及其他业务活动所需的各种货物及服务；保证产品及其零部件的售后服务。 对此，公司可以开展以下业务活动：产品的修改、设计和开发工作；购买、取得或租赁工厂、设备、工具、零部件和原材料；获得和使用专利、商标、专有技术和许可证
注册资本、出资和资本转让	公司的注册资本为人民币 × 元。对注册资本认缴的出资比例为：境内公司占注册资本 ×1%，境外公司占注册资本 ×2%
董事会组成	董事会是公司最高权力机构，有权按照本章程的规定，决定公司的一切重大事宜。董事长是公司的法定代表人，按本章程及董事会决议行事；同时，董事长应授予副董事长和董事代表公司的权利，副董事长和董事应依据董事会决议代表董事会处理相关事宜。董事会由 × 名董事组成，其中董事长 1 人，由公司委派；副董事长 1 人，由公司委派；董事 × 名，由公司委派
董事会职责	制订总方针；制订实现总方针的总计划和特殊计划；批准和修改组织机构；批准和修改经营管理委员会工作细则；批准产品计划，统一标识及合资公司自行采用的商标及名称；批准建立设计开发部门；批准销售和售后方针；确定产品、零部件、备件、附件和售后服务的价格……合资合同中规定的需批准事项及董事会认为合适的其他一切活动

（二）合资经营合同

经董事会决议通过相关批准事项，双方签署"合资经营合同"，对技术文件和专有技术的转让与使用进行约定（见表 2-15）。

表 2-15　合资经营合同

条款	内容
合资公司的建立	境外关联方授予合资公司在本合同有效期内，在其公司名称中使用其商标。为此，境外关联方按本合同、章程及技术协议的规定在合资公司中施加影响，尤其是对产品质量施加影响。本合同终止之时，合资公司应立即改变其公司名称，新的公司名称不包含境外关联方商标
合资公司的宗旨和经营范围	合资公司将使用境外关联方按技术合同转让的先进技术制造和销售合同产品并保证其售后服务。 合资公司的经营范围如下： ①制造和销售合同产品； ②购买设计、制造、装配、检测、管理、售后服务、培训以及其他业务活动所需要的各种货物及服务； ③保证合同产品的售后服务……
技术转让	境外关联方是技术合同中规定的工业产权、专有技术和技术文件的无可争议的合法拥有者，并有权按技术合同授予合资公司生产合同产品所用的技术文件和专有技术。 根据技术合同，境外关联方授予合资公司以下权利： ①使用境外关联方提供的技术文件资料制造合同产品； ②使用境外关联方以全散件或半散件形式提供的组装件在中国装配和制造合同产品零部件的独享权利
工程设计	工程设计包括但不限于以下内容： 工厂总体设计，工艺设计（包括生产计划、工艺卡、检验卡、调整卡、总图布置、设备规格及报价程序），专用设备及工艺装备设计（工装、工夹具）

（三）董事会决议下的框架协议

董事会决议下的框架协议见表 2-16。

表 2-16　董事会决议下的框架协议

条款	内容
基本条款	以平均利润率至少 ×% 为项目前提，以销量、零售价格、产品比例、间接费用的各种变量为基础，授权合资公司优化该项目。 所有规划工作和必要的结构措施均以产能 × 个/天为基础。 境外关联方负责与某产品型号相关的开发工作
技术转让费支付	数额　　　　　日期 × 元　　　　　签署书面决议时 × 元　　　　　量产时 × 元　　　　　量产一年后 × 元　　　　　量产两年后 × 元　　　　　量产三年后 × 元　　　　　量产四年后 总额　　× 元
开发费支付	数额　　　　　日期 × 元　　　　　签署书面决议时 × 元　　　　　××××.×× × 元　　　　　××××.×× 总额　　××× 元

表 2-16 续

条款	内容
规划费支付	数额　　　　　　日期 × 元　　　　　签署书面决议时 × 元　　　　　量产时 总额　× 元
技术转让费数额	双方就以下事项达成一致：某产品的许可费为 × 元的固定费用；× 元 / 每类产品的可变费用

（四）策划和项目确定阶段

策划和项目确定阶段文件见表 2-17~ 表 2-23。

表 2-17　报价需求文件

序号	工作事项	输出文件
1	客户报价需求	客户报价需求单
2	制造可行性分析	制造可行性分析报告
3	产能可行性分析	产能分析报告
4	价格可行性分析	报价单，投资回报率

表 2-18　立项文件

序号	工作事项	输出文件
1	商务发布立项通知	通知函
2	内部设计与工艺评审	内部设计与工艺评审表
3	外部设计与工艺评审	设计与工艺评审结果确认
4	客户端启动会议	材料替代申请签批
		试验大纲审批
		关键特性清单确认
		客户时间节点确认
5	商务发布项目承接单	项目承接单签字反馈
6	项目启动会召开	会议纪要
7	项目小组成立	项目小组成员清单
		项目开发计划总表

表 2-19　会议纪要

会议日期	
参会人员	
生产某产品的经济数据及费用情况	
测算产品全散装件形式进口价格	
国产化率（区分量产时和量产后）	
国产化率超过 ×% 时，每超过一个百分点，单个产品补偿金额	
技术费用：技术转让费、技术开发费等	
测算物流成本	
产品培训 × 人月	
项目测算报告，包含利润率评估	
双方签名：	

表 2-20　技术转让费的支付

日期	数额
签署书面决议时	
量产	
量产 1 年后	
量产 2 年后	
量产 3 年后	
量产 4 年后	
总额	

表 2-21　技术开发费的支付

日期	数额
签署书面决议时	
签署书面决议 1 年后	
签署书面决议 2 年后	
总额	

表 2-22 主要日程安排表（以汽车为例）

日程安排	××××年 1 2 3 4 5 6 7 8 9 10 11 12	××××年 1 2 3 4 5 6 7 8 9 10 11 12	××××年 1 2 3 4 5 6 7 8 9 10 11 12
里程碑事项			
机身			
变速箱			
……			
车辆			
商业许可证			
投资许可			
环境研究			
资本投入			
建造计划及许可			
机器及设备			
报价处理/订单			
机器制造			
运输/维护			

表 2-23　立项文件策划和项目确立阶段评审报告

项目名称		计划日期	
项目组长		实际日期	
评审内容		完成程度/说明	结论
是否已完成市场调研			
顾客要求是否已明确			
项目总体计划是否符合顾客要求			
项目负责人及项目小组是否已正式任命			
产品目标成本是否已确定			
投资估算是否已完成			
产品的初步工艺是否已确定			
供应商的选择是否已完成（初选）			
产品的可行性分析报告是否齐备			
立项报告是否已得到批准			
项目小组评审意见			

结论意见：

评审结论：□同意转入下一阶段　　　　　□拒绝转入下一阶段

项目小组人员签名：

批准（最终决定）：

批准意见：□放弃项目　　□项目转向　　□深入研究　　□同意转入下一阶段

（五）过程设计与开发阶段

过程设计与开发阶段文件见表 2-24~ 表 2-29。

表 2-24　新产品指引建立

序号	工作事项	输出文件
1	初始物料清单建立	新产品指引
2	图纸与标准受控发放	技术图纸与技术参数

表 2-25　初始过程设计与评估

序号	工作事项	输出文件
1	初始过程流程评估	—
2	初始潜在失效模式分析	—
3	初始过程控制评估	—
4	初始设备、工装、检具评估	初始设备、工装、检具清单
5	生产线规划	初始场地平面布置图
6	初始包装设计	初始包装设计式样书
7	人员培训	人员培训计划

表 2-26　物料清单

	□样件	□试生产	□量产		车型		客户名称		
序号	物料名称	规格型号	数量	零部件图编号	零部件图片	材料标准	材料牌号	原材料供应商	零部件净重	零部件消耗定额	回料比例
签名		编制日期		审核日期		标准化日期			

表 2-27　原材料、配件采购与委外计划

序号	工作事项	输出文件
1	设计提供开料尺寸	设计提供开料尺寸表
2	材料购买申请	材料配件购买申请表
		材料采购购买计划表

表 2-28　设备采购与工装制作计划

序号	工作事项	输出文件
1	模具设计和制作计划	模具设计计划表
		模具制作计划表
2	检具制作计划	检具设计加工计划表

表 2-29　过程设计与开发阶段评审报告

项目名称		计划日期	
项目组长		实际日期	
评审内容		完成程度/说明	结论
项目计划是否已经实施并遵守			
技术标准是否已经确定			
产品失效分析是否已经完成			
产品的关键特性是否已经确定			
样件是否满足既定目标			
制造成本是否符合目标要求			
生产中必要的工装、手段是否已经确定			
供应商是否已经确定			
是否考虑了项目会议得出的结论			
供应商是否至少符合供应商评审标准中的 B 级			
上一阶段未解决的问题是否都已经解决			
结论意见：			
评审结论：□同意转入下一阶段		□拒绝转入下一阶段	
项目小组人员签名：			
批准（最终决定）：			
批准意见：□放弃项目　　□项目转向　　□深入研究　　□同意转入下一阶段			

（六）产品与过程确认阶段

产品与过程确认阶段文件见表 2-30~ 表 2-37。

表 2-30　产品与过程确认阶段内容

序号	工作事项	输出文件
1	试模材料准备（原材料、配件等）	毛胚料图
2	模具工装验证（试模等）	模具工装问题点记录表
3	样件验证	尺寸报告，性能测试报告
4	模具工装及样件检讨与改进计划	试模改进计划表

表 2-31　模具工装问题点记录表

项目名称：			工装夹具编号	
保养内容	日期			
工装夹具外部清洁				
工装夹具连接件检查				
工装夹具定位销、块检查				
导柱、滑块、润滑检查				
紧固螺栓检查				
防、放错功能检查				
点检人				

注：（√）良好　（　）尚可使用　（×）无法使用（通知工程师处理）

表 2-32　尺寸报告，性能测试报告

产品名称				型号规格			
生产批次号				抽检数量			
序号	技术要求	测量器具	实测结果				判定
			1	2	3	4	5	
检验结论							
检验员/日期				审核/日期			

表 2-33 工装样件制作（全工装制作）

序号	工作事项	输出文件
1	原材料，配件准备	—
2	样件制作	首件检验记录表
3	委外加工	委外加工单
4	样件验证（按照试验大纲执行）	尺寸报告（偏差申请）
		性能测试报告（内部实验室）
5	原材料性能测试	材料测试报告（第三方实验室）
6	表面处理，如热处理等	性能测试报告（第三方实验室）
7	国际材料数据系统输入和确认	审批输出表
8	工装样件递交	OTS 文件包
9	模具工装及样件检讨与改进计划	试模改进计划表
10	工装样件客户认可	工装样件客户认可单

表 2-34 生产件批准程序（PPAP）试生产准备

序号	工作事项	输出文件
1	物料清单更新	物料清单
2	过程流程图更新	过程流程图
3	制程失效模式及影响分析（PFMEA）的更新	动态文件
4	控制计划更新	控制计划
5	生产作业指导书制作	标准作业指导书
6	检验指导书制作	标准检验指导书
7	包装规范制定	包装规范式样书
8	设备验收	设备验收合格证明
9	模具预验收	动静态验收表、研配合格率、模具硬度、工序样件等
10	检具预验收	检具验收报告
11	人员培训	人员培训记录

表 2-35　生产件批准程序（PPAP）试生产

序号	工作事项	输出文件
1	试生产准备会议	会议纪要，测量系统分析，过程能力指数计划
2	试生产	试生产鉴定报告
		初始过程能力研究报告
		测量系统分析报告
3	样品和文件递交	文件包
4	客户认可	零部件提交保证书客户签署

表 2-36　生产件批准程序（PPAP）检查清单

零部件名称		零部件号		
车型年份		提交 PPAP 的样品数量		
序号	PPAP 文件种类			备注
1	完整的零部件提交保证书			
2	经批准的外观批准报告			
3	产品工程批准的设计记录			
4	产品工程批准的工程更改文件			
5	对所有零部件尺寸检查标识，包含总成、零部件			
6	和尺寸检验标识对应的尺寸报告			
7	检具及检查辅具文件			
8	工程试验清单和 PPAP 试验清单			
9	材料测试结果总结报告，包括所有分零部件，并附原始报告			
10	功能 / 性能测试结果总结报告，并附原始报告			
11	耐久性测试结果总结报告，并附原始报告			
12	过程流程图			
13	过程失效模式和效果分析			
14	设计失效模式和效果分析（如果供应商是设计责任者）			
15	生产控制计划			
16	试生产控制计划			
17	初始过程能力			
18	测量系统分析			

表 2-36 续

19	包装说明	
20	分供方清单和材料清单	
21	场地平面布置图	
22	功能评估报告	
23	顾客工程批准，如要求	
24	实验室认可文件	
25	散装材料要求检查清单	
26	生产件样品及标准样品	

表 2-37　产品和过程确认阶段评审报告

项目名称		计划日期	
项目组长		实际日期	
评审内容		完成程度/说明	结论
样品检验报告是否齐全			
初始过程能力研究是否已制订			
是否制订测量系统研究报告			
工艺验证是否已制订			
生产件批准程序文件包是否已齐备			
生产确认试验报告是否齐全			
生产控制计划是否已编制完成			
项目策划认定报告是否已制订			
包装评价报告是否已制订			

结论意见：

评审结论：□同意转入下一阶段　　　　□拒绝转入下一阶段

项目小组人员签名：

批准（最终决定）：

批准意见：□放弃项目　　□项目转向　　□深入研究　　□同意转入下一阶段

（七）反馈、评定与纠正措施

反馈、评定与纠正措施文件见表 2-38~ 表 2-40

表 2-38　模具、检具移交

序号	工作事项	输出文件
1	模具移交	工装设备验收报告
2	检具移交	检具验收报告

表 2-39　文件受控

序号	工作事项	输出文件
1	新产品指引，物料清单受控	新产品指引，物料清单
2	零部件提交保证书受控	零部件提交保证书受控发放
3	生产检验工艺文件受控	工艺流程图，潜在失效模式及后果分析受控发放
		控制计划，检验指导书受控发放
		作业指导书受控发放
		包装规范式样书受控发放

表 2-40　项目总结

序号	工作事项	工作事项
1	项目总结会议	项目总结报告
2	初期量产管理	—
3	初期量产计划制订	初期量产管理计划和要求
4	初期量产管理解除	初期量产管理解除报告
5	阶段评审	阶段评审记录表
6	量产	量产记录

二、境外付款申请书

境 外 汇 款 申 请 书
APPLICATION FOR FUNDS TRANSFERS (OVERSEAS)

日 期 Date _____

	☐ 电汇 T/T ☐ 票汇 D/D ☐ 信汇 M/T		发电等级 Priority	☐ 普通 Normal ☐ 加急 Urgent

申报号码 BOP Reporting No.					
20	银行业务编号 Bank Transac. Ref. No.		收电行/付款行 Receiver / Drawn on		
32A	汇款币种及金额 Currency & Interbank Settlement Amount		金额大写 Amount in Words		
其中	现汇金额 Amount in FX		账号 Account No./Credit Card No.		
	购汇金额 Amount of Purchase		账号 Account No./Credit Card No.		
	其他金额 Amount of Others		账号 Account No./Credit Card No.		
50a	汇款人名称及地址 Remitter's Name & Address				
	☐对公 组织机构代码Unit Code☐☐☐☐☐☐☐☐-☐	☐ 对私	个人身份证件号码 Individual ID NO. ☐中国居民个人Resident Individual ☐中国非居民个人Non-Resident Individual		
54/56a	收款银行之代理行名称及地址 Correspondent of Beneficiary's Bank Name & Address				
57a	收款人开户银行名称及地址 Beneficiary's Bank Name & Address	收款人开户银行在其代理行账号 Bene's Bank A/C No.			
59a	收款人名称及地址 Beneficiary's Name & Address	收款人账号 Bene's A/C No.			

70	汇款附言	只限140个字位 Not Exceeding 140 Characters		71A	国内外费用承担
	Remittance Information				All Bank's Charges If Any Are To Be Borne By
					☐汇款人OUR ☐收款人BEN ☐共同SHA
收款人常驻国家（地区）名称及代码 Resident Country/Region Name & Code					☐☐☐
请选择：☐ 预付货款 Advance Payment　☐ 货到付款 Payment Against Delivery　☐ 退款 Refund　☐ 其他 Others				最迟装运日期	
交易编码	☐☐☐☐☐	相应币种及金额		交易附言	
BOP Transac. Code	☐☐☐☐☐	Currency & Amount		Transac. Remark	
是否为进口核销项下付款	☐是 ☐否	合同号		发票号	
外汇局批件/备案表号		报关单经营单位代码		☐☐☐☐☐☐☐	
报关单号		报关单币种及总金额		本次核注金额	
报关单号		报关单币种及总金额		本次核注金额	
银行专用栏 For Bank Use Only		申请人签章 Applicant's Signature		银行签章 Bank's Signature	
购汇汇率 @ Rate		请按照贵行背页所列条款代办以上汇款并进行申报			

等值人民币 RMB Equivalent		Please Effect the Upwards Remittance, Subject to the Conditions Overleaf		
手续费 Commission				
电报费 Cable Charges				
合计 Total Charges		申请人姓名 Name of Applicant		核准人签字 Authorized Person
支付费用方式 In Payment of the Remittance	□现金 by Cash			
	□支票 by Check	电话 Phone No.		日期 Date
	□账户 from Account			
核印 Sig. Ver.		经办 Maker		复核 Checker

填写前请仔细阅读各联背面条款及填报说明。
Please read the conditions and instruction overleaf before filling in this application.

三、产能保障合同

产能保障合同相关文件见表 2-41~ 表 2-43。

表 2-41 产能保障合同基础信息表

合同双方	
合同号	
日期	
买方	
卖方	

以下零部件的生产工具和设备将留在中国境外

零部件	零部件号	工具和设备的位置
描述		单价
总价		
发票		
签名		

表 2-42　产能保障合同项下的工具清单

合同号		日期	
位置	数量	描述	单价
总价			

表 2-43　产能保障合同项下的工具技术性描述

工具的技术性描述			
合同号		日期	
工具/设备			
卖方工具/设备编号			
位置	技术性描述		

四、进口后费用（以车辆为例）

（一）安装调试服务合同

安装调试服务合同见表 2-44。

表 2-44　安装调试服务合同

条款	内容
试制车辆及车身	境外关联方在境外工厂进行碰撞试验，为进口商调试合同产品。对此，进口商承担调试的全部费用
试制车身的支付	作为对合同服务和材料的补偿，进口商应按期向境外关联方支付 × 元，支付费用包括工时费、人员差旅费、材料费和服务费等。如果增加试制产品是必要的，进口商应承担相应费用
调试零部件	境外关联方为车辆调试，应向进口商交付 × 套试制件。进口商应按试制件交货时的价格支付零部件价款。
其他	除非双方另行签署了书面协议，本合同应包括以下内容：①调试概念的描述；②连续调试期间的培训内容；③调试零部件描述

（二）启动支持服务协议

启动支持服务协议见表2-45。

表 2-45　启动支持服务协议

条款	内容
协议主题	本协议仅涉及由境外关联方在境内的进口商工厂内在某车型的新生产线启动阶段及以后的持续生产过程中提供的咨询服务和技术服务（以下统称为"支持服务"）。境外关联方所提供支持服务的类型和数量在合同附件中进行规定
报酬和付款方式	作为服务的对价，进口商以每位专家的净小时费率计算报酬，基于同意的 × 人月的合同项目的技术支持，向境外关联方支付 × 元的服务费用。合同期间内的净小时费率为：××××年，×元/小时；××××年，×元/小时；××××年，×元/小时

（三）技术培训合同

技术培训合同见表2-46。

表 2-46　技术培训合同

条款	内容
项目	1. 境内工厂和境外关联方就某车型项目开展合作。为实现该车型项目，境内工厂需要从境外关联方处得到技术培训。 2. 境外关联方同意向境内工厂的雇员提供 × 人月的技术培训。根据境内工厂的需求，境外关联方在其能力范围内以提供技术培训的方式协助境内工厂实现该车型项目
技术培训	1. 技术培训将在境外关联方工厂内进行。技术培训应包括该车型项目的制造及使用的新技术。对于在境外关联方工厂内进行的该车型项目的技术培训，境内工厂应向境外关联方支付的技术培训费已完全包含在双方签署的技术援助协议中。 2. 境内工厂应承担与技术培训相关的所有费用，如差旅费、住宿费、机票费、交通费、签证费、保险费等。双方同意，境内工厂为 × 人月的技术培训向境外关联方支付 × 元

五、其他费用

（一）采购递减价格调整合同

采购递减价格调整合同见表2-47。

表 2-47　采购递减价格调整合同

条款	内容
定义和解释	价格调整金额是指进口商因合同车型国产化率的增加而对境外关联方赔偿支付的金额。其中，国产化率是指在中国境内为生产合同车型而采购的所有零部件占的百分比，目标区间为 70%~85%
合同范围	进口商和境外关联方应按照合同规定的程序，共同商定合同车型的国产化，并按照双方的惯例，为达到国产化率 70%~85% 的目标，当国产化率处于 70%~85% 的区间，每提高一个百分点，进口商将对境外关联方进行部分补偿

表 2-47 续

条款	内容
赔偿方式	考虑合同车型国产化率在区间（70%～85%）内的提高对境外关联方造成的收入损失，进口商应对境外关联方进行部分赔偿，赔偿金额计算方式如下：进口商工厂生产的每辆合同车型，应赔偿境外关联方最低1元、最高2欧（美）元的金额

（二）国产化补偿协议附件：跟踪列表

国产化补偿协议附件：跟踪列表见表 2-48。

表 2-48 跟踪列表

序号（Pos.）	零部件号（Part No.）	零部件名称（Part Name）	国产化率（Local Content Rate）
整体国产化率（Overall Local Content Rate）			

第三章

制造业产品设计及过程研发

第一节
制造业产品设计过程

本节以汽车行业产品为例进行说明。汽车行业产品设计过程是对整车进行细化设计的过程，各个总成分发到相关部门，在项目规划的总框架下分别进行设计开发，同时相互沟通配合以满足项目的整体要求。

一、总体布置

绘制汽车总体布置草图是汽车总体设计和总布置的重要内容，其主要任务是根据汽车的总体方案及整车性能要求提出对各总成及部件的布置要求和特性参数等设计要求；协调整车与总成间、相关总成间的布置关系和参数匹配关系，使之组成一个在给定使用条件下的使用性能达到最优并满足产品目标大纲要求的整车参数和性能指标的汽车。总体布置草图确定的基本尺寸控制图是造型设计的基础。

二、造型设计

确定汽车的基本尺寸，汽车的造型设计是汽车研发中至关重要的环节，包括外形设计和内饰设计两部分。

三、车身零部件设计

轿车车身是一个形状复杂的空间薄壁壳体，为了便于制造，车身设计时通常将其划分为若干个分总成，各分总成又划分为若干个合件，合件由若干个零部件组成。一台轿车车身最终要划分为数百个零部件，这些零部件主要由钢板冲压而成，然后装配焊接成车身。

第二节
制造业产品研发过程

制造业产品研发过程见表 3-1。

表 3-1 制造业产品研发过程

生产技术准备过程	产品在投入生产前所进行的各种生产技术准备工作，如产品设计、工艺设计、工艺装备的设计与制造、标准化工作、定额工作、调整劳动组织和设备布置等
基本生产过程	直接为完成企业的基本产品所进行的生产活动，如纺织企业的纺纱、织布；钢铁企业的炼铁、炼钢；机械制造企业的铸锻、加工、装配等。基本产品代表着企业的专业方向
辅助生产过程	保证基本生产过程的正常进行所必需的各种辅助性生产活动，如机械制造企业中的动力生产、工具制造、设备维修等
生产服务过程	基本生产和辅助生产服务的各种活动，如原材料、半成品的供应、运输和保管等

第三节
专利或专有技术

"专利"是受法律规范保护的发明创造，专利申请人向国家审批机关提出对一项发明创造的专利申请，经依法审查合格后，专利申请人被授予的在规定的时间内对该项发明创造享有的专有权即专利权。

"专有技术"是指以图纸、模型、技术资料和规范等形式体现的尚未公开的工艺流程、配方、产品设计、质量控制、检测及营销管理等方面的知识、经验、方法和诀窍等。

一、专利

（一）专利的分类

专利按持有人所有权、《中华人民共和国专利法》分类如图 3-1、图 3-2 所示。

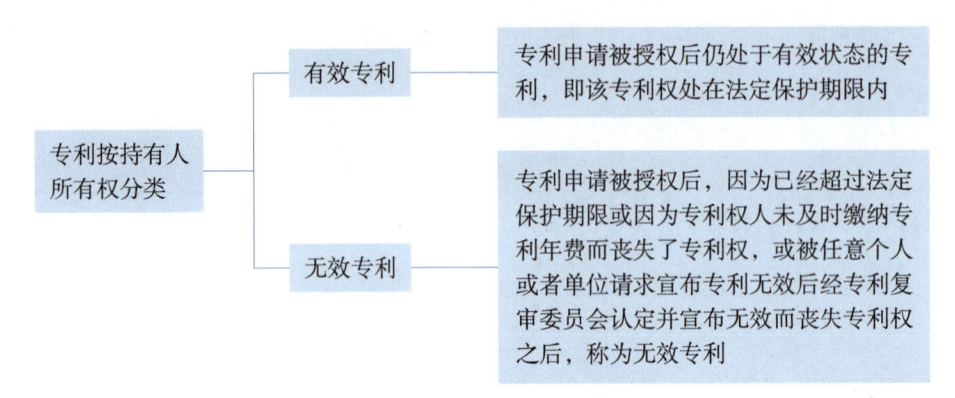

```
                    ┌─ 有效专利 ── 专利申请被授权后仍处于有效状态的专利，即该专利权处在法定保护期限内
专利按持有人所有权分类 ┤
                    └─ 无效专利 ── 专利申请被授权后，因为已经超过法定保护期限或因为专利权人未及时缴纳专利年费而丧失了专利权，或被任意个人或者单位请求宣布专利无效后经专利复审委员会认定并宣布无效而丧失专利权之后，称为无效专利
```

图 3-1　专利按持有人所有权分类

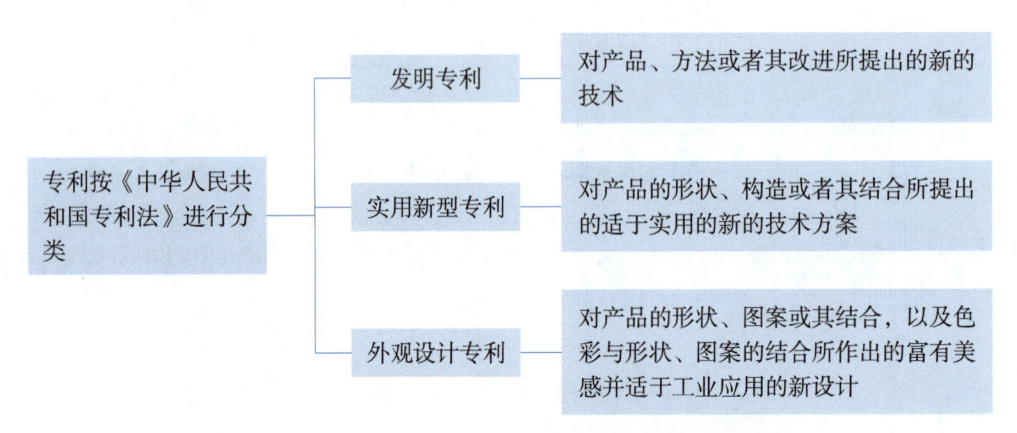

```
                              ┌─ 发明专利 ───── 对产品、方法或者其改进所提出的新的技术
专利按《中华人民共和国专利法》进行分类 ┤── 实用新型专利 ── 对产品的形状、构造或者其结合所提出的适于实用的新的技术方案
                              └─ 外观设计专利 ── 对产品的形状、图案或其结合，以及色彩与形状、图案的结合所作出的富有美感并适于工业应用的新设计
```

图 3-2　专利按《中华人民共和国专利法》进行分类

（二）专利申请的文件

申请专利时提交的法律文件须采用书面形式，并按照规定的统一格式填写。申请不同类型的专利，需要准备不同的文件，如图 3-3、图 3-4、图 3-5 所示。

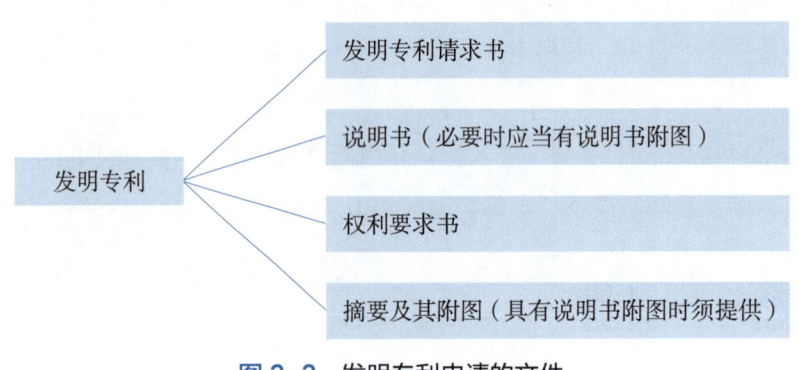

```
          ┌─ 发明专利请求书
          ├─ 说明书（必要时应当有说明书附图）
发明专利 ──┤
          ├─ 权利要求书
          └─ 摘要及其附图（具有说明书附图时须提供）
```

图 3-3　发明专利申请的文件

图 3-4 实用新型专利申请的文件

实用新型专利：
- 实用新型专利请求书
- 说明书
- 说明书附图
- 权利要求书
- 摘要及其附图

图 3-5 外观设计专利申请的文件

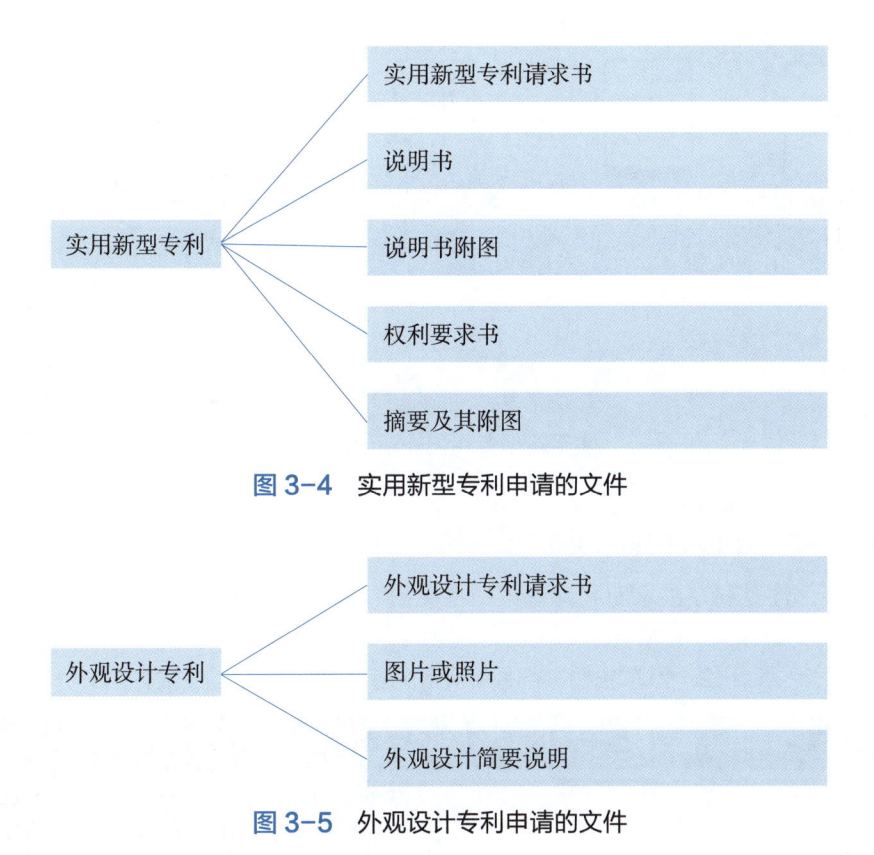

外观设计专利：
- 外观设计专利请求书
- 图片或照片
- 外观设计简要说明

（三）专利申请的审批流程

1. 发明专利申请

依据《中华人民共和国专利法》，发明专利申请的审批程序包括受理、初步审查、专利公开、实质审查、专利授权五个阶段。发明专利申请流程如图 3-6 所示。

确认技术交底材料 → 撰写申请文件 → 提交国家知识产权局 → 国家知识产权局受理 → 初步审查 → 专利公开 → 实质审查 → 专利授权 → 专利证书

图 3-6 发明专利申请流程

2. 实用新型专利和外观设计专利申请

实用新型专利和外观设计专利申请不进行公布和实质审查，流程如图 3-7 所示。

确认技术交底材料 → 撰写申请文件 → 提交国家知识产权局 → 国家知识产权局受理 → 专利授权 → 专利证书

图 3-7　实用新型专利和外观设计专利申请流程

（四）备案专利的主要内容（以汽车为例）

汽车主要零部件专利在国家专利局备案的主要内容形式见表 3-2。

表 3-2　汽车主要零部件专利在国家专利局备案的主要内容

专利名称	专利申请公布号	专利所有人	摘要
发动机	CN20××××××××	境外授权人	本发明提供一种新型发动机。该发动机具备发动机本体、将该发动机本体支承在车体骨架构件上的发动机安装支架，及用于悬吊发动机本体的发动机吊架，在发动机安装支架上，设置有用于安装发动机吊架的吊架安装部，发动机吊架仅与吊架安装部紧固连接。采用本实用、新型的结构，能够防止发动机本体被悬吊时产生的应力导致发动机吊架的安装部被损坏的情况发生
车辆变速箱	CN10××××××××	境外授权人	提供了一种车辆变速箱，其包括：被分成相互连通的第一部分和第二部分；齿轮（其横向地安装在壳体的第一部分中），通过其转动使壳体中的机油向上飞溅并将机油供给到壳体中的一个部分；以及排气通道，其设置在壳体的第二部分中处于通过所述齿轮的转动而产生的油流的上游侧，并与壳体的外部连通
变速器的起动调节方法	CN11××××××	境外授权人	本发明涉及一种具有电子控制起动离合器和机械无级变速器的汽车的起动调节方法，按此方法调节离合器力矩。在每次起动时为起动调节的末尾规定一个独特的变速器传动转速，在这一转速下通过起动调节的离合器控制结束

二、专有技术

（一）专有技术必须具备的三个条件

专有技术必须具备的三个条件见图 3-8。

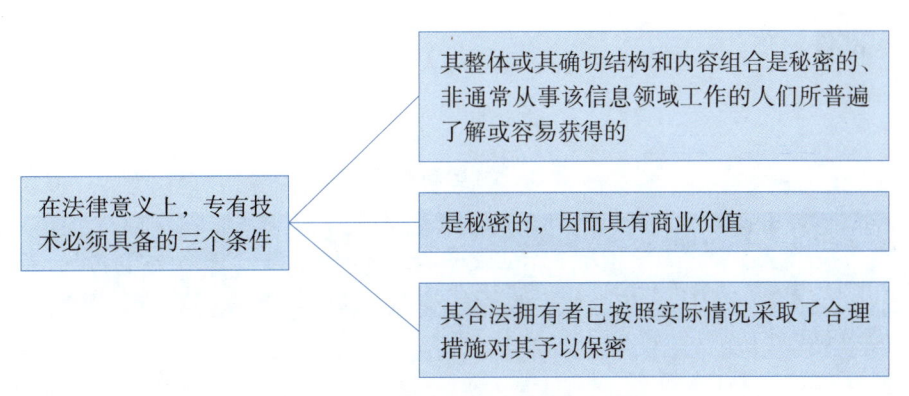

第三章 制造业产品设计及过程研发

```
                          ┌─ 其整体或其确切结构和内容组合是秘密的、
                          │  非通常从事该信息领域工作的人们所普遍
                          │  了解或容易获得的
在法律意义上，专有技 ─────┤
术必须具备的三个条件      ├─ 是秘密的，因而具有商业价值
                          │
                          └─ 其合法拥有者已按照实际情况采取了合理
                             措施对其予以保密
```

图 3-8　专有技术必须具备的三个条件

（二）专有技术的特点

专有技术的特点见图 3-9。

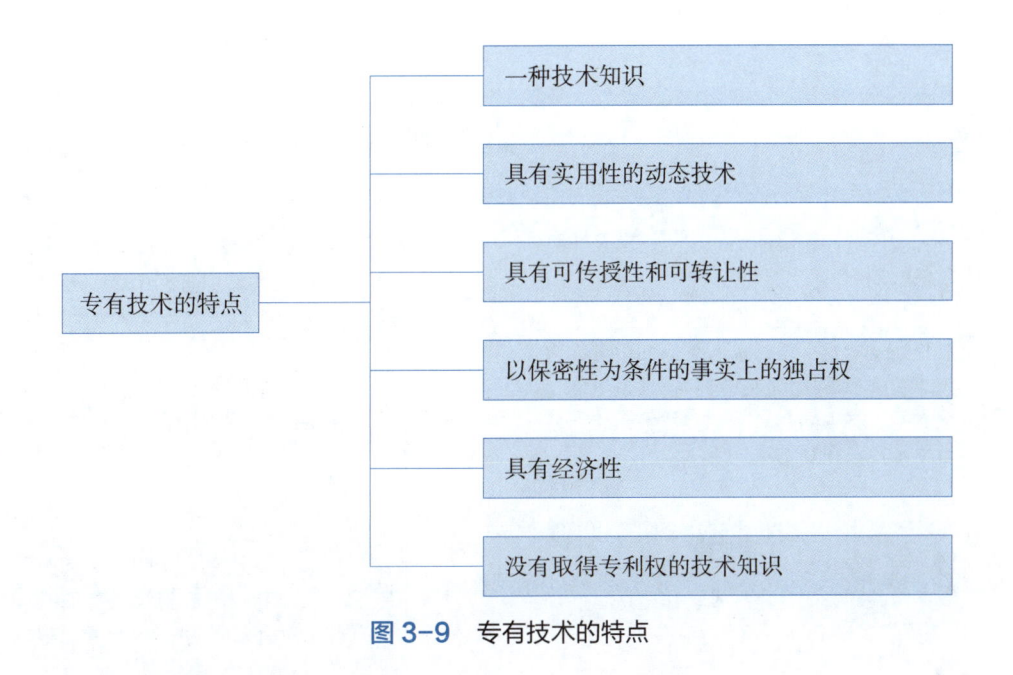

```
                ┌─ 一种技术知识
                │
                ├─ 具有实用性的动态技术
                │
                ├─ 具有可传授性和可转让性
专有技术的特点 ─┤
                ├─ 以保密性为条件的事实上的独占权
                │
                ├─ 具有经济性
                │
                └─ 没有取得专利权的技术知识
```

图 3-9　专有技术的特点

（三）专有技术保密措施

专有技术保密措施见图 3-10。

```
                      ┌─ 在技术转让合同中订立"保密条款"
专有技术保密措施 ─────┤
                      └─ 要求本企业雇员保护本企业的技术秘密
```

图 3-10　专有技术保密措施

71

（四）零部件清单

零部件清单见表 3-3。

表 3-3　零部件清单

页面 Page	零部件号 / 图纸号 Part number	零部件名称（外语） Part name (foreign language)	零部件名称（中文） Part name (Chinese)	车型 Models	供应商（产地） Supplier (origin)
	常见为 9 位数字				

三、专利和专有技术的异同点

专利和专有技术的异同点见图 3-11。

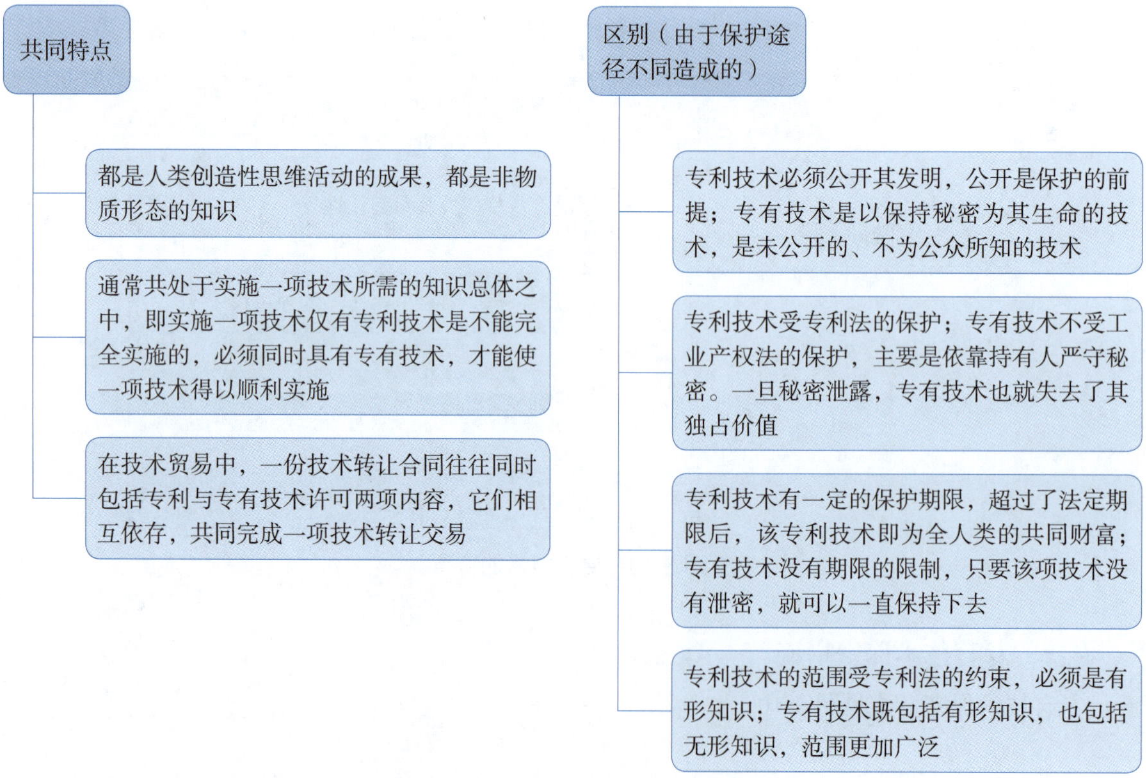

共同特点
- 都是人类创造性思维活动的成果，都是非物质形态的知识
- 通常共处于实施一项技术所需的知识总体之中，即实施一项技术仅有专利技术是不能完全实施的，必须同时具有专有技术，才能使一项技术得以顺利实施
- 在技术贸易中，一份技术转让合同往往同时包括专利与专有技术许可两项内容，它们相互依存，共同完成一项技术转让交易

区别（由于保护途径不同造成的）
- 专利技术必须公开其发明，公开是保护的前提；专有技术是以保持秘密为其生命的技术，是未公开的、不为公众所知的技术
- 专利技术受专利法的保护；专有技术不受工业产权法的保护，主要是依靠持有人严守秘密。一旦秘密泄露，专有技术也就失去了其独占价值
- 专利技术有一定的保护期限，超过了法定期限后，该专利技术即为全人类的共同财富；专有技术没有期限的限制，只要该项技术没有泄密，就可以一直保持下去
- 专利技术的范围受专利法的约束，必须是有形知识；专有技术既包括有形知识，也包括无形知识，范围更加广泛

图 3-11　专利和专有技术的异同点

四、进口环节的专利或专有技术

海关审价视角下的特许权使用费中的专利或专有技术是指货物进口前，即进口货物的境外生

产环节所应用的专利或专有技术。进口含专利或专有技术货物流程见图 3-12。进口含专有技术零部件示意图见图 3-13。进口专门设计或制造的含专利或专有技术生产（定制）设备示意图见图 3-14。

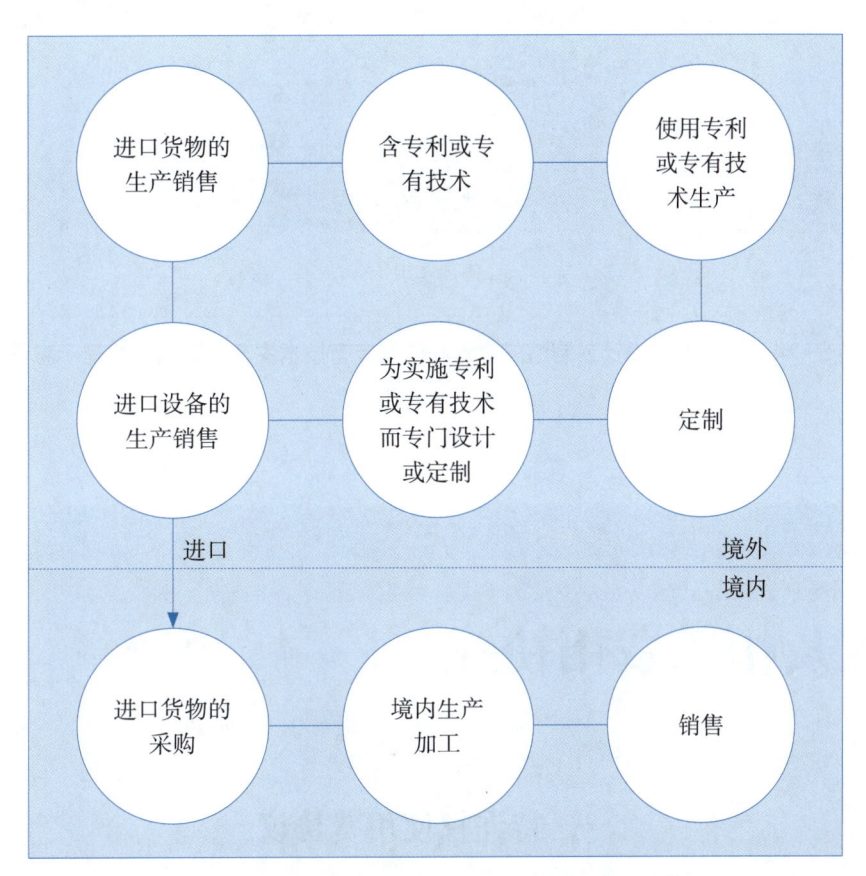

图 3-12　进口含专利或专有技术货物流程图

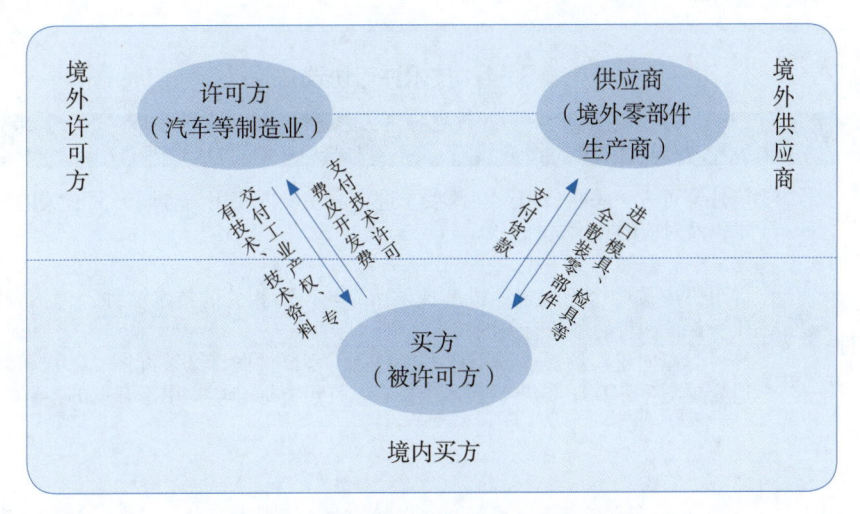

图 3-13　进口含专有技术零部件示意图

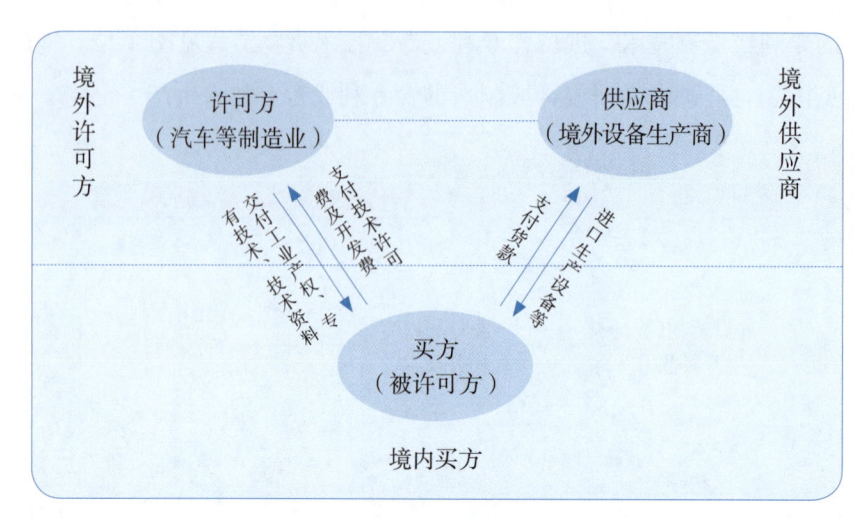

图 3-14 进口专门设计或制造的含专利或者专有技术生产（定制）设备示意图

第四节
特许权及相关费用协议

一、特许权使用费协议

（一）技术许可协议

技术许可协议见表 3-4。

表 3-4 技术许可协议

条款	内容
许可范围	境外许可方（关联公司）在此授予进口商在境内使用与合同产品有关的专利、专有技术以及对应的技术文件
技术文件	许可方应按照合同规定的进度提供所有与产品相关的技术文件，包括合同产品设计、质量保证和售后服务有关的技术文件。 许可方应向进口商提供以下技术资料：①零部件图；②装配图；③设备装置图；④制造变更图（SKD）；⑤供货技术条件；⑥许可方标准；⑦用于开发的零部件明细表

表 3-4 续

条款	内容
工业产权和专有技术	许可方授予进口商在合同期限内使用其专利、专有技术和相关技术文件用于制造、销售合同产品。 许可方是专利和专有技术的合法所有者，有权授予进口商依据合同规定使用它们
商标	境外关联方将授予进口商在制造、销售合同产品时使用已在中国注册的合同商标的非排他性、不可转让的权利。进口商也可以对合同车辆使用其他由境外关联方和进口商事先确定的商标和名称
合同生效和期限	合同终止时，进口商应当立即将所有技术文件归还给许可方；并停止使用许可方提供的专利、专有技术、技术文件和合同商标

（二）技术开发合同

技术开发合同见表 3-5。

表 3-5 技术开发合同

条款	内容
合同范围	境外关联方应按进口商的要求，为进口商提供合同产品提升的技术开发服务
工作结果、工业产权及侵权	双方同意，境外关联方完全拥有由合同产生的包括发明在内的所有工作结果，境外关联方可自由处置这些工作结果。 "被保护权"应包括境外关联方提供的用于开发服务的专利、专利的应用、专有技术、模型等，包括在中国境内、境外登记注册的知识产权。双方同意，境外关联方将所有"被保护权"用于开发服务或零部件中。与开发服务相关的"被保护权"，包括在进口商的文件中，境外关联方拥有独一无二的产权

（三）技术规划服务合同

技术规划服务合同见表 3-6。

表 3-6 技术规划服务合同

条款	内容
前言	进口商需要某产品的技术规划服务，境外关联方具备向进口商提供技术规划服务的能力，在此基础上双方签署本合同
定义和解释	合同中的服务指境外关联方按照进口商要求为进口商提供的技术咨询和工程规划服务
附件	合同约定的服务范围包括通过认可的技术、材料、机器设备等
附属协议	附属协议中的各方同意，由境外关联方和进口商于××××年××月××日签订的"为某产品工程设计和技术咨询服务合同"中所涉及内容仅适用于该服务合同，将不作为境外关联方和进口商今后签订合同的参考和范本。 具体的内容将由境外关联方和进口商协商确认，并作为今后合同的依据

(四)商标使用许可合同

商标使用许可合同见表 3-7。

表 3-7 商标使用许可合同

条款	内容
定义	合同商标,指由商标所有人在中国和/或在世界知识产权组织(WIPO)注册的商标,这些商标由图案、中文、拉丁文或其他文字组成。 本合同许可的商标的具体使用范围不得与技术合同中约定的许可范围相冲突,任何商标所有人今后注册的新商标,如果双方同意将其应用于合同产品,将被加入合同列表,并由双方签订补充协议
许可的性质	商标所有人同意授予进口商在合同区域内非独占性的、不可转让的许可,进口商可在制造或销售合同产品、零部件和提供合同产品的售后服务中使用合同商标。 供应商向进口商交付专有合同零部件时应使用合同商标,进口商无权向任何第三方分许可合同商标的使用权
许可费	为获得合同商标的使用权,进口商需向商标所有人支付许可费 × 元

(五)技术援助合同

技术援助合同见表 3-8。

表 3-8 技术援助合同

条款	内容
定义	"技术资料"是指许可方拥有的关于合同产品的设计、工程、制造及加工的技术数据、零部件清单、材料标准、机器设备图、生产流程图、质量控制文件,以及生产和试验设备数据
授予权利	在本合同期限内,许可方授予进口商,根据许可方按合同提供给进口商的专利、专有技术和技术资料,在合同区域生产销售合同产品
商标	在销售合同产品时,未经许可方事先书面认可,进口商不得擅自使用许可方的任何商标或符号
报酬	根据合同规定,进口商应向许可方支付在合同期间销售合同产品的净销售价格的约定比例的技术援助费用
期限与终止	本合同一旦终止,合同中进口商使用专利、专有技术和技术资料的权利应当立即终止,进口商应当将许可方授权提供的所有技术资料归还给许可方,或者遵从许可方的指示将其销毁

二、协助费协议

(一)托管资产合同

托管资产合同见表 3-9。

表 3-9 托管资产合同

条款	内容
合同范围	进口商向境外供应商订购了生产合同产品的特定模具，进口商是模具的所有权人，模具专用于境外供应商生产合同产品
使用权利	供应商不得制造或促使他人制造与模具相同或相似的工装，亦不得复制或向第三方披露在模具生产和合同产品制造中使用的技术图纸、技术规格及其他技术文件。供应商不得有偿或无偿地向第三方授予任何使用模具的权利
终止	合同产品的批量生产结束后，供应商应及时归还模具，并承担将模具运输至其指定地址的费用。 在归还模具时，除模具文件外，供应商还应提供：一份备注已完成的注模数量的生产说明报告，一批最新生产完成的合同产品，使用模具的注模机的参考信息

（二）产能保障合同

产能保障合同见表 3-10。

表 3-10 产能保障合同

条款	内容
合同范围	双方同意，所有在量产后计划国产化的车型，应由境外关联方（供应商）根据本合同提供保障。境外关联方有义务向进口商提供与合同货物相关的所有相关保障的复印件。由于境外关联方的生产计划可能发生变化，由此造成的技术变化，境外关联方保留将车型附加部件列入维护部件清单的权利。对生产能力的保障应通过对境外关联方的投资和/或额外费用来实现
付款方式	根据××××年××月××日双方签署的合同，在合同有效期内，进口商应向境外关联方支付占全部投资预算的×%但不高于×万元的保障费用

三、保修费协议

（一）总经销商协议

总经销商协议见表 3-11。

表 3-11 总经销商协议

条款	内容
保修	保修义务应遵循出口商规定的适用于合同区域的保修条款。如果总经销商认为应该在合同区域提供更宽泛的保修服务，则应在事先获得出口商同意的情况下提供该保修服务
补偿	出口商按照其制订的费率，补偿总经销商根据本协议要求提供的经批准的保修服务
经销商标准	总经销商应完全满足出口商的经销商标准，并保证在本协议期限内持续满足该标准
效力适用	上述规定对于免费服务、商誉维修和由出口商负担的车辆召回行为具有同等效力

(二)全球联保手册

全球联保手册见表 3-12。

表 3-12 全球联保手册

条款	内容
保修政策	总经销商按照全球联保手册的规定提供保修服务,手册规定对所有在保修期限内的维修使用特定零部件。所有车辆都应在系统上确认保修期和保修范围
索赔处理	处理索赔的步骤如下:及时向出口商提交完整的索赔信息,一旦完成维修并提出索赔,总经销商必须通知出口商以便对索赔进行授权。所有价值超过 × 元的索赔都必须进行付款授权

第四章

制造业产品供应链管理

第一节
产品供应链概要

产品供应链是围绕核心企业，从配套零部件开始到制成中间产品及最终产品，最后由销售网络把产品送到消费者手中的一个由供应商、制造商、分销商直到最终用户所连成的整体功能网链结构。本节以汽车为例，讲述汽车供应链组成、体系、流程、产业解析、宏微观环境及发展历程，见图 4-1~图 4-7。

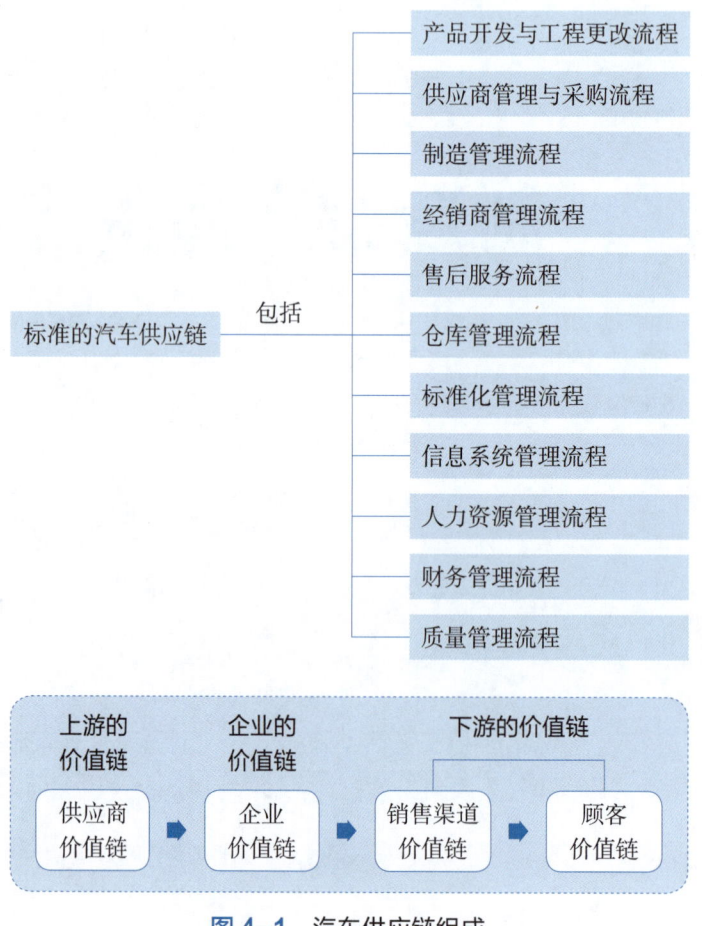

标准的汽车供应链 包括：
- 产品开发与工程更改流程
- 供应商管理与采购流程
- 制造管理流程
- 经销商管理流程
- 售后服务流程
- 仓库管理流程
- 标准化管理流程
- 信息系统管理流程
- 人力资源管理流程
- 财务管理流程
- 质量管理流程

上游的价值链：供应商价值链
企业的价值链：企业价值链
下游的价值链：销售渠道价值链 → 顾客价值链

图 4-1　汽车供应链组成

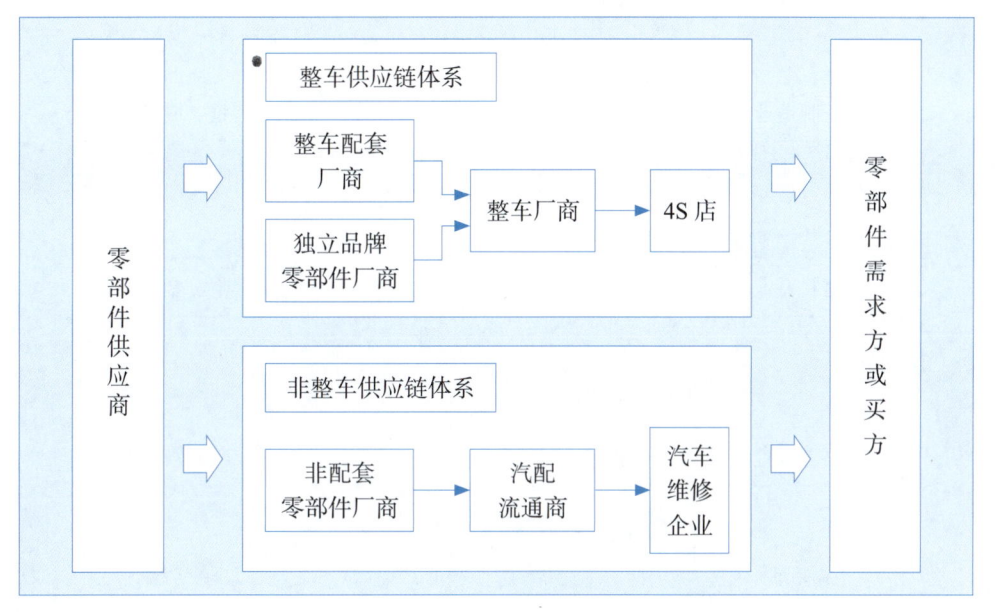

图 4-2　汽车供应链体系

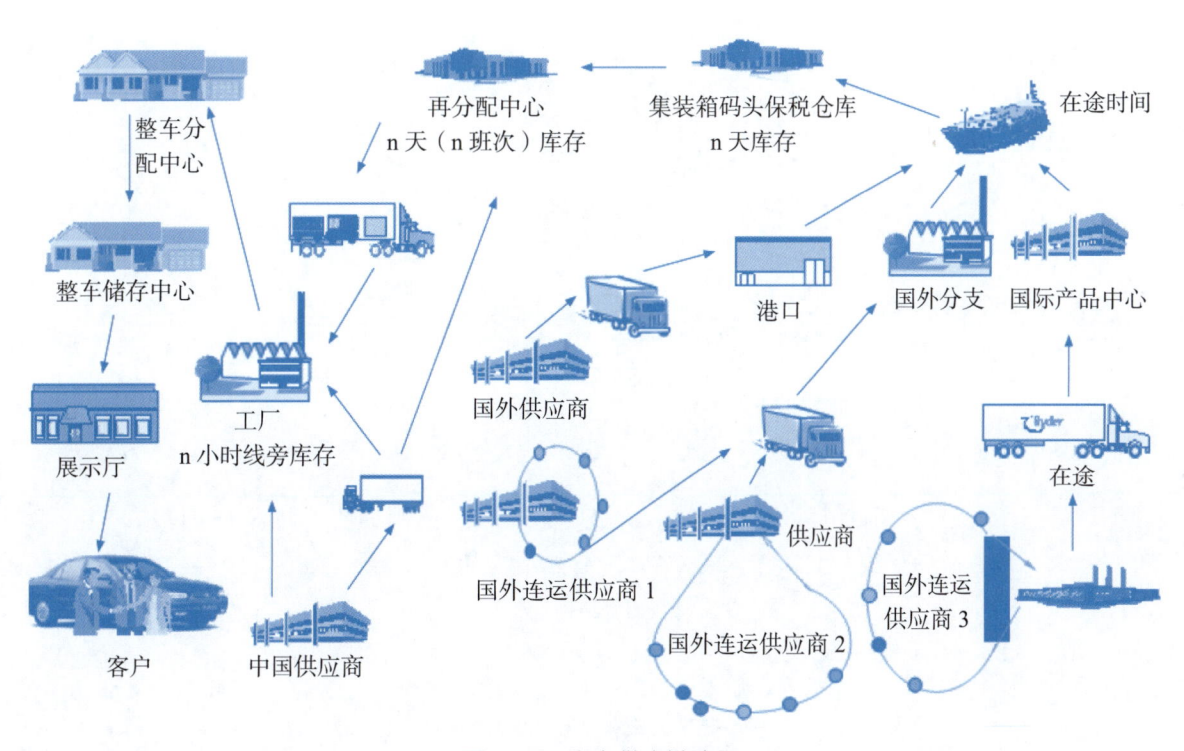

图 4-3　汽车供应链流程

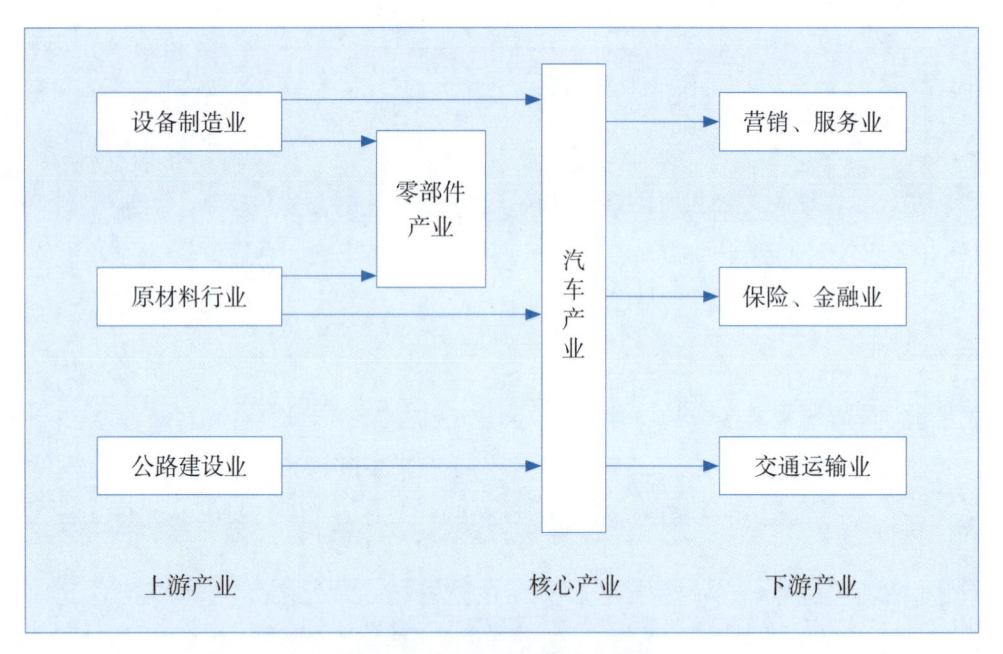

图 4-4 汽车供应链产业解析

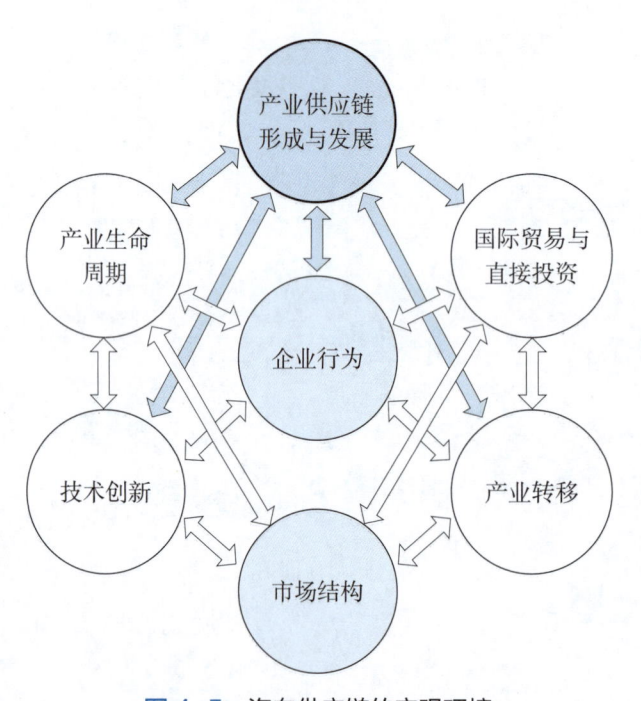

图 4-5 汽车供应链的宏观环境

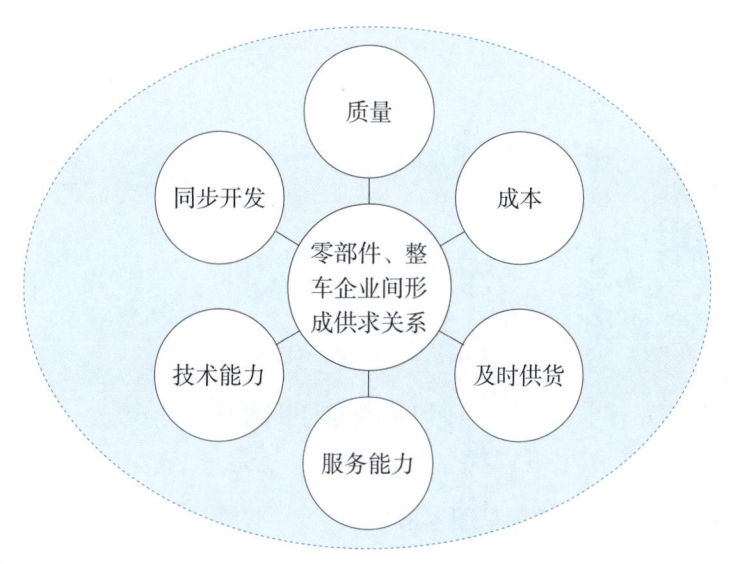

图 4-6 汽车供应链的微观环境

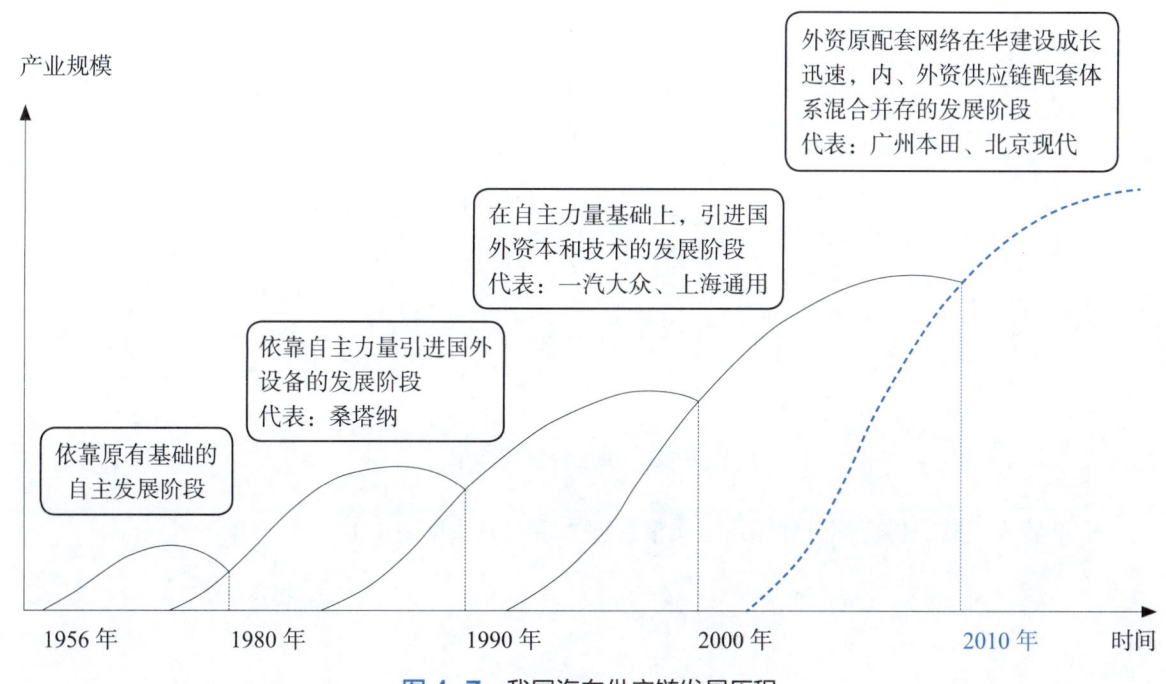

图 4-7 我国汽车供应链发展历程

第二节 供应商管理

一、供应商管理体系

供应商管理体系（以汽车为例）见图 4-8。

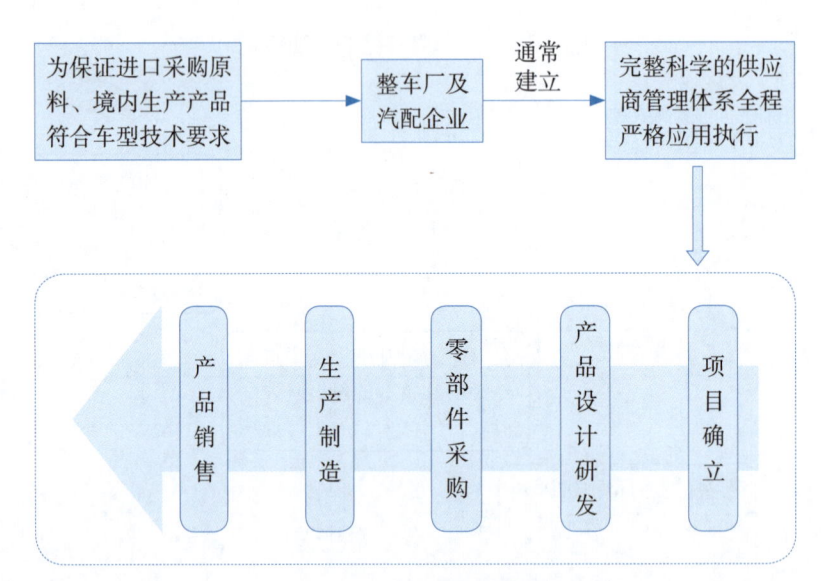

图 4-8 供应商管理体系

SAP 管理模式、供应商管理体系与质量管理体系的关系见图 4-9。

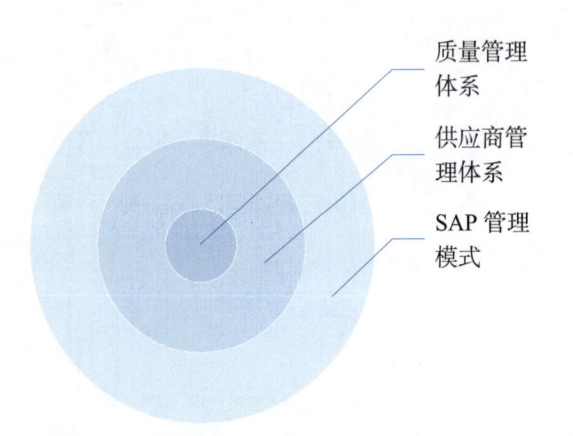

图 4-9 SAP 管理模式、供应商管理体系与质量管理体系的关系

供应商管理文件见图 4-10。

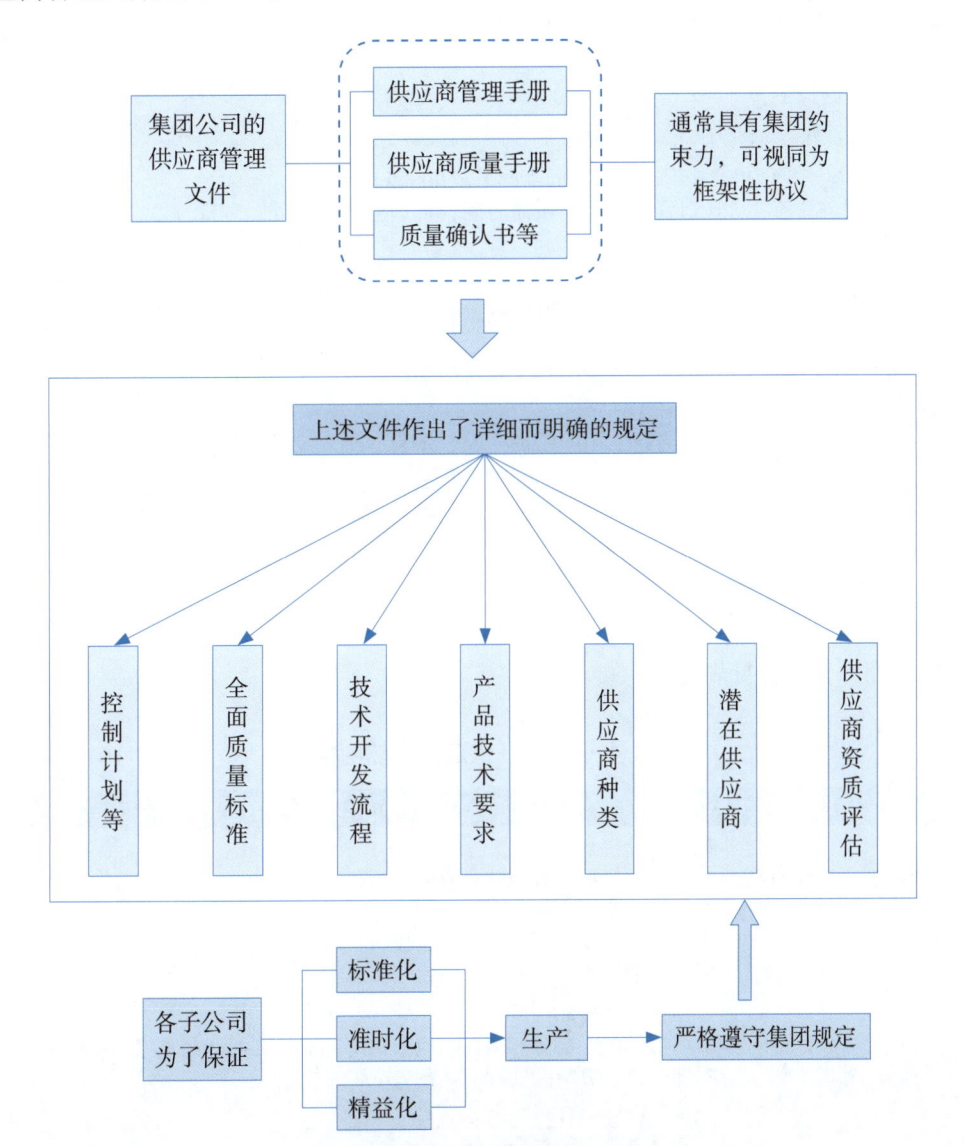

图 4-10 供应商管理文件

二、供应商评估

供应商评估标准及手段见表 4-1。

表 4-1 供应商评估标准及手段

项目	选择标准	手段
质量	1. 产品的质量水平； 2. 质量保证体系（生产环节、企业整体）：评价、检查体系，不合格品的处理方法； 3. 生产环节等所有环节、设备，作业标准	样品评价、访问供应商

表 4-1 续

项目	选择标准	手段
价格	1. 报价； 2. 成本计划能力； 3. 成本管理和改善能力	报价评价、样品评价、访问供应商
交货与生产	1. 生产：生产量、生产能力，所拥有的生产工艺和设备； 2. 批量生产准备：从计划到批量生产所需时间，批量生产时的外购零部件的管理等； 3. 生产现场：工艺设计，作业标准； 4. 设备管理体制：保全体系，异常处理体系； 5. 生产管理、交货管理	样品评价、访问供应商
技术	1. 产品的技术水平：与集团所要求的技术参数的配合状况、与竞争对手的比较、先进性、附加值； 2. 技术开发能力：设计能力，使用图纸的经验，试验、研究设备，从研发到试生产所需时间	样品评价、访问供应商
经营	1. 经营态度：首脑的领导能力，经营资源的有效利用，首脑的承诺，交流； 2. 经营的安全性； 3. 劳资关系； 4. 二级采购的管理体系：开发、交货、质量、成本、经营	访问供应商、日常业务的交流

潜在供应商评估内容见表 4-2。

表 4-2 潜在供应商评估内容

项目	评估项目	要点
技术	对制造零部件的要求、对重要特性的满足	1. 能力分析； 2. 设计和过程失效模式与影响分析； 3. 可靠性指标； 4. 必要的试验、实验室和测量设备； 5. 必要的核心技术
技术	经验、各种评价的参考	1. 相似零部件的经验； 2. 增值的主要部分和潜在供应商内部制造过程对产品主要特性的影响； 3. 即时供货方案的实现（内部/外部）； 4. 有效的、被评价过的质量管理体系
技术	过程开发的可能性、项目规划	1. 项目负责人的任命、接口的规定； 2. 目标明确的项目阶段：确定的时间计划； 3. 现有的能力：人员素质、原材料、厂房、设备、工装模具、运输器具、计算机辅助制造、计算机辅助质量管理、满足产品的特殊要求、顾客要求、法规要求、搬运、包装、工作和检验场所的设置、失效模式与影响分析、设备能力证明； 4. 信息交换的可能性； 5. 确保供方也做到上述要点：项目管理、生产能力、产品要求、批量前试生产、信息交换
质量	质量方法、质量技术	1. 预防性措施：质量功能展开、试验规划、试验设计、失效模式与影响分析、试制、试验、"故障树"分析； 2. 提高效率和质量的促进措施：持续改进计划、精益生产、合理化建议的系统、质量小组； 3. 针对质量改进正在实施的措施：质量目标、质量成本、问题分析； 4. 内部的检验可能性（实验室、测量设备）：原材料、外购件、生产、顾客关怀、顾客满意度（服务）

表4-2续

项目	评估项目	要点
采购	原材料、外购件	1. 仓库状态：一体化的仓库管理系统、防损伤的仓储条件、先进先出、存储时间、有序、清洁、标识； 2. 能力证明、过程优化：临界机器能力指数、过程能力指数、持续改进； 3. 供应商评价：质量能力、质量业绩、物流能力
服务	顾客关怀、顾客满意度（服务）	1. 不断地和顾客保持联系：与顾客的开发合作、信息交流等； 2. 紧急情况和故障情况（制造中断和运输中断、发货问题、计划—生产—控制系统的故障、数据远程传递故障等）应急战略； 3. 实施产品审核、自我检验的可能性：半成品的检验、分总成、试装、包装、标识； 4. 实施可靠性检验； 5. 问题处理：缺陷分析、查明原因、改进计划、授权处理问题的联络人； 6. 发货运输：运输器具的控制和保养，发货文件，零部件、运输器具的标识
生产	各道工序（正在使用的各道工序）	1. 合适的机器、设备； 2. 柔性制造、检验系统； 3. 缺陷单元、纠正措施； 4. 工作岗位符合人机工程学； 5. 人员培训、任务分配
生产	工艺规定、工艺质量	1. 作业指导书和检验指导书、参考样件； 2. 生产认可； 3. 统计过程控制、缺陷收集卡、带有变化趋势的原始数据卡； 4. 工作日志
生产	物流	1. 标识、合格品的交付； 2. 零部件在生产线上的准备：准时化生产、看板管理、近距离转运、无交叉运输； 3. 隔离仓库； 4. 零部件搬运：合适的运输设备/周转箱、包装

三、质量管理

作为供应商管理体系的一部分，质量管理是指确定质量方针、目标和职责，并通过质量体系中的质量策划、控制、保证和改进来使其实现的全部活动。质量管理的组成结构见图4-11。

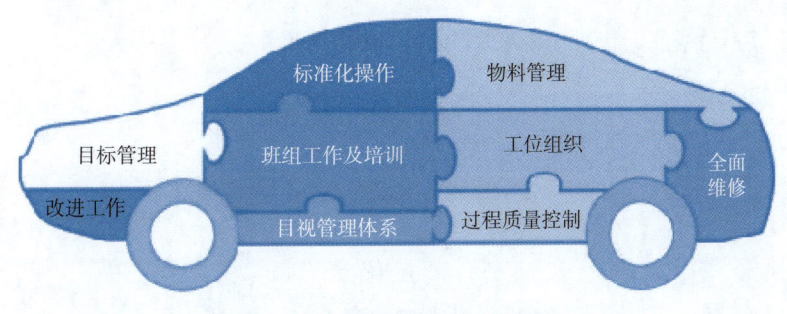

图4-11 质量管理的组成结构

(一)欧系汽车典型质量管理体系

欧系汽车典型质量管理体系见图 4-12。

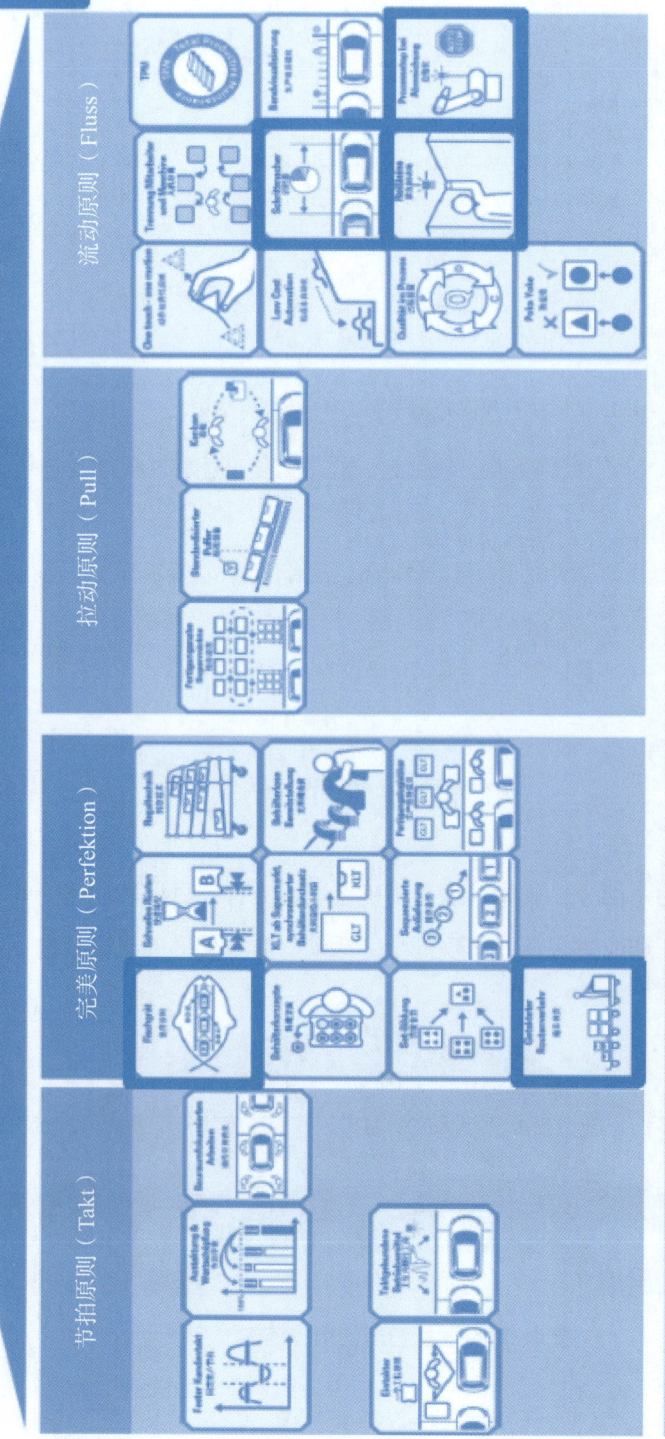

图 4-12 欧系汽车典型质量管理体系

（二）总成及整车技术质量控制体系

总成及整车技术质量控制体系见图 4-13。

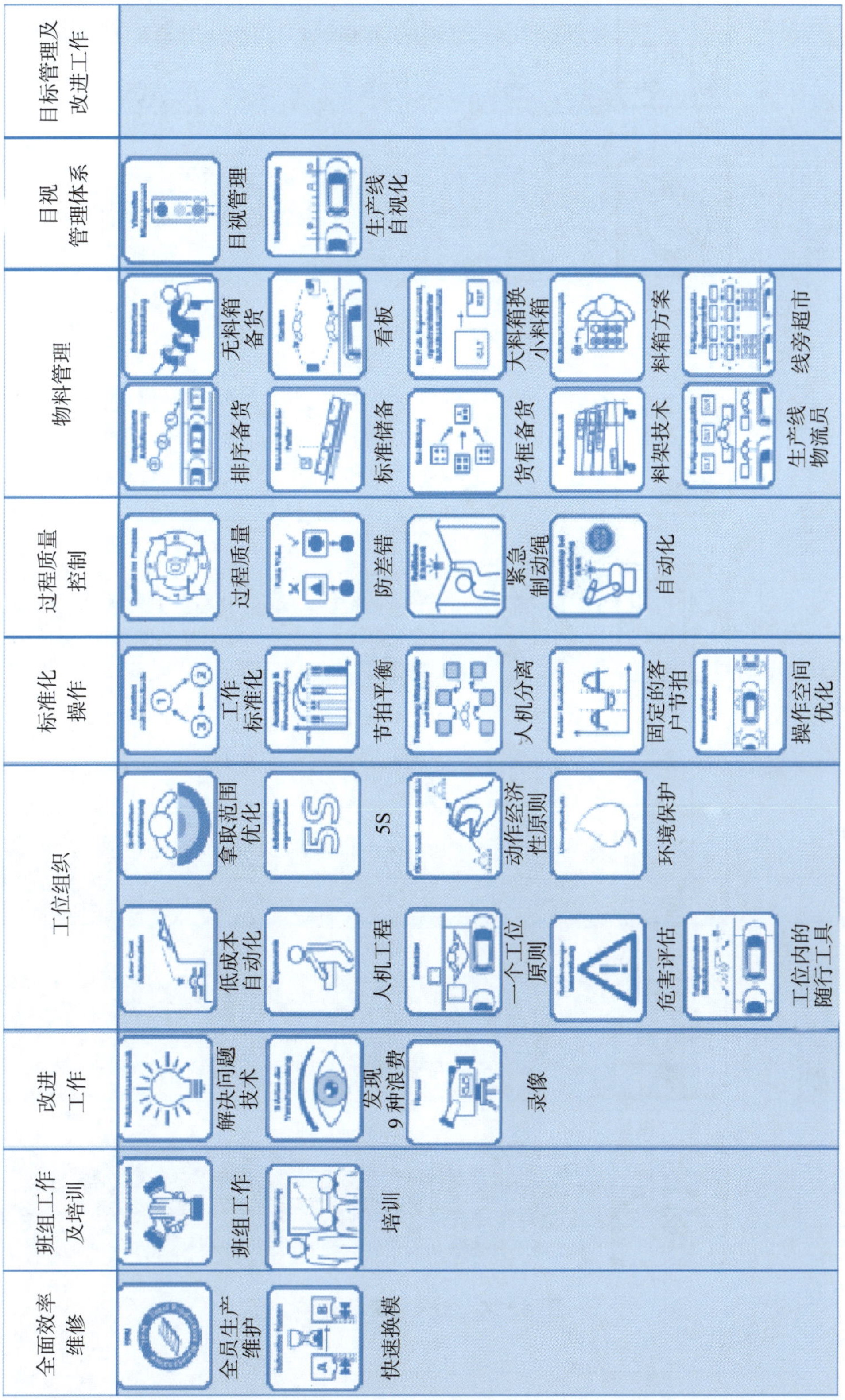

图 4-13 总成及整车技术质量控制体系

图 4-13 相关模块的说明如图 4-14 所示。

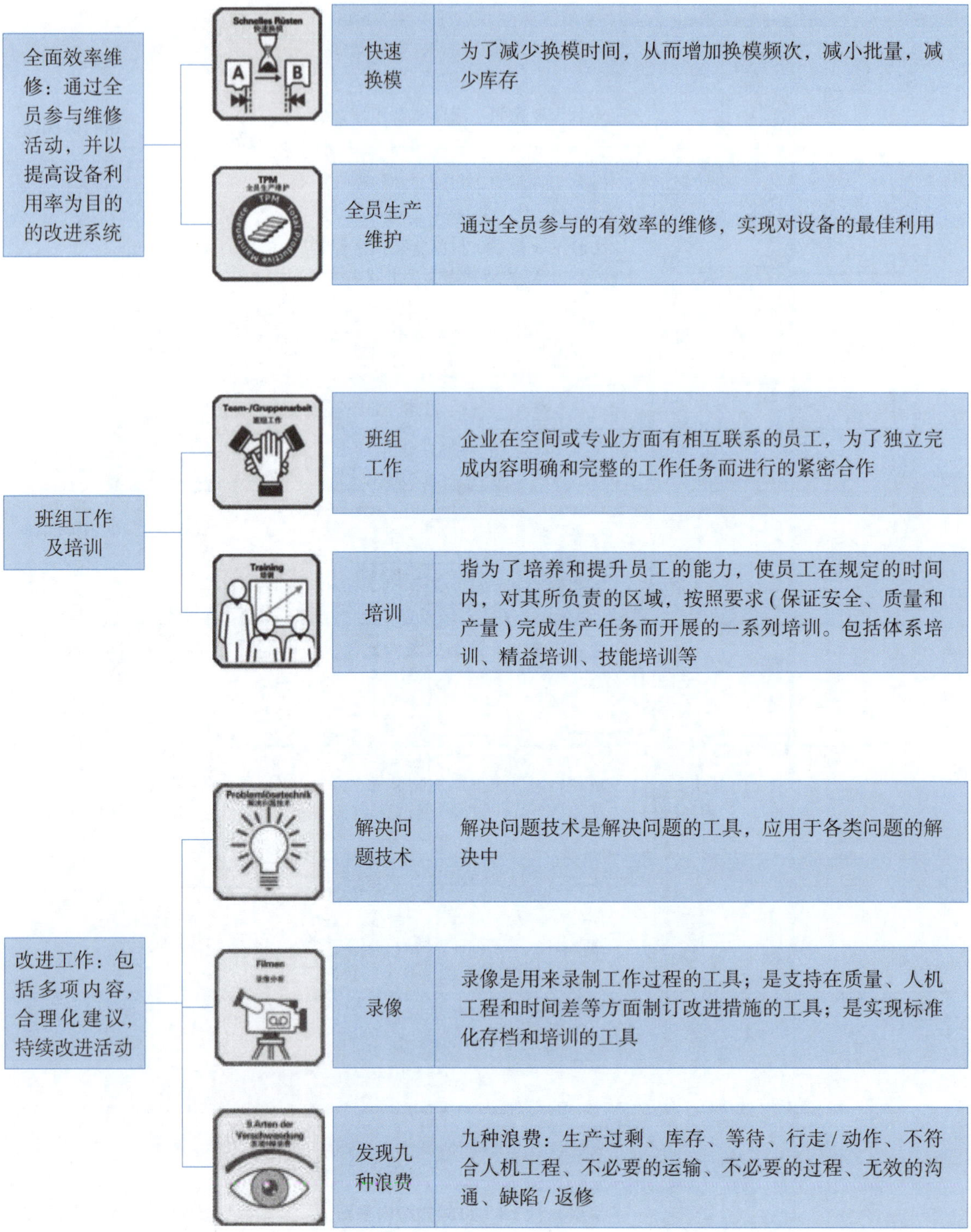

全面效率维修：通过全员参与维修活动，并以提高设备利用率为目的的改进系统	快速换模	为了减少换模时间，从而增加换模频次，减小批量，减少库存
	全员生产维护	通过全员参与的有效率的维修，实现对设备的最佳利用

班组工作及培训	班组工作	企业在空间或专业方面有相互联系的员工，为了独立完成内容明确和完整的工作任务而进行的紧密合作
	培训	指为了培养和提升员工的能力，使员工在规定的时间内，对其所负责的区域，按照要求（保证安全、质量和产量）完成生产任务而开展的一系列培训。包括体系培训、精益培训、技能培训等

改进工作：包括多项内容，合理化建议，持续改进活动	解决问题技术	解决问题技术是解决问题的工具，应用于各类问题的解决中
	录像	录像是用来录制工作过程的工具；是支持在质量、人机工程和时间差等方面制订改进措施的工具；是实现标准化存档和培训的工具
	发现九种浪费	九种浪费：生产过剩、库存、等待、行走/动作、不符合人机工程、不必要的运输、不必要的过程、无效的沟通、缺陷/返修

图 4-14 相关模块说明

第四章 制造业产品供应链管理

 过程质量控制：在生产过程中，通过对输入要素加以控制，以实现预期的制造质量和产品质量	过程质量	只有合格的产品或服务才能流入下一工序。通过质量控制环，利用解决技术问题、防差错等方法模块，按照全面质量管理思路，能够尽早发现质量缺陷并不断改进，建立起有保障的工艺过程，提升产品质量、减少质量成本、提高员工的质量意识
	紧急制动绳	员工工作时发现问题，拉动紧急制动绳进行质量报警，实现在线解决问题，必要时，甚至停线解决
	自动化	设备能够识别缺陷和问题，识别后能够自动停止并启动质量报警
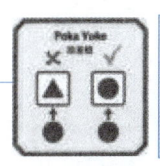	防差错	从根本上避免人为造成的缺陷的发生或者在发现缺陷后立即消除，提高工作的准确性和可靠性，减少浪费

 工位组织：使新员工容易熟悉和掌握自己的本岗位工作；使生产现场整洁有序，工作流程清晰明了；保证员工的工作环境安全、整洁，是提高劳动生产率、保证产品质量和提高员工满意度的基础	低成本自动化	低成本自动化是指通过使用简单、经济的装置，实现自动化或半自动化操作。例如，使用机械力、重力、摩擦力、真空及磁力等，实现物料的自动转运等
	5S	5S 是生产体系的基础，建立并保持整洁、安全、符合人机工程的工位，有利于实现"盲抓"，并能保障过程的稳定性
	人机工程	人机工程是在关注人的工作能力和需求的前提下，通过合理组织，使人与设备、操作对象实现最佳组合，使员工尽可能舒服、健康、持续地工作
	拿取范围优化	拿取范围优化是指通过合理的、符合人机工程原则的布置和摆放，使物料和工具处于理想的拿取范围内，减少不必要的动作，实现"盲抓"及双手工作

图 4-14 相关模块说明（续 1）

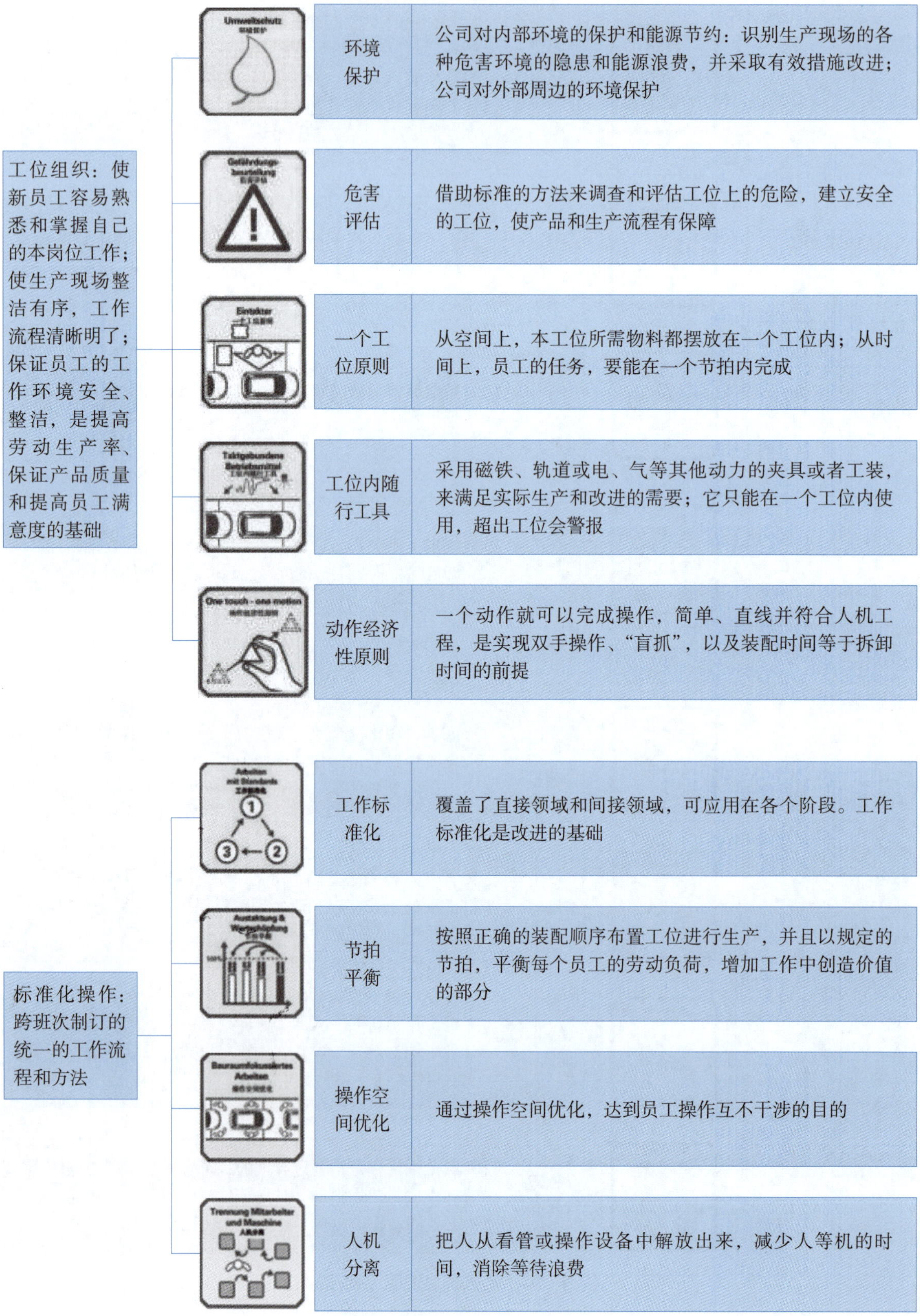

分类	模块	说明
工位组织：使新员工容易熟悉和掌握自己的本岗位工作；使生产现场整洁有序，工作流程清晰明了；保证员工的工作环境安全、整洁，是提高劳动生产率、保证产品质量和提高员工满意度的基础	环境保护	公司对内部环境的保护和能源节约；识别生产现场的各种危害环境的隐患和能源浪费，并采取有效措施改进；公司对外部周边的环境保护
	危害评估	借助标准的方法来调查和评估工位上的危险，建立安全的工位，使产品和生产流程有保障
	一个工位原则	从空间上，本工位所需物料都摆放在一个工位内；从时间上，员工的任务，要能在一个节拍内完成
	工位内随行工具	采用磁铁、轨道或电、气等其他动力的夹具或者工装，来满足实际生产和改进的需要；它只能在一个工位内使用，超出工位会警报
	动作经济性原则	一个动作就可以完成操作，简单、直线并符合人机工程，是实现双手操作、"盲抓"，以及装配时间等于拆卸时间的前提
标准化操作：跨班次制订的统一的工作流程和方法	工作标准化	覆盖了直接领域和间接领域，可应用在各个阶段。工作标准化是改进的基础
	节拍平衡	按照正确的装配顺序布置工位进行生产，并且以规定的节拍，平衡每个员工的劳动负荷，增加工作中创造价值的部分
	操作空间优化	通过操作空间优化，达到员工操作互不干涉的目的
	人机分离	把人从看管或操作设备中解放出来，减少人等机的时间，消除等待浪费

图 4-14 相关模块说明（续 2）

第四章 制造业产品供应链管理

分类	模块	说明
标准化操作：跨班次制订的统一的工作流程和方法	计时器	计时器主要设在没有强制节拍的工位上，用于提醒员工的工作节奏，当员工超节拍时发出警报
	固定客户节拍	在确定的时间范围和整个生产领域具有稳定一致的节拍
物料管理：确保生产部门物料供应的方法	料架技术	在必要时，根据具体情况制作料架，实现料箱或零部件的立体摆放。在保证物料质量的前提下，实现动作经济性原则、人机工程、拿取范围最优化等
	料箱方案	料箱方案主要用于选取或设计合理的料箱，实现一个没有浪费、创造价值的循环过程
	大料箱换小料箱	当物料摆放不符合一个工位原则、拿取物料不符合人机工程、需要满足零部件的质量要求等情况下，需要将大料箱转换成小料箱
	无料箱备货	按照生产顺序对零部件、分总成进行要货和供货
	货筐备货	主要针对小零部件，将一个产品或多个产品的至少两种零部件共同存放在一个工位器具内
	排序备货	零部件在生产线上没有料箱，而是用专用器具进行备货。以实现密集备货、减少行走距离、消除不符合人机工程的浪费和拆包装等浪费
	拖车供货	拖车供货采用公交车原理，根据固定行车时刻表和固定路线拉动式循环供货。采用拖车供货，可减少叉车的使用，提高安全性、降低成本、提高运输效率

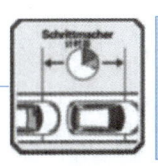

图 4-14　相关模块说明（续3）

分类	模块	说明
物料管理：确保生产部门物料供应的方法	生产线物流员	生产线物流员负责所有与物流有关的工作，按工位所需，进行循环备货和供货，从而简化生产线员工的工作，帮助生产线员工减少不创造价值的工作
	线旁超市	线旁超市是在生产线旁专为物流工作提供的专用场地。线旁超市将备货地到装配地之间的运输距离缩短到最近；保证正确的零部件以正确的数量在正确的时间送往生产线；有利于减少生产线上不创造价值的工作
	看板	看板是一个拉动的、向上一道序要货的方法，它受需求控制
	标准储备	标准储备是为了保证生产必要的库存。标准储备定义了最大、最小库存。借助红色和绿色的标记，目视当前的库存量。标准储备是降低在制品的前提，利于消除补货时间，利于发现生产过剩或质量缺陷，利于对库存进行控制
	鱼骨原则	鱼骨原则是要建立一个与大线节拍一致、紧密相连的分装线，通过标准化缓存为大线提供分总成。通过把工作内容从大线划分到分装线，能够缩短大线上的通过时间，也可以减少时间差
目视管理体系：把所有的标准、目标和条件都能利用形象、直观、色彩适宜的标识展示在人们眼前，让人们一目了然，一看就明白，并能识别和理解错误所在	生产线目视化	确定工位范围、每个员工工作开始、结束和流水线停止点的范围。有利于实现一个工位原则、节拍平衡等，并将问题可视化
	目视管理	目视管理将状态显性化，一图胜千言，利于员工按要求工作；利于简便、快速地发现问题
目标管理：企业的最高领导层制订出一定时期内企业经营活动所要达到的总目标，下属确定各自的分目标，在实施过程中对此进行跟踪与评价	目标管理	按照小时监控生产计划与实际的差异，将发现的问题在目视板上目视；利用解决问题技术解决现场发现的问题，必要时升级至寻求主管、经理级领导支持以达到彻底解决问题的目的；提倡"现地现物"，要求相关人员到现场分析、解决问题；有利于暴露问题，以现场为中心解决问题，有利于跨部门合作

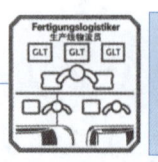

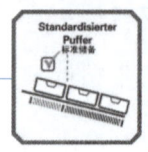

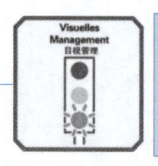

图 4-14　相关模块说明（续 4）

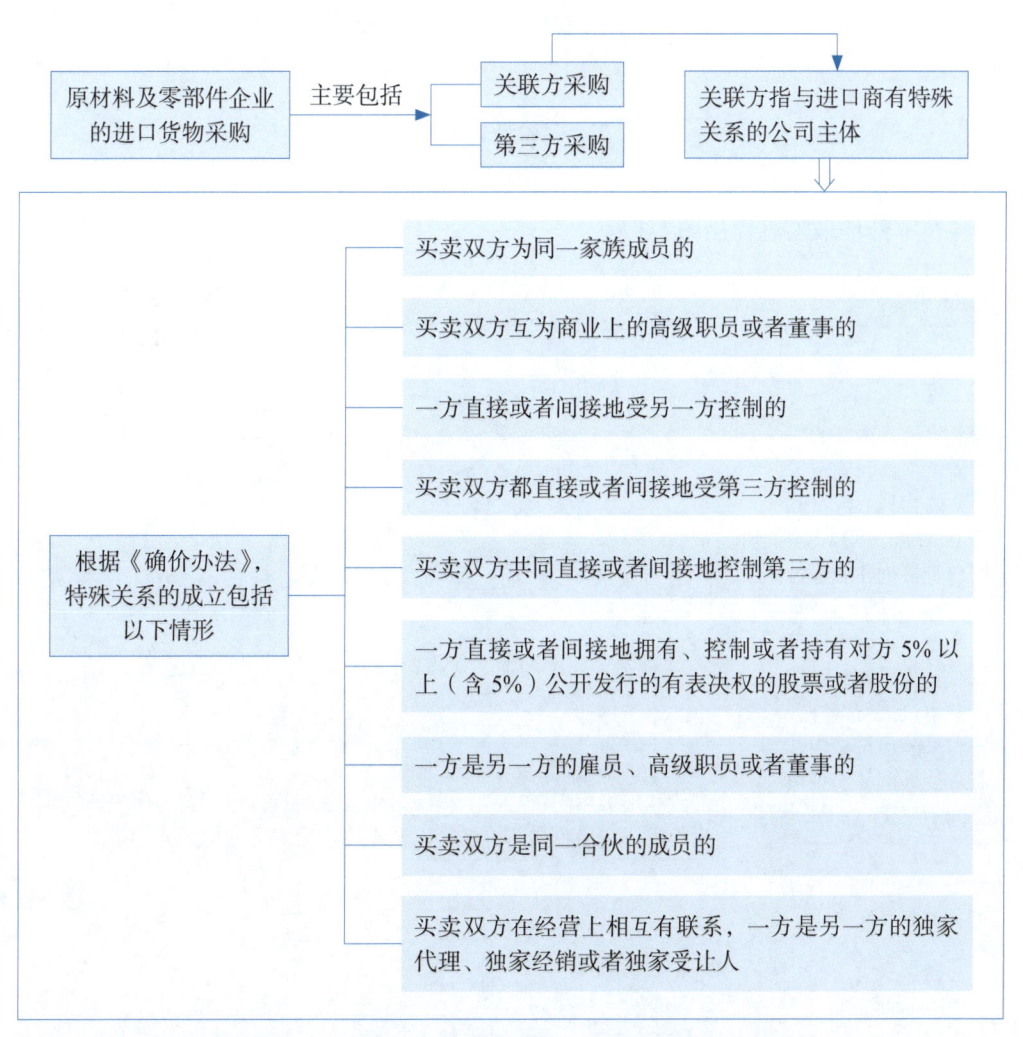

第三节
原材料及零部件采购

原材料及零部件采购、特殊关系的成立情形见图 4-15。

原材料及零部件企业的进口货物采购 —— 主要包括 —— 关联方采购 / 第三方采购

关联方指与进口商有特殊关系的公司主体

根据《确价办法》，特殊关系的成立包括以下情形：

- 买卖双方为同一家族成员的
- 买卖双方互为商业上的高级职员或者董事的
- 一方直接或者间接地受另一方控制的
- 买卖双方都直接或者间接地受第三方控制的
- 买卖双方共同直接或者间接地控制第三方的
- 一方直接或者间接地拥有、控制或者持有对方 5% 以上（含 5%）公开发行的有表决权的股票或者股份的
- 一方是另一方的雇员、高级职员或者董事的
- 买卖双方是同一合伙的成员的
- 买卖双方在经营上相互有联系，一方是另一方的独家代理、独家经销或者独家受让人

图 4-15 原材料及零部件采购、特殊关系的成立情形

原材料及零部件采购流程见图 4-16。

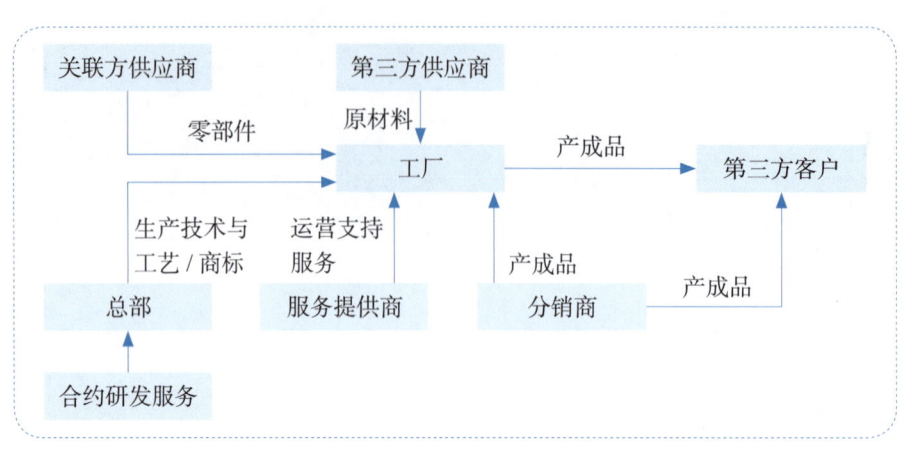

图 4-16 原材料及零部件采购流程

一、采购流程

原材料及零部件采购流程见图 4-17。

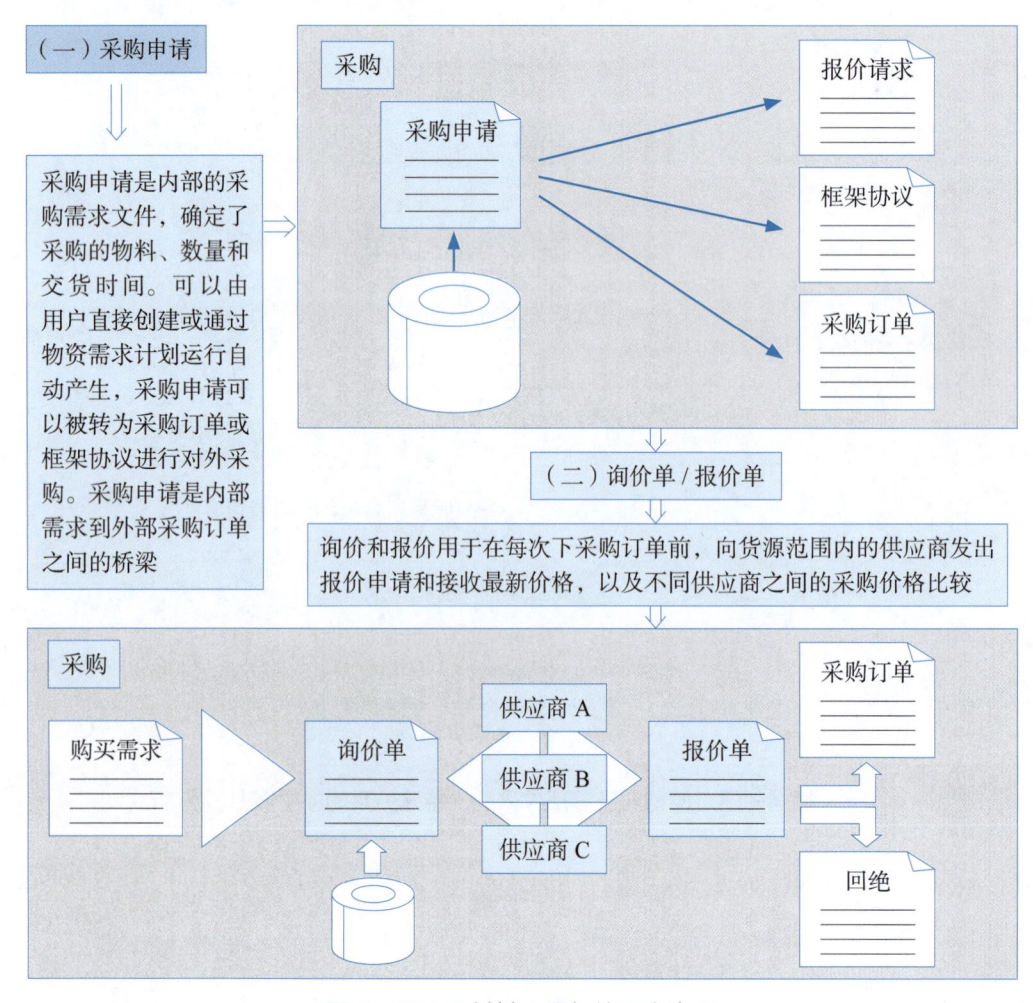

(一)采购申请

采购申请是内部的采购需求文件,确定了采购的物料、数量和交货时间。可以由用户直接创建或通过物资需求计划运行自动产生,采购申请可以被转为采购订单或框架协议进行对外采购。采购申请是内部需求到外部采购订单之间的桥梁

(二)询价单/报价单

询价和报价用于在每次下采购订单前,向货源范围内的供应商发出报价申请和接收最新价格,以及不同供应商之间的采购价格比较

图 4-17 原材料及零部件采购流程

二、汽车零部件清单

一般汽车由两万多个不可拆解的独立零部件组装而成。汽车一般由发动机、底盘、变速箱、车身和电子电气设备五个基本部分组成。以下将对汽车零部件名称、常见进口汽车及其零配件税则号列进行介绍。

（一）汽车零部件名称

1. 刹车汽配系统

刹车片、刹车总泵、刹车蹄片、刹车碟、刹车分泵、刹车线、刹车钳、刹车毂、刹车软管、真空泵修理包、刹车总泵修理包、刹车分泵修理包、压力真空罐、制动阀、刹车调整臂、制动助力器、制动防抱死（ABS）齿圈、真空助力泵、固定夹、刹车助力泵、刹车皮碗。

2. 汽车离合器系统配件

离合器压盘、离合器片、分离轴承、离合器修理包、离合总泵、离合分泵、离合拉线、离合拉线套管、分离轴、离合踏板轴、离合总泵修理包、离合分泵修理包。

3. 汽车驱动轴与半轴系列配件

十字轴、球笼、球笼防尘罩、传动胶、驱动轴支撑轴承、轮毂轴承、轴承修理包、轮毂单元、轮毂轴、球笼修理包、传动轴、传动轴总成、对中套筒。

4. 汽车转向系统配件

横向杆总成、拉杆、拉杆球头、中心拉杆、转向主动臂、转向从动臂、转向器防尘套、转向器总成、转向减振器、转向助力泵、动力转向油箱、拉杆调节螺栓、转向从动臂衬套、动力转向管、转向器垫片修理包。

5. 汽车传动系统配件

变速箱支撑胶垫、变速箱滤清器、变速箱滤清器修理包、变速箱油底壳垫、里程表线、变速箱垫片修理包、变速器操纵杆头、选挡杆、变速器、联动器轴、变速器油泵、换挡操纵拉线、变速器油管、里程表齿轮。

6. 汽车发动机垫片及缸盖配件

气缸垫、气缸盖垫片修理包、发动机垫片修理包、气门室盖垫、其他垫片、进气管垫、排气管垫、油底壳垫、发动机缸盖、缸盖螺栓、机油导流板、机油口盖、气门油封。

7. 汽车配气机构配件

空气滤清器、消声器吊胶、空气滤清器缓冲胶、进气管、消声器、排气管弹簧、排气管螺栓、消声器夹、排气管、急速控制阀、废气再循环阀、涡轮增压器、节气门。

8. 汽车时规控制配件

气门挺杆、气门摇臂、气门导管、时规导轨、正时链条、正时齿轮、进气门、排气门。

9. 汽车润滑系统配件

机油滤清器、机油泵、油底壳、机油尺导管、机油冷却器、排油塞、机油泵驱动链条。

10. 汽车悬架配件

控制臂、悬架衬套、平衡杆、减振器、减压盖、限位缓冲块、减振器防尘罩、球头、驾驶舱减振器、悬架衬套修理包、平衡杆衬套、平衡杆衬套修理包、悬架缓冲胶、后拉杆、轮胎螺栓、轮胎螺母、圈状弹簧、弹簧托架、轮毂、轮胎、减振器平面轴承。

11. 汽车曲轴及凸轮轴配件

曲轴、连杆、轴瓦、止推片、曲轴油封、缸套、活塞环、活塞、活塞修理包、通风管、凸轮轴齿、凸轮轴、曲轴齿轮、飞轮、机油泵驱动齿轮。

12. 汽车燃油系统配件

油门线、空气流量计、化油器、化油器法兰、汽油滤清器、汽油浮子、汽油泵、油箱盖、止动泵、化油器垫片修理、燃油压力调节器、喷油嘴、油气分享器、滤网、油管。

13. 汽车驱动带及装置配件

导带轮、张紧轮、张紧轮总成、张紧轮总成修理包、扭振减振器、"V"形带、多楔带、调节杆、紧链器、时规带、修理包。

14. 汽车空调及电器配件

干燥瓶、倒车灯开关、电压调节器、警告灯开关、组合开关、继电器、刹车灯开关、玻璃升降器开关、喇叭、喷水电机、暖风电机、雨刮马达、大灯开关、热交换器、膨胀阀、蒸发器、发电机、空调冷凝器、高压开关、雨刮开关、保险丝、鼓风机调节器、遥控器、电磁阀、倒车雷达、压缩机、雾灯开关、后窗玻璃除雾开关、门控开关、暖风水阀、暖气管。

15. 汽车冷却系统配件

水泵、节温器、节温器盖、膨胀水箱、风扇页、风扇支架、耦合器、散热器、散热器盖、散热器软管、散热器风扇、膨胀水箱盖、水管、风扇护罩、水管座塞子、管接头。

16. 汽车传感器系列配件

转速传感器、相位传感器、刹车感应线、水位传感器、温度传感器、机油压力开关、热敏开关、机油位置传感器、氧传感器、速度传感器、曲轴传感器、压力传感器、节气门位置传感器、爆震传感器、里程表传感器、凸轮轴传感器、油压传感器。

17. 汽车启动系统配件

单向齿、启动机、启动机电池、电磁开关。

18. 汽车发动机支架胶垫配件

发动机支架胶垫。

19. 汽车车身部件配件

（1）牌照灯、保险杠灯、门拉手、机盖拉线、保险杠、门铰、玻璃升降器、中网、内视镜、铭牌、气弹簧、大灯；

（2）大灯支架、大灯玻璃、角灯、角灯玻璃、尾灯、尾灯玻璃、门胶条、机盖拉手、雾灯、雾灯片、后视镜、雨刮片；

（3）窗户密封胶条、玻璃摇手、驾驶室空气滤清器、边灯、转向信号灯、踏板、车门锁、倒车灯、方向盘锁、烟灰缸、安全气囊、挡风圈、手柄、点烟器、天线桅杆、车轮盖、行李箱锁、机盖锁、其他拉手、发动机盖、前围；

（4）导流板、后挡板、侧围、后视镜罩、后视镜镜片、雨刮连杆、雨刮臂、前群、挡泥板。

20. 汽车点火系统配件

点火白金、分电器、分电器盖、分火头、点火线圈、点火锁芯、点火模块、分火线、电阻、火花塞、预热塞、电容、火花塞胶套、点火开关、插接器。

21. 汽车其他零部件

油封、高压轴管、轴承、螺栓、螺母、防尘罩、支架、机油、弹簧。

（二）常见进口汽车及其零件、附件税则号列

常见进口汽车（乘用车为主）及其零件、附件的归类规则说明如图4-18所示，主要来源于2024年《中华人民共和国进出口税则》。常见进口汽车及其零件、附件税则号列见表4-3。

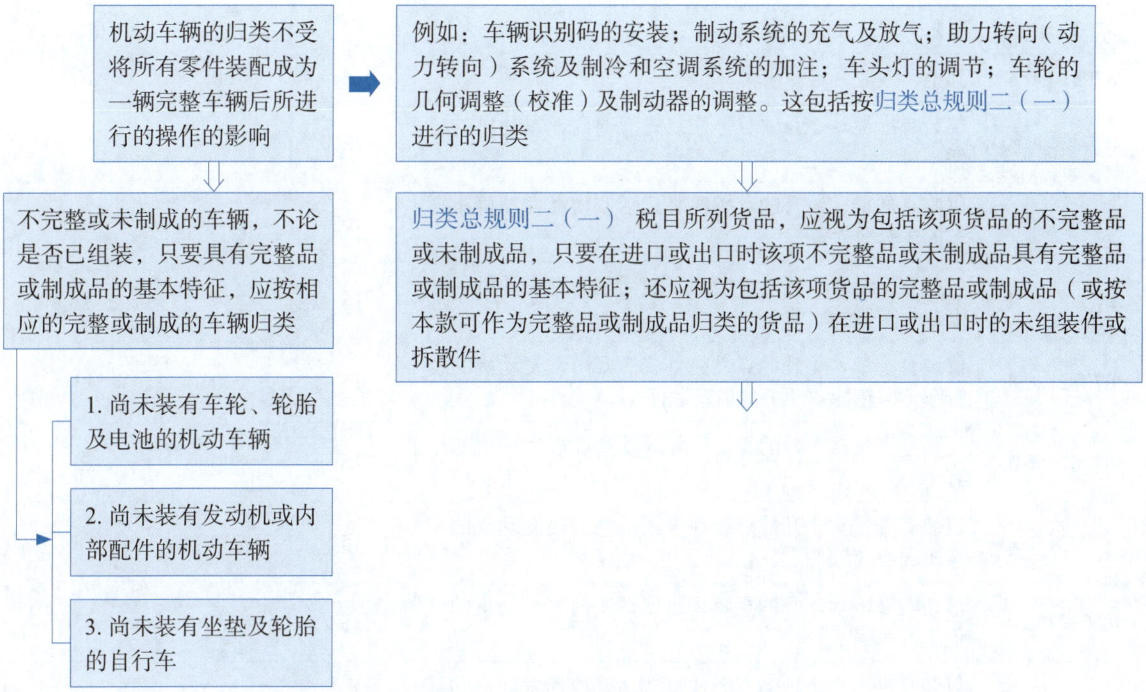

机动车辆的归类不受将所有零件装配成为一辆完整车辆后所进行的操作的影响 → 例如：车辆识别码的安装；制动系统的充气及放气；助力转向（动力转向）系统及制冷和空调系统的加注；车头灯的调节；车轮的几何调整（校准）及制动器的调整。这包括按归类总规则二（一）进行的归类

不完整或未制成的车辆，不论是否已组装，只要具有完整品或制成品的基本特征，应按相应的完整或制成的车辆归类

归类总规则二（一）　税目所列货品，应视为包括该项货品的不完整品或未制成品，只要在进口或出口时该项不完整品或未制成品具有完整品或制成品的基本特征；还应视为包括该项货品的完整品或制成品（或按本款可作为完整品或制成品归类的货品）在进口或出口时的未组装件或拆散件

1. 尚未装有车轮、轮胎及电池的机动车辆

2. 尚未装有发动机或内部配件的机动车辆

3. 尚未装有坐垫及轮胎的自行车

图 4-18　归类规则说明

> 第十七类注释二　本类所称"零件"及"零件、附件",不适用于下列物品,不论其是否确定为供本类货品使用:
> (一)各种材料制的接头、垫圈或类似品(按其构成材料归类或归入税目84.84)或硫化橡胶(硬质橡胶除外)的其他制品(税目40.16);
> (二)第十五类注释二所规定的贱金属制通用零件(第十五类)或塑料制的类似品(第三十九章);
> (三)第八十二章的物品(工具);
> (四)税目83.06的物品;
> (五)税目84.01至84.79的机器或装置或其零件,但供本类所列物品使用的散热器除外;税目84.81或84.82的物品或税目84.83的物品(这些物品是构成发动机或其他动力装置所必需的);
> (六)电机或电气设备(第八十五章);
> (七)第九十章的物品;
> (八)第九十一章的物品;
> (九)武器(第九十三章);
> (十)税目94.05的灯具、照明装置及其零部件;或
> (十一)作为车辆零件的刷子(税目96.03)

图 4-18　归类规则说明(续)

表 4-3　常见进口汽车及其零件、附件税则号列

商品编码	商品名称	进口关税(%) 最惠国	进口关税(%) 普通	增值税率(%)
8703101100	全地形车	15	150	13
8703101900	高尔夫球车及其他类似车	15	150	13
8703109000	其他,雪地行走专用车	15	150	13
8703213010	仅装有排量≤1升的点燃往复式活塞内燃发动机的小轿车	15	230	13
8703213090	仅装有排量≤1升的点燃往复式活塞内燃发动机小轿车的成套散件	15	230	13
8703214010	仅装有排量≤1升的点燃往复式活塞内燃发动机的越野车(四轮的驱动)	15	230	13
8703214090	仅装有排量≤1升的点燃往复式活塞内燃发动机的越野车(四轮的驱动)的成套散件	15	230	13
8703215010	仅装有排量≤1升的点燃往复式活塞内燃发动机的小客车	15	230	13
8703215090	仅装有排量≤1升的点燃往复式活塞内燃发动机的小客车的成套散件	15	230	13
8703219010	仅装有排量≤1升的点燃往复式活塞内燃发动机的其他载人车辆	15	230	13
8703219090	仅装有排量≤1升的点燃往复式活塞内燃发动机的其他载人车辆的成套散件	15	230	13

表 4-3 续 1

商品编码	商品名称	进口关税（%）最惠国	进口关税（%）普通	增值税率（%）
8703223010	仅装有 1 升＜排量≤1.5 升的点燃往复式活塞内燃发动机小轿车	15	230	13
8703223090	仅装有 1 升＜排量≤1.5 升的点燃往复式活塞内燃发动机小轿车的成套散件	15	230	13
8703224010	仅装有 1 升＜排量≤1.5 升的点燃往复式活塞内燃发动机四轮驱动越野车	15	230	13
8703224090	仅装有 1 升＜排量≤1.5 升的点燃往复式活塞内燃发动机四轮驱动越野车的成套散件	15	230	13
8703225010	仅装有 1 升＜排量≤1.5 升的点燃往复式活塞内燃发动机小客车	15	230	13
8703225090	仅装有 1 升＜排量≤1.5 升的点燃往复式活塞内燃发动机小客车的成套散件	15	230	13
8703229010	仅装有 1 升＜排量≤1.5 升的点燃往复式活塞内燃发动机其他载人车辆	15	230	13
8703229090	仅装有 1 升＜排量≤1.5 升的点燃往复式活塞内燃发动机其他载人车的成套散件	15	230	13
8703234110	仅装有 1.5 升＜排量≤2 升的点燃往复式活塞内燃发动机小轿车	15	230	13
8703234190	仅装有 1.5 升＜排量≤2 升的点燃往复式活塞内燃发动机小轿车的成套散件	15	230	13
8703234210	仅装有 1.5 升＜排量≤2 升的点燃往复式活塞内燃发动机越野车	15	230	13
8703234290	仅装有 1.5 升＜排量≤2 升的点燃往复式活塞内燃发动机越野车的成套散件	15	230	13
8703234310	仅装有 1.5 升＜排量≤2 升的点燃往复式活塞内燃发动机小客车	15	230	13
8703234390	仅装有 1.5 升＜排量≤2 升的点燃往复式活塞内燃发动机小客车的成套散件	15	230	13
8703234910	仅装有 1.5 升＜排量≤2 升的点燃往复式活塞内燃发动机的其他载人车辆	15	230	13
8703234990	仅装有 1.5 升＜排量≤2 升的点燃往复式活塞内燃发动机的其他载人车辆的成套散件	15	230	13
8703235110	仅装有 2 升＜排量≤2.5 升的点燃往复式活塞内燃发动机小轿车	15	230	13
8703235190	仅装有 2 升＜排量≤2.5 升的点燃往复式活塞内燃发动机小轿车的成套散件	15	230	13
8703235210	仅装有 2 升＜排量≤2.5 升的点燃往复式活塞内燃发动机越野车	15	230	13
8703235290	仅装有 2 升＜排量≤2.5 升的点燃往复式活塞内燃发动机越野车的成套散件	15	230	13

表 4-3 续 2

商品编码	商品名称	进口关税（%）最惠国	进口关税（%）普通	增值税率（%）
8703235310	仅装有 2 升＜排量≤2.5 升的点燃往复式活塞内燃发动机小客车	15	230	13
8703235390	仅装有 2 升＜排量≤2.5 升的点燃往复式活塞内燃发动机的小客车的成套散件	15	230	13
8703235910	仅装有 2 升＜排量≤2.5 升的点燃往复式活塞内燃发动机的其他载人车辆	15	230	13
8703235990	仅装有 2 升＜排量≤2.5 升的点燃往复式活塞内燃发动机的其他载人车辆的成套散件	15	230	13
8703236110	仅装有 2.5 升＜排量≤3 升的点燃往复式活塞内燃发动机小轿车	15	270	13
8703236190	仅装有 2.5 升＜排量≤3 升的点燃往复式活塞内燃发动机小轿车的成套散件	15	270	13
8703236210	仅装有 2.5 升＜排量≤3 升的点燃往复式活塞内燃发动机越野车	15	270	13
8703236290	仅装有 2.5 升＜排量≤3 升的点燃往复式活塞内燃发动机越野车的成套散件	15	270	13
8703236310	仅装有 2.5 升＜排量≤3 升的点燃往复式活塞内燃发动机小客车	15	270	13
8703236390	仅装有 2.5 升＜排量≤3 升的点燃往复式活塞内燃发动机小客车的成套散件	15	270	13
8703236910	仅装有 2.5 升＜排量≤3 升的点燃往复式活塞内燃发动机的其他载人车辆	15	270	13
8703236990	仅装有 2.5 升＜排量≤3 升的点燃往复式活塞内燃发动机的其他载人车辆的成套散件	15	270	13
8703241110	仅装有 3 升＜排量≤4 升的点燃往复式活塞内燃发动机小轿车	15	270	13
8703241190	仅装有 3 升＜排量≤4 升的点燃往复式活塞内燃发动机小轿车的成套散件	15	270	13
8703241210	仅装有 3 升＜排量≤4 升的点燃往复式活塞内燃发动机越野车	15	270	13
8703241290	仅装有 3 升＜排量≤4 升的点燃往复式活塞内燃发动机越野车的成套散件	15	270	13
8703241310	仅装有 3 升＜排量≤4 升的点燃往复式活塞内燃发动机的小客车	15	270	13
8703241390	仅装有 3 升＜排量≤4 升的点燃往复式活塞内燃发动机的小客车的成套散件	15	270	13
8703241910	仅装有 3 升＜排量≤4 升的点燃往复式活塞内燃发动机的其他载人车辆	15	270	13
8703241990	仅装有 3 升＜排量≤4 升的点燃往复式活塞内燃发动机的其他载人车辆的成套散件	15	270	13

表 4-3 续 3

商品编码	商品名称	进口关税（%）最惠国	进口关税（%）普通	增值税率（%）
8703242110	仅装有排气量＞4升的点燃往复式活塞内燃发动机小轿车	15	270	13
8703242190	仅装有排气量＞4升的点燃往复式活塞内燃发动机小轿车的成套散件	15	270	13
8703242210	仅装有排气量＞4升的点燃往复式活塞内燃发动机越野车	15	270	13
8703242290	仅装有排气量＞4升的点燃往复式活塞内燃发动机越野车的成套散件	15	270	13
8703242310	仅装有排气量＞4升的点燃往复式活塞内燃发动机的小客车	15	270	13
8703242390	仅装有排气量＞4升的点燃往复式活塞内燃发动机的小客车的成套散件	15	270	13
8703242910	仅装有排气量＞4升的点燃往复式活塞内燃发动机的其他载人车辆	15	270	13
8703242990	仅装有排气量＞4升的点燃往复式活塞内燃发动机的其他载人车辆的成套散件	15	270	13
8703311110	仅装有排气量≤1升的压燃式活塞内燃发动机小轿车	15	230	13
8703311190	仅装有排气量≤1升的压燃式活塞内燃发动机小轿车的成套散件	15	230	13
8703311910	仅装有排气量≤1升的压燃式活塞内燃发动机的其他载人车辆	15	230	13
8703311990	仅装有排气量≤1升的压燃式活塞内燃发动机的其他载人车辆的成套散件	15	230	13
8703312110	仅装有1升＜排气量≤1.5升的压燃式活塞内燃发动机小轿车	15	230	13
8703312190	仅装有1升＜排气量≤1.5升的压燃式活塞内燃发动机小轿车的成套散件	15	230	13
8703312210	仅装有1升＜排气量≤1.5升的压燃式活塞内燃发动机越野车	15	230	13
8703312290	仅装有1升＜排气量≤1.5升的压燃式活塞内燃发动机越野车的成套散件	15	230	13
8703312310	仅装有1升＜排气量≤1.5升的压燃式活塞内燃发动机小客车	15	230	13
8703312390	仅装有1升＜排气量≤1.5升的压燃式活塞内燃发动机小客车的成套散件	15	230	13
8703312910	仅装有1升＜排气量≤1.5升的压燃式活塞内燃发动机的其他载人车辆	15	230	13
8703312990	仅装有1升＜排气量≤1.5升的压燃式活塞内燃发动机的其他载人车辆的成套散件	15	230	13

表 4-3 续 4

商品编码	商品名称	进口关税（%）最惠国	进口关税（%）普通	增值税率（%）
8703321110	仅装有 1.5 升＜排量≤2 升的压燃式活塞内燃发动机小轿车	15	230	13
8703321190	仅装有 1.5 升＜排量≤2 升的压燃式活塞内燃发动机小轿车的成套散件	15	230	13
8703321210	仅装有 1.5 升＜排量≤2 升的压燃式活塞内燃发动机越野车	15	230	13
8703321290	仅装有 1.5 升＜排量≤2 升的压燃式活塞内燃发动机越野车的成套散件	15	230	13
8703321310	仅装有 1.5 升＜排量≤2 升的压燃式活塞内燃发动机小客车	15	230	13
8703321390	仅装有 1.5 升＜排量≤2 升的压燃式活塞内燃发动机小客车的成套散件	15	230	13
8703321910	仅装有 1.5 升＜排量≤2 升的压燃式活塞内燃发动机的其他载人车辆	15	230	13
8703321990	仅装有 1.5 升＜排量≤2 升的压燃式活塞内燃发动机的其他载人车辆的成套散件	15	230	13
8703322110	仅装有 2 升＜排量≤2.5 升的压燃式活塞内燃发动机小轿车	15	230	13
8703322190	仅装有 2 升＜排量≤2.5 升的压燃式活塞内燃发动机小轿车的成套散件	15	230	13
8703322210	仅装有 2 升＜排量≤2.5 升的压燃式活塞内燃发动机越野车	15	230	13
8703322290	仅装有 2 升＜排量≤2.5 升的压燃式活塞内燃发动机越野车的成套散件	15	230	13
8703322310	仅装有 2 升＜排量≤2.5 升的压燃式活塞内燃发动机小客车	15	230	13
8703322390	仅装有 2 升＜排量≤2.5 升的压燃式活塞内燃发动机小客车的成套散件	15	230	13
8703322910	仅装有 2 升＜排量≤2.5 升的压燃式活塞内燃发动机的其他载人车辆	15	230	13
8703322990	仅装有 2 升＜排量≤2.5 升的压燃式活塞内燃发动机的其他载人车辆的成套散件	15	230	13
8703331110	仅装有 2.5 升＜排量≤3 升的压燃式活塞内燃发动机小轿车	15	270	13
8703331190	仅装有 2.5 升＜排量≤3 升的压燃式活塞内燃发动机小轿车的成套散件	15	270	13
8703331210	仅装有 2.5 升＜排量≤3 升的压燃式活塞内燃发动机越野车	15	270	13
8703331290	仅装有 2.5 升＜排量≤3 升的压燃式活塞内燃发动机越野车的成套散件	15	270	13

表 4–3 续 5

商品编码	商品名称	进口关税（%）最惠国	进口关税（%）普通	增值税率（%）
8703331310	仅装有 2.5 升＜排量≤ 3 升的压燃式活塞内燃发动机小客车	15	270	13
8703331390	仅装有 2.5 升＜排量≤ 3 升的压燃式活塞内燃发动机小客车的成套散件	15	270	13
8703331910	仅装有 2.5 升＜排量≤ 3 升的压燃式活塞内燃发动机的其他载人车辆	15	270	13
8703331990	仅装有 2.5 升＜排量≤ 3 升的压燃式活塞内燃发动机的其他载人车辆的成套散件	15	270	13
8703332110	仅装有 3 升＜排量≤ 4 升的压燃式活塞内燃发动机小轿车	15	270	13
8703332190	仅装有 3 升＜排量≤ 4 升的压燃式活塞内燃发动机小轿车的成套散件	15	270	13
8703332210	仅装有 3 升＜排量≤ 4 升的压燃式活塞内燃发动机越野车	15	270	13
8703332290	仅装有 3 升＜排量≤ 4 升的压燃式活塞内燃发动机越野车的成套散件	15	270	13
8703332310	仅装有 3 升＜排量≤ 4 升的压燃式活塞内燃发动机小客车	15	270	13
8703332390	仅装有 3 升＜排量≤ 4 升的压燃式活塞内燃发动机小客车的成套散件	15	270	13
8703332910	仅装有 3 升＜排量≤ 4 升的压燃式活塞内燃发动机的其他载人车辆	15	270	13
8703332990	仅装有 3 升＜排量≤ 4 升的压燃式活塞内燃发动机的其他载人车辆的成套散件	15	270	13
8703336110	仅装有排量＞ 4 升的压燃式活塞内燃发动机小轿车	15	270	13
8703336190	仅装有排量＞ 4 升的压燃式活塞内燃发动机小轿车的成套散件	15	270	13
8703336210	仅装有排量＞ 4 升的压燃式活塞内燃发动机越野车	15	270	13
8703336290	仅装有排量＞ 4 升的压燃式活塞内燃发动机越野车的成套散件	15	270	13
8703336310	仅装有排量＞ 4 升的压燃式活塞内燃发动机小客车	15	270	13
8703336390	仅装有排量＞ 4 升的压燃式活塞内燃发动机小客车的成套散件	15	270	13
8703336910	仅装有排量＞ 4 升的压燃式活塞内燃发动机其他载人车辆	15	270	13
8703336990	仅装有排量＞ 4 升的压燃式活塞内燃发动机其他载人车辆的成套散件	15	270	13

表 4-3 续 6

商品编码	商品名称	进口关税（%）最惠国	进口关税（%）普通	增值税率（%）
8703401110	同时装有点燃往复式活塞内燃发动机（排量≤1升）及驱动电动机的小轿车	15	230	13
8703401190	同时装有点燃往复式活塞内燃发动机（排量≤1升）及驱动电动机的小轿车的成套散件	15	230	13
8703401210	同时装有点燃往复式活塞内燃发动机（排量≤1升）及驱动电动机的越野车（四轮驱动）	15	230	13
8703401290	同时装有点燃往复式活塞内燃发动机（排量≤1升）及驱动电动机的越野车（四轮驱动）的成套散件	15	230	13
8703401310	同时装有点燃往复式活塞内燃发动机（排量≤1升）及驱动电动机的小客车	15	230	13
8703401390	同时装有点燃往复式活塞内燃发动机（排量≤1升）及驱动电动机的小客车的成套散件	15	230	13
8703401910	同时装有点燃往复式活塞内燃发动机（排量≤1升）及驱动电动机的其他载人车辆	15	230	13
8703401990	同时装有点燃往复式活塞内燃发动机（排量≤1升）及驱动电动机的其他载人车辆的成套散件	15	230	13
8703402110	同时装有点燃往复式活塞内燃发动机（1升＜排量≤1.5升）及驱动电动机的小轿车	15	230	13
8703402190	同时装有点燃往复式活塞内燃发动机（1升＜排量≤1.5升）及驱动电动机的小轿车的成套散件	15	230	13
8703402210	同时装有点燃往复式活塞内燃发动机（1升＜排量≤1.5升）及驱动电动机的四轮驱动越野车	15	230	13
8703402290	同时装有点燃往复式活塞内燃发动机（1升＜排量≤1.5升）及驱动电动机的四轮驱动越野车的成套散件	15	230	13
8703402310	同时装有点燃往复式活塞内燃发动机（1升＜排量≤1.5升）及驱动电动机的小客车	15	230	13
8703402390	同时装有点燃往复式活塞内燃发动机（1升＜排量≤1.5升）及驱动电动机的小客车的成套散件	15	230	13
8703402910	同时装有点燃往复式活塞内燃发动机（1升＜排量≤1.5升）及驱动电动机的其他载人车辆	15	230	13
8703402990	同时装有点燃往复式活塞内燃发动机（1升＜排量≤1.5升）及驱动电动机的其他载人车辆的成套散件	15	230	13
8703403110	同时装有点燃往复式活塞内燃发动机（1.5升＜排量≤2升）及驱动电动机的小轿车	15	230	13
8703403190	同时装有点燃往复式活塞内燃发动机（1.5升＜排量≤2升）及驱动电动机的小轿车的成套散件	15	230	13
8703403210	同时装有点燃往复式活塞内燃发动机（1.5升＜排量≤2升）及驱动电动机的四轮驱动越野车	15	230	13

表 4-3 续 7

商品编码	商品名称	进口关税（%）最惠国	进口关税（%）普通	增值税率（%）
8703403290	同时装有点燃往复式活塞内燃发动机（1.5升＜排量≤2升）及驱动电动机的四轮驱动越野车的成套散件	15	230	13
8703403310	同时装有点燃往复式活塞内燃发动机（1.5升＜排量≤2升）及驱动电动机的小客车	15	230	13
8703403390	同时装有点燃往复式活塞内燃发动机（1.5升＜排量≤2升）及驱动电动机的小客车的成套散件	15	230	13
8703403910	同时装有点燃往复式活塞内燃发动机（1.5升＜排量≤2升）及驱动电动机的其他载人车辆	15	230	13
8703403990	同时装有点燃往复式活塞内燃发动机（1.5升＜排量≤2升）及驱动电动机的其他载人车辆的成套散件	15	230	13
8703404110	同时装有点燃往复式活塞内燃发动机（2升＜排量≤2.5升）及驱动电动机的小轿车	15	230	13
8703404190	同时装有点燃往复式活塞内燃发动机（2升＜排量≤2.5升）及驱动电动机的小轿车的成套散件	15	230	13
8703404210	同时装有点燃往复式活塞内燃发动机（2升＜排量≤2.5升）及驱动电动机的四轮驱动越野车	15	230	13
8703404290	同时装有点燃往复式活塞内燃发动机（2升＜排量≤2.5升）及驱动电动机的四轮驱动越野车的成套散件	15	230	13
8703404310	同时装有点燃往复式活塞内燃发动机（2升＜排量≤2.5升）及驱动电动机的小客车	15	230	13
8703404390	同时装有点燃往复式活塞内燃发动机（2升＜排量≤2.5升）及驱动电动机的小客车的成套散件	15	230	13
8703404910	同时装有点燃往复式活塞内燃发动机（2升＜排量≤2.5升）及驱动电动机的其他载人车辆	15	230	13
8703404990	同时装有点燃往复式活塞内燃发动机（2升＜排量≤2.5升）及驱动电动机的其他载人车辆的成套散件	15	230	13
8703405110	同时装有点燃往复式活塞内燃发动机（2.5升＜排量≤3升）及驱动电动机的小轿车	15	270	13
8703405190	同时装有点燃往复式活塞内燃发动机（2.5升＜排量≤3升）及驱动电动机的小轿车的成套散件	15	270	13
8703405210	同时装有点燃往复式活塞内燃发动机（2.5升＜排量≤3升）及驱动电动机的四轮驱动越野车	15	270	13
8703405290	同时装有点燃往复式活塞内燃发动机（2.5升＜排量≤3升）及驱动电动机的四轮驱动越野车的成套散件	15	270	13
8703405310	同时装有点燃往复式活塞内燃发动机（2.5升＜排量≤3升）及驱动电动机的小客车	15	270	13

表 4-3 续 8

商品编码	商品名称	进口关税（%）最惠国	进口关税（%）普通	增值税率（%）
8703405390	同时装有点燃往复式活塞内燃发动机（2.5升＜排量≤3升）及驱动电动机的小客车的成套散件	15	270	13
8703405910	同时装有点燃往复式活塞内燃发动机（2.5升＜排量≤3升）及驱动电动机的其他载人车辆	15	270	13
8703405990	同时装有点燃往复式活塞内燃发动机（2.5升＜排量≤3升）及驱动电动机的其他载人车辆的成套散件	15	270	13
8703406110	同时装有点燃往复式活塞内燃发动机（3升＜排量≤4升）及驱动电动机的小轿车	15	270	13
8703406190	同时装有点燃往复式活塞内燃发动机（3升＜排量≤4升）及驱动电动机的小轿车的成套散件	15	270	13
8703406210	同时装有点燃往复式活塞内燃发动机（3升＜排量≤4升）及驱动电动机的四轮驱动越野车	15	270	13
8703406290	同时装有点燃往复式活塞内燃发动机（3升＜排量≤4升）及驱动电动机的四轮驱动越野车的成套散件	15	270	13
8703406310	同时装有点燃往复式活塞内燃发动机（3升＜排量≤4升）及驱动电动机的小客车	15	270	13
8703406390	同时装有点燃往复式活塞内燃发动机（3升＜排量≤4升）及驱动电动机的小客车的成套散件	15	270	13
8703406910	同时装有点燃往复式活塞内燃发动机（3升＜排量≤4升）及驱动电动机的其他载人车辆	15	270	13
8703406990	同时装有点燃往复式活塞内燃发动机（3升＜排量≤4升）及驱动电动机的其他载人车辆的成套散件	15	270	13
8703407110	同时装有点燃往复式活塞内燃发动机（排量＞4升）及驱动电动机的小轿车	15	270	13
8703407190	同时装有点燃往复式活塞内燃发动机（排量＞4升）及驱动电动机的小轿车的成套散件	15	270	13
8703407210	同时装有点燃往复式活塞内燃发动机（排量＞4升）及驱动电动机的四轮驱动越野车	15	270	13
8703407290	同时装有点燃往复式活塞内燃发动机（排量＞4升）及驱动电动机的四轮驱动越野车的成套散件	15	270	13
8703407310	同时装有点燃往复式活塞内燃发动机（排量＞4升）及驱动电动机的小客车	15	270	13
8703407390	同时装有点燃往复式活塞内燃发动机（排量＞4升）及驱动电动机的小客车的成套散件	15	270	13
8703407910	同时装有点燃往复式活塞内燃发动机（排量＞4升）及驱动电动机的其他载人车辆	15	270	13
8703406210	同时装有点燃往复式活塞内燃发动机（3升＜排量≤4升）及驱动电动机的四轮驱动越野车	15	270	13

表 4-3 续 9

商品编码	商品名称	进口关税（%）最惠国	进口关税（%）普通	增值税率（%）
8703406290	同时装有点燃往复式活塞内燃发动机（3升＜排量≤4升）及驱动电动机的四轮驱动越野车的成套散件	15	270	13
8703406310	同时装有点燃往复式活塞内燃发动机（3升＜排量≤4升）及驱动电动机的小客车	15	270	13
8703406390	同时装有点燃往复式活塞内燃发动机（3升＜排量≤4升）及驱动电动机的小客车的成套散件	15	270	13
8703406910	同时装有点燃往复式活塞内燃发动机（3升＜排量≤4升）及驱动电动机的其他载人车辆	15	270	13
8703406990	同时装有点燃往复式活塞内燃发动机（3升＜排量≤4升）及驱动电动机的其他载人车辆的成套散件	15	270	13
8703407110	同时装有点燃往复式活塞内燃发动机（排量＞4升）及驱动电动机的小轿车	15	270	13
8703407190	同时装有点燃往复式活塞内燃发动机（排量＞4升）及驱动电动机的小轿车的成套散件	15	270	13
8703407210	同时装有点燃往复式活塞内燃发动机（排量＞4升）及驱动电动机的四轮驱动越野车	15	270	13
8703407290	同时装有点燃往复式活塞内燃发动机（排量＞4升）及驱动电动机的四轮驱动越野车的成套散件	15	270	13
8703407310	同时装有点燃往复式活塞内燃发动机（排量＞4升）及驱动电动机的小客车	15	270	13
8703407390	同时装有点燃往复式活塞内燃发动机（排量＞4升）及驱动电动机的小客车的成套散件	15	270	13
8703407910	同时装有点燃往复式活塞内燃发动机（排量＞4升）及驱动电动机的其他载人车辆	15	270	13
8703407990	同时装有点燃往复式活塞内燃发动机（排量＞4升）及驱动电动机的其他载人车辆的成套散件	15	270	13
8703409010	其他同时装有点燃往复式活塞内燃发动机及驱动电动机的载人车辆	15	270	13
8703409090	其他同时装有点燃往复式活塞内燃发动机及驱动电动机的载人车辆的成套散件	15	270	13
8703501110	同时装有压燃式活塞内燃发动机（柴油或半柴油发动机，排量≤1升）及驱动电动机的小轿车	15	230	13
8703501190	同时装有压燃式活塞内燃发动机（柴油或半柴油发动机，排量≤1升）及驱动电动机的小轿车的成套散件	15	230	13
8703501910	同时装有压燃式活塞内燃发动机（柴油或半柴油发动机，排量≤1升）及驱动电动机的其他载人车辆	15	230	13
8703501990	同时装有压燃式活塞内燃发动机（柴油或半柴油发动机，排量≤1升）及驱动电动机的其他载人车辆的成套散件	15	230	13

表4-3 续10

商品编码	商品名称	进口关税（%）最惠国	进口关税（%）普通	增值税率（%）
8703502110	同时装有压燃式活塞内燃发动机（柴油或半柴油发动机，1升＜排量≤1.5升）及驱动电动机的小轿车	15	230	13
8703502190	同时装有压燃式活塞内燃发动机（柴油或半柴油发动机，1升＜排量≤1.5升）及驱动电动机的小轿车的成套散件	15	230	13
8703502210	同时装有压燃式活塞内燃发动机（柴油或半柴油发动机，1升＜排量≤1.5升）及驱动电动机的四轮驱动越野车	15	230	13
8703502290	同时装有压燃式活塞内燃发动机（柴油或半柴油发动机，1升＜排量≤1.5升）及驱动电动机的四轮驱动越野车的成套散件	15	230	13
8703502310	同时装有压燃式活塞内燃发动机（柴油或半柴油发动机，1升＜排量≤1.5升）及驱动电动机的小客车	15	230	13
8703502390	同时装有压燃式活塞内燃发动机（柴油或半柴油发动机，1升＜排量≤1.5升）及驱动电动机的小客车的成套散件	15	230	13
8703502910	同时装有压燃式活塞内燃发动机（柴油或半柴油发动机，1升＜排量≤1.5升）及驱动电动机的其他载人车辆	15	230	13
8703502990	同时装有压燃式活塞内燃发动机（柴油或半柴油发动机，1升＜排量≤1.5升）及驱动电动机的其他载人车辆的成套散件	15	230	13
8703503110	同时装有压燃式活塞内燃发动机（柴油或半柴油发动机，1.5升＜排量≤2升）及驱动电动机的小轿车	15	230	13
8703503190	同时装有压燃式活塞内燃发动机（柴油或半柴油发动机，1.5升＜排量≤2升）及驱动电动机的小轿车的成套散件	15	230	13
8703503210	同时装有压燃式活塞内燃发动机（柴油或半柴油发动机，1.5升＜排量≤2升）及驱动电动机的四轮驱动越野车	15	230	13
8703503290	同时装有压燃式活塞内燃发动机（柴油或半柴油发动机，1.5升＜排量≤2升）及驱动电动机的四轮驱动越野车的成套散件	15	230	13
8703503310	同时装有压燃式活塞内燃发动机（柴油或半柴油发动机，1.5升＜排量≤2升）及驱动电动机的小客车	15	230	13
8703503390	同时装有压燃式活塞内燃发动机（柴油或半柴油发动机，1.5升＜排量≤2升）及驱动电动机的小客车的成套散件	15	230	13
8703503910	同时装有压燃式活塞内燃发动机（柴油或半柴油发动机，1.5升＜排量≤2升）及驱动电动机的其他载人车辆	15	230	13

表 4-3 续 11

商品编码	商品名称	进口关税（%）最惠国	进口关税（%）普通	增值税率（%）
8703503990	同时装有压燃式活塞内燃发动机（柴油或半柴油发动机，1.5 升＜排量≤2 升）及驱动电动机的其他载人车辆的成套散件	15	230	13
8703504110	同时装有压燃式活塞内燃发动机（柴油或半柴油发动机，2 升＜排量≤2.5 升）及驱动电动机的小轿车	15	230	13
8703504190	同时装有压燃式活塞内燃发动机（柴油或半柴油发动机，2 升＜排量≤2.5 升）及驱动电动机的小轿车的成套散件	15	230	13
8703504210	同时装有压燃式活塞内燃发动机（柴油或半柴油发动机，2 升＜排量≤2.5 升）及驱动电动机的四轮驱动越野车	15	230	13
8703504290	同时装有压燃式活塞内燃发动机（柴油或半柴油发动机，2 升＜排量≤2.5 升）及驱动电动机的四轮驱动越野车的成套散件	15	230	13
8703504310	同时装有压燃式活塞内燃发动机（柴油或半柴油发动机，2 升＜排量≤2.5 升）及驱动电动机的小客车	15	230	13
8703504390	同时装有压燃式活塞内燃发动机（柴油或半柴油发动机，2 升＜排量≤2.5 升）及驱动电动机的小客车的成套散件	15	230	13
8703504910	同时装有压燃式活塞内燃发动机（柴油或半柴油发动机，2 升＜排量≤2.5 升）及驱动电动机的其他载人车辆	15	230	13
8703504990	同时装有压燃式活塞内燃发动机（柴油或半柴油发动机，2 升＜排量≤2.5 升）及驱动电动机的其他载人车辆的成套散件	15	230	13
8703505110	同时装有压燃式活塞内燃发动机（柴油或半柴油发动机，2.5 升＜排量≤3 升）及驱动电动机的小轿车	15	270	13
8703505190	同时装有压燃式活塞内燃发动机（柴油或半柴油发动机，2.5 升＜排量≤3 升）及驱动电动机的小轿车的成套散件	15	270	13
8703505210	同时装有压燃式活塞内燃发动机（柴油或半柴油发动机，2.5 升＜排量≤3 升）及驱动电动机的四轮驱动越野车	15	270	13
8703505290	同时装有压燃式活塞内燃发动机（柴油或半柴油发动机，2.5 升＜排量≤3 升）及驱动电动机的四轮驱动越野车的成套散件	15	270	13
8703505310	同时装有压燃式活塞内燃发动机（柴油或半柴油发动机，2.5 升＜排量≤3 升）及驱动电动机的小客车	15	270	13
8703505390	同时装有压燃式活塞内燃发动机（柴油或半柴油发动机，2.5 升＜排量≤3 升）及驱动电动机的小客车的成套散件	15	270	13

表 4-3 续 12

商品编码	商品名称	进口关税（%）最惠国	进口关税（%）普通	增值税率（%）
8703505910	同时装有压燃式活塞内燃发动机（柴油或半柴油发动机，2.5升＜排量≤3升）及驱动电动机的其他载人车辆	15	270	13
8703505990	同时装有压燃式活塞内燃发动机（柴油或半柴油发动机，2.5升＜排量≤3升）及驱动电动机的其他载人车辆的成套散件	15	270	13
8703506110	同时装有压燃式活塞内燃发动机（柴油或半柴油发动机，3升＜排量≤4升）及驱动电动机的小轿车	15	270	13
8703506190	同时装有压燃式活塞内燃发动机（柴油或半柴油发动机，3升＜排量≤4升）及驱动电动机的小轿车的成套散件	15	270	13
8703506210	同时装有压燃式活塞内燃发动机（柴油或半柴油发动机，3升＜排量≤4升）及驱动电动机的四轮驱动越野车	15	270	13
8703506290	同时装有压燃式活塞内燃发动机（柴油或半柴油发动机，3升＜排量≤4升）及驱动电动机的四轮驱动越野车的成套散件	15	270	13
8703506310	同时装有压燃式活塞内燃发动机（柴油或半柴油发动机，3升＜排量≤4升）及驱动电动机的小客车	15	270	13
8703506390	同时装有压燃式活塞内燃发动机（柴油或半柴油发动机，3升＜排量≤4升）及驱动电动机的小客车的成套散件	15	270	13
8703506910	同时装有压燃式活塞内燃发动机（柴油或半柴油发动机，3升＜排量≤4升）及驱动电动机的其他载人车辆	15	270	13
8703506990	同时装有压燃式活塞内燃发动机（柴油或半柴油发动机，3升＜排量≤4升）及驱动电动机的其他载人车辆的成套散件	15	270	13
8703507110	同时装有压燃式活塞内燃发动机（柴油或半柴油发动机，排量＞4升）及驱动电动机的小轿车	15	270	13
8703507190	同时装有压燃式活塞内燃发动机（柴油或半柴油发动机，排量＞4升）及驱动电动机的小轿车的成套散件	15	270	13
8703507210	同时装有压燃式活塞内燃发动机（柴油或半柴油发动机，排量＞4升）及驱动电动机的四轮驱动越野车	15	270	13
8703507290	同时装有压燃式活塞内燃发动机（柴油或半柴油发动机，排量＞4升）及驱动电动机的四轮驱动越野车的成套散件	15	270	13
8703507310	同时装有压燃式活塞内燃发动机（柴油或半柴油发动机，排量＞4升）及驱动电动机的小客车	15	270	13

表 4-3 续 13

商品编码	商品名称	进口关税（%）最惠国	进口关税（%）普通	增值税率（%）
8703507390	同时装有压燃式活塞内燃发动机（柴油或半柴油发动机，排量＞4升）及驱动电动机的小客车成套散件	15	270	13
8703507910	同时装有压燃式活塞内燃发动机（柴油或半柴油发动机，排量＞4升）及驱动电动机的其他载人车辆	15	270	13
8703507990	同时装有压燃式活塞内燃发动机（柴油或半柴油发动机，排量＞4升）及驱动电动机的其他载人车辆的成套散件	15	270	13
8703900021	其他型排气量≤1升的其他载人车辆	15	270	13
8703900022	其他型1升＜排气量≤1.5升的其他载人车辆	15	270	13
8703900023	其他型1.5升＜排气量≤2升的其他载人车辆	15	270	13
8703900024	其他型2升＜排气量≤2.5升的其他载人车辆	15	270	13
8703900025	其他型2.5升＜排气量≤3升的其他载人车辆	15	270	13
8703900026	其他型3升＜排气量≤4升的其他载人车辆	15	270	13
8703900027	其他型排气量＞4升的其他载人车辆	15	270	13
8704103000	非公路用电动轮货运自卸车	6	20	13
8704109000	其他非公路用货运自卸车	6	20	13
8704210000	柴油型其他小型货车	15	70	13
8704223000	柴油型其他中型货车	15	70	13
8704224000	柴油型其他重型货车	15	40	13
8704230010	固井水泥车、压裂车、混砂车、连续油管车、液氮泵车用底盘	15	40	13
8704230020	起重≥55吨汽车起重机用底盘	15	40	13
8704230030	车辆总重量≥31吨清障车专用底盘	15	40	13
8704230090	柴油型的其他超重型货车	15	40	13
8704310000	总重量≤5吨的其他货车	15	70	13
8704323000	5吨＜总重量≤8吨的其他货车	15	70	13
8704324000	总重量＞8吨的其他货车	15	70	13
8704900000	装有其他发动机的货车	15	70	13
8706001000	非公路用货运自卸车底盘	6	14	13
8706002100	车辆总重量≥14吨的货车底盘	6	30	13
8706002200	车辆总重量＜14吨的货车底盘	6	45	13
8706003000	大型客车底盘	6	70	13
8706004000	汽车起重机底盘	6	100	13
8706009000	其他机动车辆底盘	6	100	13

表 4-3 续 14

商品编码	商品名称	进口关税（%）最惠国	进口关税（%）普通	增值税率（%）
8707100000	小型载人机动车辆车身（含驾驶室）	6	100	13
8707901000	大型客车用车身（含驾驶室）	6	70	13
8707909000	其他车辆用车身（含驾驶室）	6	70	13
8708100000	缓冲器（保险杠）及其零件	6	100	13
8708210000	坐椅安全带	6	100	13
8708293000	机动车辆用车窗玻璃升降器	6	100	13
8708294100	汽车电动天窗	6	100	13
8708294200	汽车手动天窗	6	100	13
8708295100	侧围	6	100	13
8708295200	车门	6	100	13
8708295300	发动机罩盖	6	100	13
8708295400	前围	6	100	13
8708295500	行李箱盖（或背门）	6	100	13
8708295600	后围	6	100	13
8708295700	翼子板（或叶子板）	6	100	13
8708295900	其他车身覆盖件	6	100	13
8708299000	其他车身未列名零部件	6	100	13
8708301000	装在蹄片上的制动摩擦片	6	100	13
8708302900	其他车辆用防抱死制动系统	6	100	13
8708309200	大型客车用制动器及其零件	6	70	13
8708309300	非公路自卸车用制动器及其零件	6	11	13
8708309400	柴、汽油型轻型货车用制动器及零件	6	45	13
8708309500	柴、汽油型重型货车用制动器及其零件	6	30	13
8708309911	纯电动或混合动力汽车用电动制动器	6	100	13
8708309919	其他机动车辆用制动器	6	100	13
8708309990	其他机动车辆用制动器（包括助力制动器）的零件	6	100	13
8708402000	大型客车用变速箱及其零件	6	70	13
8708403001	扭矩>1500牛·米非公路自卸车用变速箱	6	11	13
8708403090	其他非公路自卸车用变速箱及其零件	6	11	13
8708404000	柴、汽油型轻型货车用变速箱及其零件	6	45	13

表 4-3 续 15

商品编码	商品名称	进口关税（%）最惠国	进口关税（%）普通	增值税率（%）
8708405000	其他柴、汽油型重型货车用变速箱及其零件	6	30	13
8708409191	其他小轿车用自动换挡变速箱	6	100	13
8708409199	其他小轿车用自动换挡变速箱的零件	6	100	13
8708409910	其他未列名机动车辆用变速箱	6	100	13
8708409990	其他未列名机动车辆用变速箱的零件	6	100	13
8708507201	轴荷≥10吨的中后驱动桥的零件	6	70	13
8708507291	其他大型客车用驱动桥	6	70	13
8708507299	其他大型客车用驱动桥的零件	6	70	13
8708507300	非公路自卸车用驱动桥及其零件	6	11	13
8708507410	柴、汽油型轻型货车用驱动桥	6	45	13
8708507490	柴、汽油型轻型货车用驱动桥的零件	6	45	13
8708507510	其他柴、汽油型重型货车用驱动桥	6	30	13
8708507590	其他柴、汽油型重型货车用驱动桥的零件	6	30	13
8708507910	未列名机动车辆用驱动桥	6	100	13
8708507990	未列名机动车辆用驱动桥的零件	6	100	13
8708508200	座位≥30的客车用非驱动桥及其零件	6	70	13
8708508300	非公路自卸车用非驱动桥及零件	6	11	13
8708508400	柴、汽油型轻型货车用非驱动桥及零件	6	45	13
8708508500	柴、汽油型重型货车用非驱动桥及零件	6	30	13
8708508910	未列名机动车辆用非驱动桥	6	100	13
8708508990	未列名机动车辆用非驱动桥的零件	6	100	13
8708702000	大型客车用车轮及其零件、附件	6	70	13
8708703000	非公路货运自卸车用车轮及其零件	6	11	13
8708704000	中小型货车用车轮及其零件	6	45	13
8708705000	大型货车用车轮及其零件	6	30	13
8708709100	其他车辆用铝合金制车轮及其零件、附件	6	100	13
8708709900	其他车辆用车轮及其零件、附件	6	100	13
8708801000	品目8703所列车辆用的悬挂系统（包括减震器）及其零件	6	100	13
8708809000	其他机动车辆用的悬挂系统（包括减震器）及其零件	6	100	13
8708911000	水箱散热器	6	100	13

表 4-3 续 16

商品编码	商品名称	进口关税（%）最惠国	进口关税（%）普通	增值税率（%）
8708912000	机油冷却器	6	100	13
8708919000	其他散热器及其零件	6	100	13
8708920000	机动车辆的消声器（消音器）及排气管及其零件	6	100	13
8708932000	座位≥30的客车用离合器及其零件	6	70	13
8708933000	非公路自卸车用离合器及其零件	6	11	13
8708934000	柴、汽油型轻型货车用离合器及零件	6	45	13
8708935000	柴、汽油型重型货车离合器及零件	6	30	13
8708939000	未列名机动车辆用离合器及其零件	6	100	13
8708942001	座位≥30的客车用转向器零件	6	70	13
8708942090	大型客车用其他转向盘、转向柱及其零件	6	70	13
8708943000	非公路自卸车用转向盘、转向柱及其零件	6	11	13
8708944000	柴、汽油型轻型货车用转向盘、转向柱、转向器及其零件	6	45	13
8708945001	总重≥14吨柴油型货车转向器的零件	6	30	13
8708945090	其他重型货车用转向盘、转向柱、转向器及其零件	6	30	13
8708949001	采用电动转向系统的转向盘、转向柱、转向器及其零件	6	100	13
8708949090	其他未列名机动车辆用转向盘、转向柱及其零件	6	100	13
8708950000	机动车辆用带充气系统的安全气囊及其零件	6	100	13
8708992100	编号87021091及87029010所列车辆用车架	6	70	13
8708992900	大型客车用其他零件、附件	6	70	13
8708993100	非公路自卸车用车架	6	11	13
8708993900	非公路用自卸车未列名零部件	6	11	13
8708994100	中小型货车用车架	6	45	13
8708994900	中小型货车用其他零件、附件	6	45	13
8708995100	编号87042240、87042300、87043240所列车辆（含总重>8T汽油货车）用车架	6	30	13
8708995900	总重≥14吨柴油货车用其他零部件	6	30	13
8708999100	其他8701至8704所列车辆用车架	6	100	13
8708999200	其他车辆用传动轴	6	100	13
8708999910	混合动力汽车动力传动装置及其零件	6	100	13
8708999990	机动车辆用未列名零件、附件	6	100	13

发动机及其零件税则号列见表 4-4。

表 4-4 发动机及其零件税则号列

商品编码	商品名称	进口关税（%）最惠国	进口关税（%）普通	增值税率（%）
8407320000	50 毫升 < 排气量 ≤ 250 毫升往复式活塞引擎	10	35	13
8407330000	250 毫升 < 排气量 ≤ 1000 毫升往复活塞引擎	10	70	13
8407341000	1000 毫升 < 排气量 ≤ 3000 毫升车辆的往复式活塞引擎	10	70	13
8407342010	排气量 ≥ 5.9 升的天然气发动机	10	35	13
8407342090	其他超 3000 毫升车用往复式活塞引擎	10	35	13
8407909010	转速 < 3600 转 / 分钟汽油发动机	18	35	13
8407909020	转速 < 4650 转 / 分钟汽油发动机	18	35	13
8407909039	其他转速	18	35	13
8407909040	立式输出轴汽油发动机	18	35	13
8407909090	其他往复或旋转式活塞内燃引擎	18	35	13
8408209090	功率 <132.39 千瓦其他用柴油机	25	35	13
8408901000	机车用柴油发动机	6	11	13
8409919100	电控燃油喷射装置	5	35	13
8409919920	废气再循环（EGR）装置	5	35	13
8409919930	连杆	5	35	13
8409919940	喷嘴	5	35	13
8409919950	气门摇臂	5	35	13
8409919990	其他点燃式活塞内燃发动机用零件	5	35	13
8409992000	其他机车发动机专用零件	2	11	13
8409999100	其他功率 ≥ 132.39 千瓦发动机的专用零件	2	11	13
8409999910	电控柴油喷射装置及其零件	8	35	13
8409999990	其他发动机的专用零件	8	35	13
8413302100	180 马力及以上发动机用燃油泵	3	30	13
8413302900	其他燃油泵	3	30	13
8414803001	乘用车机械增压器	7	30	13
8414803090	发动机用增压器	7	30	13
8415200000	机动车辆上供人使用的空气调节器	10	110	13

电机、电气设备及其零件；录音机及放声机、电视图像、声音的录制和重放设备及其零件、附件（含汽车用）税则号列见表 4-5。

表 4-5 电机、电气设备及其零件；录音机及放声机、电视图像、声音的录制和重放设备及其零件、附件（含汽车用）

商品编码	商品名称	进口关税（%）最惠国	进口关税（%）普通	增值税率（%）
8504403020	纯电动或混合动力汽车用逆变器模块，功率密度≥8千瓦/升	0	30	13
8504409970	高速（200千米/时及以上）电力机车的牵引变流器	0	30	13
8504409980	汽车冲压线用压力机变频调速装置	0	30	13
8504409991	纯电动汽车及混合动力汽车用电机控制器	0	30	13
8504409992	纯电动汽车或插电式混合动力汽车用车载充电机	0	30	13
8507600010	纯电动汽车或插电式混合动力汽车用锂离子蓄电池单体	10	40	13
8507600020	纯电动汽车或插电式混合动力汽车用锂离子蓄电池系统	10	40	13
8511409100	输出功率≥132.39千瓦启动电机	8	30	13
8511409900	其他用途的启动电机	8	30	13
8511501000	其他机车，航空器，船舶用发电机	5	11	13
8511509000	其他附属于内燃发动机的发电机	8	30	13
8512100000	自行车用照明或视觉信号装置	10	45	13
8512201000	机动车辆用照明装置	10	45	13
8512301100	机动车辆用喇叭、蜂鸣器	10	45	13
8512301200	机动车辆用防盗报警器	10	40	13
8512301900	机动车辆用其他音响信号装置	10	45	13
8512309000	其他车辆用电器音响信号装置	10	45	13
8512400000	车辆风挡刮水器、除霜器及去雾器	10	45	13
8515212001	汽车生产线电阻焊接机器人	10	30	13
8515801001	汽车生产线激光焊接机器人	8	30	13
8522903110	车载导航仪视频播放机机芯	0	100	13
8522909100	车载音频转播器或发射器	0	80	13
8526911000	机动车辆用无线电导航设备	0	8	13
8527210090	其他需外接电源汽车收录（放）音组合机	15	130	13
8527290000	需外接电源汽车用无线电收音机	0	130	13
8539213000	机动车辆用卤钨灯	8	45	13

表 4-5 续

商品编码	商品名称	进口关税（%）最惠国	进口关税（%）普通	增值税率（%）
8539293000	机动车辆用其他白炽灯泡	5	45	13
8544302001	车辆用电控柴油机的线束	10	20	13

三、其他产品清单

（一）集成电路进口税则号列

集成电路进口税则号列见表 4-6。

表 4-6　集成电路进口税则号列

商品编码	商品名称	进口关税（%）最惠国	进口关税（%）普通	增值税率（%）
8542311910	安全芯片（不论是否带有存储器、转换器、逻辑电路、放大器、时钟及时序电路或其他电路）	0	46	13
8542311991	其他微处理器（MPU）（不论是否带有存储器、转换器、逻辑电路、放大器、时钟及时序电路或其他电路）	0	46	13
8542311992	其他微控制单元（MCU）（不论是否带有存储器、转换器、逻辑电路、放大器、时钟及时序电路或其他电路）	0	46	13
8542311999	其他用作处理器及控制器的多元件集成电路（不论是否带有存储器、转换器、逻辑电路、放大器、时钟及时序电路或其他电路）	0	46	13
8542319010	安全芯片（不论是否带有存储器、转换器、逻辑电路、放大器、时钟及时序电路或其他电路）	0	24	13
8542319091	其他微处理器（MPU）（不论是否带有存储器、转换器、逻辑电路、放大器、时钟及时序电路或其他电路）	0	24	13

（二）医疗器械进口税则号列

医疗器械进口税则号列见表 4-7。

表 4-7　医疗器械进口税则号列

商品编码	商品名称	进口关税（%）最惠国	进口关税（%）普通	增值税率（%）
9018129110	彩色超声波诊断仪（整机）	0	17	13
9018129190	彩色超声波诊断仪的零部件及附件	0	17	13

表 4-7 续 1

商品编码	商品名称	进口关税（%）最惠国	进口关税（%）普通	增值税率（%）
9018193010	病员监护仪（整机）	0	17	13
9018193090	病员监护仪的零部件及附件	0	17	13
9018902010	电血压测量仪器及器具	0	17	13
9018902020	含汞的非电子血压测量仪器及器具	4	17	13
9018902090	其他血压测量仪器及器具	4	17	13
9018903010	内窥镜（整机）	0	17	13
9018903090	内窥镜的零部件及附件	0	17	13
9018907010	电麻醉设备	0	17	13
9018907090	其他麻醉设备	4	17	13
9018909911	电子的其他医疗、外科用仪器器具（整机）	0	17	13
9018909912	医用可解脱弹簧圈（整机）	4	17	13
9018909913	颅内取栓支架（整机）	4	17	13
9018909914	伞形下腔静脉滤器（整机）	4	17	13
9018909919	其他医疗、外科或兽医用仪器器具（整机）	4	17	13
9018909991	电子的其他医疗、外科用仪器器具的零部件及附件	0	17	13
9018909999	其他医疗、外科或兽医用仪器器具的零部件及附件	4	17	13
9018129110	彩色超声波诊断仪（整机）	0	17	13
9018129190	彩色超声波诊断仪的零部件及附件	0	17	13
9018193010	病员监护仪（整机）	0	17	13
9018193090	病员监护仪的零部件及附件	0	17	13
9018902010	电血压测量仪器及器具	0	17	13
9018902020	含汞的非电子血压测量仪器及器具	4	17	13
9018902090	其他血压测量仪器及器具	4	17	13
9018903010	内窥镜（整机）	0	17	13
9018903090	内窥镜的零部件及附件	0	17	13
9018907010	电麻醉设备	0	17	13
9018907090	其他麻醉设备	4	17	13
9018909911	电子的其他医疗、外科用仪器器具（整机）	0	17	13
9018909912	医用可解脱弹簧圈（整机）	4	17	13
9018909913	颅内取栓支架（整机）	4	17	13
9018909914	伞形下腔静脉滤器（整机）	4	17	13
9018909919	其他医疗、外科或兽医用仪器器具（整机）	4	17	13

表 4-7 续 2

商品编码	商品名称	进口关税（%）最惠国	进口关税（%）普通	增值税率（%）
9018909991	电子的其他医疗、外科用仪器器具的零部件及附件	0	17	13
9018909999	其他医疗、外科或兽医用仪器器具的零部件及附件	4	17	13
9018129110	彩色超声波诊断仪（整机）	0	17	13
9018129190	彩色超声波诊断仪的零部件及附件	0	17	13
9018193010	病员监护仪（整机）	0	17	13
9018193090	病员监护仪的零部件及附件	0	17	13
9018902010	电血压测量仪器及器具	0	17	13
9018902020	含汞的非电子血压测量仪器及器具	4	17	13

第四节 制造业分销

一、制造业分销渠道的组成机构

销售渠道（又称分销渠道）是指产品从制造商流向消费者所经过的整个通道。制造业分销渠道的组成结构如图 4-19 所示。

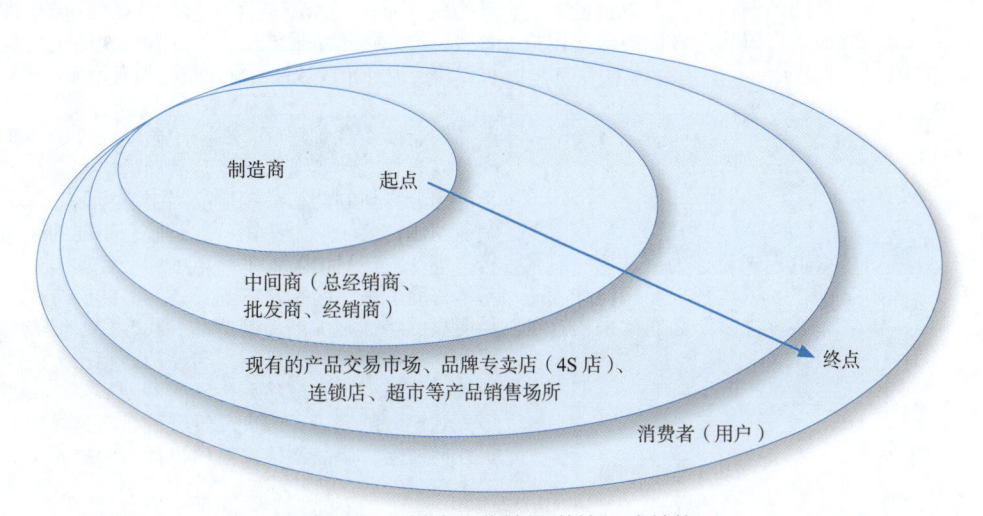

图 4-19　制造业分销渠道的组成结构

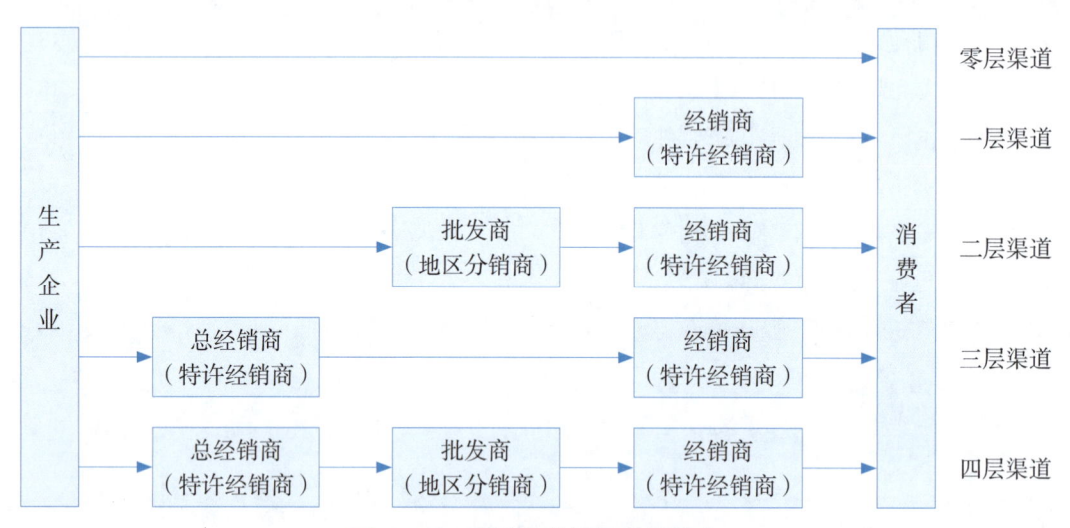

二、制造业分销渠道的模式

制造业分销渠道的模式如图 4-20 所示。

图 4-20 制造业分销渠道的模式

三、制造业分销模式的分类

制造业分销模式的分类见表 4-8。

表 4-8 制造业分销模式的分类

序号	分销模式	简介	评估
1	直销	由产品制造商及其下设的各地的销售机构，直接向最终用户销售产品	直销模式是由产品制造商和它下设在各地的销售机构，直接将产品销售给最终用户。这种模式的优点是制造商可以快速地开拓区域性目标市场，但营销成本太高
2	代理制	渠道模式流程为制造商—总代理—区域代理—下级代理商—顾客。进口产品通常采用这种模式	产品制造商委托代理商，在一定时期、区域、业务范围内，以委托人的名义从事经营活动的中间商，广泛存在于产销分离体制的产品制造当中。实际上总代理商和制造商通常属于一个集团，但是履行不同的职能——销售、生产。产品销售代理商属于佣金代理形式。代理商与销售商的最大区别是它不具备产品的所有权。代理商最明显的特征是为产品制造商寻找客户，促成交易，并代办交易前后的各种手续。与经销商相比，代理商的风险较小。如果交易成功，代理商可以从委托人那里获得事先约定好的佣金，或产品没有被卖出，代理商也不承担任何风险。产品制造商对销售代理商的要求一般高于经销商

表 4-8 续

序号	分销模式	简介	评估
3	特许经销制	渠道模式流程为制造商—特许经销商—顾客	经销模式的主要优点是对商品的广泛分销很有帮助，方便制造商巩固已有市场，同时迅速打开销路，开拓新的市场。不过它也存在营销环节多、反应迟钝、信息沟通困难、服务不到位等缺点，制造商不利于对营销渠道的控制
4	品牌专卖制	渠道模式流程为制造商—专卖店—最终用户。主要是通过提供整套产品销售、零配件供应、售后服务的专卖店和提供整套产品销售、零配件供应、售后服务、信息反馈的专卖店为表现形式	境内的品牌专营模式几乎普遍按照国际通用的产品分销标准模式建设。它是一种以产品制造商的营销部门为中心，以区域管理中心为依托，以特许或特约经销商为基点，集新产品销售、零配件供应、维修服务、信息反馈与处理为一体，受控于制造商的分销渠道模式

四、制造业分销渠道运行现状

制造业分销渠道运行现状见图 4-21。

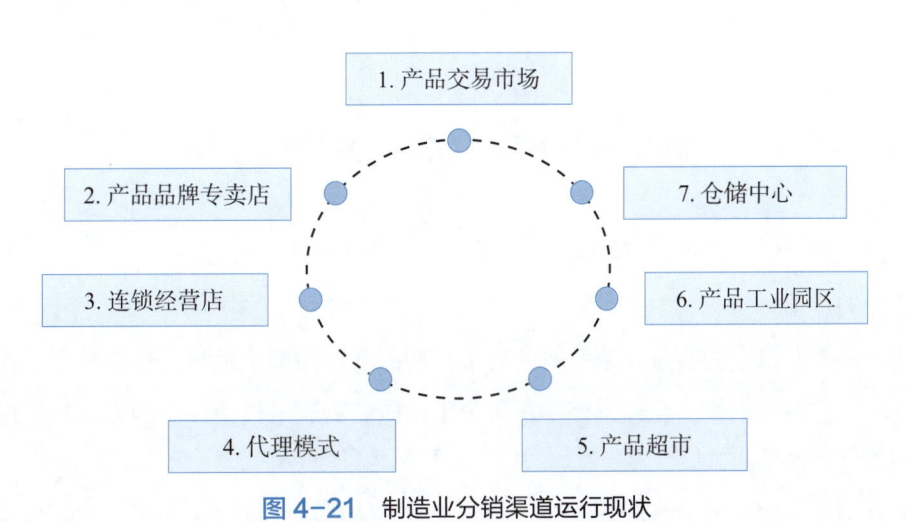

图 4-21 制造业分销渠道运行现状

五、品牌专卖制的营销区域网络规划

品牌专卖制的营销区域网络规划如图 4-22 所示。

```
[划分销售区域] → [确定每一区域的经销商数量] → [每一区域的经销商选址]
```

1. 确定产品的市场定位及同类产品型号的需求预测	2. 对生产产品型号的潜在市场需求进行预测
3. 对所建销售店的投资回报进行分析，确保销售店收回投资并获得最低利润所需销售的产品数和最多能销售的产品数	4. 研究相关因素，建立营销网络模型，定量分析各区域建立经销点的最优化数量及位置

营销区域网络规划

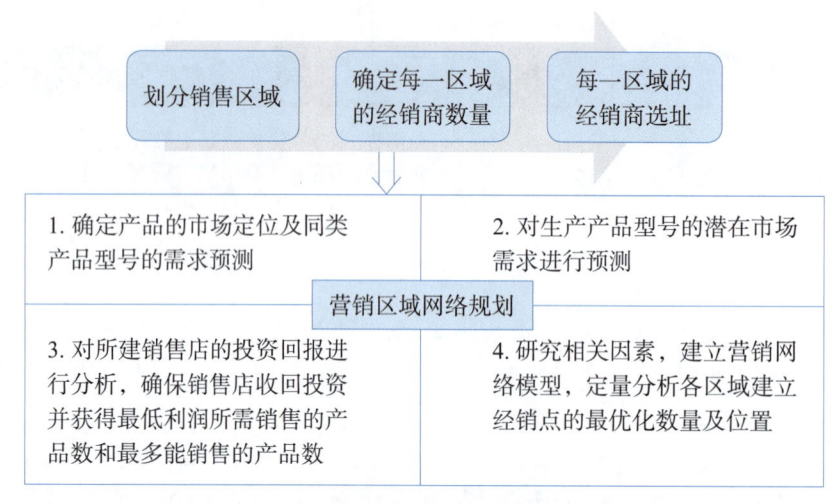

图 4-22　品牌专卖制的营销区域网络规划

第五节　制造业零配件贸易单证与管理文件

一、制造业零配件《供应商管理手册》

《供应商管理手册》是确定供应商与进口商之间关系的原则性文件，是作为每一个公司供应商所必须遵守的。

为保证产品具有稳定的质量，该手册阐明了在产品开发初期至批量生产的整个过程中供应商必须开展并完成的各项工作。此外，该手册明确了供应商需通过过程控制的方法来实现产品质量的一致性和可靠性。

供应商必须完全理解本手册的全部内容，并严格遵照执行。进口商各有关部门将按照本手册的内容对供应商产品各阶段的工作进行检查和认可。

（一）《供应商管理手册》目录

第一章　供应商管理通则

第二章　技术管理规范

第三章　计划物流管理规范

第四章　包装管理规范

第五章　供应商管理规范

一、供应商认证

　　二、供应商过程优化

　　三、供应商退出

第六章　付款管理规范

第七章　供应商承诺

(二)《供应商管理手册》内容

《供应商管理手册》内容见图 4-23。

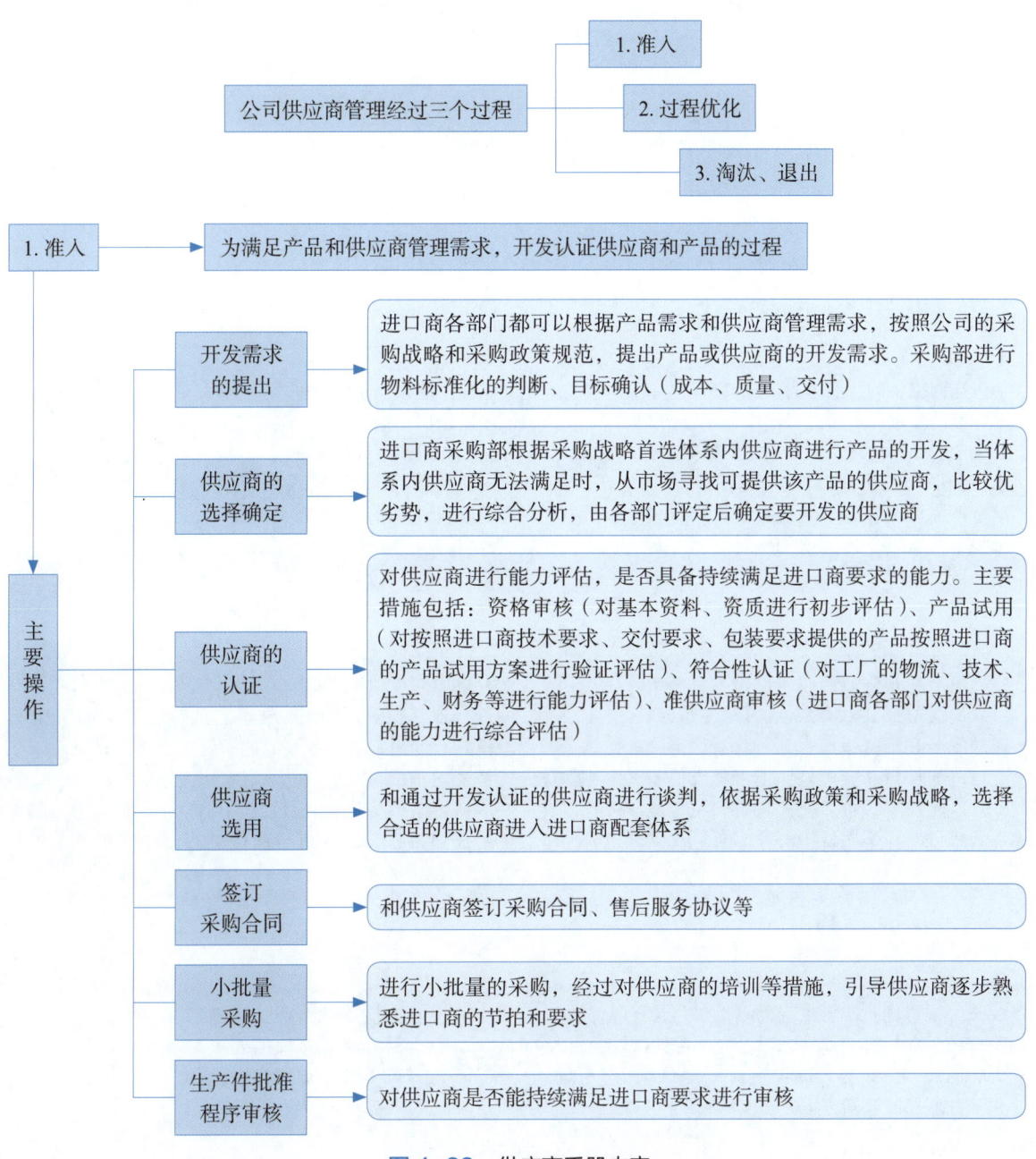

公司供应商管理经过三个过程
- 1. 准入
- 2. 过程优化
- 3. 淘汰、退出

1. 准入：为满足产品和供应商管理需求，开发认证供应商和产品的过程

主要操作：

- **开发需求的提出**：进口商各部门都可以根据产品需求和供应商管理需求，按照公司的采购战略和采购政策规范，提出产品或供应商的开发需求。采购部进行物料标准化的判断、目标确认（成本、质量、交付）

- **供应商的选择确定**：进口商采购部根据采购战略首选体系内供应商进行产品的开发，当体系内供应商无法满足时，从市场寻找可提供该产品的供应商，比较优劣势，进行综合分析，由各部门评定后确定要开发的供应商

- **供应商的认证**：对供应商进行能力评估，是否具备持续满足进口商要求的能力。主要措施包括：资格审核（对基本资料、资质进行初步评估）、产品试用（对按照进口商技术要求、交付要求、包装要求提供的产品按照进口商的产品试用方案进行验证评估）、符合性认证（对工厂的物流、技术、生产、财务等进行能力评估）、准供应商审核（进口商各部门对供应商的能力进行综合评估）

- **供应商选用**：和通过开发认证的供应商进行谈判，依据采购政策和采购战略，选择合适的供应商进入进口商配套体系

- **签订采购合同**：和供应商签订采购合同、售后服务协议等

- **小批量采购**：进行小批量的采购，经过对供应商的培训等措施，引导供应商逐步熟悉进口商的节拍和要求

- **生产件批准程序审核**：对供应商是否能持续满足进口商要求进行审核

图 4-23　供应商手册内容

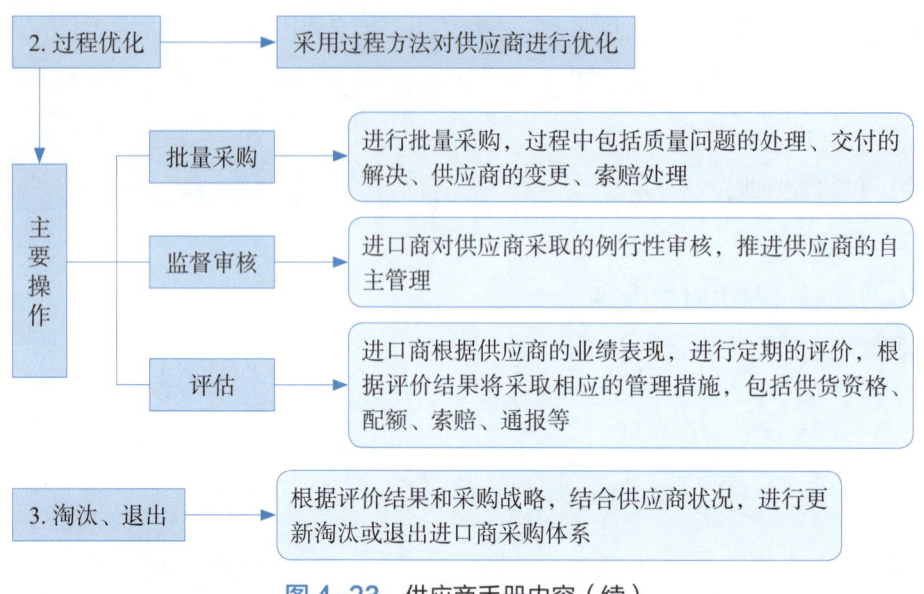

```
2. 过程优化 → 采用过程方法对供应商进行优化
     │
     ↓
           ┌─ 批量采购 → 进行批量采购,过程中包括质量问题的处理、交付的
           │            解决、供应商的变更、索赔处理
   主要
   操作 ──┼─ 监督审核 → 进口商对供应商采取的例行性审核,推进供应商的自
           │            主管理
           │
           └─ 评估    → 进口商根据供应商的业绩表现,进行定期的评价,根
                        据评价结果将采取相应的管理措施,包括供货资格、
                        配额、索赔、通报等

3. 淘汰、退出 → 根据评价结果和采购战略,结合供应商状况,进行更
                新淘汰或退出进口商采购体系
```

图 4-23 供应商手册内容（续）

（三）技术协议内容

技术协议内容见图 4-24。

1. 供应商提供的产品应满足进口商企业技术标准的要求。对于进口商没有制订企业标准的产品，应满足国家或行业标准的要求，同时向进口商提供本企业的企业标准、产品图纸（三维电子模型及 CAD 图纸要求）等与产品有关的技术资料

2. 供应商应按约定的时间进度向进口商提供零部件样品，在提供上述样品时应同时提供一份证明样品按进口商技术协议要求测试合格的自检报告

3. 如果进口商有要求时，供应商的生产工艺应满足进口商企业标准的要求

5. 供应商在与进口商技术部门签订技术协议时，必须提供该产品的配件目录、配件图册和维修手册这三种售后服务类资料，配件目录、配件图册和《维修手册》以光盘形式提供，三种资料可以放一起或分开，文字以中英文最佳、中文次之

4. 供应商单独为进口商开发的产品，无论进口商是否分摊其模具、专用工装、测试费用等专项费用，模具、专用工装、专利等的所有权属于进口商。未经公司书面许可，供应商不得出售产品及其配件，不得将本产品开发研制过程中的技术、资料等披露给任何第三方。为进口商提供的产品的模具及工装，应保留 × 年

6. 未经进口商批准，供应商不得对合同零部件做任何修改。如果进口商计划对合同零部件做任何修改时，若技术修改涉及的供应商工装要做相应更改，供应商应及时按新方案做相应修改

7. 整体外购产品对进口商有尺寸接口的要求时对应商必须提供完整的产品图纸

图 4-24 技术协议内容

技术协议旨在确定进口商要求供应商所供应产品达到的标准，供应商所供应的产品的技术必须满足双方所约定的相关条款（以汽车为例的技术协议条款见表4-9），以下条款未涉及的，按照双方签订的采购合同（协议）所约定的标准及国家标准执行。

表4-9 以汽车为例的技术协议条款

协议条款	协议内容	
满足的技术法规	供应商所供应的零部件应满足整车销售区域（包括海外）的法规。如果销售区域（包括海外）有认证要求，应取得相应的认证证书	
技术资料	1. 进口商应在本协议中向供应商明确右侧与合同零部件相关的技术要求及资料提供方式、来源	（1）产品图纸或技术描述
		（2）供货技术条件
		（3）企业标准
		（4）其他资料
	2. 在本协议生效后，如果进口商计划对合同零部件做任何修改，应及时通知供应商。若上述技术修改涉及供应商工装要做相应更改，供应商应及时按新方案做相应修改	
零部件特殊要求	1. 外观质量要求（包括油漆、镀层质量、颜色、产品标记、标识、定尺情况、触感、声感、气味等）	
	2. 关键尺寸要求（含外形尺寸、安装尺寸、尺寸公差或相关的产品图纸中特殊特性尺寸和三维电子模型及CAD图纸要求）	
	3. 主要性能指标及质量要求〔物理性能（硬度、强度）、化学成分等〕	
	4. 可靠性和寿命要求（技术规范进行的寿命试验、磨损试验等要求）	
	5. 标示要求：零部件的标示应满足整车销售区域的法规要求	
	6. 产品应满足国家标准、行业标准、企业标准及海外目标市场标准的对应条款要求	
	7. 物料清单	
供应商所供物料要求	供应商所供物料总成特征判定及进口部件所占比例，具体要求参照《构成整车特征的汽车零部件进口管理办法》及相关附件	1. 是否构成总成特征
		2. 进口成分所占百分比（价格）
备证要求	1. 是否需要提交相关的备证资料，以便于明确产品责任，如：产品服务协议、关键材料分析试验报告、检验报告、维修手册、易损件图册、配件清单等。 2. 如供应商所供产品为发动机、离合器、变速箱、前后桥、空调、缓速器和倒车镜7类物料，必须在本条中约定：供应商在提供产品的同时，必须提供该产品的配件目录、配件图册、维修手册这三种售后服务类资料，配件目录、配件图册、维修手册以光盘形式或其他电子版的形式提供给采购部，三种资料可以放一起也可以分开，文字以中英文为最佳、中文次之	
其他约定	1. 供应商对产品结构的改进对进口商的产品性能和产品装配有影响时，应征得进口商技术部门的书面同意后，将更改内容及实施日期提前书面通知进口商	
	2. 技术协议无论何时签署，有效期均以采购合同（协议）的有效期为准，变更时双方另行签订书面协议	
	3. 任何一方均不得将本技术协议的内容向第三方泄露，否则守约方有权追究违约方的违约责任	
	4. 因履行本协议内容所发生的争议均按照与本协议相关的采购合同（协议）约定的争议解决方式处理	

表 4-9 续 1

协议条款			协议内容
商标使用许可			1. 境外授权方许可供应商使用的商标为：授权方的文字商标、图形商标、拼音商标，注册证号分别为第 ×1 号、第 ×2 号、第 ×3 号。 2. 授权方许可供应商使用前述商标的商品范围为：由供应商生产并销售给进口商的配套产品、进口商服务用而向供应商购买的零部件产品及前述两类产品的外包装和运输包装，供应商应严格按照包装设计格式的包装要求向进口商供货。 3. 对于按照授权方商标许可的包装设计格式要求生产的产品，供应商应将此类产品仅供应给进口商，未经进口商书面同意不允许供应商销售给任何第三方，更不允许私自进行市场销售，一旦进口商发现供应商未经其同意私自向第三方销售，根据对进口商造成的损失大小及约定，进口商保留对供应商进行索赔或法院起诉的权利。 4. 商标许可使用期限为：与双方签订的采购合同（协议）的期限相同
供应商认证	资格审核	供应商档案资料要求	1. 供应商必须按照进口商采购部的要求以光盘或电子邮件或传真等形式提交电子版本的基本资料，包括供应商基本情况登记表、营业执照、税务登记证、质量体系证书、生产经营许可证（需要提供国家有法律规定的）、第三方检验报告等资料等。 2. 供应商向进口商提供供应商法律地位资料［法律地位资料指根据国家规定企业合法存在应取得的由政府部门颁发的各类执照、证书、证明，包括但不限于下列类型的档案资料：营业执照（必须）、企业法人代码证书（可选）、税务登记证（必须）、进出口经营资格证明（可选）］，在上述资料将要到期时需及时更新，并主动向进口商提供更新的资料。 3. 对需定期提供实验报告的关键元器件和材料，供应商须按进口商的要求随时提供。为确保进口商认证产品的一致性，凡被进口商列入"关键零部件清单"的产品，若发生产品或产品的生产过程变更及供应商变更时，供应商均需要提交书面申请经进口商批准后方可执行，且无论由于何种原因引起的认证产品的变更，供应商均需在进口商向认证机构申报并获得批准后方可执行。同时，凡列入"关键零部件和材料确认检验计划"（可从进口商采购部获得该清单）中的物资的供应商需要每年按照进口商的要求和时间提供当年国家级检测或认证报告。 4. 供应商向进口商交付产品时，应同时提供该产品的质检合格证明（合格证或必要的产品检测、检验合格报告、出厂检验报告）。如属进口产品，应提供产品进口所需进口证明材料（报关单、原产地证书及其他必要的证明材料）。如涉及生产许可证管理范围产品，供应商应及时提供许可证复印件。 5. 对于供给进口商的零部件，供应商承诺遵守相关的法规（如安全、环保、国家强制性认证要求、进口商产品出口国（地区）的相关法律、法规等），其中牵涉到安全、环保、国家强制性认证要求的产品，生产该零部件的供应商必须按照进口商的要求提交有关资料。具体需要备证的物资清单和供应商需要备证的资料见"供应商需要备证资料"和"供应商需要备证物资清单"，但不限于此。 6. 供应商需要备证资料： 技术图纸、关键件材料成分分析报告、采用的法规标准等技术文件和有害物质成分检测报告、批次检测报告、性能检验报告、检验记录及批次信息、合格证、产品使用说明书、售后服务协议等相关记录文件，保存期 × 年

表 4-9 续 2

协议条款			协议内容					
供应商认证	资格审核	供应商档案资料要求	7. 供应商需要备证物资清单：					
			序号	物资类别名称	序号	物资类别名称	序号	物资类别名称
			1	发动机	20	方向盘	39	易熔线
			2	中冷器	21	气囊悬架	40	保险片
			3	散热器	22	钢板弹簧	41	电源总开关
			4	消声器	23	减震器	42	车用传感器
			5	进气管	24	稳定杆	43	吊耳总成
			6	空气滤清器	25	推力杆	44	内饰面料
			7	燃油滤清器	26	轮胎	45	汽车座椅
			8	离合器	27	轮辋	46	车用油漆
			9	变速箱	28	悬置胶垫	47	安全带
			10	前后桥	29	离合器总泵、分泵	48	回复反射器
			11	车架	30	变速操纵系统	49	车身反光标识
			12	转向器	31	发动机悬置支架	50	后视镜
			13	缓速器	32	转向器支架	51	行驶记录仪
			14	油箱	33	各类铸造件（如板簧支架、气囊支架等）	52	喇叭
			15	传动轴	34	发电机	53	门锁及门铰链
			16	冷却风扇	35	空调	54	座椅及头枕
			17	储气筒	36	暖风机	55	座椅配件
			18	各种制动阀类	37	前后挡风玻璃		
			19	转向杆系	38	车灯系统		
			8. 供应商技术文件：供应商必须制订、执行为进口商提供产品的质量和可靠性的书面规程（产品图纸、工艺文件和检验文件、质量保证手册、材料规格、试验报告等）。这些规程必须提供给进口商采购部供应商认证员进行审查					
			9. 来自进口商的技术资料：进口商向供应商提供专用工程标准（图纸、标准、供应商质量要求等）并按需要更新这些标准					
			10. 关键特性：指影响安全性、法规符合性的产品特性和制造过程参数					
			11. 重要特性：指影响装配性、功能、性能或后续加工的产品特性和制造过程参数，用"B"标识。					
			供应商应将上述标准与其他更新资料一起保存好，保证它们在生产过程质量控制时能被正确使用					

二、《质量手册》

《质量手册》目录参见表4-10。

表4-10 《质量手册》目录

章节号	目录
序一	质量手册修改记录表
序二	质量手册颁布令
序三	公司简介
第一章	公司质量管理体系组织架构图
第二章	质量管理体系过程职责分配表
第三章	质量方针和质量目标
第四章	质量管理体系
第五章	管理职责
第六章	资源管理
第七章	产品实现
第八章	测量、分析与改进
第九章	质量记录表单汇总表
第十章	质量目标分解表

三、采购管理文件

（一）采购框架合同条款

采购框架合同条款见表4-11。

表4-11 采购框架合同条款

条款	内容
技术保证	供应商将保证合同货物都符合采购订单的技术要求，该技术要求由境外关联方设计、确认并交付给供应商
技术要求	合同中的技术要求包括但不限于质量、性能、适合度、形式、功能和外观
保密性	使用境外关联方的专利或专有技术只以向进口商供应货物为目的。专利和专有技术的载体为境外关联方提供的产品技术图纸

（二）采购合同

1. 采购合同条款

采购合同条款见表 4-12。

表 4-12　采购合同条款

条款	内容
合同范围	供应商须按照技术规范中的要求进行设备设计与生产，并且确保成功通过预验收；在供应商工厂内对进口商的专家进行培训；设备的运输应采取何种贸易方式；在进口商工厂对设备进行批量试生产等验收和最终验收，并按照保修政策进行一定期限的保修
合同总值	合同总值共计 × 元。合同购买的服务包括设备的设计、制造、预组装、预验收、运输、安装、调试、培训和终验收检测
付款方式	此合同包括 $×_1$ 元的货物与 $×_2$ 元的服务，进口商须根据合同约定的比率将款项按期支付给供应商
技术资料	合同签署后，进口商须在规定的限期内根据技术规范要求向供应商提供相应的技术文件。供应商需向进口商提供全面详细的描述、图纸及相关的技术数据以便进口商确认选生产方式。上述的技术文件须由供应商必须在设计阶段完成。在技术规范中所列的完整的技术资料，须由供应商按照交货日程表提供给进口商

2. 采购合同补充协议

采购合同补充协议见表 4-13。

表 4-13　采购合同补充协议

采购合同补充协议	
买方	
卖方	
产品描述	报价　　　　　　根据此附加协议的附加费用
服务价格	
服务价格	
总计	
英文条款	合同条款内容（中文）

3. 协议首页

协议首页见表 4-14。

表 4-14　协议首页

项目		
对象		
商品名称		
审批人	签名	日期
买方		
物流管理项目经理		
融资项目经理		
成本估算经理		
供应商质量管理项目经理		
采购项目经理		

4. 采购协议基础信息表格

采购协议基础信息表格见表 4-15。

表 4-15　采购协议基础信息表格

新车年份、款式和项目名称	
项目审批日期	
大规模生产日期	
买方制造地点	
商品名称	
零部件号	
生产工装启动日期	
每辆车使用量	
交货单位图纸号	
预计项目生命周期，年平均产量，最大年产量	
预计正常周产能	
预计费率	
供应商制造地点	
供应商起运地点	

5. 采购申请单

采购申请单见表 4-16。

表 4-16　采购申请单

序号	名称	规格／型号	材质	单位	数量	交货期（天）	用途	备注	申购部门
1									
2									
3									
4									
5									
6									
7									
8									
9									
10									
11									
12									
13									
14									
15									
16									
17									
18									

6. 询价单

询价单见表4-17。

表4-17 询价单

报价单位名称:				联系人:		部门:	
邮箱:		QQ/微信:		电话:		传真:	
序号	产品名称	规格型号	技术参数	数量	市场报价	单价	金额	厂家/品牌	备注
1									
2									
3									
4									
5									

1. 请务必Email或传真产品的详细资料，包括图片及主要技术参数，实验指导书等。（代理商：请提供代理证）

2. 有无增值税发票：

3. 是否含运输、安装调试、培训等费用：

4.（1）到货期：　　　　（2）质保期：

5. 结算方式：

报价单位：　　　　　　　　　（签章）

报价人：　　　　　　　　　　（签章）

日期：　　　年　　月　　日

7. 供应商销售价格表

供应商销售价格表见表 4-18。

表 4-18　供应商销售价格表

内容	最终价格、假设和目标
买方可负担的零部件最高价格	
买方可负担的生产工具最高价格	
买方可负担的初始最大工具费用	
买方可负担的最终最大工具费用	
设计与开发金额	
包装假设（包含在零部件价格中）	
运输条款（如适用）	
测序假设	
功能需求	
预制件价格、模型和工装价格	
零系列质量目标	
质量问题解决方案	
工具分期付款金额/单位货物 全部分期付款的货物数量	

8. 采购订单

采购订单见表 4-19。

表 4-19　采购订单

订单号		供应商	
订单日期		地址	
采购		供应商编号	
项目		联系人	

产品代码	供应商物料代码	描述/规格	数量	单位	不含税单价	含税总价	交货日期
	合计						
	交付地点						
	收货人						
	交易条款						
	付款条款						
	其他技术条件						

9. 注意事项

值得注意的是，采购通则作为集团公司采购方面的框架性协议，对采购合同和采购订单具有统一的约束力。即采购通则约定进口采购行为中的权利义务，明确采购标的、技术要求和知识产权等。采购订单作为实际贸易过程中的第一手单证，原则上包括了进口采购货物的规格型号和技术要求。同时，企业要求供应商严格按照采购订单的规格，生产提供符合企业技术要求和质量标准的合格产品。

因此，采购与供应商管理、质量管理和技术研发之间密不可分，脱离了任何一方面来审视进口货物的采购，都无法客观真实地还原贸易实质。

四、招投标协议

招投标协议见表 4-20。

表 4-20　招投标协议

	内容
甲方职责	1. 提供委托招标项目的可行性研究报告； 2. 提供采购资金到位的有效证明； 3. 提供设备采购清单及技术要求； 4. 安排代表参与招标工作； 5. 与乙方共同商定开标时间，配合乙方进行招标工作； 6. 协助乙方编制招标文件，完成技术标书的编制； 7. 提供设备的预估价格； 8. 负责答复或澄清投标商提出的相关技术问题
乙方职责	1. 负责组织国际招标工作并及时向甲方通报招标进度； 2. 负责编制招标文件的商务部分，负责商务标书和技术标书的汇总和编辑，制作完整的招标文件，负责招标文件的英文翻译； 3. 负责招标文件的送审和批复； 4. 负责刊登招标公告、印制发售招标文件； 5. 做好售标记录，督促投标商在网上注册； 6. 负责答复投标商就招标文件提出的问题，必要时，甲方可进行补充与解释，投标文件内容发生更改时，负责向投标商发出书面更改通知； 7. 负责选择专家评委，组建评标委员会； 8. 负责按时组织开标、评标，并确保程序符合国家相关法律法规的规定； 9. 负责接受投标商的投标文件和保证金； 10. 负责商务条款的评议和澄清； 11. 负责组织询标工作； 12. 负责编制评标报告、送审评标结果、网上公示，负责协调解决投标商质疑； 13. 负责向中标商发出中标通知书，向未中标的投标商退还投标保证金； 14. 负责对招标过程中产生的全部文件进行存档保管
项目	项目名称：某新产品型号（改造）项目 可行性研究报告批复单位及文号： 项目性质：企业自筹资金

表 4-20续

项目	内容
项目	项目招标委托金额： 招标设备名称及数量
投标文件	1. 投标书 2. 开标一览表及投标保证金保函（正本单独密封） 3. 投标分项报价表 4. 货物说明一览表 5. 技术规格响应/偏离表 6. 商务条款响应/偏离表 7. 投标保证金保函 8. 法定代表人授权书 9. 资格证明文件

招投标依据见表 4-21。

表 4-21 招投标依据

	内容
中华人民共和国商务部令 2014 年第 1 号《机电产品国际招标投标实施办法（试行）》	第六条 通过招标方式采购原产地为中国关境外的机电产品，属于下列情形的必须进行国际招标： （一）关系社会公共利益、公众安全的基础设施、公用事业等项目中进行国际采购的机电产品； （二）全部或者部分使用国有资金投资项目中进行国际采购的机电产品； （三）全部或者部分使用国家融资项目中进行国际采购的机电产品； （四）使用国外贷款、援助资金项目中进行国际采购的机电产品； （五）政府采购项目中进行国际采购的机电产品； （六）其他依照法律、行政法规的规定需要国际招标采购的机电产品。 已经明确采购产品的原产地在中国关境内的，可以不进行国际招标。必须通过国际招标方式采购的，任何单位和个人不得将前款项目化整为零或者以国内招标等其他任何方式规避国际招标。 商务部制定、调整并公布本条第一项所列项目包含主要产品的国际招标范围
	第七条 有下列情形之一的，可以不进行国际招标： （一）国（境）外赠送或无偿援助的机电产品； （二）采购供生产企业及科研机构研究开发用的样品样机； （三）单项合同估算价在国务院规定的必须进行招标的标准以下的； （四）采购旧机电产品； （五）采购供生产配套、维修用零件、部件； （六）采购供生产企业生产需要的专用模具； （七）根据法律、行政法规的规定，其他不适宜进行国际招标采购的机电产品。招标人不得为适用前款规定弄虚作假规避招标

招投标涉及的主要表格见图 4-25。

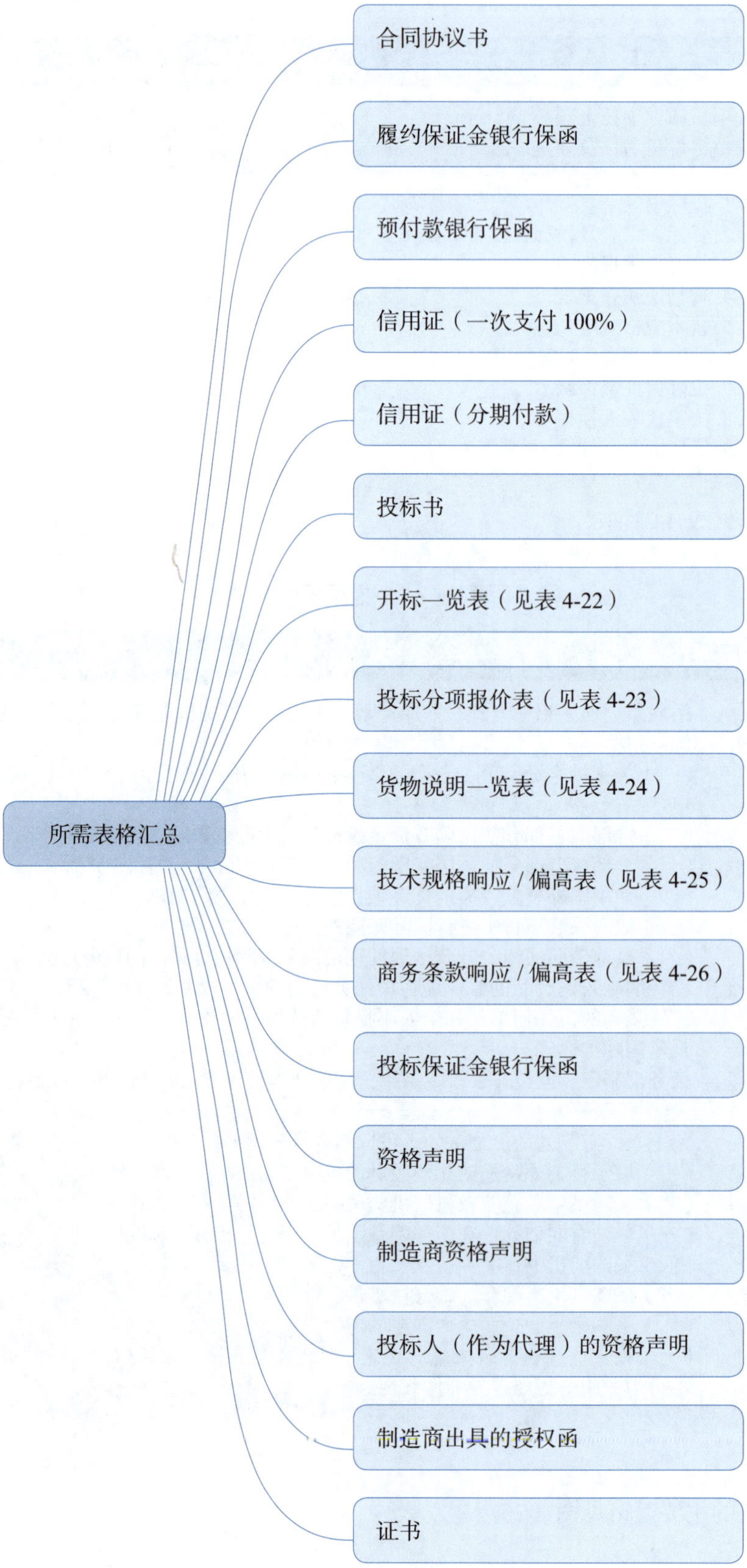

所需表格汇总
- 合同协议书
- 履约保证金银行保函
- 预付款银行保函
- 信用证（一次支付100%）
- 信用证（分期付款）
- 投标书
- 开标一览表（见表4-22）
- 投标分项报价表（见表4-23）
- 货物说明一览表（见表4-24）
- 技术规格响应/偏离表（见表4-25）
- 商务条款响应/偏离表（见表4-26）
- 投标保证金银行保函
- 资格声明
- 制造商资格声明
- 投标人（作为代理）的资格声明
- 制造商出具的授权函
- 证书

图4-25　招投标涉及的主要表格

合同协议书

　　本合同于＿＿＿年＿月＿日由中华人民共和国的*(买方名称)*（以下简称"买方"）为一方和*(卖方国家/地区和城市)*的*(卖方名称)*（以下简称"卖方"）为另一方按下述条款和条件签署。

　　鉴于买方为获得以下货物和伴随服务，即*(货物和服务简介)*而邀请投标，并接受了卖方以总金额*(币种、用文字和数字表示的合同价)*（以下简称"合同价"）提供上述货物和服务的投标。

　　本合同在此声明如下：

　　1. 本合同中的词语和术语的含义与合同条款中定义的相同。

　　2. 下述文件是本合同的一部分，并与本合同协议书一起阅读和解释：

　　（1）合同通用条款；

　　（2）合同专用条款；

　　（3）合同附件，如：

　　附件：① 供货范围及分项价格表

　　　　　② 技术规格

　　　　　③ 交货批次及交货时间

　　　　　④ 履约保证金银行保函

　　　　　⑤ 预付款银行保函

　　　　　⑥ 信用证

　　（4）中标通知书。

　　3. 考虑到买方将按照本合同向卖方支付，卖方在此保证全部按照合同的规定向买方提供货物和服务，并修补缺陷。

　　4. 考虑到卖方提供的货物和服务并修补缺陷，买方在此保证按照合同规定的时间和方式向卖方支付合同价或其他按合同规定应支付的金额。

　　双方在上述日期签署本协议。

　　买方代表姓名：＿＿＿＿＿＿　　卖方代表姓名：＿＿＿＿＿＿

　　买方代表签字：＿＿＿＿＿＿　　卖方代表签字：＿＿＿＿＿＿

　　买方名称：＿＿＿＿＿＿　　　　卖方名称：＿＿＿＿＿＿

履约保证金银行保函

开具日期：

致：*（买方名称）*

　　*（合同编号）*号合同履约保函

本保函作为贵方与*（卖方名称）*（以下简称"卖方"）于　　　年　月　日就*（项目名称）*项目（以下简称"项目"）项下提供*（货物名称）*（以下简称"货物"）签订的*（合同编号）*号合同的履约保函。

（出具保函银行名称）（以下简称"银行"）无条件地、不可撤销地具结保证本行、其继承人和受让人无追索地向贵方以*（货币名称）*支付总额不超过*（货币数量）*，即相当于合同价格的____%，并以此约定如下：

1. 只要贵方确定卖方未能忠实地履行所有合同文件的规定和双方此后一致同意的修改、补充和变动，包括更换和/或修补贵方认为有缺陷的货物（以下简称"违约"），无论卖方有任何反对，本行将凭贵方关于卖方违约说明的书面通知，立即按贵方提出的累计总额不超过上述金额的款项和按贵方通知规定的方式付给贵方。

2. 本保函项下的任何支付应为免税和净值。对于现有或将来的税收、关税、收费、费用扣减或预提税款，不论这些款项是何种性质和由谁征收，都不应从本保函项下的支付中扣除。

3. 本保函的条款构成本行无条件的、不可撤销的直接责任。对即将履行的合同条款的任何变更、贵方在时间上的宽限或由贵方采取的如果没有本款可能免除本行责任的任何其他行为，均不能解除或免除本行在本保函项下的责任。

4. 本保函在本合同规定的保证期期满前完全有效。谨启。

出具保函银行名称：

签字人姓名和职务（姓名印刷体）：

签字人签名：

公章：

预付款银行保函

开具日期：

致：（买方名称）
　　（合同名称）

根据合同条款第 20 条中的规定，（卖方名称、地址）（以下简称"卖方"）须向买方提交总额为（币种、以文字和数字表示的保函金额）的银行保函，以保证卖方将正确和忠实地履行所述的合同条款。

我行（银行名称），根据卖方的要求，无条件地和不可撤销地同意作为第一责任人而不仅仅作为保证人，保证在收到买方的第一次要求就支付给买方不超过（币种、以文字和数字表示的保函金额）的金额，我行无权反对和不需要先向卖方索赔。

我行进而同意，双方同意的对将要履行的合同条款或合同文件的更改、增补或修改均不能免除我行在本保函下的任何责任。我行在此表示上述更改、增补和修改无需通知我行。

本保函从卖方收到合同预付款起直至最后一批货物交货后 30 日内有效。

出具保函银行名称：

签字人姓名和职务（姓名印刷体）：

签字人签名：

公章：

信用证（一次支付 100%）

日期：

致：（卖方）

本信用证通过（银行名称）转递。

我方应（买方名称）要求为贵方开具（信用证号码）号不可撤销的信用证，限于（币种、金额）。贵方可凭 100% 的发票金额开具以（买方名称）为付款人的即期汇票，并附以下单据。

1. 签字的商业发票一式 4 份（应注明有关的合同编号）。

2. 标有"运费已付"的全套已装船清洁海运提单，空白抬头，空白背书，被通知人为 ____。

3. 装箱单和/或重量单一式 4 份，说明每一包装箱的数量、毛重和净重。

4. 制造商出具的质量证书一式 4 份。

5. 你方出具的一封信函证实额外的单据已按照合同条件发送。

6. 你方在启运后 48 小时内发送的通知船名、数量、重量、金额和启运日期的通知复印件一份。

7. 表明承运船只已经买方同意的信函。

8. 按发票金额 110% 投保的运输一切险和战争险保险单或保险证明。

9. 原产地证书一式 5 份。

10. 以买方为抬头的致（银行名称）的即期汇票。证实合同号（合同号）的货物已启运。

价格条件（CIF/FOB）。

要求你方自己出具额外的证明，确认本信用证下提交的全部单据的内容符合上述合同条件。从（启运港）启运至（目的港）。

不迟于（交货的最后期限）。

部分装运（是否）允许，转运（是否）允许。

本信用证直至（年、月、日、时、分）在（地点）有效，全部汇票必须标注是在本信用证下出具的。

我方在此承诺：按照本信用证下出具的符合本信用证条件的汇票和装运单据予以议付。

信用证（分期付款）

日期：

致：（卖方）

本信用证通过（银行名称）转递。

我方应（买方名称）要求为贵方开具（信用证号码）号不可撤销的信用证，限于（币种、金额）。贵方可开具以（买方名称）为付款人的即期汇票，并按以下方法支付：

1. 提交下列单据后支付合同价的 _____%。

（1）卖方国家有关当局出具的出口许可证，或不要出口许可证的证明文件。

（2）卖方银行出具的以买方为受益人的不可撤销的预付款保函，金额为合同价的 ____%。

（3）金额为合同总价的形式发票一式5份。

（4）以买方为抬头的致（银行名称）即期汇票。

（5）商业发票一式5份。

2. 提交下列单据后按合同总价的 _____% 支付每次启运货价。

（1）对于CIF价合同，标有"运费已付"的全套已装船清洁海运提单正本一式3份和副本一式2份，空白抬头，空白背书，被通知人为 _____。

（2）金额为有关合同货物交货价的 _____% 的商业发票一式5份。

（3）详细的装箱单一式5份。

（4）制造商出具的质量证书一式5份。

（5）以买方为抬头的致（银行名称）的即期汇票。

（6）根据本合同条款第12条的规定通知启运的通知复印件。

（7）表明承运船只已经买方同意的信函。

（8）按发票金额110%投保的以买方为受益人的运输一切险和战争险保险单正本1份、副本4份。

（9）卖方出具的原产地证书一式5份。

3. 合同货物验收后提交下列单据支付合同总价的 _____%。

（1）商业发票一式5份。

（2）由买方和卖方签署的合同货物验收证书一式5份。

（3）以买方为抬头的致（银行名称）的即期汇票。证实合同号（具体合同号）的货物已启运。

价格条件（CIF/FOB）。

要求你方自己出具额外证明，证实本信用证下提交的全部单据的细节符合上述合同条件。

从（*启运港*）启运至（*目的港*）。

不迟于（*交货期的最后期限*）。

部分装运（*是否*）允许，转运（*是否*）允许。

本信用证直至（*年、月、日、时、分*）在（*地点*）有效，全部汇票必须标注是在本信用证下出具的。

我方在此承诺：按照本信用证下出具的符合本信用证条件的汇票和装运单据予以议付。

投标书

致：（*招标机构*）

根据贵方为（*项目名称*）项目招标采购货物及服务的投标邀请（*招标编号*），签字代表（*姓名、职务*）经正式授权并代表投标人（*投标人名称、地址*）提交下述文件正本 1 份及副本 ＿＿＿ 份：

1. 开标一览表。

2. 投标分项报价表。

3. 货物说明一览表。

4. 技术规格响应 / 偏离表。

5. 商务条款响应 / 偏离表。

6. 按招标文件投标人须知和技术规格要求提供的其他有关文件。

7. 资格证明文件。

8. 由（*银行名称*）出具的投标保证金银行保函，金额为（*金额数和币种*）。在此，签字代表宣布同意如下：

1. 所附投标价格表中规定的应提交和交付的货物投标总价为（*注明币种，并用文字和数字表示的投标总价*）。

2. 投标人将按招标文件的规定履行合同责任和义务。

3. 投标人已详细审查全部招标文件，包括（*补遗文件*）（*如果有的话*）。我们完全理解并同意放弃对这方面有不明及误解的权力。

4. 本投标有效期为自开标日起（*有效期日数*）日历日。

5. 投标人同意投标人须知中关于没收投标保证金的规定。

6. 根据投标人须知中的规定，我方承诺，与买方聘请的为此项目提供咨询服务的公司及任何附属机构均无关联，我方不是买方的附属机构。

7. 投标人同意提供贵方可能要求的与其投标有关的一切数据或资料。投标人完全理解贵方不一定接受最低价的投标或收到的任何投标。

8. 与本投标有关的一切正式信函请寄：

地址：　　　　　　　　传真：

电话：　　　　　　　　电子函件：

投标人代表签字：

投标人名称：

公章：

日期：

表 4-22　开标一览表

投标人名称			国别/地区		招标编号			包号			
序号	货物名称	型号和规格	数量	制造商名称和国籍/地区	价格条件	投标货币	投标报价	投标保证金	交货期	备注
投标总价										
投标人代表签字										

表 4-23　投标分项报价表

投标人名称					招标编号		包号		
序号	名称	型号和规格	数量	原产地和制造商名称	FOB/FCA 单价（注明装运港或装运地点）	CIF/CIP 单价（注明目的港或目的地）	CIF/CIP 总价	至最终目的地的内陆运费和保险费
1	主机和标准附件							
2	备品备件							
3	专用工具							
4	安装、调试、检验							
5	培训							
6	技术服务							
7	其他							
总计								
投标人代表签字								

表 4-24　货物说明一览表

投票人名称		招标编号			包号	
品目号	货物名称	主要规格	数量	交货期	装运港	目的港
投标人代表签字						

表 4-25　技术规格响应/偏离表

投标人名称		招标编号		包号		
序号	货物名称	招标文件条目号	招标规格	投标规格	响应/偏离	说明
投标人代表签字						

表 4-26　商务条款响应/偏离表

投标人名称		招标编号		包号	
序号	招标文件条目号	招标文件商务条款	投标文件商务条款		说明
投标人代表签字					

投标保证金银行保函

开具日期：

致：（*招标机构*）

本保函作为（*投标人名称*）（以下简称"投标人"）对（*招标机构*）（*招标编号*）的投标邀请提供（*货物名称*）的投标保函。

（*出具保函银行名称*）无条件地、不可撤销地具结保证本行、其继承人和受让人，一旦收到贵方提出的就下述任何一种事实的书面通知，立即无追索地向贵方支付金额为（*金额数和币种*）保证金：

1. 在提交投标文件的截止之日起到投标有效期满前，投标人撤回投标；
2. 在收到中标通知后 30 日内，投标人未能与买方签订合同；
3. 在收到中标通知后 30 日内，投标人未能按招标文件规定提交履约保证金；
4. 在收到中标通知后，投标人未按招标文件规定在合同生效后 15 日内缴纳招标服务费。

本保函自提交投标文件的截止之日起（*保函有效期日数*）日历日内有效，并在贵方和投标人同意延长的有效期内保持有效。延长的有效期只需通知本行即可。贵方有权提前终止或解除本保函。

出具保函银行名称：

签字人姓名和职务：

签字人签名：

公章：

资格声明

致：（*招标机构*）

为响应你方 _____ 年 ____ 月 ____ 日的（*招标编号*）投标邀请，下述签字人愿参与投标，提供货物需求一览表中规定的（*货物品目号和名称*），提交下述文件并声明全部说明是真实的和正确的。

1. 由（*制造商名称*）为提供（*货物品目号和名称*）的授权书 1 份正本，____ 份副本，我方代表该制造商并受其约束。[投标人（作为代理）填写]

2. 我方和制造商的资格声明，各有 1 份正本，____ 份副本。

3. 下述签字人在证书中证明本资格文件中的内容是真实的和正确的。

投标人（制造商或代理）的　　　　授权签署本资格文件的
名称：　　　　　　　　　　　　　签字人姓名、职务（印刷字体）：
地址：
传真：　　　　　　　　　　　　　签字：
邮编：　　　　　　　　　　　　　电话：

制造商资格声明

1. 名称及概况

（1）制造商名称：

（2）总部地址：

电传 / 传真 / 电话号码：

（3）成立和 / 或注册日期：

（4）实收资本：

（5）近期资产负债表（到 _____ 年 ___ 月 ___ 日止）

①固定资产：

②流动资产：

③长期负债：

④流动负债：

⑤净值：

（6）主要负责人姓名（可选填）：

（7）制造商在中国的代表的姓名和地址（如有的话）：

2. 关于制造投标货物的设施及其他情况

（1）工厂名称地址 _____ 生产的项目 _____ 年生产能力 _____ 职工人数 _____

（2）本制造商不生产，而需从其他制造商购买的主要零部件制造商名称和地址 _____ 主要零部件名称 _____

3. 本制造商生产投标货物的经验（包括年限、项目业主、额定能力、商业运营的起始日期等）

4. 近 3 年投标货物主要销售给国内、外主要客户的名称地址

（1）出口销售

（名称和地址） （销售项目）

（2）国内销售

（名称和地址） （销售项目）

5. 近 3 年的年营业额

年份	国内	出口	总额

6. 易损件供应商的名称和地址

部件名称：　　　　　　　　　　供应商：

7. 最近 3 年直接或通过贸易公司向中国提供的投标货物合同编号：

签字日期：

项目名称：

数量：

合同金额：

8. 有关开户银行的名称和地址

9. 制造商所属的集团公司（如有的话）

10. 其他情况

兹证明上述声明是真实、正确的，并提供了全部能提供的资料和数据，我们同意遵照贵方要求出示有关证明文件。

制造商名称：

签字人姓名和职务：

签字人签字：

签字日期：

传真：

电话：

电子邮件：

投标人(作为代理)的资格声明

1. 名称及概况

(1) 投标人名称:

(2) 总部地址:

电传/传真/电话号码:

(3) 成立和/或注册日期:

(4) 实收资本:

(5) 近期资产负债表(截至_____年___月___日)

①固定资产:

②流动资产:

③长期负债:

④流动负债:

⑤净值:

(6) 主要负责人姓名(可选填):

(7) 投标人在中国的代表姓名和地址(如有的话):

2. 近3年的年营业额:

年份	国内	出口	总额

3. 近3年投标货物销售给国内、外主要客户的名称地址

(1) 出口销售

(名称和地址)　　　　　　　　　　(销售项目)

(2) 国内销售

(名称和地址)　　　　　　　　　　(销售项目)

4. 同意为投标人制造货物的制造商名称、地址(附制造商资格声明)

5. 由其他制造商提供和制造的货物部件(如有的话)

制造商名称和地址:

制造的部件名称:

6. 近 3 年向中国公司提供的投标货物（如有的话）

合同编号：

签字日期：

项目名称：

数量：

合同金额：

7. 有关开户银行的名称和地址

8. 所属的集团公司（如有的话）

9. 其他情况

兹证明上述声明是真实、正确的，并提供了全部能提供的资料和数据，我们同意遵照贵方要求出示有关证明文件。

签字人姓名和职务：

签字人签字：

签字日期：

传真：

电话：

电子邮件：

制造商出具的授权函

致：（*招标机构*）

我们（*制造商名称*）是按（*国家/地区名称*）法律成立的一家制造商，主要营业地点设在（*制造商地址*）。兹指派按（*国家/地区名称*）的法律正式成立的，主要营业地点设在（*投标人地址*）的（*投标人名称*）作为我方真正的和合法的代理人进行下列有效的活动。

1. 代表我方在中华人民共和国办理贵方第（*投标邀请编号*）号投标邀请要求提供的由我方制造的货物的有关事宜，并对我方具有约束力。

2. 作为制造商，我方保证以投标合作者来约束自己，并对该投标共同和分别承担招标文件中所规定的义务。

3. 我方兹授予（*投标人名称*）全权办理和履行上述我方为完成上述各点所必须的事宜，具有替换或撤销的全权。兹确认（*投标人名称*）或其正式授权代表依此合法地办理一切事宜。

我方于＿＿＿＿年＿＿＿月＿＿＿日签署本文件，（*投标人名称*）于＿＿＿＿年＿＿＿月＿＿＿日接收此件，以此为证。

投标人名称：　　　　　　　制造商名称：
签字人职务：　　　　　　　签字人职务：
签字人姓名：　　　　　　　签字人姓名：
签字人签名：　　　　　　　签字人签名：

证 书

下述签字人证明本资格文件和要求的格式中的说明是真实的和正确的。

下述签字人在此授权并要求任何被征询的银行向招标人提供任何所要求的资料,以验证本声明及本公司实力和信誉。同时附上从我方银行(*银行名称*)出具的资信证明。

下述签字人知道,招标人可能要求提供进一步的资格证明材料并同意按招标人要求提交。

投标人(制造商或代理)

授权签署本资格文件的名称:

签字人姓名、职务(印刷字体):

地址:

传真:

签字:

邮编:

电话:

五、进出口合同

进出口合同(以整车为例)见表 4-27。

表 4-27　进出口合同

条款	内容
指定经销商及经销权利	根据本合同,出口商(汽车品牌所有人)指定经销商为在合同区域内销售合同货物并就合同货物提供服务的非独家经销商
合同货物	合同货物包括:①由出口商制造的完全组装的整车,其款式为拟用于合同区域的约定款式;②由出口商供应的汽车零部件、附件及总成。 经出口商同意,在合同区域内将合同车辆正式投放市场
订单、价格和付款	出口商应告知经销商合同货物的价格和费用。经销商自签署本合同之日起,承认收到合同货物的当前价格。 经销商及其授权分销商应当遵守出口商制订的在法律允许范围内的价格政策
商标	经销商在本合同期限内,有权在合同约定范围内使用出口商商标,除非出口商特别批准,经销商不得在任何合同约定范围之外使用出口商商标
期限和终止	本合同终止时,经销商应立即停止使用出口商的商标,立即自行负担费用将出口商拥有的所有材料和设备归还出口商

第五章

特许权及相关费用应税管理

第一节
海关估价结构体系

海关估价结构体系见图 5-1、图 5-2。

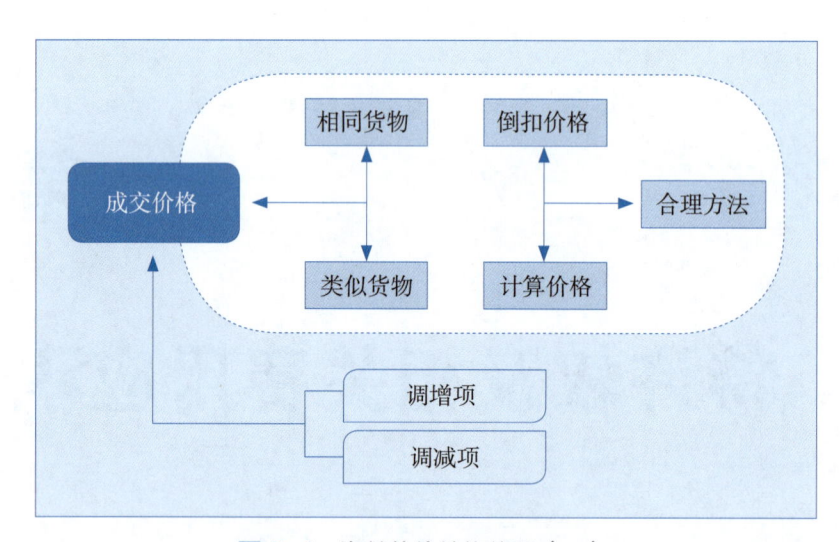

图 5-1 海关估价结构体系（一）

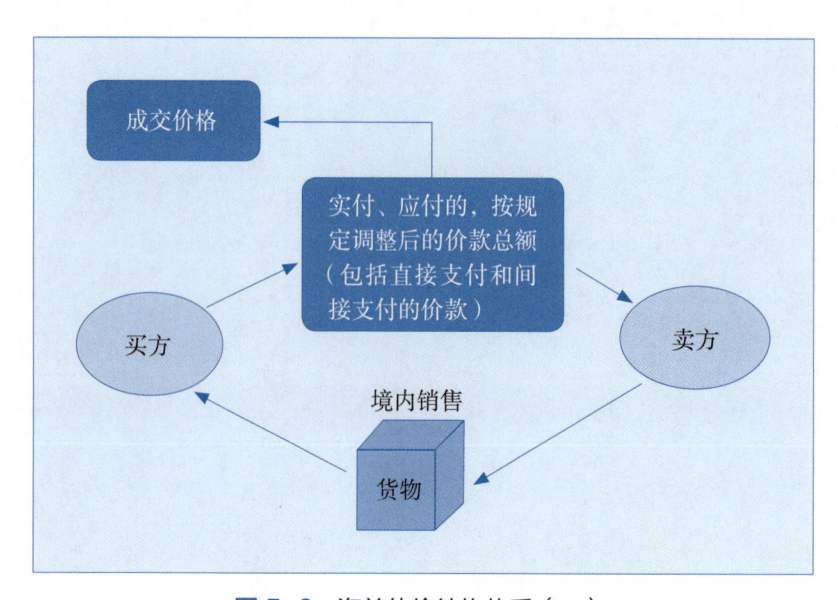

图 5-2 海关估价结构体系（二）

一、成交价格

（一）成交价格概述

成交价格及其与其他价格的区别见表 5-1。

表 5-1　成交价格及其与其他价格的区别

内容		法条	
成交价格的概述	进口货物的成交价格	是指卖方向中华人民共和国境内销售该货物时，买方为进口该货物向卖方实付应付的，并按照成交价格的调整项目调整后的价款总额，包括直接支付的价款和间接支付的价款	
	成交价格的概述	成交价格概念的提出是海关估价领域的一项重大转变，即各国政府对于国际贸易的态度由绝对贸易保护主义向相对贸易保护主义转变，贸易保护由采用关税壁垒和非关税壁垒双重手段向仅仅采用关税壁垒一种手段转变。世界海关估价方法的发展经历了从海关定价，到货物的正常价格，直至目前采用的成交价格方法，估价方法转变的深层次原因并不是单纯意义上海关估价技术的改进，而是国际贸易、经济、政治竞争反映在海关管理事务上的结果。第二次世界大战以后，各国意识到贸易保护的弊端，逐步形成了一个统一的观点，即不能采用海关估价的手段扭曲正常的国际贸易次序。为了进一步推动国际贸易自由化，巩固《关税与贸易总协定》关税减免多边谈判的成果，在国际贸易谈判中逐步确立了以成交价格为核心内容的《WTO 估价协定》作为国际海关估价的法律体系。《WTO 估价协定》以公平、统一、中性为原则，有效降低各国海关估价的随意性。具体表现在	（一）海关估价应以成交价格为基础
			（二）增加了海关的举证责任
			（三）要求海关在估价时，应最大可能地与进口商开展价格磋商。作为 WTO 成员，成交价格方法也成为我国普遍采用的估价方法
成交价格与其他价格的区别	成交价格与倾销价格的区别	成交价格是指买卖双方实际达成的价格，而倾销价格是指卖方为占领进口国（地区）市场、促销商品或打击其他竞争者等目的，故意降低价格，以低于该商品的正常价值向进口国（地区）出口该货物。当卖方以倾销价格销售时，由于降低价格行为是卖方的自主行为，买方除了支付议定的货款外，无须承担其他任何义务。因此，在没有进行其他限制条件的前提下，倾销价格是符合海关估价中的成交价格条件的。《WTO 估价协定》在概述部分明确指出："估价程序不应用于反倾销。"倾销行为是卖方的自发行为，除了发票列明的价格外，出口商并没有获取额外的收益，进口商实际向卖方支付的价格就是倾销价格，进口商也未承担其他需要重新调整的项目。在历史上，倾销行为曾经由海关估价进行管辖，当海关使用正常价格，或者"价值"对货物实施估价时，倾销行为的确可以引发海关的纳税调整。但是，由于"价值"估价方法存在较大的不确定性，给国际贸易正常发展带来了较大的负面作用。各国（地区）已经达成共识，即倾销行为应作为一项单独的行政管理方式进行管辖。在实践中，如有证据表明商业中存在倾销情况，应启动反倾销法律程序，例如可由境内受到损害的产业部门向商务部提出反倾销调查，而不能通过海关估价措施人为地提高货物的计税价格，以增加关税税赋的方法来处理倾销行为	
	成交价格和申报价格的区别	成交价格来源于进口商的申报价格，但是成交价格与申报价格之间又存在一定的区别。可以认为成交价格是特定的申报价格，是符合一定条件的申报价格。符合成交价格条件的申报价格必须同时满足以下三个条件	（1）买卖双方之间存在真实的、公平的销售行为，销售没有受到与本次贸易无关的条件或因素影响
			（2）申报价格必须完整地包括贸易的全部事实，包括间接支付和直接支付、预付款和后付款，全部实付或应付的价款总额等
			（3）申报价格中必须完整地包括全部应税费用，例如销售佣金、协助的费用、转售收益等费用。以上三个条件缺一不可，否则海关将根据估价相关的法律法规对申报价格进行调整或实施估价

表 5-1 续

内容		法条
成交价格与其他价格的区别	成交价格与同期市场行情的关系	在一般情况下，成交价格与同期市场行情相接近。但是，并不能因此否定存在成交价格背离同期市场行情的特殊情况。在商业过程中，每一次交易都有其独特性，交易各方对于市场的判断、交易标的物的考量、风险收益的评价等，都会对最终的交易结果产生重大影响。根据海关估价的法律法规规定，仅仅针对价格低于相同货物同期市场行情这一事实，不能构成海关直接拒绝接受进口货物成交价格的法定理由。但是，如果海关通过审核，发现申报价格存在不合理性，违背了国际贸易的普遍惯例，或者对进口申报材料的真实性、准确性、规范性和完整性产生疑问时，海关将启动估价质疑程序，要求进口商对其申报价格明显低于相同货物同期市场行情作出合理解释。如果进口商未能在规定时间内提出进一步说明，或者进口商提供的说明未能消除海关的怀疑，海关将不接受进口货物的申报价格，而采用其他方法估价

（二）WTO 关于成交价格的规定

WTO 关于成交价格的规定见表 5-2。

表 5-2 WTO 关于成交价格的规定

机构/组织	法律法规	法条内容	
WTO	《WTO 估价协定》第一条	进口货物的计税价格应为成交价格，即为该货物出口销售至进口国（地区）时依照第八条的规定进行调整后的实付或应付的价格，只要	（a）不对买方处置或使用该货物设置限制，但下列限制除外：（I）进口国（地区）法律或政府主管机关强制执行或要求的限制；（II）对该货物转售地域的限制；或（III）对货物价格无实质影响的限制
			（b）销售或价格不受某些使被估价货物的价值无法确定的条件或因素的影响
			（c）卖方不得直接或间接得到买方随后对该货物转售、处置或使用后的任何收入，除非能够依照第八条的规定进行适当调整；以及
			（d）买方和卖方无特殊关系，或在买方和卖方有特殊关系的情况下，根据第二款的规定为完税目的的成交价格是可接受的
	WTO 咨询意见 2.1——低于相同货物市场行价的价格的可接受性	1. 所提的问题是	对某一低于相同货物市场行情的价格，根据《WTO 估价协定》第一条的规定是否能接受
		2. 本委员会①审议了这一问题并得出下述结论	受本《WTO 估价协定》第十七条的规定限制，仅价格低于相同货物市场行情这一事实不应构成拒绝接受该价格适用第一条的理由。（注：《WTO 估价协定》第十七条，本协定的任何规定不得解释为限制或怀疑海关确信为估价目的所提交的任何陈述、单证或申报的真实性或准确性的权利）
	WTO 解释性说明 1.1——《WTO 估价协定》第一、第二和第三条中的时间因素	第一条 1.《WTO 估价协定》第一条对海关估价规定，进口货物的计税价格应是成交价格，即货物出口销售至进口国（地区）时经必要调整同时符合一定条件的实付或应付价格。 2. 在该条及其相应的解释性说明中，均没有对实际交易客观的时间标准的参考说明，即在确定实付或应付价格是否可以作为计算计税价格有效基础时需要考虑的时间标准。	

---

① 编者注：指 WTO 海关估价技术委员会。

表 5-2 续

机构/组织	法律法规	法条内容
WTO	WTO解释性说明1.1——《WTO估价协定》第一、第二和第三条中的时间因素	3. 根据《WTO估价协定》第一条的估价方法，确定计税价格的基础是在引起进口的销售中所制定的实际价格，交易发生的时间并非实质性因素。因此，第一条第一款中的"销售……时"一词并不是指在确定某一价格是否符合第一条的含义时要考虑时间因素，它仅仅表明所涉交易的类型——换句话说，货物出口销售至进口国（地区）的交易类型。 4. 因此，只要符合第一条规定的条件，进口货物的成交价格应该予以接受，而无须考虑销售合同完成的时间，同时也无须考虑销售合同完成之日后的市场波动。 5. 第一条在第二款（b）项对时间标准给出了一个辅助的参考说明；这仅与"测试"价格有关并不影响：在按第一条确定成交价格时，不涉及有关的时间因素。 6. 第二款（b）项规定，在关联关系方之间的销售中，成交价格应予以接受并且按第一款的规定对货物估价，而不论进口商是否可以证明该项价格非常接近于同时或大约同时发生的三种比较价格中的一种。但如果术语"同时或大约同时发生的"是可以予以考虑的唯一的参考因素，那么在某些情况下，在影响被估货物的条件与影响提供测试价格的货物的条件之间可能会存在实质性的差别，并且会由此导致所做的比较不正确。 7. 对第二款（b）项的应用必须以与《WTO估价协定》原则相一致的方式进行。出口的时间，这一对第二条和第三条比较所需的标准，则是一种可采纳的方法。 8. 《WTO估价协定》框架内的其他方法也是可行的，特别是时间标准采用下述有关测试价格的原则，即对于第一条第二款（b）项（i），是被估货物向进口国（地区）出口的时间；对于第一条第二款（b）项（ii），是被估货物在进口国（地区）销售的时间；对于第一条第二款（b）项（iii），是被估货物进口的时间。 **第二、三条** 9. 《WTO估价协定》第二条和第三条对时间因素的处理是不同的。不同于第一条，进口货物的估价是以本身的因素为基础，换句话说即以货物的实付或应付价格为基础，而第二条和第三条则是参照以前按第一条确定的价格，即相同或类似进口货物的成交价格。 10. 为了达到执行的统一性，第二条和第三条指出，按这两条规定确定的计税价格是与被估货物同时或大约同时出口的相同或类似货物的成交价格。因此这两条规定确立了在应用有关条款时须要考虑的客观的时间标准。 11. 应该注意的是，按第二条和第三条所适用的客观的时间标准是被估货物出口的时间，而不是其销售的时间。 12. 这一客观的时间标准必须符合有关条款的实际的应用问题。因此，"或大约"一词应当被理解为仅使术语"在同一时间"在某种程度上显得不那么严格而已。此外，还应指出的是，根据一般介绍性说明，《WTO估价协定》旨在将计税价格建立在符合商业惯例的简单和公正的标准之上。从这些原则出发，"同时或大约同时"应当作为包含一段时间的含义理解，应尽可能地接近于出口日，以使影响价格产生的商业惯例和市场条件仍是相同的。在最后的分析中，必须在第二条和第三条的应用的整体内容基础上，对有关问题逐案解决。 13. 当然，与时间有关的要求并不改变《WTO估价协定》严格的估价顺序，只有当第二条无法采用之后，方可援引第三条。因此，有关类似货物的出口的时间（相对于相同货物）较接近于被估货物的出口时间的事实，并不能颠倒第二条和第三条的适用顺序。 **海关估价时的具体时间** 14. 上述关于在实施本协定第一、二和第三条中时间因素所起作用的说明，与海关估价的具体时间没有什么关系。第九条只对进行货币换算时须考虑的时间因素做了规定

（三）中国关于成交价格的规定

中国关于成交价格的规定见表 5-3。

表 5-3　中国关于成交价格的规定

国别	法律法规	法条内容		
中国	《中华人民共和国关税法》（以下简称《关税法》）第二十四条关于成交价格的规定	进口货物的计税价格以成交价格以及该货物运抵中华人民共和国境内输入地点起卸前的运输及其相关费用、保险费为基础确定。 进口货物的成交价格，是指卖方向中华人民共和国境内销售该货物时买方为进口该货物向卖方实付、应付的，并按照本法第二十五条、第二十六条规定调整后的价款总额，包括直接支付的价款和间接支付的价款。 进口货物的成交价格应当符合下列条件			
		（一）对买方处置或者使用该货物不予限制，但法律、行政法规规定实施的限制、对货物转售地域的限制和对货物价格无实质性影响的限制除外	（二）该货物的成交价格没有因搭售或者其他因素的影响而无法确定	（三）卖方不得从买方直接或者间接获得因该货物进口后转售、处置或者使用而产生的任何收益，或者虽有收益但能够按照本法第二十五条、第二十六条的规定进行调整	（四）买卖双方没有特殊关系，或者虽有特殊关系但未对成交价格产生影响
	《确价办法》第五条关于成交价格的规定	进口货物的计税价格，由海关以该货物的成交价格为基础确定，并应当包括货物运抵中华人民共和国境内输入地点起卸前的运输及其相关费用、保险费			
	《确价办法》关于成交价格的规定	第七条　进口货物的成交价格，是指卖方向中华人民共和国境内销售该货物时买方为进口该货物向卖方实付、应付的，并且按照本章第三节的规定调整后的价款总额，包括直接支付的价款和间接支付的价款			
		第八条　进口货物的成交价格应当符合下列条件	（一）对买方处置或者使用进口货物不予限制，但是法律、行政法规规定实施的限制、对货物销售地域的限制和对货物价格无实质性影响的限制除外		
			（二）进口货物的价格不得受到使该货物成交价格无法确定的条件或者因素的影响；		
			（三）卖方不得直接或者间接获得因买方销售、处置或者使用进口货物而产生的任何收益，或者虽然有收益但是能够按照本办法第十一条第一款第四项的规定作出调整		
			（四）买卖双方之间没有特殊关系，或者虽然有特殊关系但是按照本办法第十七条、第十八条的规定未对成交价格产生影响		

(四)欧盟关于成交价格的规定

欧盟关于成交价格的规定见表 5-4。

表 5-4 欧盟关于成交价格的规定

地区	法律法规	法条内容		
欧盟	《欧盟海关法》第二十九条	进口货物的计税价格应为成交价格,即根据第三十二和三十三条调整以后的,为了向欧盟境内出口销售的实付或应付价格,且	(a)买方对进口货物的处置或使用不受限制,但不包括以下限制	欧盟法律、行政法规规定的限制
				对货物转售地域的限制,或者
				对于货物价格无实质影响的限制
			(b)销售或价格不得受到使该货物成交价格无法确定的条件或因素的影响	
			(c)卖方不得直接或间接获得因买方转售、处置或使用进口货物而产生的任何收益,除非能够按照第三十二条的规定作出调整	
			(d)买卖双方之间没有特殊关系,或在买卖双方之间有特殊关系的情况下,根据本条第二款的规定审核后,认定其成交价格可以接受	

(五)澳大利亚关于成交价格的规定

澳大利亚关于成交价格的规定见表 5-5。

表 5-5 澳大利亚关于成交价格的规定

国别	法律法规	法条内容		
澳大利亚	《澳大利亚海关关税条例》第一百六十一条——成交价格	1.进口货物的成交价格是进口销售交易的调整价格和与成本有关的价格之和,该成本仅限于在决定被估货物价格时未被计入的成本		
		2.在本条中,与进口货物有关的调整价格是指估价人员根据本条下列各款从进口货物价格中进行扣除以后的货物价格	(a)与被估货物有关的可以扣减的财务成本	
			(b)估价人员审定的下列成本	(i)与进口货物有关的基建、安装、装配、维修或技术服务的费用
				(ii)进口至澳大利亚之后发生的费用;和
				(iii)为了使被估货物根据合同要求达到能精确计数而发生的成本
			(c)与被估货物有关的澳大利亚内陆运输成本及保险费用	
			(d)与被估货物有关的可予以扣除的管理费用	
			(e)与被估货物有关的国际海运费及保险费	

（六）日本关于成交价格的规定

日本关于成交价格的规定见表5-6。

表5-6 日本关于成交价格的规定

国别	法律法规	法条内容	
日本	《日本海关关税法》第四条——审定海关计税价格的原则	海关征税的基础是货物的价格（以下简称"计税价格"），除了本条第二段第一句所说的情况外，计税价格应为买方为了被估的进口货物，根据与被估的进口货物有关的交易，向卖方或者为了卖方的利益实付或应付的价格［不包括货物出口时，在出口国（地区）发生的出口关税或任何其他扣减或返还的费用］，加上未包括在被估货物的实付或应付价格（以下简称"成交价格"）中的运输成本等下款列明的各项费用	（1）被估货物运至进口港发生的运输、保险及其他费用（"运至进口港的运输费用等"参见下一条及第4–3条的第二段）
		（2）买方在被估的进口货物的交易中发生的下列佣金或费用	（a）除购货佣金以外的佣金和经纪费
			（b）容器成本，只要该容器通常与被估的进口货物在类别和价值上视为一体
			（c）被估货物的包装成本
		（3）由买方直接或间接免费或以低于成本价方式提供，并用于被估的进口货物和进口交易的下列货物或服务的价值	（a）被估的进口货物包含的材料、零部件和类似货物
			（b）在生产被估的进口货物过程中使用的工具、模具和类似货物
			（c）在生产被估的进口货物过程中消耗的材料
			（d）在一个复合订单中涉及的为生产该货物所需的工程设计、技术研发、工艺及制图等
		（4）在一个复合定单中涉及的，与被估的进口货物有关的，买方必须直接或间接，为使用商标、设计或商誉和类似权利而支付的成本（不包括在日本复制进口货物的权利）	
		（5）卖方直接或间接从买方对被估的进口货物进口后转售、处置或使用所得中获得的收益	
	《日本海关关税法》基本通告关于检测费用的法律规范	进口货物涉及检查费用的处理办法 在出口国（地区）检查进口货物所需费用的处理方法如下。 这里的"检查"是指为确认进口货物是否与买卖合同中规定的品质、规格、纯度、数量等相一致的检查或分析	
		1.卖方（包括受卖方委托的检查机构等第三方）自行进行检查所需的费用，由买方承担时，计入计税价格	
		2.买方（包括受买方委托的检查机构等第三方）自行进行检查所需的费用，由买方承担时，不计入计税价格。 另外，在买卖双方同意的基础上检查机构等第三方进行检查所需费用的全部或部分由买方承担时，该买方承担的检查费用也可同样处理。但是，买方向检查机构等第三方支付的检查费用符合向卖方的间接支付（卖方对买方以外的第三方承担的债务，由买方进行偿还等情形）时，应计入计税价格	

表 5-6 续

国别	法律法规	法条内容		
日本	《日本海关关税法》基本通告关于检测费用的法律规范	3.进口货物的制造过程中买方进行检查时，该检查所需的费用不计入计税价格。但是，和检查一起从事制造作业的情形下，进行该业务的人员费用符合为卖方所进行的间接支付，需留意。另外，"制造作业"及"进行该业务的人员费用"是指以下作业和费用	（1）制造作业	①加工或生产作业
				②生产管理
				③工程管理
				④加工或生产的搬运等
			（2）进行该业务的人员费用	①渡航费（包括治装费）
				②滞留费
				③人工费（包括国内工资及奖金）
				④离家津贴
				⑤其他类似费用

（七）印度关于成交价格的规定

印度关于成交价格的规定见表 5-7。

表 5-7　印度关于成交价格的规定

国别	法律法规	法条内容		
印度	《印度海关审价办法》第四条——成交价格	1.进口货物的成交价格应为根据本办法第九条调整以后的，向印度出口销售的实付或应付价格		
		2.符合下列条件的进口货物的成交价格应予以接受	（a）在充分竞争条件下，根据通常的贸易流程确定的销售	
			（b）与通常的竞争价格相比，销售并没有发生异常的折扣或减价	
			（c）销售中不存在仅针对独家经销商的特殊折扣	
			（d）根据第九条的规定，对成交价格的调整存在客观可量化的数据	
			（e）买方对进口货物的处置或使用不受限制，但不包括以下限制	（i）印度法律、行政法规规定的限制；或者
				（ii）对货物转售地域的限制；或者
				（iii）对货物价格无实质影响的限制
			（f）销售或价格不得受到使该货物成交价格无法确定的条件或因素的影响	
			（g）卖方不得直接或间接获得因买方转售、处置或使用进口货物而产生的任何收益，除非能够按照本办法第九条的规定作出调整	
			（h）买卖双方之间没有特殊关系，或在买卖双方之间有特殊关系的情况下，根据本条第三款的规定审核后，认定其成交价格可以接受	

（八）韩国关于成交价格的规定

韩国关于成交价格的规定见表5-8。

表5-8 韩国关于成交价格的规定

国别	法律法规	法条内容	
韩国	《韩国海关法》第三十条——审定计税价格的原则	1.进口货物的计税价格应为成交价格，即当货物向韩国出口销售时，买方为了进口货物而实付或应付的价格，如果下列各款的价格可以客观量化，应加上下列各款的价格，如果下列各款的价格不能客观量化，则不能根据本条确定计税价格，而应根据第三十一至三十五条确定计税价格	
		2.本条第一段所说的"买方实付或应付的价格"是指买方为了进口货物而已付或应付的全部价格，也包括因买方为卖方承担义务所抵消的进口货物的价格，买方履行卖方的义务所发生的价格，以及其他间接支付	
		3.在下列情况下，进口货物的计税价格不能根据本条第一段，而应根据第三十一至三十五条确定	（a）除了总统令规定的情况外，买方对进口货物的处置或使用受到限制
			（b）货物的价格受到使该货物成交价格无法量化的条件或因素的影响
			（c）卖方直接或间接获得因买方转售、处置或使用进口货物而产生的任何收益，除非能够按照第一段的规定作出调整
			（d）买卖双方之间存在总统令规定的关联关系，且关联关系影响到成交价格

（九）马来西亚关于成交价格的规定

马来西亚关于成交价格的规定见表5-9。

表5-9 马来西亚关于成交价格的规定

国别	法律法规	法条内容	
马来西亚	《马来西亚海关完税价格办法》第四条——基本的估价方法（成交价格法）	1.进口货物的计税价格应为成交价格，即为该货物出口销售至马来西亚，并根据第五条调整以后的实付或应付价格，只要	（a）买方对进口货物的处置或使用不受限制，但下列限制除外：（i）法律规定的限制；（ii）对货物转售地域的限制；（iii）对货物价格无实质影响的限制
			（b）货物的价格不得受到使该货物成交价格无法确定的条件或因素的影响
			（c）卖方不得直接或间接获得因买方转售、处置或使用进口货物而产生的任何收益
			（d）在货物出口销售时买卖双方之间没有特殊关系，或在出口销售时买卖双方之间有特殊关系的情况下，海关关员审定他们之间的特殊关系未影响货物的实付或应付价格

（十）美国关于成交价格的规定

美国关于成交价格的规定见表 5-10。

表 5-10 美国关于成交价格的规定

国别	法律法规	法条内容
美国	《海关法典》第十九条	进口货物的成交价格——（1）进口货物的成交价格是货物出口销售至美国时的实付或应付的价格，加上下述金额： （A）买方承担的进口货物的包装成本； （B）买方承担的进口货物的所有卖方佣金； （C）适当分摊的协助的价值； （D）买方被要求支付的，直接或间接，作为进口货物出口至美国的销售的条件，与进口货物有关的特许权及许可费； （E）卖方直接或间接得到买方随后对进口货物转售、处置或使用后的任何收入。 进口货物的实付或应付价格应加上（且仅限于）上款（A）至（E）项的金额并且有关金额（i）未包括在实付或应付价格中；且（ii）有充分的数据。如果没有前述金额充分的数据，不论什么原因，按本节规定的目的，不能接受进口货物的成交价格

二、估价方法

相同货物与类似货物在国际贸易中具有特定的定义和应用。相同货物通常指在物理性质、质量和信誉等所有方面都相同的货物，允许表面有微小差异。类似货物则具有相似的特征、组成材料、功能，并且在商业中可以互换。两者在同一个国家（地区）生产，但在某些方面可能存在微小差异。

相同货物与类似货物的特点见图 5-3。

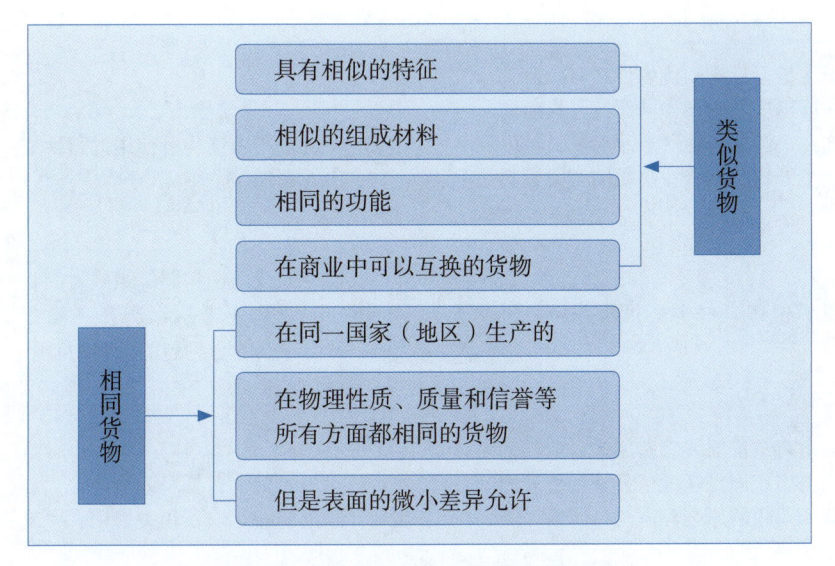

图 5-3 相同货物与类似货物的特点

图 5-4 展示了倒扣价格的计算方法（倒扣价格法），这是海关估价中的一种重要方法。倒扣价格是指销售价格扣除境内发生的有关费用后的价格。倒扣价格的计算有助于确定货物的计税价格，确保海关估价的准确性和公平性。

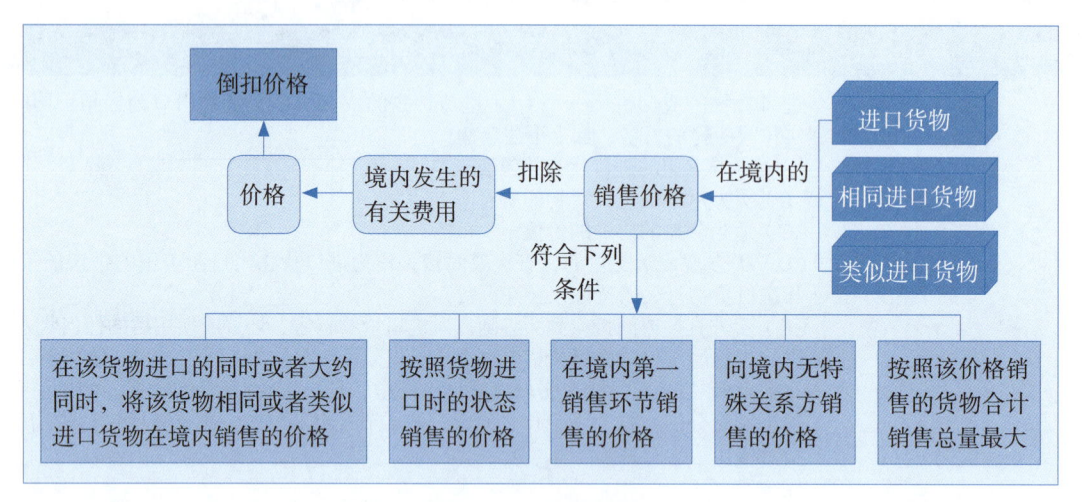

图 5-4 倒扣价格法

图 5-5 展示了进口货物计税价格的计算方法（计算价格法）。海关在征得境外生产商同意并提前通知有关国家（地区）政府后，可以在境外核实企业提供的有关资料。计算价格时，价格总和（为基础），包括生产该货物所使用的料件成本和加工费用，向境内销售同等级或者同种类货物通常的利润和一般费用（包括直接费用和间接费用），以及该货物运抵境内输入地点起卸前的运输及相关费用、保险费。确定有关价值或者费用时，应当使用与生产国（地区）公认的会计原则相一致的原则和方法。

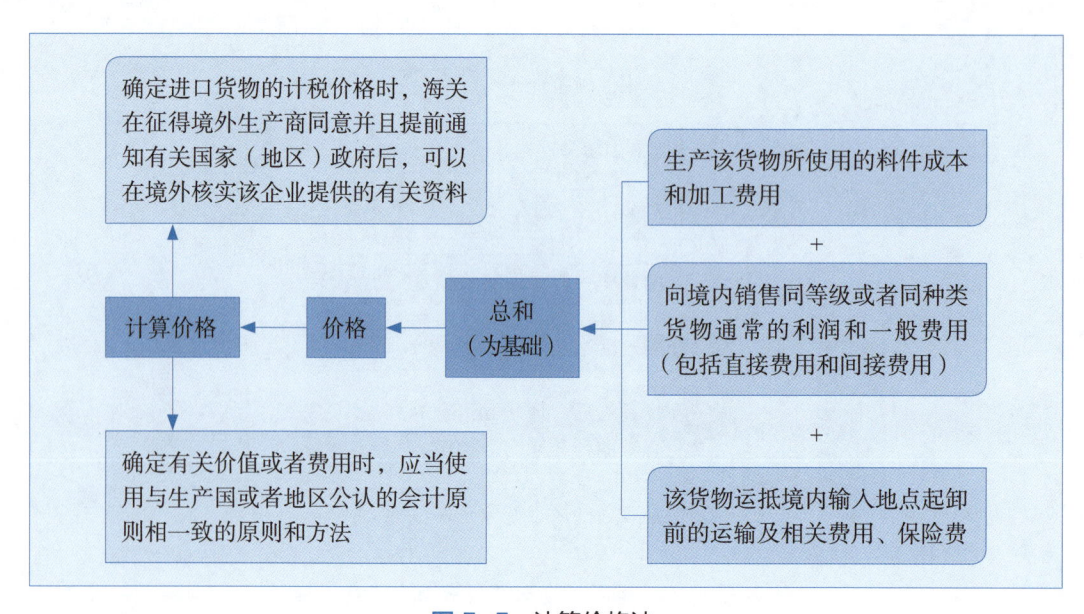

图 5-5 计算价格法

图 5-6 展示了确定进口货物计税价格的合理方法。以客观量化的数据资料为基础确定进口货物的计税价格。如果进口货物的申报价格不符合成交价格的定义或者条件，或者成交价格不能确定，应当依次使用相同货物成交价格估价方法、类似货物成交价格估价方法、倒扣价格估价方法、计算价格估价方法、合理方法估定该货物的计税价格。这些方法依顺序共同构成了确定进口货物过税价格的合理方法体系，确保计税价格的准确性、统一性和公平性。

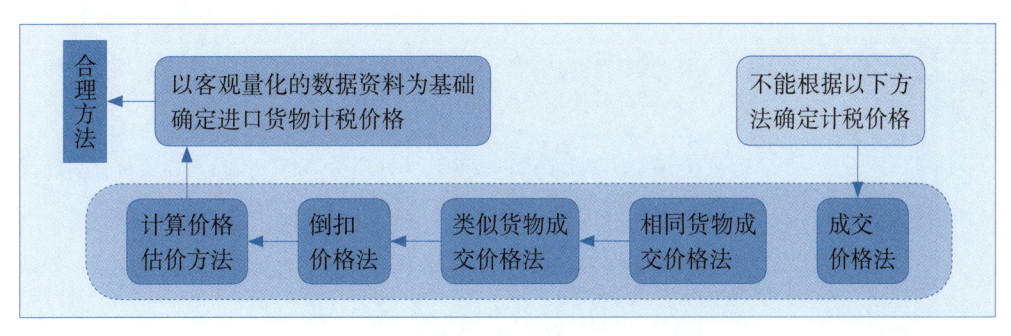

图 5-6　确定进口货物计税价格的合理方法

第二节
特许权及相关费用

一、特许权使用费

（一）经济合作与发展组织（OECD）关于特许权使用费的法律规范

OECD 关于特许权使用费的法律规范见表 5-11。

表 5-11　OECD 关于特许权使用费的法律规范

机构/组织	法律法规	法条内容
OECD	《经济合作与发展组织关于收入与资产的双重税收条约模型》第十二条（2）、OECD 对上述会议的第十二条的注释第十二段	1. 特许权费和许可费：为使用或获得以下所列内容的使用权而进行的任何形式的支付：包括电影在内的文学、艺术、科学作品的版权，专利、商标、设计模型、设计图、诀窍，或是使用或获得工业、商业或科研设备或资料的使用权，关于工业生产、商业或科研用途（通常指"专有技术"）。 2. "专有技术"：无论其是否能够拥有专利，在相同条件下直接对某项产品或工艺进行工业复制的所有未经透露的技术信息；因其源于实践，专有技术体现了某一制造者对产品的有限的检验中无法得知的，以及从技术进步的有限知识中无法获得的成果

167

（二）中国关于特许权使用费的法律规范

中国关于特许权使用费的法律规范见表 5-12。

表 5-12　中国关于特许权使用费的法律规范

国别	法律法规	法条内容
中国	《关税法》第二十五条	进口货物的下列费用应当计入计税价格： …… （五）作为该货物向中华人民共和国境内销售的条件，买方必须支付的，与该货物有关的特许权使用费
	《确价办法》第十一条	以成交价格为基础确定进口货物的计税价格时，未包括在该货物实付、应付价格中的下列费用或者价值应当计入计税价格： …… （三）买方需向卖方或者有关方直接或者间接支付的特许权使用费，但是符合下列情形之一的除外： 1. 特许权使用费与该货物无关； 2. 特许权使用费的支付不构成该货物向中华人民共和国境内销售的条件
	《确价办法》第十三条、第十四条	符合下列条件之一的特许权使用费，应当视为与进口货物有关： （一）特许权使用费是用于支付专利权或者专有技术使用权，且进口货物属于下列情形之一的： …… 1. 含有专利或者专有技术的； 2. 用专利方法或者专有技术生产的； 3. 为实施专利或者专有技术而专门设计或者制造的。 （二）特许权使用费是用于支付商标权，且进口货物属于下列情形之一的： 1. 附有商标的； 2. 进口后附上商标直接可以销售的； 3. 进口时已含有商标权，经过轻度加工后附上商标即可以销售的。 （三）特许权使用费是用于支付著作权，且进口货物属于下列情形之一的： 1. 含有软件、文字、乐曲、图片、图像或者其他类似内容的进口货物，包括磁带、磁盘、光盘或者其他类似介质的形式； 2. 含有其他享有著作权内容的进口货物。 （四）特许权使用费是用于支付分销权、销售权或者其他类似权利，且进口货物属于下列情形之一的： 1. 进口后可以直接销售的； 2. 经过轻度加工即可以销售的。 买方不支付特许权使用费则不能购得进口货物，或者买方不支付特许权使用费则该货物不能以合同议定的条件成交的，应当视为特许权使用费的支付构成进口货物向中华人民共和国境内销售的条件
	《确价办法》第五十一条	本办法下列用语的含义：……特许权使用费，是指进口货物的买方为取得知识产权权利人及权利人有效授权人关于专利权、商标权、专有技术、著作权、分销权或者销售权的许可或者转让而支付的费用

(三)欧盟关于特许权使用费的法律规范

欧盟关于特许权使用费的法律规范见表 5-13。

表 5-13　欧盟关于特许权使用费的法律规范

地区	法律法规	法条内容
欧盟	《海关法实施细则》第一百五十七条至第一百六十二条、附件23对第三十二条(1)(c)和(2)的说明	**权利和专有技术** 6. 在涉及特许权使用费的贸易活动中,基本上都有正式的书面文本的特许权协议。一般会详细列明被许可的产品、所指定的权利和专有技术,许可人和被许可人的责任以及特许权使用费的计算和支付方式。 9. 特许权协议项下的专有技术通常包括提供使用被许可的产品的设计、诀窍、配方以及操作指南。如果这样的"专有技术"应用于进口货物,那么应考虑将所支付的特许权使用费计入其计税价格。某些特许权协议(如特许经营权)中可能包含提供诸如对被许可人的员工就如何生产被许可的产品或使用有关机器设备进行培训之类的服务,也可能包含在经营、管理、市场营销、会计等领域的技术援助。上述情况下发生的关于特许权使用费的支付不符合应计入计税价格的条件
		特许权使用费与被估价的货物有关 11. 在判断特许权是否与被估价的货物相关时,关键不在于特许权使用费是如何计算的,而在于为何要支付特许权使用费,即被许可人究竟能从其支付的费用中得到怎样的回报(关于这一点请参见《海关法实施细则》第一百六十一条)。因此,如果进口货物是被许可的产品的零部件,或进口货物是生产机械或工业设备,且特许权使用费以被许可的产品的销售为基础,那么特许权使用费可能与进口货物全部相关、部分相关或完全不相关
		特许权使用费的支付是被估价货物销售的一项条件 12. 此处需要回答的问题是,若不支付特许权使用费,卖方是否会将货物销售给买方。有关条件可能是直观的,也可能是隐形的。大多数情况下,特许权协议中会列明特许权使用费的支付是否是进口货物销售的一项条件,但并不要求一定有这样的规定。 13. 如果货物是向一方购买而特许权使用费是向另一方支付,在某种条件下(请参见《海关法实施细则》第一百六十条)有关费用的支付仍然可能成为销售的一项条件

(四)加拿大关于特许权使用费的法律规范

加拿大关于特许权使用费的法律规范见表 5-14。

表 5-14　加拿大关于特许权使用费的法律规范

国别	法律法规	法条内容
加拿大	《加拿大海关法》第四十八条	(1)根据本条第(6)和(7)款,货物的计税价格是货物的成交价格,前提是货物为出口销售至加拿大境内的加拿大买方,且实付应付价格可确定且……
		(4)货物的成交价格应通过明确货物出口销售至加拿大时的实付应付价格并根据本条第(5)款调整实付应付价格来确定
		(5)货物出口销售至加拿大时的实付应付价格应进行如下调整: (a)计入未包含在货物实付应付价格中的金额……(iv)特许权使用费包括,与货物有关,作为货物出口销售至加拿大的条件,买方必须直接或间接支付的专利费、商标费和版权费,不包括为取得货物在加拿大境内的复制权而支付的费用;(v)卖方直接或间接获得买方在货物任何后续销售、处置或使用中产生的收益;(c)忽略任何在货物进口之后才生效的回扣或其他实付应付价格减少
		(6)当没有足够信息来确定任何应调增计入实付应付价格的金额时,不能用本条来审定进口货物的计税价格

（五）日本关于特许权使用费的法律规范

日本关于特许权使用费的法律规范见表 5-15。

表 5-15　日本关于特许权使用费的法律规范

国别	法律法规	法条内容
日本	《日本海关关税法》第四条第一款第四项"计税价格中包含的特许权等的对价"中相关用语的意义及处理办法	1. 专利权、设计权、商标权及实施令所规定的其他类似权利（以下简称特许权等），是指专利权、实用新设计权、设计权、商标权、著作权和与著作权有关的权利及使用特别技术的生产方式、其他专利使用费或技术使用许可费的支付对象。另外，"使用特别技术的生产方式、其他专利使用费或技术使用许可费的支付对象"，是指专利权及其他工业所有权中未涉及的，与生产或其他事业相关，确定为可反复使用程度的技术上的创作、独自的研究、秘诀或其他有经济价值的东西（例如，技术窍门、未注册的设计等）。 2. 特许权等使用的对价，在"与进口货物相关"且"作为进口交易的条件，由买方直接或间接支付"的情形下，计入该进口货物的计税价格。 3. "与进口货物相关"的特许权等使用的对价，是指与进口货物有关联的事物，例如，以下情形下特许权等的对价。关于专利权（实用新设计权相同），进口货物为专利发明物品（包括生产专利发明物品所专用的零部件、材料等）的情形、用专利制法生产的物品的情形，专利方法实施所使用的物品的情形

二、协助费

（一）协助费的分类、计价及分摊

协助费的分类、计价及分摊见表 5-16。

表 5-16　协助费的分类、计价及分摊

类别	会计区分	计价	分摊
进口货物包含的材料、部件、零件和类似货物	对应成本项下的直接材料	1. "协助"是买方从与其无特殊关系的第三方购买的，应当计入的价值为购入价格； 2. "协助"是买方自行生产或者从有特殊关系的第三方获得的，应当计入的价值为生产成本； 3. "协助"是买方租赁获得的，应当计入的价值为买方承担的租赁成本； 4. "协助"在被提供给卖方前已经被买方使用过，应当计入的价值为根据国内公认的会计原则对其进行折旧后的价值； 5. "协助"经进口商或其关联方使用折余价值仅为残值的，则"协助"仅以提供给外方的运输成本计价	1. "协助"的价值或费用全部消耗在进口货物本身的生产或出口销售中，则应全部分摊到进口货物的价格中； 2. 如果有关货物不是一次进口的，则应视具体情况，根据进口商的要求和所提供的单证资料，按下列三种方法之一对"协助"价值或费用进行分摊：（1）将"协助"价值或费用分摊于第一批货物的数量中；（2）将"协助"价值或费用分摊于截止第一批物发运时已生产出的货物数量中；（3）将"协助"价值或费用分摊于全部预计的生产数量中
在生产进口货物过程中使用的工具、冲模、铸模和类似货物	对应成本项下的制造费用中的工具、模具		
在生产进口货物过程中消耗的材料	对应成本项下的制造费用中的低值易耗品		
生产进口货物所必需的，在进口国（地区）以外的其他地方所从事的工程、开发、工艺、设计工作以及计划和规划	对应期间费用中的管理费用		

(二)海关估价过程中的协助

图 5-7 展示了海关估价过程中的协助机制,其中包括买方、卖方和货物在估价过程中的相互关系。买方和卖方通过货物进行交易,而货物的价值是估价过程中的核心。估价的意义在于确保货物或服务的价值得到准确评估。

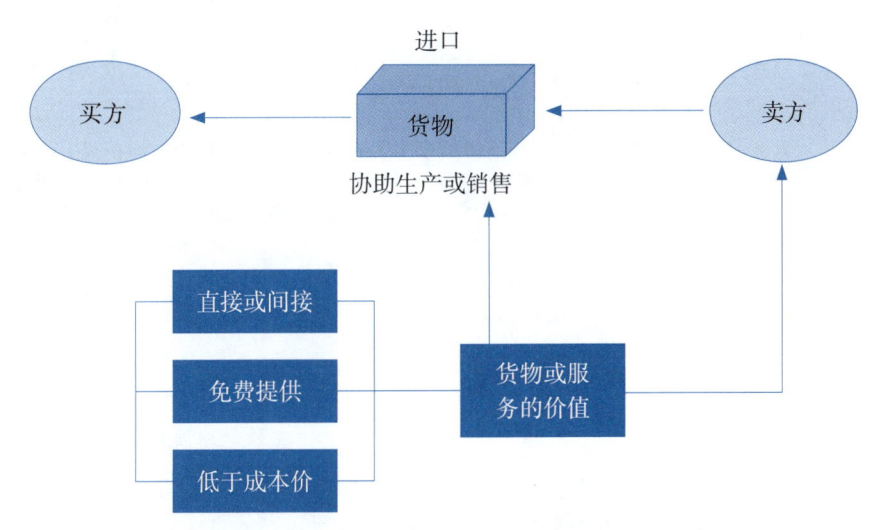

图 5-7 海关估价过程中的协助示意图

(三)协助费的认定和分摊

协助费认定的重点见图 5-8。

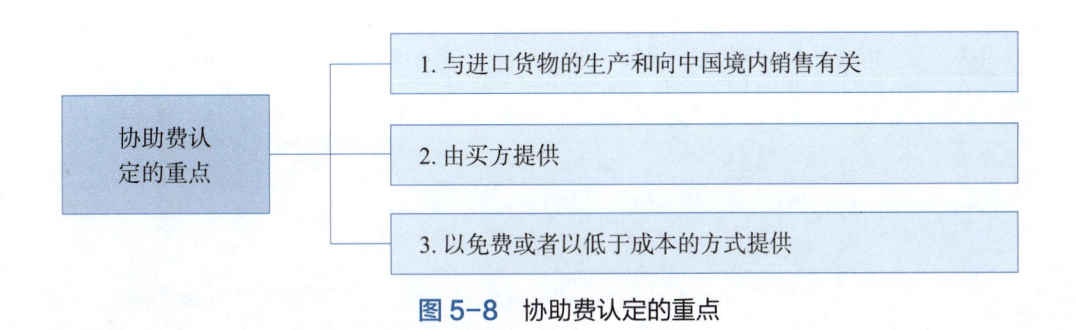

图 5-8 协助费认定的重点

海关估价过程中协助费认定重点见表 5-17。

表 5-17 海关估价过程中协助费认定重点

协助费认定重点详解		
1. 与进口货物的生产和向中国境内销售有关	协助费的认定	需首先判断该协助货物或服务是否与进口货物的生产和向中国境内销售有关。买方可以将协助货物或服务直接提供给卖方,也可以提供给第三方,只要该批协助货物或服务最终用于被估货物的生产和销售过程,就构成了协助的条件。需要注意的是,只有直接用于进口货物生产过程中的设备、工具、模具的价值才能计入

表 5-17 续

协助费认定重点详解		
2. 买方提供	判断协助费的前提条件	要确定实际销售行为，以及涉及销售行为的买方。由于中国企业在进口时，多委托外贸代理公司负责物流、报关事宜。在这种情况下，即使境内最终用户与外贸公司签订的是销售合同，如果海关有证据证明实际销售行为发生在境外卖方与境内最终用户之间，外贸公司只是起到代理作用，则海关应以境内实际最终用户作为买方，并根据国内最终用户对外交付的货物或服务，审定应税协助的范围，不能简单地以外贸公司负责进口申报的行为，而免除实际买方的纳税义务和举证责任
3. 以免费或低于成本的方式提供	判断是否包含在进口货物的价格中	如果买方将协助销售给卖方，或者向卖方收取了对应的费用，则该协助的价值不应另行调整，应视为进口货物的发票价格中已经包含了协助的价格。只有在买方以免费或者以低于成本的方式提供时，海关才需根据相关规定确定应税协助的价格

协助费的类型见图 5-9。

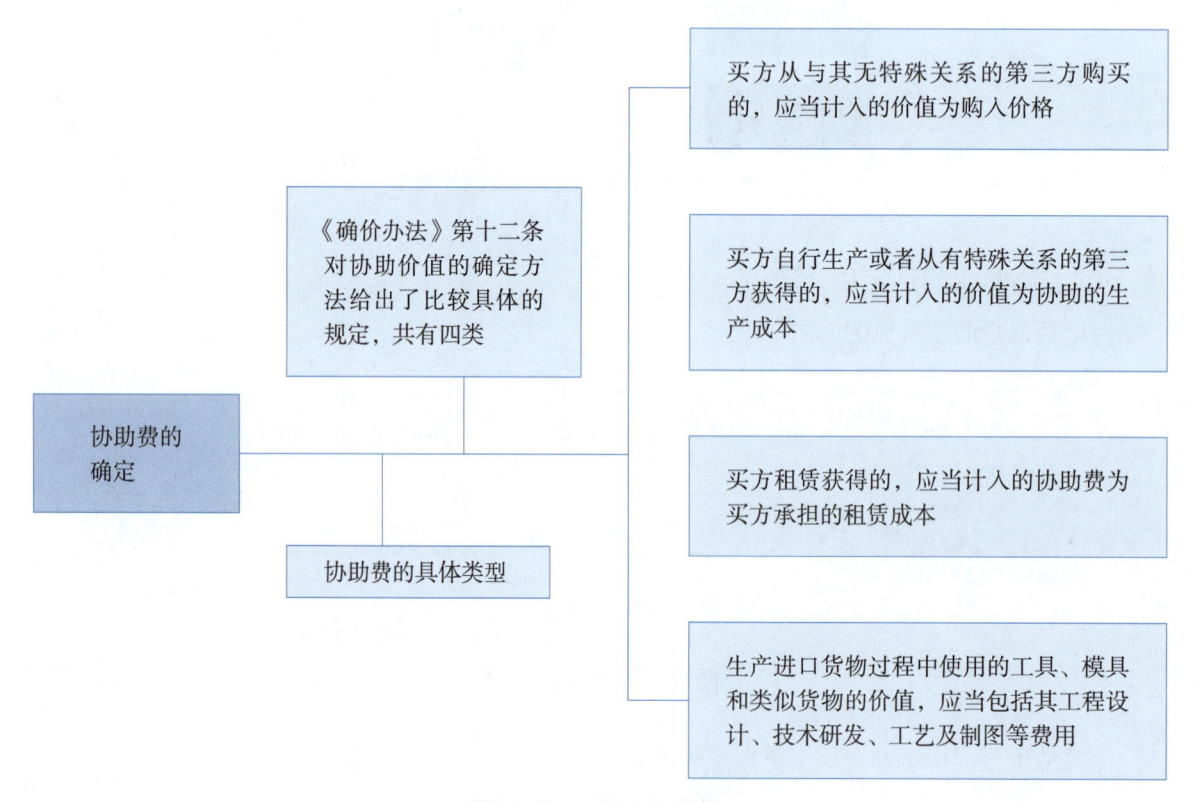

```
协助费的确定 ── 《确价办法》第十二条对协助价值的确定方法给出了比较具体的规定，共有四类
                ├── 买方从与其无特殊关系的第三方购买的，应当计入的价值为购入价格
                ├── 买方自行生产或者从有特殊关系的第三方获得的，应当计入的价值为协助的生产成本
                ├── 买方租赁获得的，应当计入的协助费为买方承担的租赁成本
                └── 生产进口货物过程中使用的工具、模具和类似货物的价值，应当包括其工程设计、技术研发、工艺及制图等费用
             └── 协助费的具体类型
```

图 5-9 协助费的类型

协助费确定的注意事项见图 5-10。

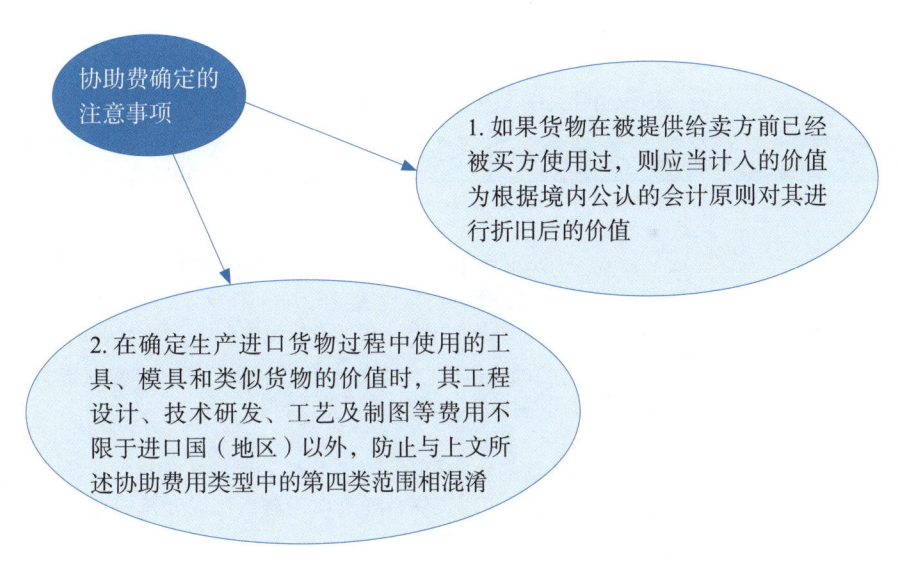

协助费确定的注意事项

1. 如果货物在被提供给卖方前已经被买方使用过，则应当计入的价值为根据境内公认的会计原则对其进行折旧后的价值

2. 在确定生产进口货物过程中使用的工具、模具和类似货物的价值时，其工程设计、技术研发、工艺及制图等费用不限于进口国（地区）以外，防止与上文所述协助费用类型中的第四类范围相混淆

图 5-10　协助费确定的注意事项

（四）WTO 关于协助费的法律规范

WTO 关于协助费的法律规范见表 5-18。

表 5-18　WTO 关于协助费的法律规范

机构	法律法规	法条内容
WTO	《WTO 估价协定》第八条	1. 在根据第一条的规定确定计税价格时，应在进口货物的实付或应付价格中加入： …… （b）与进口货物的生产和销售供出口有关的、由买方以免费或降低使用成本的方式直接或间接供应的酌情按比例分摊的下列货物和服务的价值，只要该价值未包括在实付或应付的价格中： （i）进口货物包含的材料、部件、零件和类似货物； （ii）在生产进口货物过程中使用的工具、冲模、铸模和类似货物； （iii）在生产进口货物过程中消耗的材料； （iv）生产进口货物所必需的、在进口国（地区）以外的其他地方所从事的工程、开发、工艺、设计工作以及计划和规划……
	WTO 海关估价技术委员会评论 18.1	1.《WTO 估价协定》第八条第（1）款（b）项规定，在按第一条确定计税价格时，实付或应付价格中应加入与进口的生产和销售供出口有关的、由买方以免费或降低使用成本的方式直接或间接供应的某些货物和服务的价值，只要该价值未包括在实付或应付的价格中。 2. 根据第八条第（1）款（b）(ii) 的规定，在确定海关计税价格时，在生产进口货物过程中使用的工具、冲模、铸模和类似货物的价值应加入进口货物的实付或应付价格中。根据第八条第（1）款（b）(iv) 的规定，生产进口货物所必需的、在进口国（地区）以外的其他地方所从事的工程、开发、工艺、设计工作以及计划和规划的价值应加入进口货物的实付或应付价格中。但是，通常工程、开发和设计工作工程等往往是包括在工具、冲模或模具的价值之内的。不得排除第八条第（1）款（b）(iv) 所列类型要素的成本。 7. 第八条第（1）款（b）(ii) 提及要素的价值应该包括作为生产成本或获得成本的一部分所用到的设计工作的价值［即使该工作是在进口国（地区）进行的］

（五）中国关于协助费的法律规范

中国关于协助费的法律规范见表 5-19。

表 5-19　中国关于协助费的法律规范

国别	法律法规	法条内容
中国	《关税法》第十九条	进口货物的下列费用应当计入计税价格： …… （四）与该货物的生产和向中华人民共和国境内销售有关的，由买方以免费或者以低于成本的方式提供并可以按适当比例分摊的料件、工具、模具、消耗材料及类似货物的价款，以及在中华人民共和国境外开发、设计等相关服务的费用
	《确价办法》第十一条	以成交价格为基础确定进口货物的计税价格时，未包括在该货物实付、应付价格中的下列费用或者价值应当计入计税价格： …… （二）与进口货物的生产和向中华人民共和国境内销售有关的，由买方以免费或者以低于成本的方式提供，并可以按适当比例分摊的下列货物或者服务的价值： 1. 进口货物包含的材料、部件、零件和类似货物； 2. 在生产进口货物过程中使用的工具、模具和类似货物； 3. 在生产进口货物过程中消耗的材料； 4. 在境外进行的为生产进口货物所需的工程设计、技术研发、工艺及制图等相关服务
	《确价办法》第十二条	在根据本办法第十一条第一款第二项确定应当计入进口货物计税价格的货物价值时，应当按照下列方法计算有关费用： （一）由买方从与其无特殊关系的第三方购买的，应当计入的价值为购入价格； （二）由买方自行生产或者从有特殊关系的第三方获得的，应当计入的价值为生产成本； （三）由买方租赁获得的，应当计入的价值为买方承担的租赁成本； （四）生产进口货物过程中使用的工具、模具和类似货物的价值，应当包括其工程设计、技术研发、工艺及制图等费用。 如果货物在被提供给卖方前已经被买方使用过，应当计入的价值为根据国内公认的会计原则对其进行折旧后的价值

（六）美国关于协助费的法律规范

美国关于协助费的法律规范见表 5-20。

表 5-20　美国关于协助费的法律规范

国别	法律法规	法条内容
美国	《估价法规》19CFR 152.103（d）	协助，如果协助的价值需加入实付或应付价格，或在计算价格中作为一个加项，海关区域专家需按下述方法确定协助的价值及分摊计入被估货物价格部分的价值： （1）组成被估货物或在生产被估货物过程中消耗的材料、部件、零件和类似货物，如上述协助是买方从非关联的卖方得到的，协助的价值是买方购买协助的成本；如果协助是由买方或买方的关联方生产的，协助的价值是其生产成本。此外，协助的价值应包括生产地发生的运输成本。

表 5-20 续

国别	法律法规	法条内容
美国	《估价法规》19CFR 152.103（d）	（2）在生产被估货物过程中消耗的工具、冲模、铸模和类似货物，如上述协助是买方从非关联的卖方得到的，协助的价值是买方购买协助的成本；如果协助是由买方或买方的关联方生产的，协助的价值是其生产成本。如果协助买方以前曾使用过，应对上述的购买成本和生产成本作必要的扣除以反映该协助已被使用过。如果协助是买方从非关联方的卖方租赁的，协助的价值是租赁成本。此外，协助的价值应包括生产地发生的运输成本。协助的价值应包括对其维修或改造所发生的费用
	《估价法规》19CFR 152.102（a）	协助是"生产进口货物所必需的、在进口国（地区）以外的其他地方所从事的工程、开发、工艺、设计工作以及计划和规划"。协助的价值： （ⅰ）协助是在公众场合得到的，其价值是得到该协助的复印成本； （ⅱ）协助是在美国及一个或多个其他国家（地区）生产的，其价值是在美国以外的国家（地区）发生的增值部分； （ⅲ）协助由买方从非关联方购买或租赁，其价格是购买或租赁成本
	《估价法规》19CFR 152.103（e）	分摊： （1）进口货物协助价值分摊应采用符合贸易实际的合理方法，并需符合公认会计原则（GAAP）。海关实际可接受的分摊方法应依据进口商提交的文件资料。如果预期协助完全用于生产向美国出口销售的货物，协助的总价值以下列数量进行分摊： （ⅰ）第一批货物，如果进口商希望马上将全部价值计税； （ⅱ）到第一批货物发运时已生产的数量； （ⅲ）整个预期的生产数量。在这三种分摊标准以外，进口人也可以提出符合公认会计原则的其他合理的分摊方法。如果协助的部分用于生产向美国出口销售的货物，或协助在几个国家（地区）使用，分摊的方法应依据进口商提交的文件资料

（七）日本关于协助费的法律规范

日本关于协助费的法律规范见表 5-21。

表 5-21　日本关于协助费的法律规范

国别	法律法规	法条内容
日本	《日本海关关税法》基本通告	第四条第一款第二项买方、卖方，以及现实支付价格的意义及处理办法	1.进口交易中的卖方和买方，是指在进口交易中实际承担责任和风险的双方。具体来说，卖方及买方应决定各自在进口交易中进口货物的品质、数量、价格等，并承担瑕疵、数量不足、事故、不良债权等风险
		第四条第一款（确定计税价格的原则）中规定的"买方""卖方""实付、应付价格"（以下简称"现实支付价格"）的意义，以及处理办法如下	2.《日本海关关税法实施令》第一条第四款中"买方为该进口货物向卖方已经支付及应当支付的价格总额（包含买方、卖方实际偿还或应当偿还的全部债务或部分债务，以及其他间接支付的金额）"，即规定了现实支付价格，是指买方向卖方或者买方为偿还卖方承担的债务而向第三方，作为进口交易的条件实际支付及应当支付的价格总额。该支付并不一定需要发生金钱的转移

（八）加拿大关于协助费的法律规范

加拿大关于协助费的法律规范见表 5-22。

表 5-22　加拿大关于协助费的法律规范

国别	法律法规	法条内容
加拿大	《加拿大海关法》及其备忘录	1. 术语"协助"是指买方免费或低于成本提供，用于进口货物生产的任何下列货物或服务：(a)材料、零件、部件和其他包含在进口货物中的货物；(b)工具、模具和其他在进口货物生产过程中使用的货物；(c)任何在进口货物生产过程中消耗的材料；(d)生产进口货物所必需的、在加拿大以外的其他地方所从事的工程、开发、工艺、设计工作以及计划和规划。 2. 在加拿大从事的工程、开发、工艺、设计工作以及计划和规划不属于协助。详见备忘录 D13-3-7，在加拿大以外地区从事的工程、开发等工作（《加拿大海关法》第四十八条至第五十三条）
	《加拿大海关法》第四十八条	3. 协助与确定计税价格相关的情况有三种。 4. 根据该条确定计税价格时，任何协助的价值都应计入被估货物的成交价格。详见备忘录 D13-4-8 协助（《加拿大海关法》第四十八条）
	《加拿大海关法》第五十一条	5. 若买方提供了与货物有关的协助，那么在使用倒扣价格法时，不能把该销售作为确定货物单价的依据。详见备忘录 D13-7-1 确定货物单价（《加拿大海关法》第五十一条）
	《加拿大海关法》第五十二条	6. 在使用计算价格法时，任何货物或服务，无论是免费还是低于成本提供，都应计入计税价格。确定协助的价值。 7. 协助的价值应按照《关税估价条例》（详见备忘录 D13-1-1《关税估价条例》和备忘录 D13-4-8）第四段中的规定来确定

三、保修费

（一）保修费

1. 概念渊源

商业意义上的保修概念源于《中华人民共和国产品质量法》（2018 年第三次修正，以下简称《产品质量法》）。保修费相关法律法规见表 5-23。

表 5-23 保修费相关法律法规

法律法规	条款内容
《产品质量法》	第二十六条　生产者应当对其生产的产品质量负责。 产品质量应当符合下列要求： （一）不存在危及人身、财产安全的不合理的危险，有保障人体健康和人身、财产安全的国家标准、行业标准的，应当符合该标准； （二）具备产品应当具备的使用性能，但是，对产品存在使用性能的瑕疵作出说明的除外； （三）符合在产品或者其包装上注明采用的产品标准，符合以产品说明、实物样品等方式表明的质量状况
	第四十条　售出的产品有下列情形之一的，销售者应当负责修理、更换、退货；给购买产品的消费者造成损失的，销售者应当赔偿损失： （一）不具备产品应当具备的使用性能而事先未作说明的； （二）不符合在产品或者其包装上注明采用的产品标准的； （三）不符合以产品说明、实物样品等方式表明的质量状况的。 销售者依照前款规定负责修理、更换、退货、赔偿损失后，属于生产者的责任或者属于向销售者提供产品的其他销售者（以下简称供货者）的责任的，销售者有权向生产者、供货者追偿。 销售者未按照第一款规定给予修理、更换、退货或者赔偿损失的，由市场监督管理部门责令改正。 生产者之间，销售者之间，生产者与销售者之间订立的买卖合同、承揽合同有不同约定的，合同当事人按照合同约定执行
	第四十一条　因产品存在缺陷造成人身、缺陷产品以外的其他财产（以下简称他人财产）损害的，生产者应当承担赔偿责任。 生产者能够证明有下列情形之一的，不承担赔偿责任： （一）未将产品投入流通的； （二）产品投入流通时，引起损害的缺陷尚不存在的； （三）将产品投入流通时的科学技术水平尚不能发现缺陷的存在的
《家用汽车产品修理更换退货责任规定》	第十八条　家用汽车产品的三包有效期不得低于 2 年或者行驶里程 50000 公里，以先到者为准；包修期不得低于 3 年或者行驶里程 60000 公里，以先到者为准。 三包有效期和包修期自销售者开具购车发票之日起计算；开具购车发票日期与交付家用汽车产品日期不一致的，自交付之日起计算
	第十九条　家用汽车产品在包修期内出现质量问题或者易损耗零部件在其质量保证期内出现质量问题的，消费者可以凭三包凭证选择修理者免费修理（包括免除工时费和材料费）。 修理者能够通过查询相关信息系统等方式核实购买信息的，应当免除消费者提供三包凭证的义务
	第二十一条　家用汽车产品在包修期内因质量问题单次修理时间超过 5 日（包括等待修理零部件时间）的，修理者应当自第 6 日起为消费者提供备用车，或者向消费者支付合理的交通费用补偿。经营者与消费者另有约定的，按照约定的方式予以补偿

表 5-23 续

法律法规	条款内容
《家用汽车产品修理更换退货责任规定》	第二十四条　家用汽车产品在三包有效期内出现下列情形之一，消费者凭购车发票、三包凭证选择更换家用汽车产品或者退货的，销售者应当更换或者退货： （一）因严重安全性能故障累计进行 2 次修理，但仍未排除该故障或者出现新的严重安全性能故障的； （二）发动机、变速器、动力蓄电池、行驶驱动电机因其质量问题累计更换 2 次，仍不能正常使用的； （三）发动机、变速器、动力蓄电池、行驶驱动电机、转向系统、制动系统、悬架系统、传动系统、污染控制装置、车身的同一主要零部件因其质量问题累计更换 2 次，仍不能正常使用的； （四）因质量问题累计修理时间超过 30 日，或者因同一质量问题累计修理超过 4 次的
《确价办法》	第十五条　进口货物的价款中单独列明的下列税收、费用，不计入该货物的计税价格： （一）厂房、机械或设备等货物进口后发生的建设、安装、装配、维修或技术援助费用，但是保修费用除外…… 第五十一条　本办法下列用语的含义： 实付、应付价格，指买方为购买进口货物而直接或者间接支付的价款总额，即作为卖方销售进口货物的条件，由买方向卖方或者为履行卖方义务向第三方已经支付或者将要支付的全部款项。 间接支付，指买方根据卖方的要求，将货款全部或者部分支付给第三方，或者冲抵买卖双方之间的其他资金往来的付款方式

2. 审价要点

应税与否的根本在于是否构成成交价格中的间接支付，这就要求明确保修责任的划分。由于保修是货物销售的一项条件，因此除了买方额外自行增加的保修成本以外，其他形式的保修费用均应计入进口货物的计税价格中。

（二）保修与维护的区别

WTO 中保修与维护的区别见表 5-24。

表 5-24　WTO 中保修与维护的区别

机构/组织	法律规范	法条内容	
		维护	保修
WTO	WTO 海关估价技术委员会对于保修的解释性说明 6.1（保修与维护的说明）	定义	（1）使财产达到适用的状态的保养、维修或保护，包括为此目的不时的、适时的或必要的一般维修。 （2）为使资产达到使用寿命进行的保护资产服务的支出和花费，这些花费应作为期间费用或生产成本。 （3）使某些货物保持好的状态的行为，并且是为此目的必须进行的，由负责支持设备或原料运行的公司提供的服务	保修是对货物担保的一种形式，主要针对货物的品质、质量，以及由此引发的商业行为中对于产品的责任的承担

表 5-24 续

机构/组织	法律规范	法条内容	
		维护	保修
WTO	WTO 海关估价技术委员会对于保修的解释性说明 6.1（保修与维护的说明）	区别：维护是对货物的一种预防性质的保护，对诸如工业设施和设备等货物的保护，以使其达到按要求运行的标准 维护总是要进行的	保修是对货物保证的一种形式，例如对汽车和电子产品，保修应包括由承担保证方为弥补缺陷（零部件和人工）或者替换的成本以满足某些条件。如果不符合这些条件，保证将是无效的。保修包括货物隐藏的缺陷，例如，不应该存在的缺陷并且该缺陷影响货物的使用或减少它的使用。 保修仅仅是额外的措施，是针对不能正常工作或无法工作的货物进行的

（三）WTO 关于保修费的法律规范

WTO 关于保修费的法律规范见表 5-25。

表 5-25　WTO 关于保修费的法律规范

机构/组织	法律规范	法条内容
WTO	WTO 海关估价技术委员会对于保修的解释性说明	5. 保修是对货物担保的一种形式，如对汽车和电子产品，保修应包含由承担保修方为弥补缺陷（零部件和人工）或者满足某些条件进行替换的成本。如果不符合这些条件，保修将是无效的。保修包括货物隐藏的缺陷，例如不应该存在的缺陷并且该缺陷影响货物的使用或减少其使用。 两种基本的情形： （a）由卖方直接或间接承担成本和保修风险，该条款反映在货物的价格中； （b）由买方直接或间接承担成本和保修风险并且货物的价格有所考虑
	WTO 海关估价技术委员会评论对于保修的规定——由卖方承担保修	6. 如果保修已包含在货物价格中，按协定处理保修费用的困难将并不显现。当卖方向顾客提供保修时，卖方在制定货物价格时会考虑保修因素。任何可归因于保修的额外成本将是价格的一部分且作为销售的一个条件将支付该部分成本。在此种情况下，《WTO 估价协定》不允许作任何扣除，且保修是成交价格的一部分，即使其与货物的实付或应付价格有别区。 7. 当卖方将保修转嫁给买方时，卖方可能选择在货物以外另开保修的发票。此时，保修成本仍是出口销售的一项条件且应被认为是实付或应付价格，也就是总支付的一部分。 8. 如果卖方以合同形式将保修风险转嫁给第三方，那么可能表现为交易被分开了。卖方与第三方签订的合同显示任何风险均由第三方根据卖方指令或代表卖方承担保修风险。在第一条的注释中，对实付或应付价格的定义是为进口货物向卖方或为卖方利益而已付或应付的支付总额。在附件Ⅲ的第七段中更进一步指出实付或应付价格包括作为销售进口货物的条件由买方向卖方，或为履行卖方的义务而由买方向第三方实付或应付的全部款项。所以，当卖方要求买方向第三方支付，而该第三方已与卖方签约提供保修，该笔支付应包括在进口货物的成交价格中。同样地，如果保修由与卖方有关系的其他方提供则情况也是一样的

表 5-25 续

机构/组织	法律规范	法条内容
WTO	WTO海关估价技术委员会评论对于保修的规定——由买方承担保修	9. 正如在第五段（b）中指出的，如果存在这样的情况，即买方决定由其自己承担保修的成本。此时，任何支付或由买方为保修发生的其他成本，既然是由买方自己从事的活动，按对第一条的注释则不是实付或应付价格的一部分
	WTO海关估价技术委员会评论对于保修的规定——保修协议	10. 对交易是两个分开的合同的标的情况，一个是货物的合同，另一个则是保修的合同。卖方/买方有时通过"单独的"合法的合同对保修另行支付。对这种情况，应对货物"销售"的所有的环境及"保修"进行仔细检查。保险协议将与保修是货物的一项保证的货物的销售合同联系起来。即使可能存在一个独立的保修协议，该协议中卖方向买方设定了一个义务以作为货物销售的一项条件，但这将只是上述列出的情况的一种变化而已
	WTO海关估价技术委员会评论对于保修的规定——与保修有关的其他问题	11. 根据在货物进口几天或几个月以后的一份最初的协议，为满足保修合同，部件免费提供给买方，则部件应按协定第二条至第七条规定的方法进行估价。 12. 买方可能称关税已在进口时支付，既然进口货物的价格已涵盖了任何的潜在的保修费用，因此不应对"免费"替换货物再进行估价。这方面应根据成员的法律和程序正确处理

（四）日本关于保修费的法律规范

日本关于保修费的法律规范见表 5-26。

表 5-26 日本关于保修费的法律规范

机构/组织	法律法规	法条内容
日本	《日本海关关税法》基本通告——关于保修费的法律规范	进口货物保修费的处理办法如下。这里的"保修"是指满足当事者之间共同商定的条件的情况下，对目标货物瑕疵的修正（修理，更换，或者这次工作中所需费用的补偿），所谓担保书或者保证书属于此项。此外，进口货物在进口之后，作为该进口货物保修的履行，从外国无偿向该进口货物的买方提供替换零部件等时，该零部件等不属于进口交易所进口的货物，该零部件等的计税价格按照《日本海关关税法》第四条（二）的规定计算，具体如下： 1. 进口货物进口交易的合约中，写明卖方对买方履行该进口货物的保修义务时，该进口货物的价格是考虑了卖方承担的该保修费而制定的情形下，该费用应包含在现实支付价格内，即使其金额可以明确也不能从现实支付价格中扣除。另外，若卖方将该费用与发票价格分开，分别要求买方支付，在买方支付该费用的情况下，该费用的金额应加入发票价格，包含在现实支付价格内。 2. 进口货物进口交易的合约中，写明卖方对买方履行该进口货物的保修义务时，卖方按与第三方签的保修合同，将该保修的履行义务转移给第三方，买方依照卖方的指示向第三方支付该保修费的情形下，该费用属于对卖方的间接支付，包含在现实支付价格内。 3. 买卖双方在进口货物的进口交易合同之外，签订了卖方对买方履行该进口货物保修的合约，买方向卖方分别支付该货物的货款和该保修费时，该保修合约的签订作为卖方向买方进行该进口交易的条件属于附加义务的情形下，该费用应包含在现实支付价格内。 4. 进口货物的买方自行规定该进口货物的保修，并承担该保修费的情形下，该费用不包含在现实支付价格内，同时也不属于《日本海关关税法》第四条（一）第一款各项（加算要素）中列举的费用等

四、进口后费用

进口后费用类别见表 5-27。

表 5-27　进口后费用类别

进口后费用类别	费用简介	从计税价格中扣除的原因
厂房、机械、设备等货物进口后进行建设、安装、装配、维修和技术服务的费用	注意费用产生环节	不构成货物本身的价值,产生这些费用是为确保进口货物正确、有效使用,并发挥进口货物的最大价值
境内发生的运保费	注意运保费的产生环节	只有货物运抵境内输入地点起卸前的运输及其相关费用、保险费才计入计税价格
进口关税及境内税收	—	进口关税及境内税收与进口货物的成交价格无关
为在境内复制进口货物而支付的费用	复制权包括:1. 在物理/实物上复制进口货物;2. 复制进口货物所载的一项发明、创作、思想或理念	成交价格对应的是购买进口货物,为了获得进口货物的复制权
境内外技术培训及境外考察费用	技术培训费用包含技术指导,买方支付的培训师资及人员的教学、食宿、交通、医疗保险等其他费用	技术培训费用及境外考察费用实质上是对劳务价值的支付,不属于货物贸易范畴
同时符合四项条件的利息费用	1. 为购买进口货物而融资所产生的;2. 有书面的融资协议的;3. 单独列明的;4. 不高于在融资当时当地此类交易通常应当具有的利率水平	本项规定的可扣减利息费用仅针对销售行为,其他交易中发生的利息费用不适用本条

(一) WTO 关于进口后费用的法律规范

WTO 关于进口后费用的法律规范见表 5-28。

表 5-28　WTO 关于进口后费用的法律规范

机构/组织	法律法规	法条内容
WTO	WTO 海关估价技术委员会解释性说明对于"进口后费用"的规定——关于第一条的注释	计税价格不得包括下列费用或成本,只要这些费用或成本可与进口货物的实付或应付价格相区别: (1) 在如厂房、机械或设备等进口货物进口后产生的建设、安装、装配、维修或技术援助费用; (2) 进口后的运输费用; (3) 进口方的关税和境内税

表 5-28 续

机构/组织	法律法规	法条内容
WTO	WTO 海关估价技术委员会解释性说明对于"进口后费用"的规定——解释性说明 6.1	关于在对第一条的解释性说明中术语"维护"和术语"保修"之间的区别： 1. 根据对第一条的说明中关于"实付或应付价格"的规定，海关计税价格不包括厂房、机器或设备等进口货物进口后进行维护所支付的费用，只要有关费用能与进口货物的实付或应付价格相区分。 2. 鉴于《WTO 估价协定》中未对"维护"的概念作出详细定义，在此不得不给出该术语的原意。 3. 参考书中对"维护"的一般定义，例如，使财产达到适用的状态的保养、维修或保护，包括为此目的不时的、适时的、必要的一般维修的成本；为资产达到使用寿命进行的保护资产服务的支出和花费，这些花费应作为期间费用或生产成本；使某些货物保持好的状态的行为，并且是为此目的必须进行的，由负责支持设备或原料运行的公司提供的服务。 4. 由此引发的问题是，对第一条的解释性说明中术语"维护"的范围是否包括保修。 5. "保修"和"维护"的区别： （1）维护是对货物的一种预防性质的保护，对诸如工业设施和设备等货物的保护以使其达到按要求运行的标准。 （2）保修是对货物保证的一种形式，如对汽车和电子产品，保修应包括由承担保证方为弥补缺陷（零部件和人工）或承担替换的成本以满足某些条件。如果不符合这些条件，保证将是无效的。保修包括货物隐藏的缺陷，例如，不应该存在的缺陷并且该缺陷影响货物的使用。 （3）维护应总是要进行的，而保修则仅仅是额外的措施，是针对不能正常工作或无法工作的货物行使的。因此，两个概念之间有本质的差别，对第一条的注释中术语"维护"的规定不适用保修

（二）中国关于进口后费用的法律规范

中国关于进口后费用的法律规范见表 5-29。

表 5-29 中国关于进口后费用的法律规范

国别	法律法规	法条内容
中国	《关税法》第二十条	进口时在货物的价款中列明的下列税收、费用，不计入该货物的计税价格： （一）厂房、机械、设备等货物进口后进行建设、安装、装配、维修和技术服务的费用； （二）进口货物运抵境内输入地点起卸后的运输及其相关费用、保险费； （三）进口关税及国内税收
	《确价办法》第十五条	进口货物的价款中单独列明的下列税收、费用，不计入该货物的计税价格： （一）厂房、机械或者设备等货物进口后发生的建设、安装、装配、维修或者技术援助费用，但是保修费用除外； （二）进口货物运抵中华人民共和国境内输入地点起卸后发生的运输及其相关费用、保险费； （三）进口关税、进口环节海关代征税及其他国内税； （四）为在境内复制进口货物而支付的费用； （五）境内外技术培训及境外考察费用。 同时符合下列条件的利息费用不计入计税价格： （一）利息费用是买方为购买进口货物而融资所产生的； （二）有书面的融资协议的； （三）利息费用单独列明的； （四）纳税人可以证明有关利率不高于在融资当时当地此类交易通常应当具有的利率水平，且没有融资安排的相同或者类似进口货物的价格与进口货物的实付、应付价格非常接近的

(三) 欧盟关于进口后费用的法律规范

欧盟关于进口后费用的法律规范见表 5-30。

表 5-30　欧盟关于进口后费用的法律规范

地区	法律法规	法条内容
欧盟	欧盟海关法委员会法律文本海关估价部分关于单独列明的注释——导言	1.《欧盟海关法》及其实施细则列明了进口货物计税价格的调增或调减项目。为了保障进口商的平等待遇，上述规定的适用应当在欧盟境内达成一致。本条注释将为如何理解"单独列明"这一术语提供指引。 2. 这些调整项目必须是与相关货物的实付、应付价格"单独列明"的，这是其被允许为调减项目从进口货物计税价格中进行扣减的条件之一。 3.《欧盟海关法》第三十三条规定了以下调减项目：货物进口或销售后发生的进口关税和其他费用；进口后发生的建设、安装、装配、维修或技术援助费用；到达欧盟关境输入地点后发生的运输费用；为复制进口货物而支付的费用；购货佣金；利息费用；类似规定可适用于海关仓储费的估价处理（《欧盟海关法》第一百一十二条）。第四条至第七条是关于上述调整项目的一般规定，第八条至第十七条是对其中某些项目的特定注释
	欧盟海关法委员会法律文本海关估价部分关于单独列明的注释——一般规定	4. 为了证实某调整项目符合"单独列明"这一条件，除须在申报表中提出合理的申请外，还要合理确定调整项目的性质及其金额。 5. 包括与被估货物有关的多个进口交易的长期有效单证（如合同、货物发票或运输发票）在内的任何类型的商业单证，原则上可用于确定其"性质"和"金额"。在缺乏上述商业文件的情况下，如果申报人递交一份当前通用的运输方式的运费率报表的说明，并能显示"总金额"是如何计算得出。如果海关提出要求，申报人可能需要提供与金额相关的报表。但是，海关有权对所申报内容的"性质"和"金额"的真实性进行审核。而对由买方、卖方或申报人仅凭说明提出的关于扣减项目的申请，需进行重点审核。 …… 7. 通常，一项扣减项目必须符合上述第四条至第五条的条件，才能从计税价格中扣除。 8. WTO 海关估价技术委员会已经就货物进口或销售时需支付的进口关税及其他费用的"单独列明"这一术语解释给出了一条咨询意见。咨询意见 3.1 规定，进口国（地区）的关税和其他税收就其性质而言应与实付或应付价格相区别，它们不构成计税价格的组成部分。这实际上是一个众所周知的观点。 9. 此处，"单独列明"的含义与"可区别的"是完全一致的。咨询意见所依据的事实基础是关税/其他税收在发票上未单独列明；但是，显而易见地，咨询意见中假定发票或其他某些随附单证上有清楚的迹象表明实付或应付价格中包含了上述费用。 10. 为符合上述第四款的要求，必须在申报表中详细填写需从计税价格中扣除的金额
	欧盟海关法委员会法律文本海关估价部分关于单独列明的注释——利息费用	13.《欧盟海关法》第三十三条（1）（c）列明了在计税价格中扣除利息费用时应满足的除"单独列明"以外的条件。根据该条规定，在申报表上填报的金额必须有书面的融资协议为依据，以符合上述第五条的要求

表 5-30续

地区	法律法规	法条内容
欧盟	欧盟海关法委员会法律文本海关估价部分关于单独列明的注释——到达欧盟关境输入地点后发生的运输费用	14. 在货物发票价格为统一的完税后交货价格,且该价格与输入欧盟关境地点的价格相一致的情况下,则应根据《欧盟海关法实施细则》第一百四十六条(b)款规定的特别条款,对进口货物在欧盟境内发生的运输费用进行估价处理。 15. 在其他情况下,如果货物的进口价格中包含了交货至欧盟海关境内目的地的费用,而发票或其他商业单证上可能没有单独列明欧盟境内部分的运费清单。通常情况下,申报人在进口申报时向海关申报的价格不会包含欧盟境内运费部分,而是在申报表中进行单独说明。仅凭此当然不足以证明有关费用是"单独列明"的。有关扣除项目的金额应根据上述第五款中列明的方法进行确定

(四)日本关于进口后费用的法律规范

日本关于进口后费用的法律规范见表 5-31。

表 5-31 日本关于进口后费用的法律规范

国别	法律法规	法条内容
日本	《日本海关关税法》基本通告——关于进口后费用	1. 作为该进口货物进口交易的条件,在支付了进口货物的发票价格后,买方向卖方或为卖方再追加一定支付(以下简称"别付金")时的现实支付价格,应为发票价格加上别付金的价格。 2. 买方支付了进口货物的发票价格以后,根据适用进口货物的进口交易所附带的价格调整条款,该进口货物的价格进行了调整的,支付了别付金时的现实支付价格,应为该发票价格加上该别付金的价格。在该进口货物按《日本海关关税法》第七条第一款"申报"中规定完成申报(以下简称"纳税申报")后进行该调整的,支付别付金时也同样处理。 注:这种情况下,如果不按《日本海关关税法》第七条(十四)"修正申报"的规定修改该纳税申报的征税标准或税额(以下简称"税额等"),则应按同法第七条(十六)"更正及决定"的规定更正该税额等,需留意。 3. 买方支付了进口货物的发票价格以后,根据适用进口货物的进口交易所附带的价格调整条款,调整该进口货物的价格,该支付额的一部分返还至买方的现实支付价格,应为该发票价格扣除返还金后的价格。在该进口货物纳税申报以后进行该调整的,买方接受返还金时也同样处理。 注1:这种情况下,该纳税申报的申请者可以按《日本海关关税法》第七条(十五)"更正的请求"的规定,提出更改该纳税申报税额等的请求,需留意。 注2:卖方向在本国作为销售代理店的买方支付回扣的处理方法,应考虑合约内容及销售代理点的工作实况进行个别判断,但该回扣一般是作为国内销售等费用的补贴来支付的,这种情况下不能被认为是进口货物价格调整而支付的返还金,所以计算现实支付价格时不应从发票价格中扣除。 4. 如果该价格调整条款被认为符合《日本海关关税法》第四条(一)第二款第(2)项"计税价格难以确定的条件"时,上述2和3中规定的处理方法不再适用

第三节
相关费用的应税认定

一、实付或应付价格

（一）中国关于实付或应付价格的规定

中国关于实付或应付价格的规定见表 5-32。

表 5-32　中国关于实付或应付价格的规定

国别	法律法规	法条内容
中国	《确价办法》第七条	第七条　进口货物的成交价格，是指卖方向中华人民共和国境内销售该货物时买方为进口该货物向卖方实付、应付的，并且按照本章第三节的规定调整后的价款总额，包括直接支付的价款和间接支付的价款
	《确价办法》附则	第五十一条　实付、应付价格，是指买方为购买进口货物而直接或者间接支付的价款总额，即作为卖方销售进口货物的条件，由买方向卖方或者为履行卖方义务向第三方已经支付或者将要支付的全部款项。 间接支付，是指买方根据卖方的要求，将货款全部或者部分支付给第三方，或者冲抵买卖双方之间的其他资金往来的付款方式

（二）美国关于实付或应付价格的规定

美国关于实付或应付价格的规定见表 5-33。

表 5-33　美国关于实付或应付价格的规定

国别	法律法规	法条内容	
美国	《海关法典》19 U.S.C.1401a（b）	进口货物的成交价格是货物向美国出口销售时的实付或应付价格，加上	（A）买方支付或承担的进口货物的包装成本和费用
			（B）买方支付或承担的进口货物的销售佣金
			（C）与进口货物相当的应分摊的协助的价值
	《海关法典》19 U.S.C.1401a（b）	进口货物的成交价格是货物向美国出口销售时的实付或应付价格，加上	（D）与进口货物有关的专利或许可费，这样的费用应由买方直接或间接支付的，并且是作为向美国出口销售货物的一项要件
			（E）卖方直接或间接获得的买方日后因货物的转售、处置或使用进口货物的任何收益

表 5-33 续

国别	法律法规	法条内容
美国	《海关法典》19 U.S.C.1401a（b）	上述（A）至（E）需加入进口货物的实付或应付价格的费用或成本应只包含满足下列条件的部分：(i) 未包括在实付或应付价格中；且 (ii) 必须有充分适当的证据。无论是出于什么原因，包括是依据以前的判例的相关数据，如果无法获取充分适当的证据，有关的进口货物的成交价格应不能按本节进行调整确定。 19U.S.C.1401a（b）（4）（A）实付或应付价格系买方为进口货物而承担的，或以卖方为受益人的总的支付［不论是直接或间接，不包括货物从出口国（地区）向美国运输发生的国际货运所随附的相关的运输、保险服务的成本、费用和花费］
	《海关法典》19 C.F.R.152.103（c）	证据的充分性。如有充分的证据可以确定需加入的成本或费用的确切的金额并且其尚未包括在成交价格中，则这样的成本或费用应作为调整加项计入实付或应付价格
	《海关法典》19 C.F.R.152.103（a）（3）	装配的货物。进口货物的实付或应付价格可能意味着装配货物的卖方没有利润而装配人（买方）是有利可图的。如果发生上述的情况，需对所装配的部件的增值部分进行重新计算，相应地形成成交价格的基础考虑进行调整以确定货物的实付或应付价格

（三）欧盟关于实付或应付价格的规定

欧盟关于实付或应付价格的规定见表 5-34。

表 5-34 欧盟关于实付或应付价格的规定

地区	法律法规	法条内容	
欧盟	《欧盟海关法》第二十九条	进口货物的计税价格应为成交价格，即根据第三十二和第三十三条调整以后的，为了向欧盟境内出口销售的实付或应付价格，且	（a）买方对进口货物的处置或使用不受限制，但不包括以下限制：欧盟法律、行政法规规定的限制
			对货物转售地域的限制，或者
			对货物价格无实质影响的限制
			（b）销售或价格不得受到使该货物成交价格无法确定的条件或因素的影响
			（c）卖方不得直接或间接获得因买方转售、处置或使用进口货物而产生的任何收益，除非能够按照第三十二条的规定作出调整
			（d）买卖双方之间没有特殊关系，或在买卖双方之间有特殊关系的情况下，根据本条第二款的规定审核后，认定其成交价格可以接受

(四)日本关于实付或应付价格的规定

日本关于实付或应付价格的规定见表 5-35。

表 5-35　日本关于实付或应付价格的规定

国别	法律法规		法条内容
日本	《日本海关关税法》基本通告	4.1-2 买方、卖方以及现实支付价格的意义及处理办法 《日本海关关税法》第四条第一款(确定计税价格的原则)中规定的"买方""卖方"以及"实付应付价格"(以下简称为"现实支付价格")的意义以及处理办法如下	1. 进口交易中的卖方和买方,是指在进口交易中实际承担自己的责任和风险的双方。具体来说,卖方及买方应决定各自在进口交易中进口货物的品质、数量、价格等,并承担瑕疵、数量不足、事故,不良债权等的风险
			2.《日本海关关税法实施令》第一条 4 中"买方为该进口货物向卖方已经支付及应当支付的价格总额(包含买方卖方实际偿还或应当偿还的全部债务或部分债务,以及其他间接支付的金额,)"即规定了现实支付价格,是指买方向卖方或者买方为偿还卖方负担的债务而向第三方,作为进口交易的条件实际支付及应当支付的价格总额。该支付并不一定需要发生金钱的转移

二、相关性和销售条件

(一)认定依据

相关性和销售条件的法律认定依据见图 5-11。

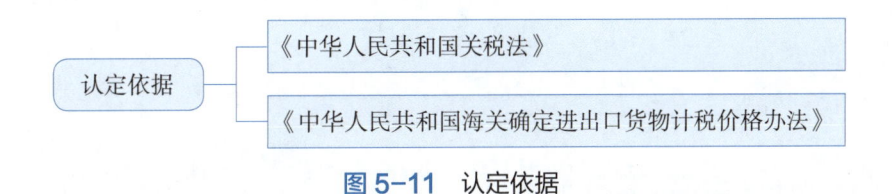

图 5-11　认定依据

- 认定依据
  - 《中华人民共和国关税法》
  - 《中华人民共和国海关确定进出口货物计税价格办法》

(二)认定条件

认定特许权使用费的三要素见图 5-12。

认定特许权使用费是否应税需满足的条件:
- 是否存在有形的进口货物
- 特许权使用费是否与进口货物有关
- 特许权使用费的支付是否构成货物进口销售的条件

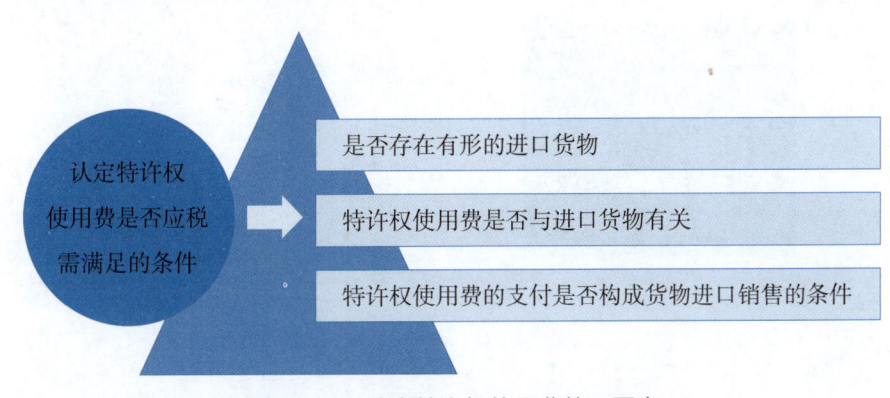

图 5-12　认定特许权使用费的三要素

（三）认定条件详解

海关在认定特许权使用费是否应税时需要考虑的三个核心条件：存在有形的进口货物、关联性和销售条件，认定条件详解见表 5-36。

表 5-36 认定条件详解表

条件	核心/实质	关注点
一、存在有形的进口货物	"是否存在有形的进口货物"是认定应税特许权费的前提	海关在认定特许权使用费是否应税时，首先应确定买方是否同时进口有形货物。重点关注特许权使用费对应的特许权是什么，特许权以何种形式进入中国
二、关联性	"是否与进口货物有关"是认定应税特许权费关键	《确价办法》第十四条规定了特许权使用费的支付构成货物进口销售条件的两种情形，但判断标准较为抽象，海关在实际操作中很难发现"不支付特许权使用费则不能购得进口货物"的直接证据，经常需要采用推定方式进行间接或反向论证，与纳税人之间容易产生争议。因此，"是否构成销售条件"是海关认定特许权使用费是否应税的重点和难点
三、销售条件	"是否构成销售条件"是认定特许权费的实质	《确价办法》第十三条列举一些特许权与进口货物有关的情况，根据典型特许权的种类，分别规定了特许权使用费与进口货物有关的各类情形
但是，需要注意的是，《确价办法》第十三条并不是穷举法，而只是列出了一些典型形式。如果实践中发现未列入《确价办法》第十三条的特许权使用费形式，则应根据立法原意开展实质性审核，而不能简单地根据名称进行判断			

海关对特许权使用费是否应税的判断条件见图 5-13。

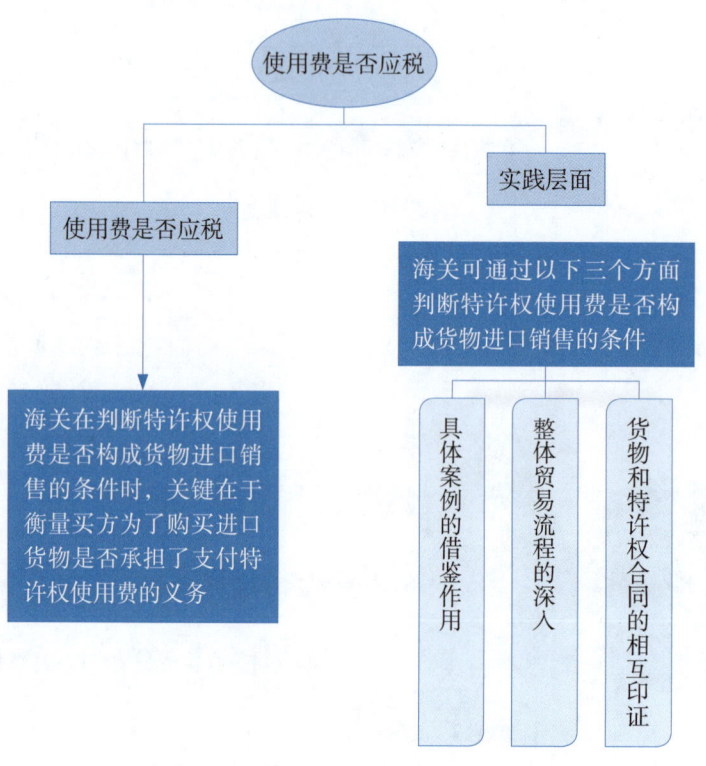

图 5-13 特许权使用费是否应税的判断条件

三、特许权使用费的量化分摊

(一) 常见量化分摊方式

在国际贸易实践中,特许权使用费的支付与货物进口并不同步,根据财务周期计提或者支付的特许权使用费,如何量化分摊到当期的进口货物上,就会产生比较复杂的会计问题。常见的量化分摊方式见表5-37。

表 5-37 常见量化分摊方式表

支付方式	分摊方式
提成支付	根据公认会计原则,特许权使用费按每一会计期间的进口货物境内销售额百分比提成,或者按每一会计期间的进口货物国(地区)内销售利润百分比提成,再按每月份、季度或者半年对外支付。这样,每次进口货物量化分摊的公式,通常情况可以为:特许权使用费分摊金额=(涉案进口货物的计税价格+已征关税金额)÷计提周期内主营业务成本(制造费用)×计提周期内提取的特许权使用费金额
一次付清	一次付清或计提特许权使用费的方式,一般是在进口货物总量有可靠合同预期前提下实施的,否则,一次性的费用数额很难计核。在这种付费方式下,特许权使用费的总额与进口货物总量按比例量化分摊,就能得出当期进口货物分摊的应税特许权使用费,计算方法相对比较简单
分次支付	每次进口货物根据财务报表分摊的特许权使用费已分次量化列明,应当计入每次进口货物的计税价格,应税费用简单清楚,但这种付费方式在实际贸易中比较少见

(二) 特许权使用费分布图

产品研发各个过程中的特许权使用费分布见图5-14。

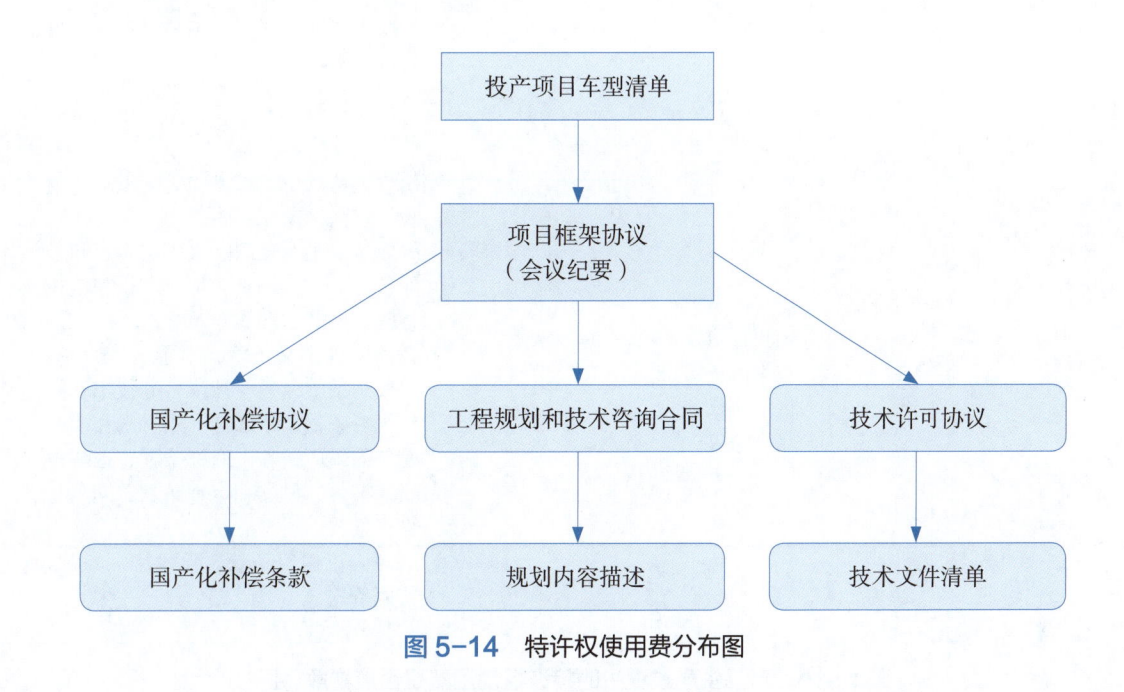

图 5-14 特许权使用费分布图

产品生产过程中的特许权使用费是否应税关键合同条款见图 5-15。

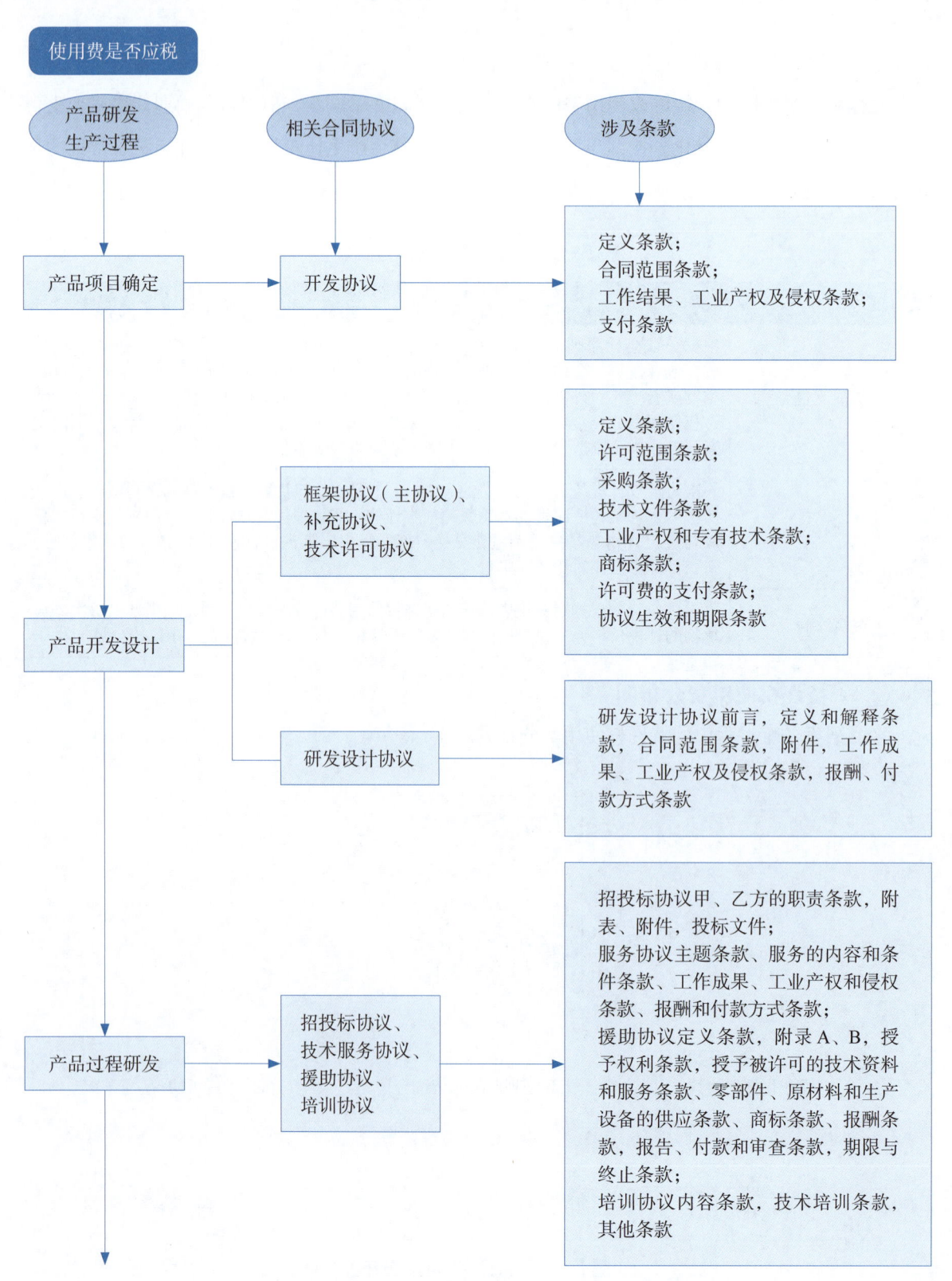

```
使用费是否应税

产品研发              相关合同协议           涉及条款
生产过程

产品项目确定  →  开发协议  →  定义条款；
                              合同范围条款；
                              工作结果、工业产权及侵权条款；
                              支付条款

                 框架协议（主协议）、  →  定义条款；
                 补充协议、               许可范围条款；
                 技术许可协议             采购条款；
                                         技术文件条款；
                                         工业产权和专有技术条款；
                                         商标条款；
                                         许可费的支付条款；
产品开发设计                             协议生效和期限条款

                 研发设计协议  →  研发设计协议前言，定义和解释条
                                 款，合同范围条款，附件，工作成
                                 果、工业产权及侵权条款，报酬、付
                                 款方式条款

                 招投标协议、    →  招投标协议甲、乙方的职责条款，附
                 技术服务协议、      表、附件，投标文件；
                 援助协议、          服务协议主题条款、服务的内容和条
产品过程研发      培训协议            件条款、工作成果、工业产权和侵权
                                     条款、报酬和付款方式条款；
                                     援助协议定义条款，附录A、B，授
                                     予权利条款，授予被许可的技术资料
                                     和服务条款、零部件、原材料和生产
                                     设备的供应条款、商标条款、报酬条
                                     款，报告、付款和审查条款，期限与
                                     终止条款；
                                     培训协议内容条款，技术培训条款，
                                     其他条款
```

图 5-15　产品生产过程中的特许权使用费是否应税解释图

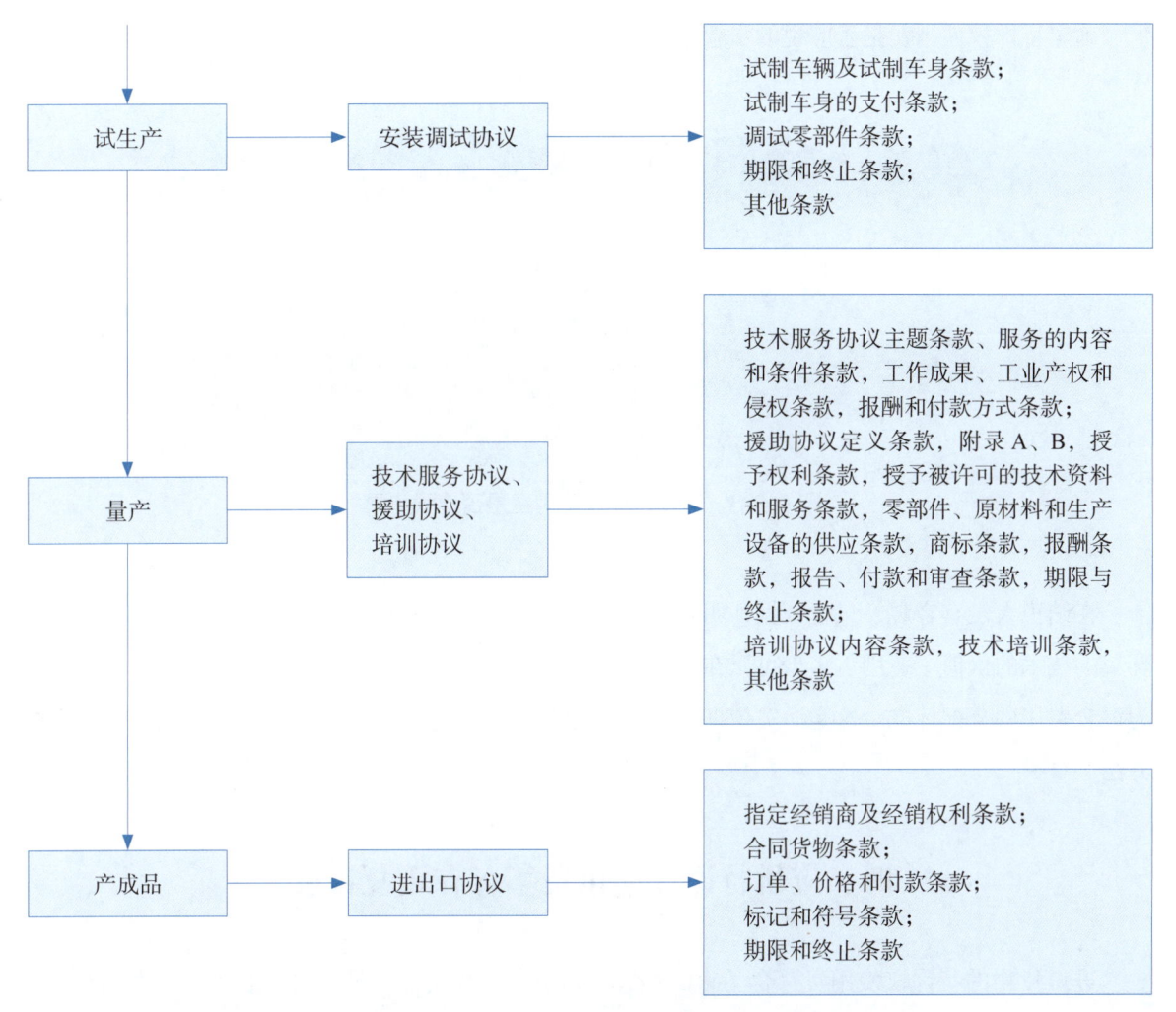

```
            ┌─────────┐      ┌──────────┐      试制车辆及试制车身条款；
            │  试生产 │─────▶│ 安装调试协议│─────▶试制车身的支付条款；
            └────┬────┘      └──────────┘      调试零部件条款；
                 │                              期限和终止条款；
                 │                              其他条款
                 │
                 ▼
                                                技术服务协议主题条款、服务的内容
                                                和条件条款，工作成果、工业产权和
                                                侵权条款，报酬和付款方式条款；
            ┌─────────┐    ┌──────────┐        援助协议定义条款，附录A、B，授
            │         │    │技术服务协议│       予权利条款，授予被许可的技术资料
            │  量产   │───▶│ 援助协议  │──────▶和服务条款，零部件、原材料和生产
            │         │    │ 培训协议  │        设备的供应条款，商标条款，报酬条
            └────┬────┘    └──────────┘        款，报告、付款和审查条款，期限与
                 │                              终止条款；
                 │                              培训协议内容条款，技术培训条款，
                 │                              其他条款
                 ▼
            ┌─────────┐    ┌──────────┐        指定经销商及经销权利条款；
            │  产成品 │───▶│ 进出口协议│──────▶合同货物条款；
            └─────────┘    └──────────┘        订单、价格和付款条款；
                                                标记和符号条款；
                                                期限和终止条款
```

图 5-15　产品生产过程中的特许权使用费是否应税解释图（续）

（三）应税特许权使用费的分摊原则及分摊方法

应税特许权使用费的分摊原则及分摊方法见表 5-38。

表 5-38　应税特许权使用费的分摊原则及分摊方法

分摊原则及方法	内容
量化分摊原则	计税价格和适用税率是计征税款的两个基本要素，特许权使用费的分摊也主要围绕这两个方面，需要根据具体情况，遵循通用的会计原则，以客观量化的数据为基础，按照货值分摊法进行分摊
货值分摊法	货值分摊法就是根据各项进口货物的货值占总货值的比例对特许权使用费进行分摊。货值分摊方法是较常用的一种分摊方法，当特许权使用费对应多项不同税率的商品时，就可以使用货值分摊方法，将同税率的进口货物归为一类，根据某税率货物价值占进口货物总价值的比例对特许权使用费进行分摊。 需要注意的是，货值分摊法是一种简单的平均分配方式，如果有直接证据表明特许权本身存在明显的价值区别，则需要根据特许权自身的价值进行分摊

确定特许权使用费是否应税的步骤见图 5-16。

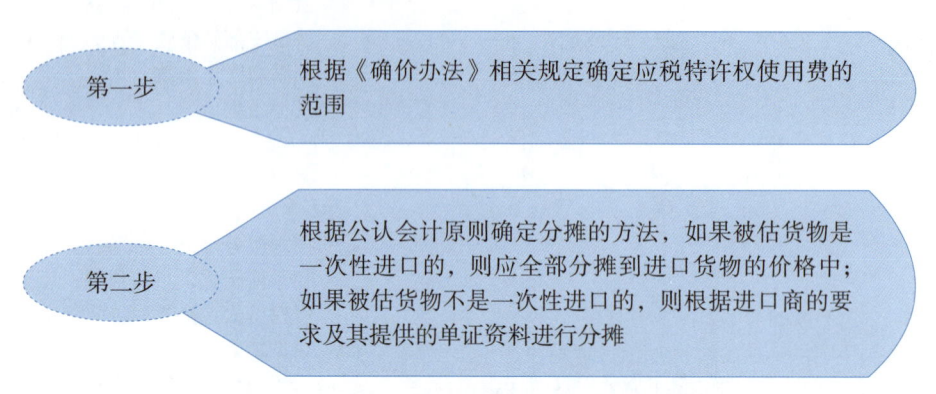

第一步　根据《确价办法》相关规定确定应税特许权使用费的范围

第二步　根据公认会计原则确定分摊的方法，如果被估货物是一次性进口的，则应全部分摊到进口货物的价格中；如果被估货物不是一次性进口的，则根据进口商的要求及其提供的单证资料进行分摊

图 5-16　确定特许权使用费是否应税步骤

在纳税人没有客观、量化证据证明各环节的技术费用各占多少的情况下，在会计处理上，各环节的技术的价值（费用）多少可以在各环节商品成本分布上反映出来。因此可以用成本分布作为混合费用的分配标准。这是海关依据会计制度对混合费用进行成本分配核算时采用的常规处理方法。

四、应税特许权使用费不存在重复征收

进口货物的特许权使用费符合《确价办法》第十一条规定的应计入进口货物的计税价格中，见图 5-17。

进口货物 ←相关→ 进口货物的特许权使用费 —《确价办法》第十一条规定→ 特许权使用费应计入进口货物的计税价格

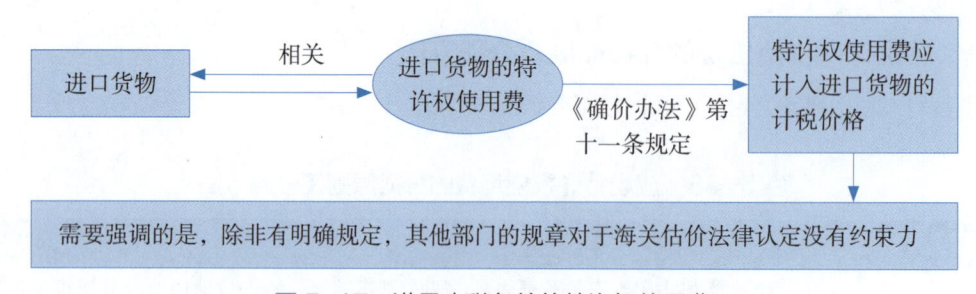

需要强调的是，除非有明确规定，其他部门的规章对于海关估价法律认定没有约束力

图 5-17　满足应税条件的特许权使用费

不构成重复征税的依据见图 5-18。

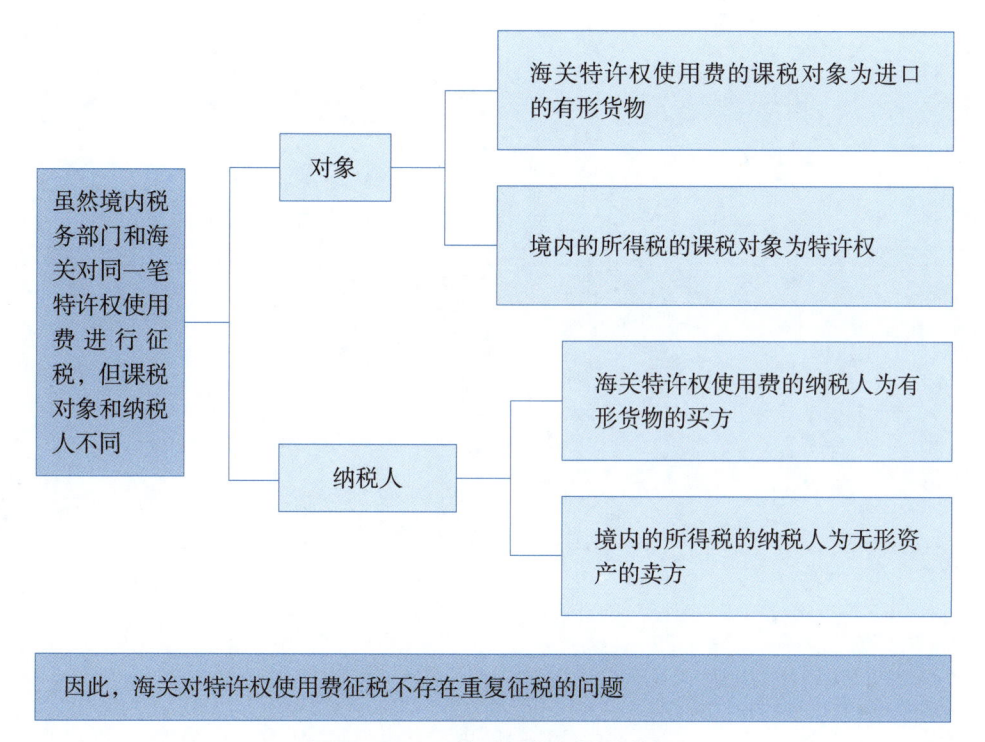

```
虽然境内税          ┌─ 对象 ─┬─ 海关特许权使用费的课税对象为进口
务部门和海          │         │   的有形货物
关对同一笔 ────────┤         │
特许权使用          │         └─ 境内的所得税的课税对象为特许权
费进行征            │
税，但课税          │
对象和纳税          └─ 纳税人 ┬─ 海关特许权使用费的纳税人为有
人不同                        │   形货物的买方
                              │
                              └─ 境内的所得税的纳税人为无形资
                                  产的卖方
```

因此，海关对特许权使用费征税不存在重复征税的问题

图 5-18　不构成重复征税的依据

根据图 5-18，得出结论：不论其他国家（地区）海关认定是否应税，只要中国海关能够证明特许权使用费与进口货物有关，且构成货物销售条件，该笔特许权使用费就应计入进口货物的计税价格。海关认为跨境（地区）公司在中国境内开展经营活动，应遵守中国海关的法律法规。

第六章

特许权使用费应用场景

第一节
公认会计原则

一、情景模拟

商品进口过程情景模拟见图 6-1。

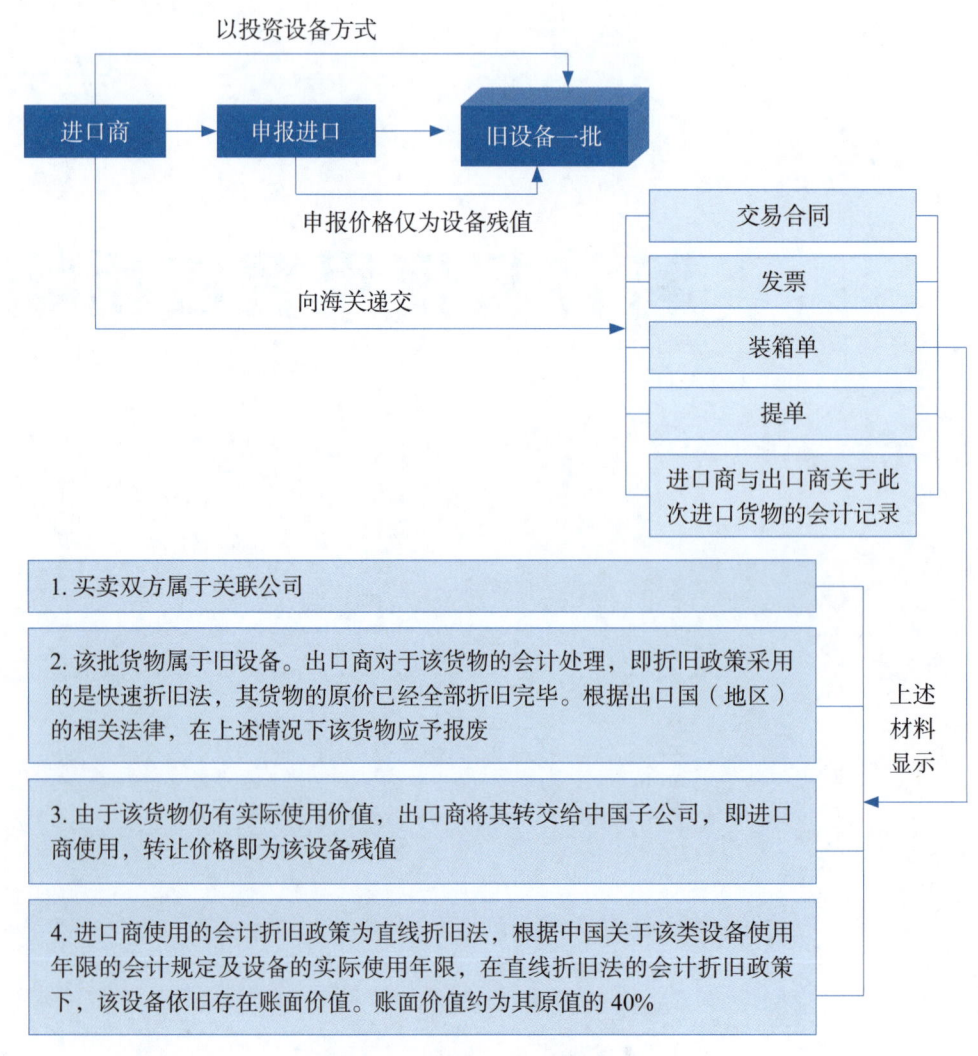

```
                     以投资设备方式
        ┌──────────────────────────────────┐
        │                                  ▼
    ┌───────┐    ┌───────┐         ┌───────────┐
    │ 进口商 │──▶│申报进口│────────▶│ 旧设备一批 │
    └───────┘    └───────┘         └───────────┘
        │          申报价格仅为设备残值
        │
        │ 向海关递交                    ┌──────────┐
        └──────────────────────────────▶│ 交易合同 │
                                        ├──────────┤
                                        │  发票    │
                                        ├──────────┤
                                        │ 装箱单   │
                                        ├──────────┤
                                        │  提单    │
                                        ├──────────┤
                                        │进口商与出口商关于此│
                                        │次进口货物的会计记录│
                                        └──────────┘
```

1. 买卖双方属于关联公司

2. 该批货物属于旧设备。出口商对于该货物的会计处理，即折旧政策采用的是快速折旧法，其货物的原价已经全部折旧完毕。根据出口国（地区）的相关法律，在上述情况下该货物应予报废

3. 由于该货物仍有实际使用价值，出口商将其转交给中国子公司，即进口商使用，转让价格即为该设备残值

4. 进口商使用的会计折旧政策为直线折旧法，根据中国关于该类设备使用年限的会计规定及设备的实际使用年限，在直线折旧法的会计折旧政策下，该设备依旧存在账面价值。账面价值约为其原值的 40%

上述材料显示

图 6-1　商品进口过程情景模拟

二、估价分析

进口商品估价分析见图 6-2。

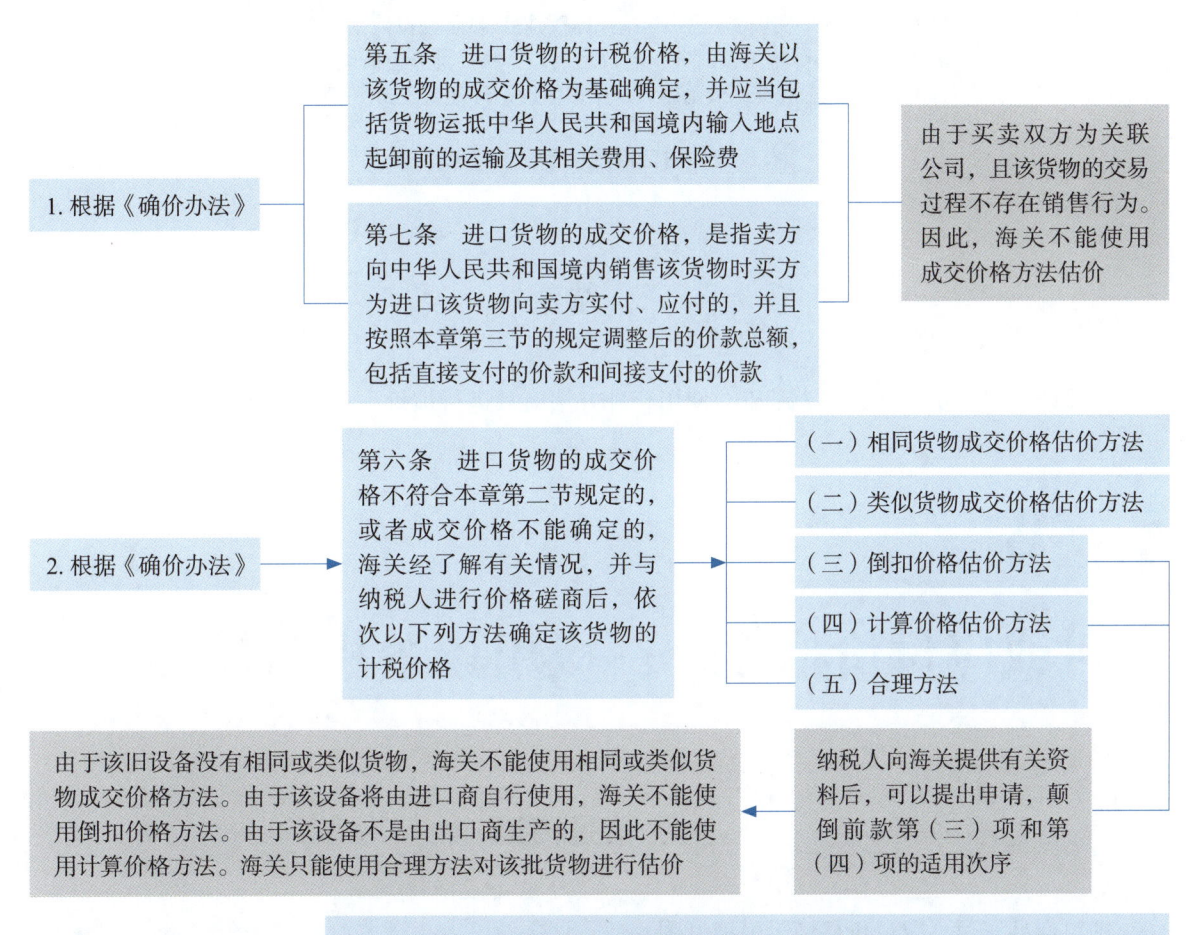

1. 根据《确价办法》

第五条　进口货物的计税价格，由海关以该货物的成交价格为基础确定，并应当包括货物运抵中华人民共和国境内输入地点起卸前的运输及其相关费用、保险费

第七条　进口货物的成交价格，是指卖方向中华人民共和国境内销售该货物时买方为进口该货物向卖方实付、应付的，并且按照本章第三节的规定调整后的价款总额，包括直接支付的价款和间接支付的价款

由于买卖双方为关联公司，且该货物的交易过程不存在销售行为。因此，海关不能使用成交价格方法估价

2. 根据《确价办法》

第六条　进口货物的成交价格不符合本章第二节规定的，或者成交价格不能确定的，海关经了解有关情况，并与纳税人进行价格磋商后，依次以下列方法确定该货物的计税价格

（一）相同货物成交价格估价方法
（二）类似货物成交价格估价方法
（三）倒扣价格估价方法
（四）计算价格估价方法
（五）合理方法

由于该旧设备没有相同或类似货物，海关不能使用相同或类似货物成交价格方法。由于该设备将由进口商自行使用，海关不能使用倒扣价格方法。由于该设备不是由出口商生产的，因此不能使用计算价格方法。海关只能使用合理方法对该批货物进行估价

纳税人向海关提供有关资料后，可以提出申请，颠倒前款第（三）项和第（四）项的适用次序

3. 根据《关税法》

第二十五条　进口货物的下列费用应当计入计税价格：
（一）由买方负担的购货佣金以外的佣金和经纪费；
（二）由买方负担的与该货物视为一体的容器的费用；
（三）由买方负担的包装材料费用和包装劳务费用；
（四）与该货物的生产和向中华人民共和国境内销售有关的，由买方以免费或者以低于成本的方式提供并可以按适当比例分摊的料件、工具、模具、消耗材料及类似货物的价款，以及在中华人民共和国境外开发、设计等相关服务的费用；
（五）作为该货物向中华人民共和国境内销售的条件，买方必须支付的、与该货物有关的特许权使用费；
（六）卖方直接或者间接从买方获得的该货物进口后转售、处置或者使用的收益。
第二十六条　进口时在货物的价款中列明的下列费用、税收，不计入该货物的计税价格：
（一）厂房、机械、设备等货物进口后进行建设、安装、装配、维修和技术服务的费用，但保修费用除外；
（二）进口货物运抵中华人民共和国境内输入地点起卸后的运输及其相关费用、保险费；
（三）进口关税及国内税收

图 6-2　进口商品估价分析

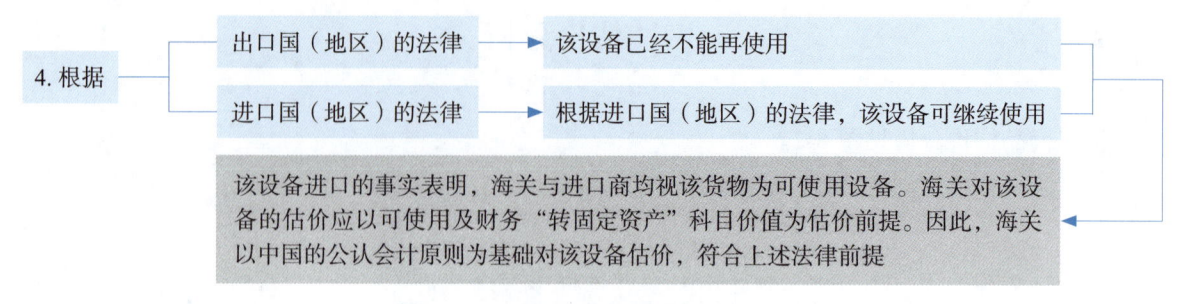

```
4.根据 ─┬─ 出口国（地区）的法律 → 该设备已经不能再使用
        └─ 进口国（地区）的法律 → 根据进口国（地区）的法律，该设备可继续使用
```

该设备进口的事实表明，海关与进口商均视该货物为可使用设备。海关对该设备的估价应以可使用及财务"转固定资产"科目价值为估价前提。因此，海关以中国的公认会计原则为基础对该设备估价，符合上述法律前提

图 6-2　进口商品估价分析（续）

三、结论

海关以中国公认会计原则为基础，使用合理方法对其进行估价。

第二节
实付或应付价格之一：应用场景相关描述

一、情景模拟

进口商品实付、应付价格情景模拟见图 6-3。

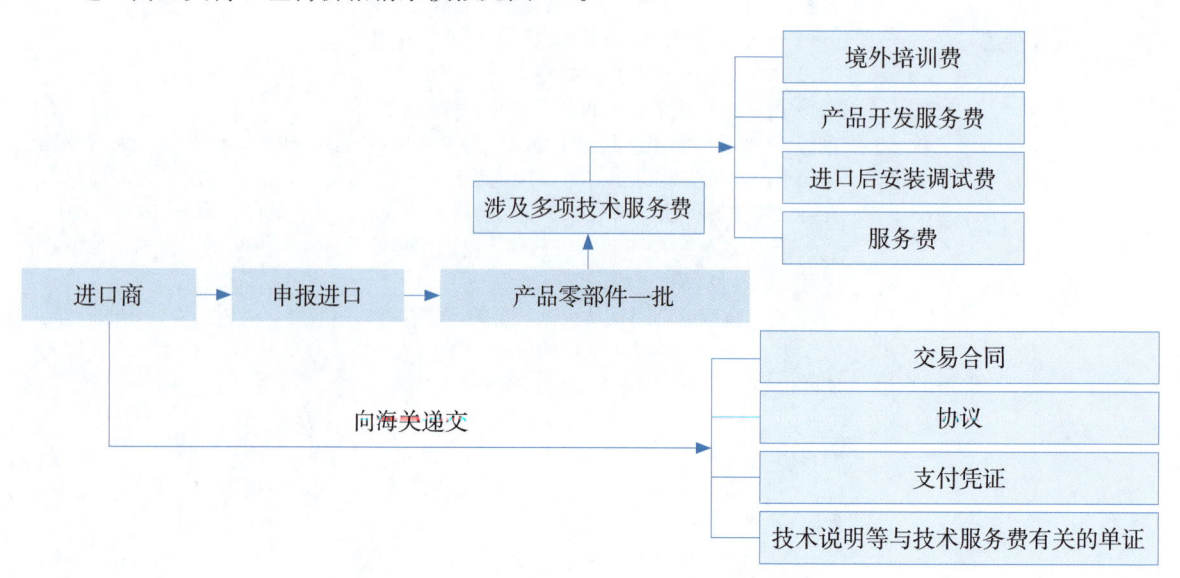

图 6-3　进口商品实付、应付价格情景模拟

二、估价分析

进口商品实付、应付价格估价分析见图6-4。

1. 根据《确价办法》
   - 第五条 进口货物的计税价格，由海关以该货物的成交价格为基础确定……
   - 第七条 ……买方为进口该货物向卖方实付、应付的，并且按照本章第三节的规定调整后的价款总额，包括直接支付的价款和间接支付的价款

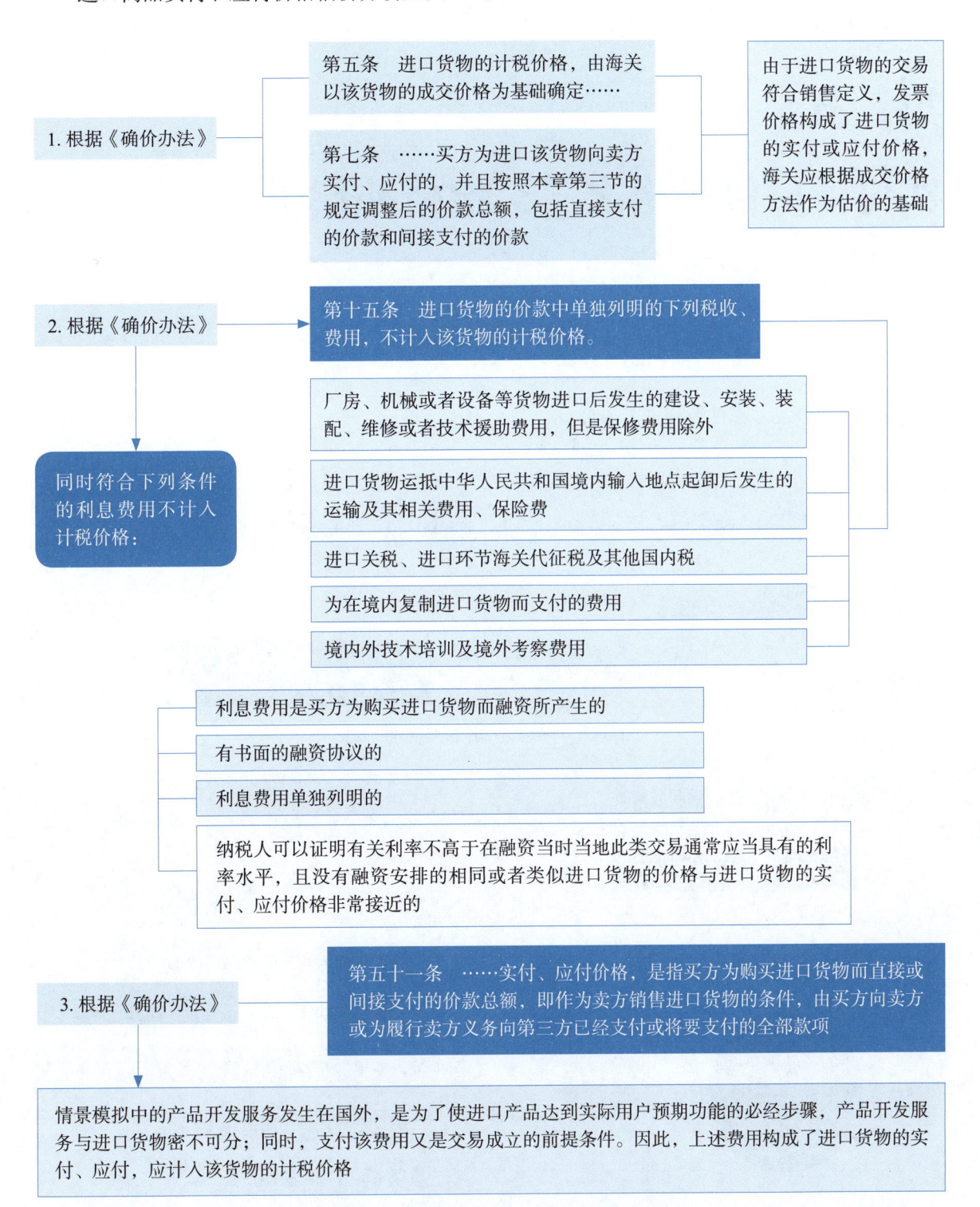

   由于进口货物的交易符合销售定义，发票价格构成了进口货物的实付或应付价格，海关应根据成交价格方法作为估价的基础

2. 根据《确价办法》
   - 第十五条 进口货物的价款中单独列明的下列税收、费用，不计入该货物的计税价格。
     - 厂房、机械或者设备等货物进口后发生的建设、安装、装配、维修或者技术援助费用，但是保修费用除外
     - 进口货物运抵中华人民共和国境内输入地点起卸后发生的运输及其相关费用、保险费
     - 进口关税、进口环节海关代征税及其他国内税
     - 为在境内复制进口货物而支付的费用
     - 境内外技术培训及境外考察费用

   同时符合下列条件的利息费用不计入计税价格：
   - 利息费用是买方为购买进口货物而融资所产生的
   - 有书面的融资协议的
   - 利息费用单独列明的
   - 纳税人可以证明有关利率不高于在融资当时当地此类交易通常应当具有的利率水平，且没有融资安排的相同或者类似进口货物的价格与进口货物的实付、应付价格非常接近的

3. 根据《确价办法》
   - 第五十一条 ……实付、应付价格，是指买方为购买进口货物而直接或间接支付的价款总额，即作为卖方销售进口货物的条件，由买方向卖方或为履行卖方义务向第三方已经支付或将要支付的全部款项

   情景模拟中的产品开发服务发生在国外，是为了使进口产品达到实际用户预期功能的必经步骤，产品开发服务与进口货物密不可分；同时，支付该费用又是交易成立的前提条件。因此，上述费用构成了进口货物的实付、应付，应计入该货物的计税价格

图6-4 进口商品实付、应付价格估价分析

三、结论

海关以成交价格为基础,并加上涉及的产品开发服务费确定该批货物的计税价格。

第三节
实付或应付价格之二:价格补偿机制

一、情景模拟

采购进口产品零部件流程见图6-5。

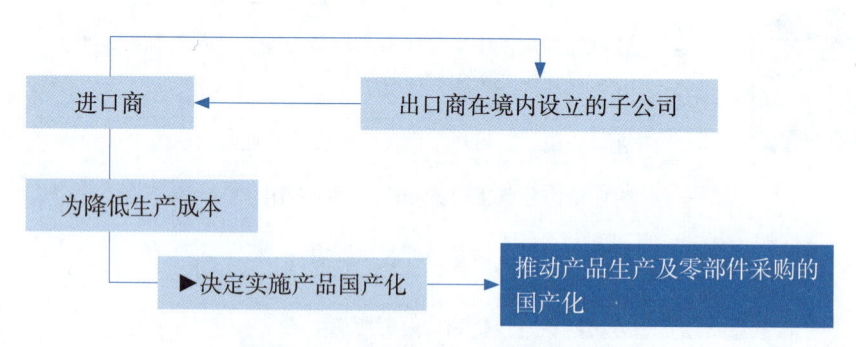

图 6-5 采购进口产品零部件流程

价格补偿机制模拟步骤见图6-6。

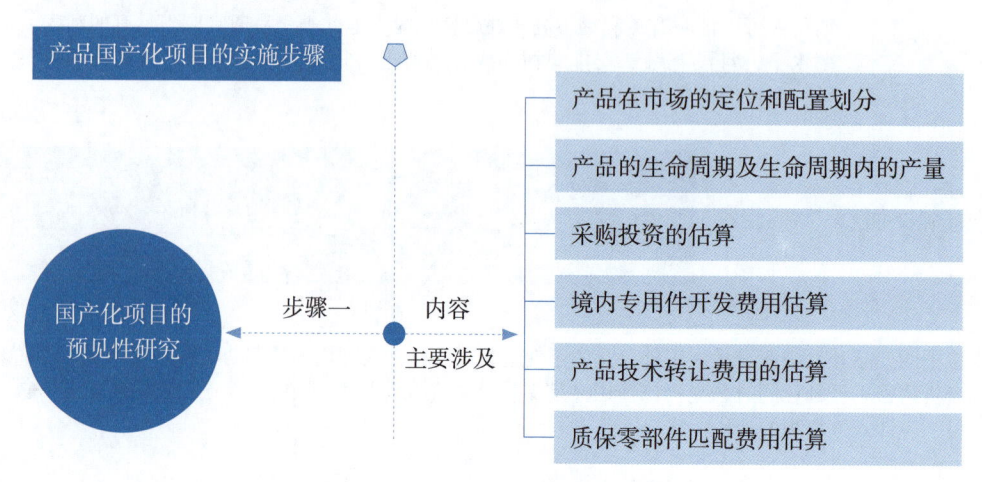

图 6-6 价格补偿机制模拟步骤

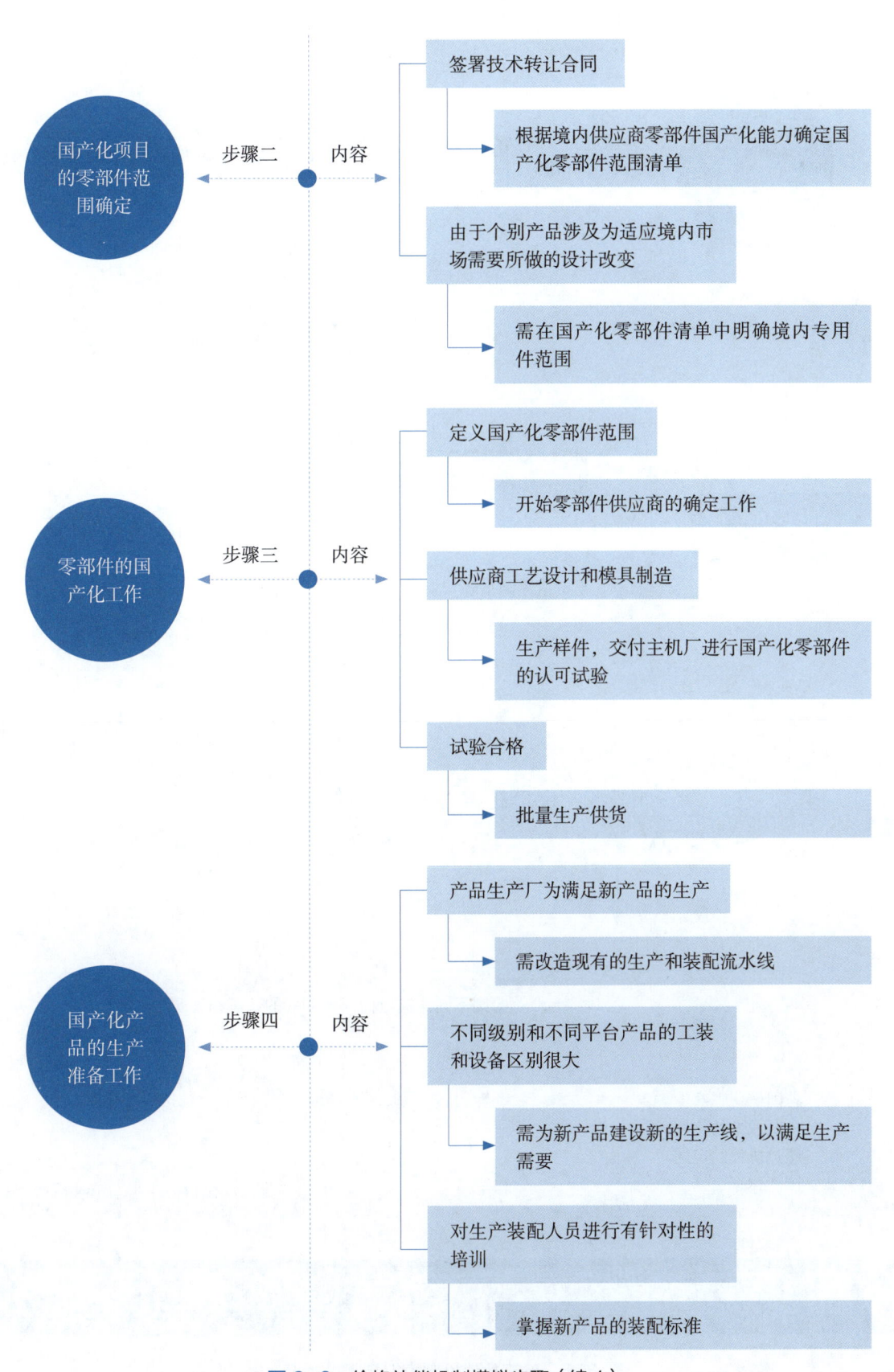

步骤二：国产化项目的零部件范围确定

内容：
- 签署技术转让合同
  - 根据境内供应商零部件国产化能力确定国产化零部件范围清单
- 由于个别产品涉及为适应境内市场需要所做的设计改变
  - 需在国产化零部件清单中明确境内专用件范围

步骤三：零部件的国产化工作

内容：
- 定义国产化零部件范围
  - 开始零部件供应商的确定工作
- 供应商工艺设计和模具制造
  - 生产样件，交付主机厂进行国产化零部件的认可试验
- 试验合格
  - 批量生产供货

步骤四：国产化产品的生产准备工作

内容：
- 产品生产厂为满足新产品的生产
  - 需改造现有的生产和装配流水线
- 不同级别和不同平台产品的工装和设备区别很大
  - 需为新产品建设新的生产线，以满足生产需要
- 对生产装配人员进行有针对性的培训
  - 掌握新产品的装配标准

图 6-6　价格补偿机制模拟步骤（续 1）

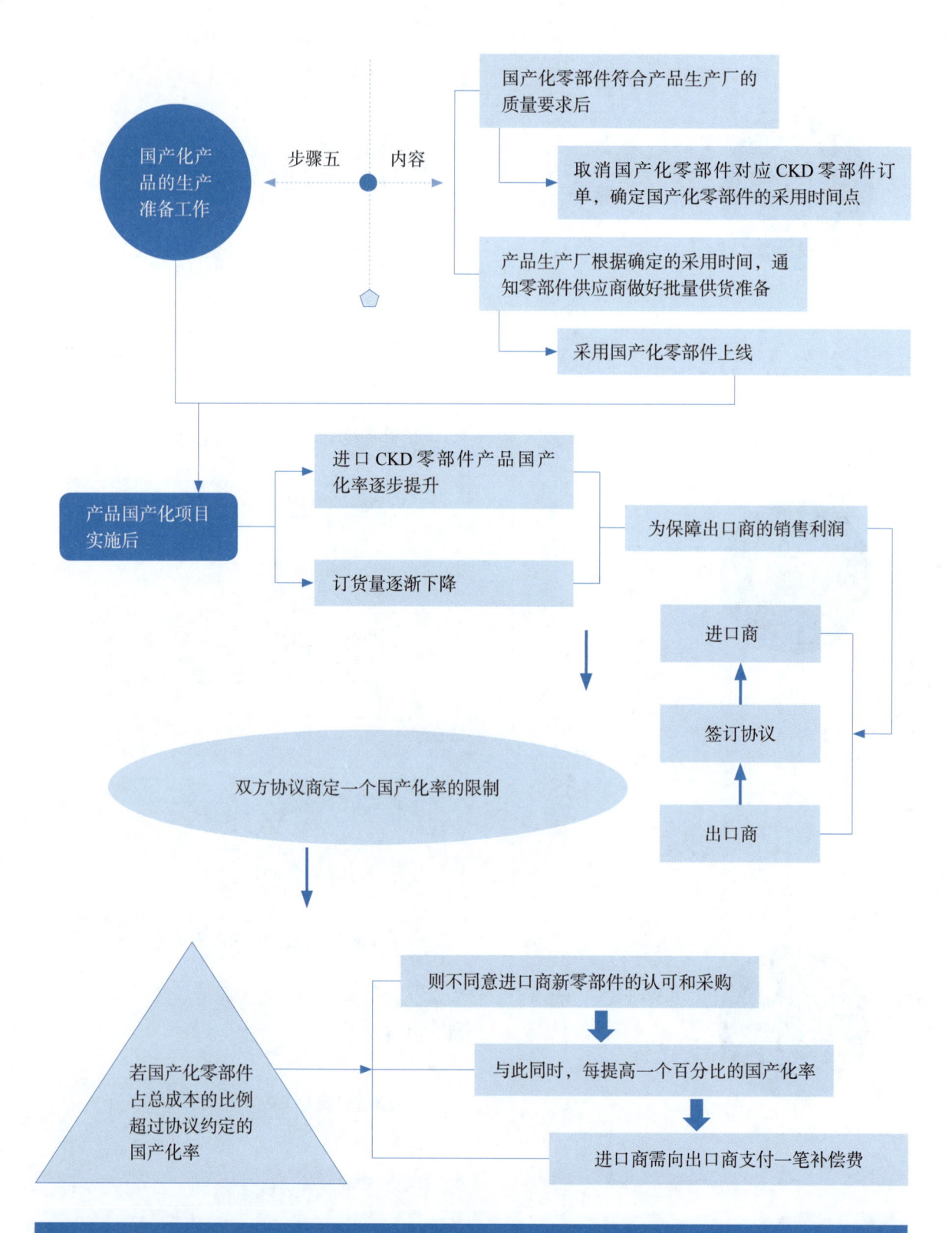

步骤五：国产化产品的生产准备工作

内容：
- 国产化零部件符合产品生产厂的质量要求后
- 取消国产化零部件对应 CKD 零部件订单，确定国产化零部件的采用时间点
- 产品生产厂根据确定的采用时间，通知零部件供应商做好批量供货准备
- 采用国产化零部件上线

产品国产化项目实施后：
- 进口 CKD 零部件产品国产化率逐步提升
- 订货量逐渐下降

为保障出口商的销售利润：

进口商 ← 签订协议 ← 出口商

双方协议商定一个国产化率的限制

若国产化零部件占总成本的比例超过协议约定的国产化率：
- 则不同意进口商新零部件的认可和采购
- 与此同时，每提高一个百分比的国产化率
- 进口商需向出口商支付一笔补偿费

以上信息汇总后计算出新产品的经济性。产品国产化项目的可行性研究得出经济性结论后，由董事会决定此项目是否执行

图 6-6　价格补偿机制模拟步骤（续 2）

二、估价分析

价格补偿机制估价分析见图 6-7。

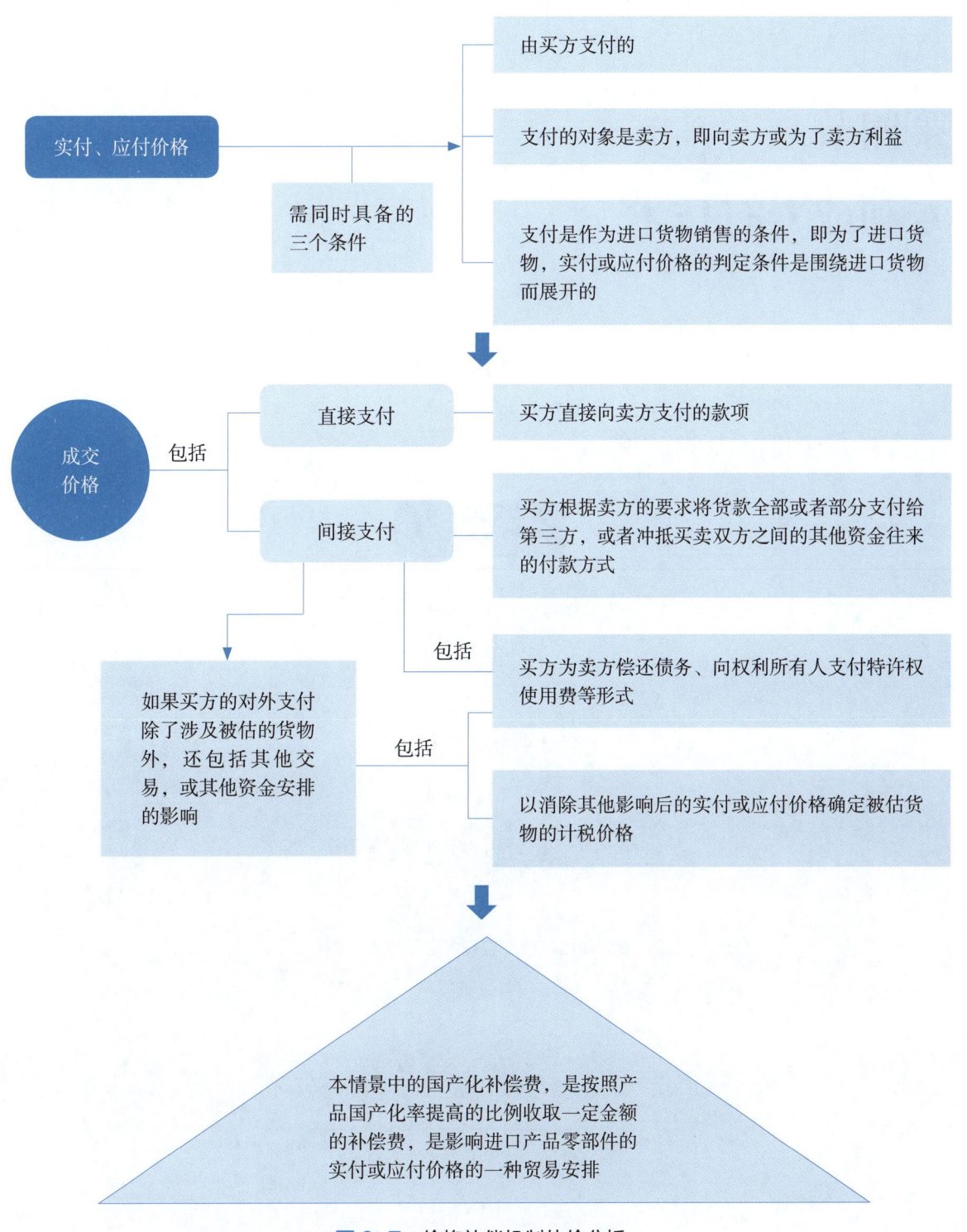

```
实付、应付价格 ──┐
              │
              ├─ 需同时具备的三个条件
              │    ├─ 由买方支付的
              │    ├─ 支付的对象是卖方,即向卖方或为了卖方利益
              │    └─ 支付是作为进口货物销售的条件,即为了进口货物,实付或应付价格的判定条件是围绕进口货物而展开的

成交价格 ── 包括
         ├─ 直接支付 ── 买方直接向卖方支付的款项
         └─ 间接支付 ── 买方根据卖方的要求将货款全部或者部分支付给第三方,或者冲抵买卖双方之间的其他资金往来的付款方式
                   ├─ 包括 ── 买方为卖方偿还债务、向权利所有人支付特许权使用费等形式
                   └─ 包括 ── 如果买方的对外支付除了涉及被估的货物外,还包括其他交易,或其他资金安排的影响
                           └─ 以消除其他影响后的实付或应付价格确定被估货物的计税价格
```

本情景中的国产化补偿费,是按照产品国产化率提高的比例收取一定金额的补偿费,是影响进口产品零部件的实付或应付价格的一种贸易安排

图 6-7 价格补偿机制估价分析

三、结论

按照实际，进口产品零部件数量比例不同，采用不同补偿价格。作为贸易成交条件，可客观量化的"国产化补偿费"构成了进口货物的实付、应付价格。

第四节
专利或专有技术

一、情景模拟

专利或专有技术情景模拟见图 6-8。

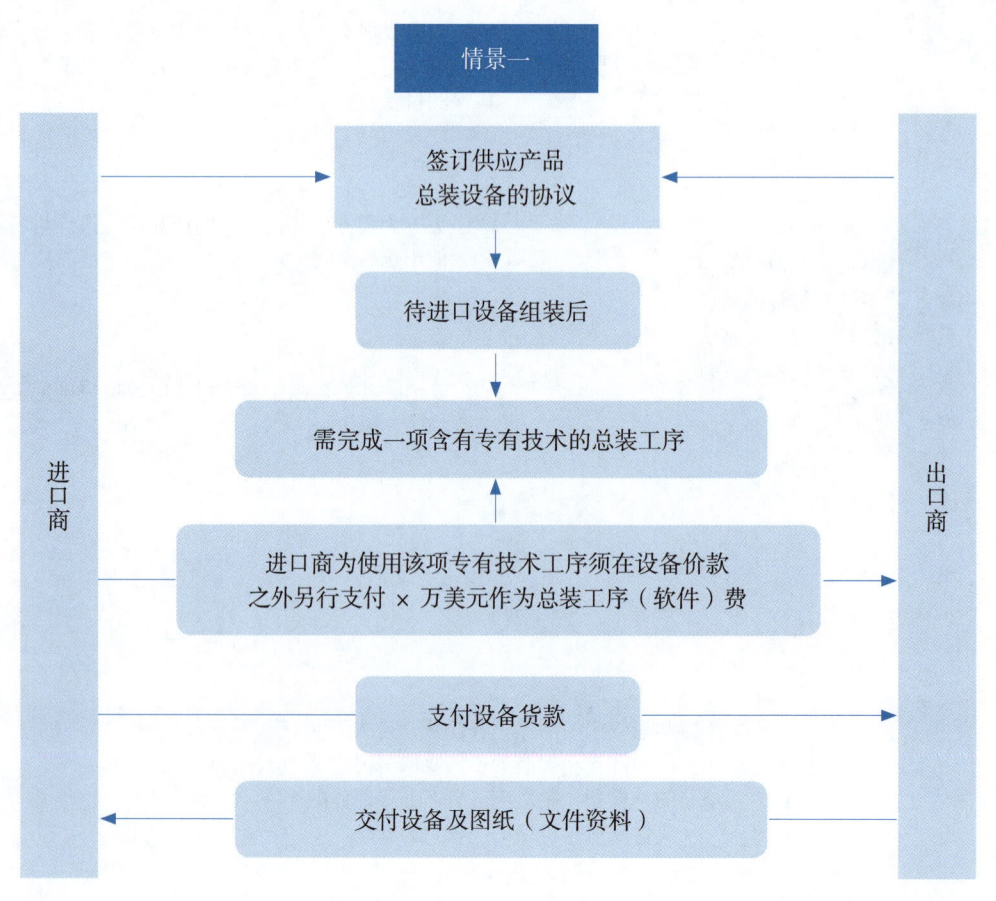

图 6-8 专利或专有技术情景模拟

情景二

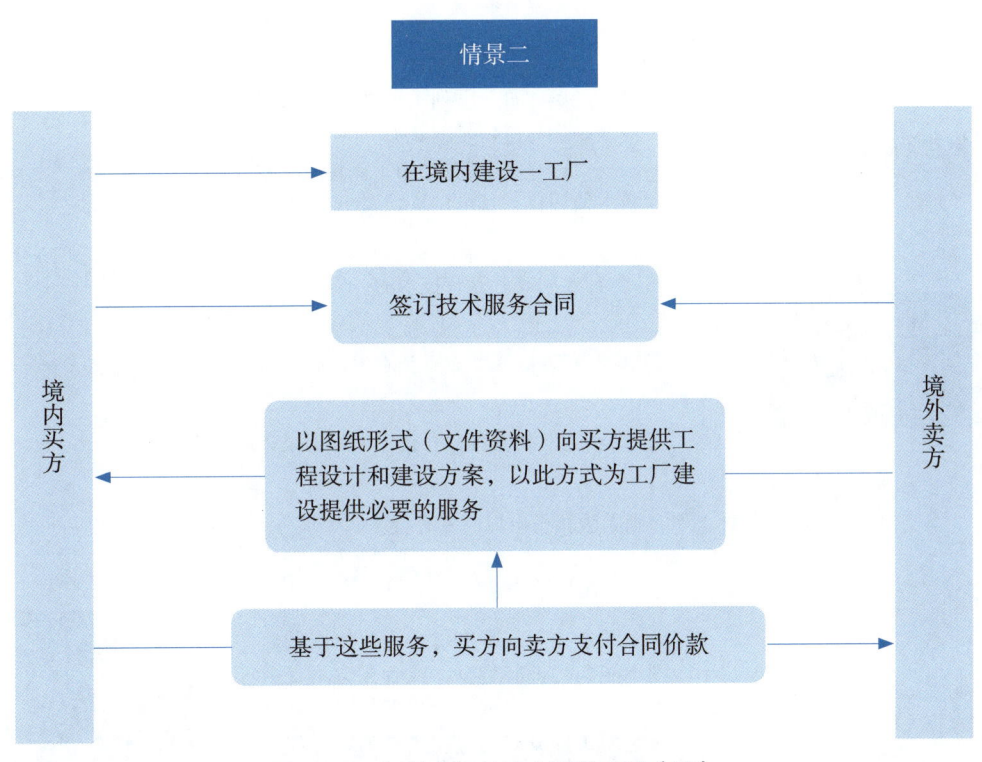

境内买方 → 在境内建设一工厂

境内买方 ←→ 签订技术服务合同 ←→ 境外卖方

境外卖方 → 以图纸形式（文件资料）向买方提供工程设计和建设方案，以此方式为工厂建设提供必要的服务 → 境内买方

境内买方 → 基于这些服务，买方向卖方支付合同价款 → 境外卖方

图 6-8　专利或专有技术情景模拟（续）

二、估价分析

专利或专有技术估价分析见图 6-9。

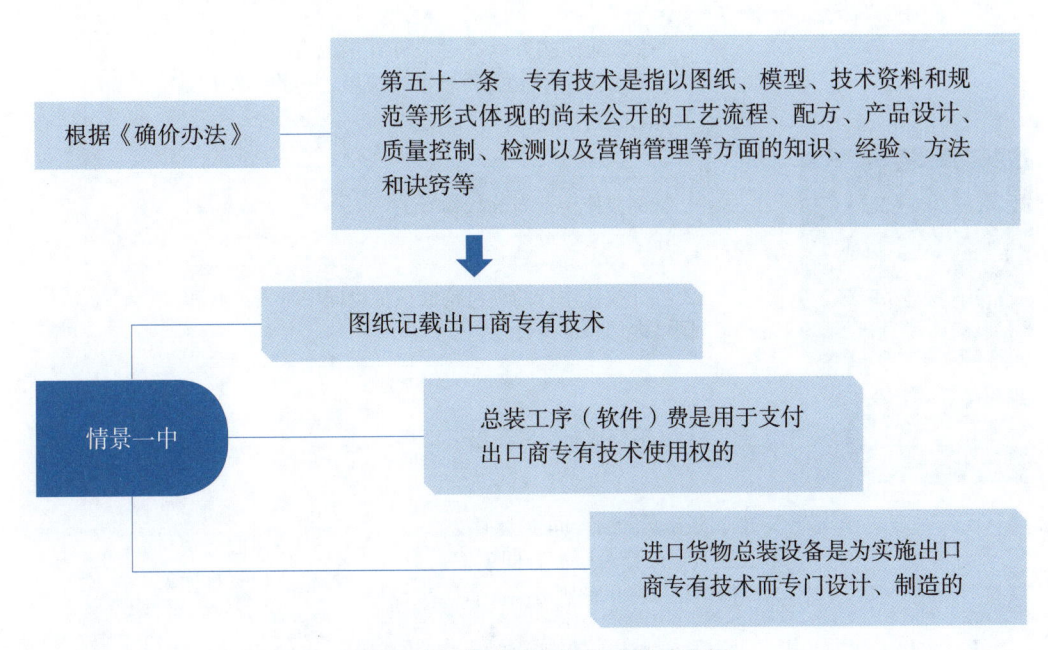

根据《确价办法》：第五十一条　专有技术是指以图纸、模型、技术资料和规范等形式体现的尚未公开的工艺流程、配方、产品设计、质量控制、检测以及营销管理等方面的知识、经验、方法和诀窍等

情景一中：
- 图纸记载出口商专有技术
- 总装工序（软件）费是用于支付出口商专有技术使用权的
- 进口货物总装设备是为实施出口商专有技术而专门设计、制造的

图 6-9　专利或专有技术估价分析

```
根据《确价办法》 → 第十三条 符合下列条件之一的特许权使用费，
                  应当视为与进口货物有关：
                  （一）特许权使用费是用于支付专利权或者专有
                  技术使用权，且进口货物属于下列情形之一的
                      ├─ 1. 含有专利或者专有技术的
因此，总装工序      ├─ 2. 用专利方法或者专有技术生产的
（软件）费与进口   └─ 3. 为实施专利或者专有技术而专门设计或者制造的
总装设备有关
```

不支付总装工序（软件）费，则无法获得出口商专有技术

根据《确价办法》 → 第十四条 买方不支付特许权使用费
则不能购得进口货物，或者买方不支
付特许权使用费则该货物不能以合同
议定的条件成交的，应当视为特许
权使用费的支付构成进口货物向中华人
民共和国境内销售的条件

因此，情景一中
总装工序（软
件）费的支付构
成进口总装设备
向中国境内销售
的条件

根据《确价办法》 → 第十一条 以成交价格为基础确定进口货物的计税
价格时，未包括在该货物实付、应付价格中的下列
费用或者价值应当计入计税价格：
……
（三）买方需向卖方或者有关方直接或者间接支付
的特许权使用费，但是符合下列情形之一的除外：
……

因此，情景一中
的总装工序（软   ├─ 1. 特许权使用费与该货物有关
件）费满足了应
税特许权使用费   └─ 2. 特许权使用费的支付构成该货物向中华人民共和
的两个条件   国境内销售的条件

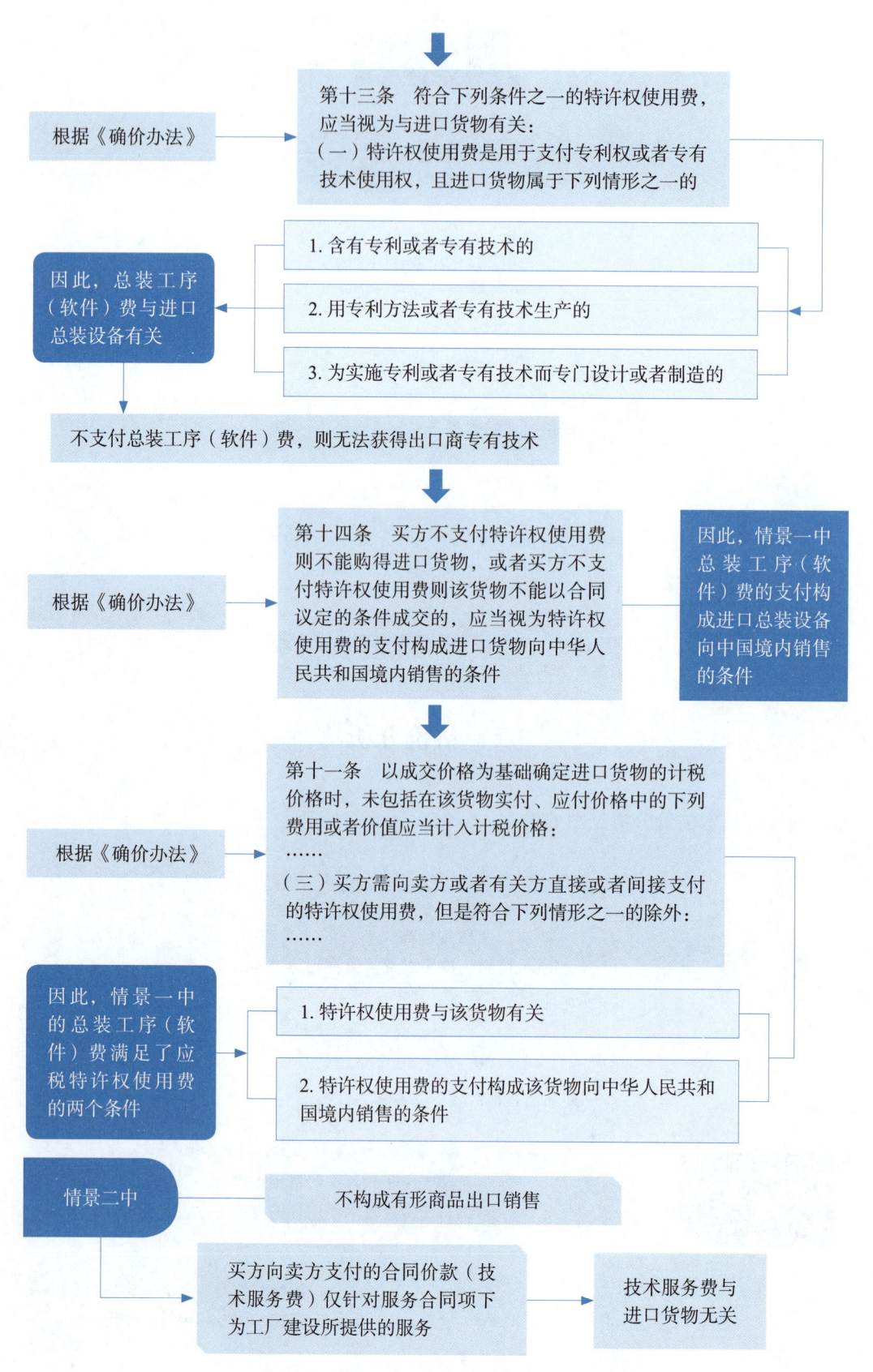

情景二中 → 不构成有形商品出口销售

买方向卖方支付的合同价款（技 → 技术服务费与
术服务费）仅针对服务合同项下   进口货物无关
为工厂建设所提供的服务

图 6-9 专利或专有技术估价分析（续）

三、结论

情景一中的总装工序（软件）费属构成进口总装设备计税价格的一部分，情景二中的合同价款不构成进口货物的计税价格组成部分。

第五节
特许权使用费：技术转让费

一、情景模拟

特许权使用费中技术转让费的情景模拟见图 6-10。

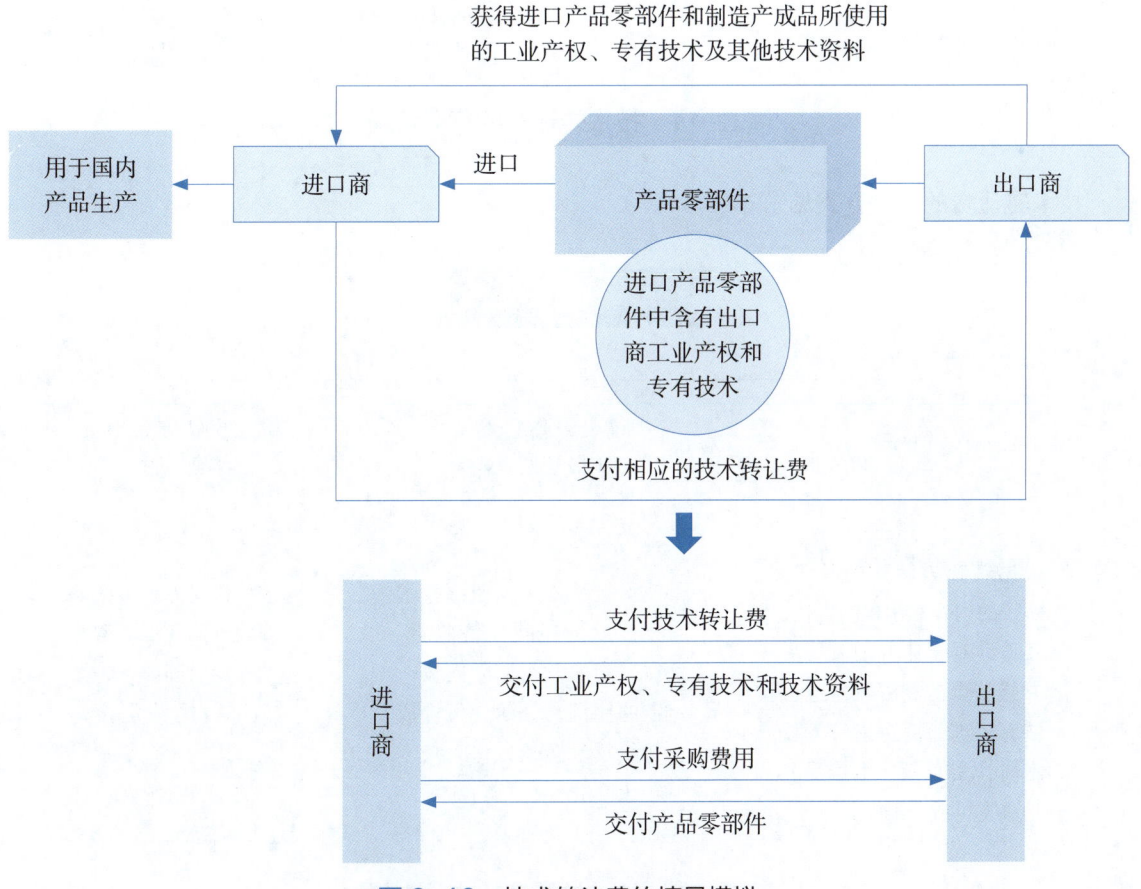

图 6-10　技术转让费的情景模拟

二、行业背景

特许权使用费中技术转让费的行业背景见图 6-11。

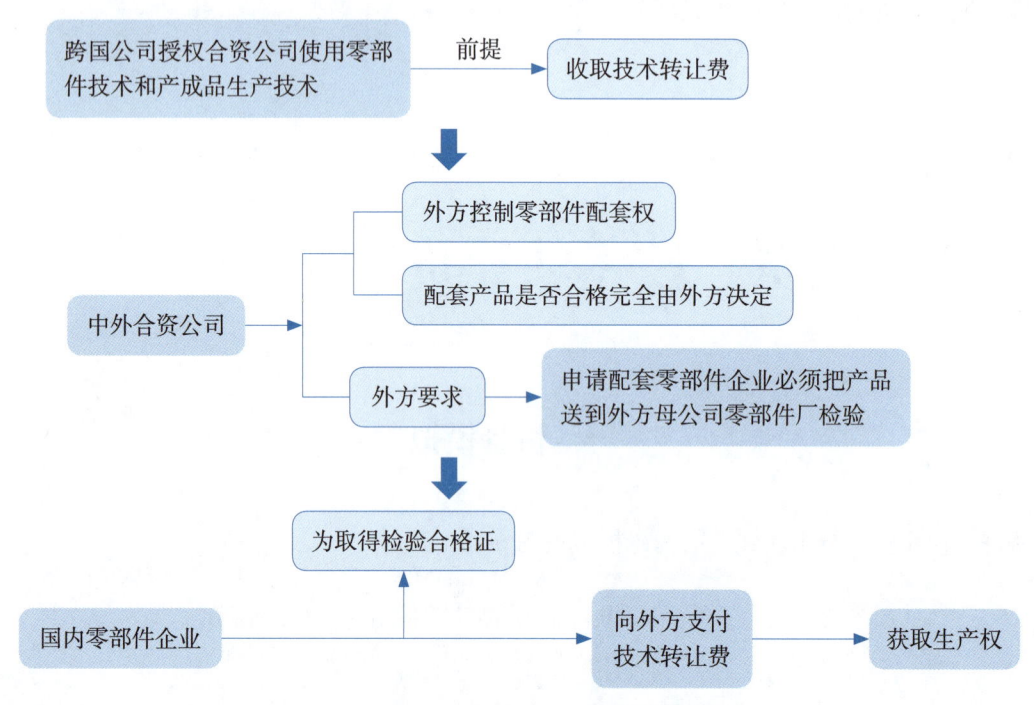

图 6-11　技术转让费的行业背景

- 跨国公司授权合资公司使用零部件技术和产成品生产技术 —前提→ 收取技术转让费
- 中外合资公司：
  - 外方控制零部件配套权
  - 配套产品是否合格完全由外方决定
  - 外方要求：申请配套零部件企业必须把产品送到外方母公司零部件厂检验
- 为取得检验合格证
- 国内零部件企业 → 向外方支付技术转让费 → 获取生产权

技术转让费的支付方式见图 6-12。

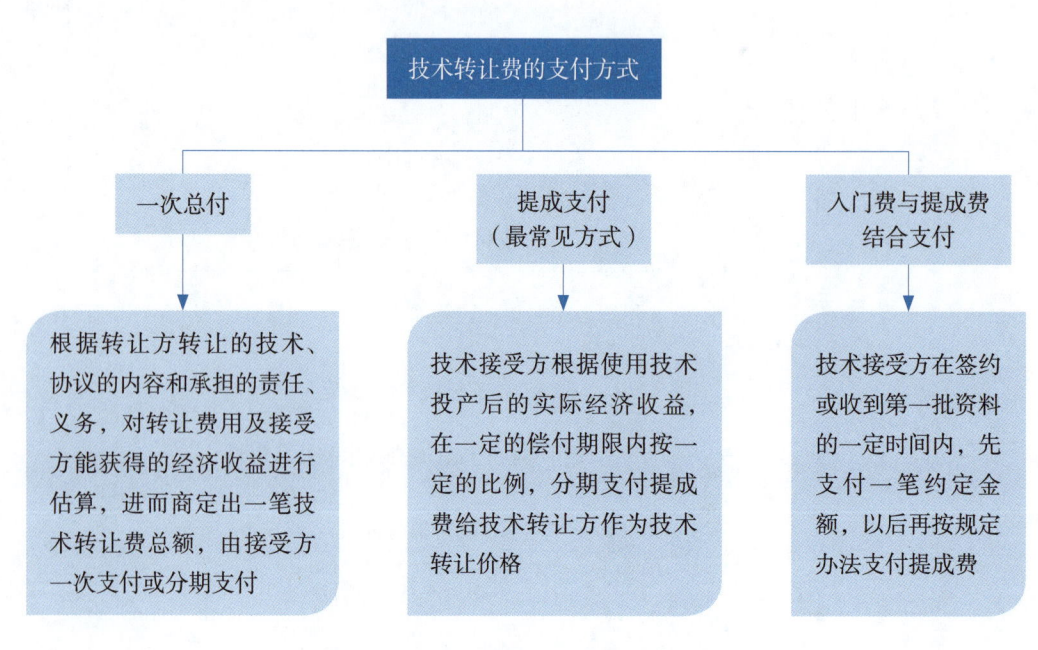

技术转让费的支付方式

一次总付	提成支付（最常见方式）	入门费与提成费结合支付
根据转让方转让的技术、协议的内容和承担的责任、义务，对转让费用及接受方能获得的经济收益进行估算，进而商定出一笔技术转让费总额，由接受方一次支付或分期支付	技术接受方根据使用技术投产后的实际经济收益，在一定的偿付期限内按一定的比例，分期支付提成费给技术转让方作为技术转让价格	技术接受方在签约或收到第一批资料的一定时间内，先支付一笔约定金额，以后再按规定办法支付提成费

图 6-12　技术转让费的支付方式

三、估价分析

特许权使用费中技术转让费的估价分析见图 6-13。

根据《确价办法》 → 第十一条 以成交价格为基础确定进口货物的计税价格时，未包括在该货物实付、应付价格中的下列费用或者价值应当计入计税价格：
……
（三）买方需向卖方或者有关方直接或者间接支付的特许权使用费，但是符合下列情形之一的除外

1. 特许权使用费与该货物无关

2. 特许权使用费的支付不构成该货物向中华人民共和国境内销售的条件。……纳税人应当向海关提供本条所述费用或者价值的客观量化数据资料。纳税人不能提供的，海关与纳税人进行价格磋商后，按照本办法第六条列明的方法确定计税价格

根据上述规定，符合下列条件之一的特许权使用费可不计入进口货物计税价格

- 特许权使用费与该货物无关
- 特许权使用费的支付不构成进口销售的条件（特许权使用费已包括在实付或应付价格中）

根据《确价办法》 → 第十三条 符合下列条件之一的特许权使用费，应当视为与进口货物有关：
（一）特许权使用费是用于支付专利权或者专有技术使用权，且进口货物属于下列情形之一的

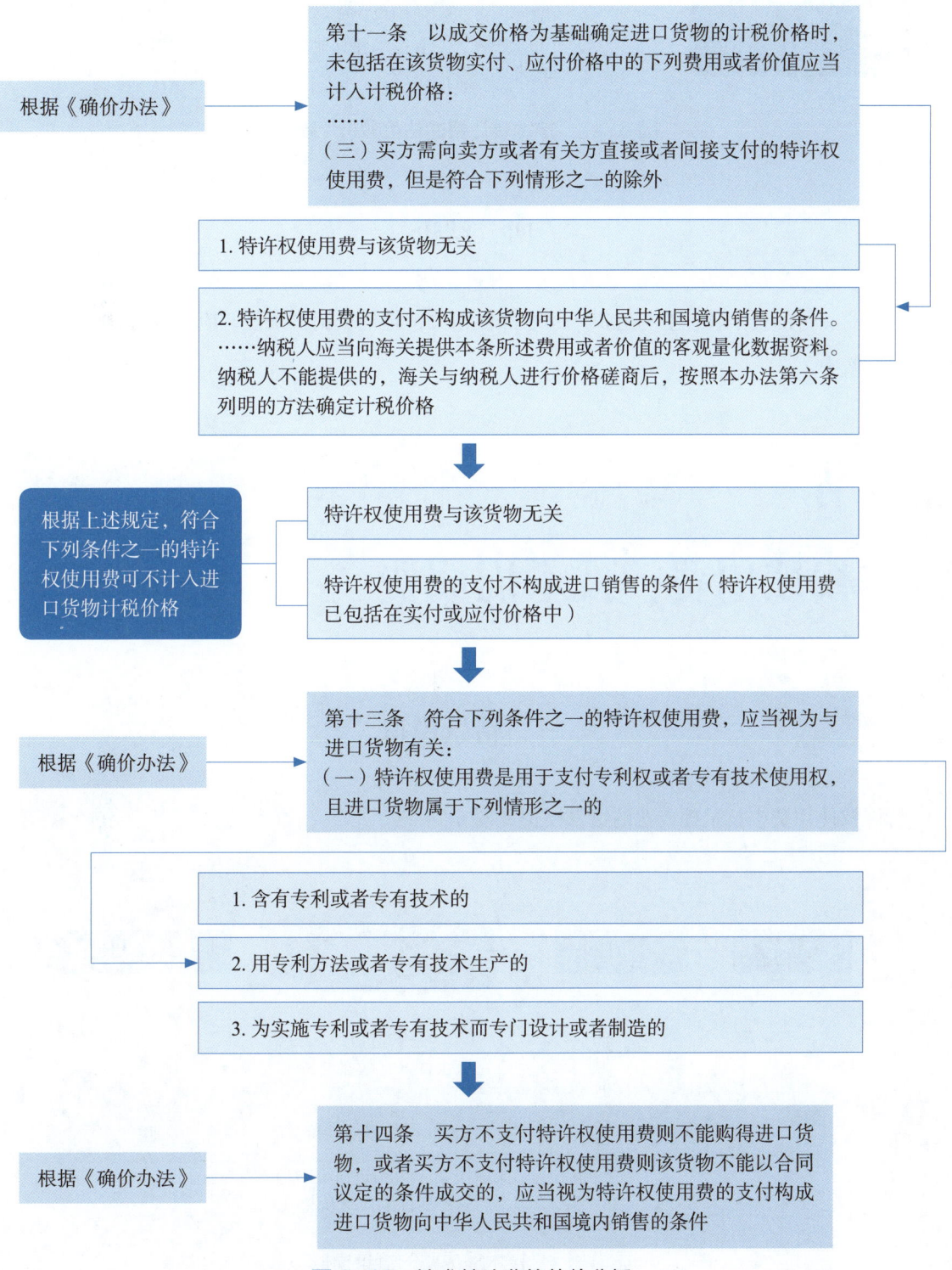

1. 含有专利或者专有技术的
2. 用专利方法或者专有技术生产的
3. 为实施专利或者专有技术而专门设计或者制造的

根据《确价办法》 → 第十四条 买方不支付特许权使用费则不能购得进口货物，或者买方不支付特许权使用费则该货物不能以合同议定的条件成交的，应当视为特许权使用费的支付构成进口货物向中华人民共和国境内销售的条件

图 6-13 技术转让费的估价分析

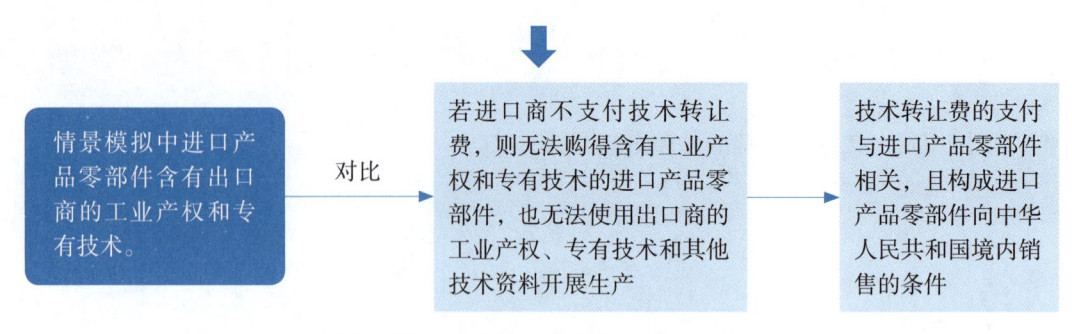

图 6-13 技术转让费的估价分析（续）

四、结论

进口商支付的技术转让费与进口产品零部件相关，且构成销售条件，应计入进口产品零部件的计税价格中。

第六节
特许权使用费：技术提成费

一、情景模拟

特许权使用费中技术提成费的情景模拟见图 6-14。

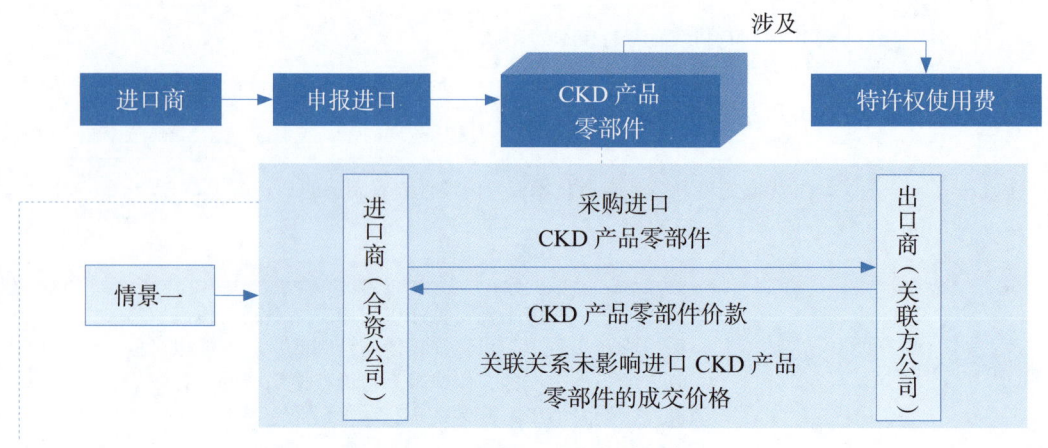

图 6-14 技术提成费的情景模拟

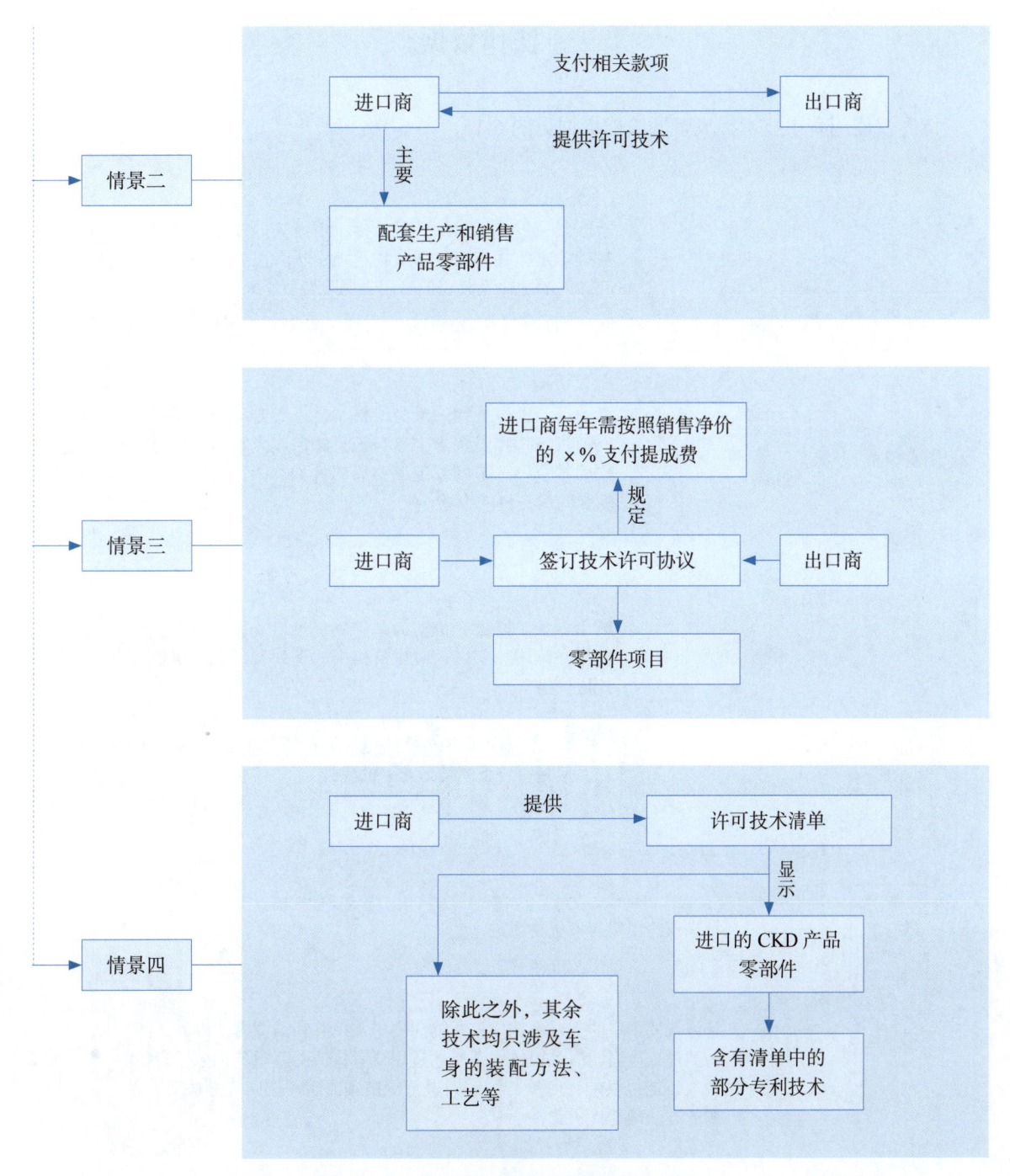

图 6-14 技术提成费的情景模拟（续）

二、法律依据

特许权使用费中技术提成费的法律依据见图 6-15、图 6-16。

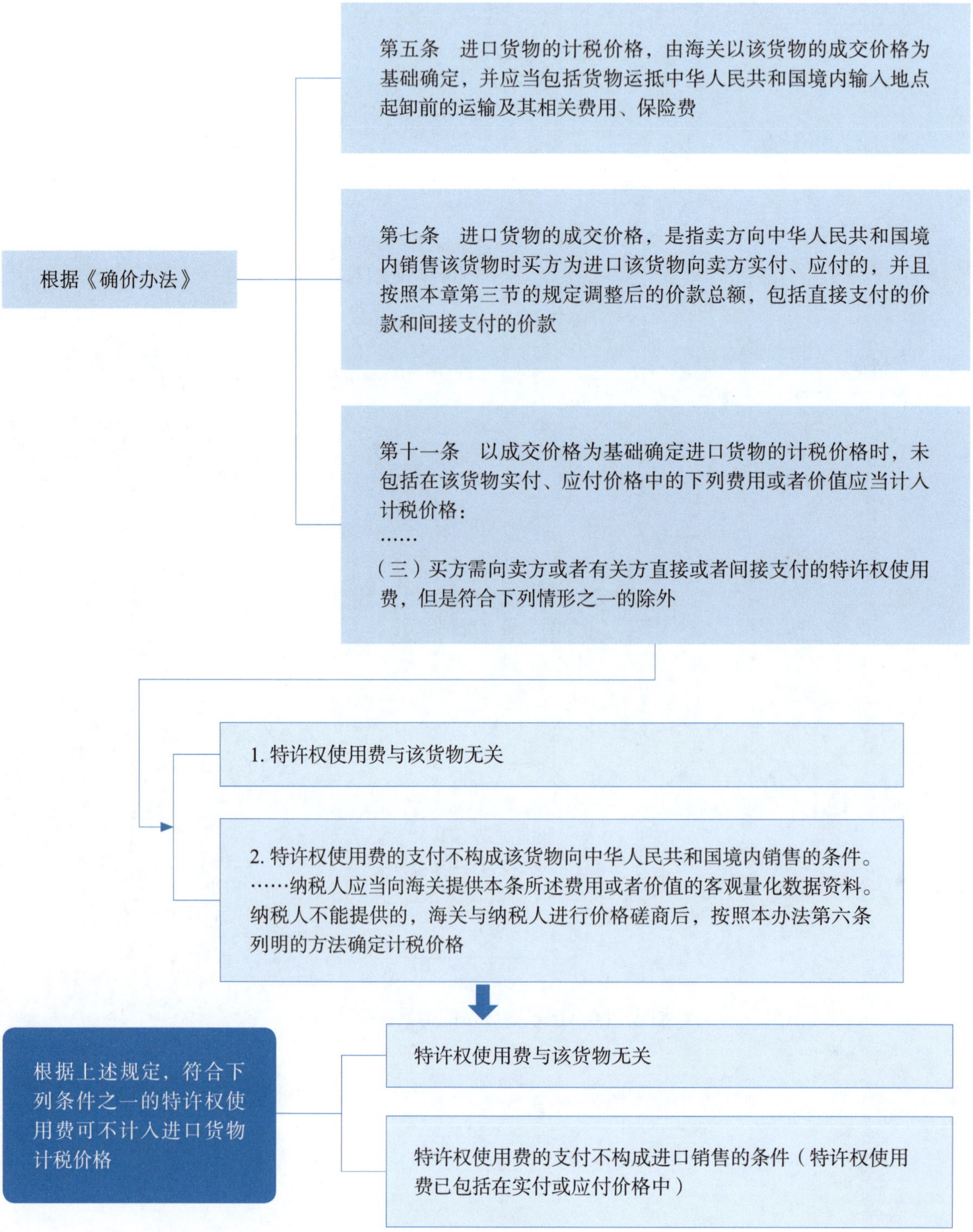

根据《确价办法》

- 第五条　进口货物的计税价格，由海关以该货物的成交价格为基础确定，并应当包括货物运抵中华人民共和国境内输入地点起卸前的运输及其相关费用、保险费

- 第七条　进口货物的成交价格，是指卖方向中华人民共和国境内销售该货物时买方为进口该货物向卖方实付、应付的，并且按照本章第三节的规定调整后的价款总额，包括直接支付的价款和间接支付的价款

- 第十一条　以成交价格为基础确定进口货物的计税价格时，未包括在该货物实付、应付价格中的下列费用或者价值应当计入计税价格：
……
（三）买方需向卖方或者有关方直接或者间接支付的特许权使用费，但是符合下列情形之一的除外
  1. 特许权使用费与该货物无关
  2. 特许权使用费的支付不构成该货物向中华人民共和国境内销售的条件。……纳税人应当向海关提供本条所述费用或者价值的客观量化数据资料。纳税人不能提供的，海关与纳税人进行价格磋商后，按照本办法第六条列明的方法确定计税价格

根据上述规定，符合下列条件之一的特许权使用费可不计入进口货物计税价格

- 特许权使用费与该货物无关
- 特许权使用费的支付不构成进口销售的条件（特许权使用费已包括在实付或应付价格中）

图 6-15　技术提成费的法律依据（一）

第六章 特许权使用费应用场景

根据《确价办法》

第十三条 符合下列条件之一的特许权使用费，应当视为与进口货物有关：
（一）特许权使用费是用于支付专利权或者专有技术使用权，且进口货物属于下列情形之一的

1. 含有专利或者专有技术的

2. 用专利方法或者专有技术生产的

3. 为实施专利或者专有技术而专门设计或者制造的

第十四条 买方不支付特许权使用费则不能购得进口货物，或者买方不支付特许权使用费则该货物不能以合同议定的条件成交的，应当视为特许权使用费的支付构成进口货物向中华人民共和国境内销售的条件

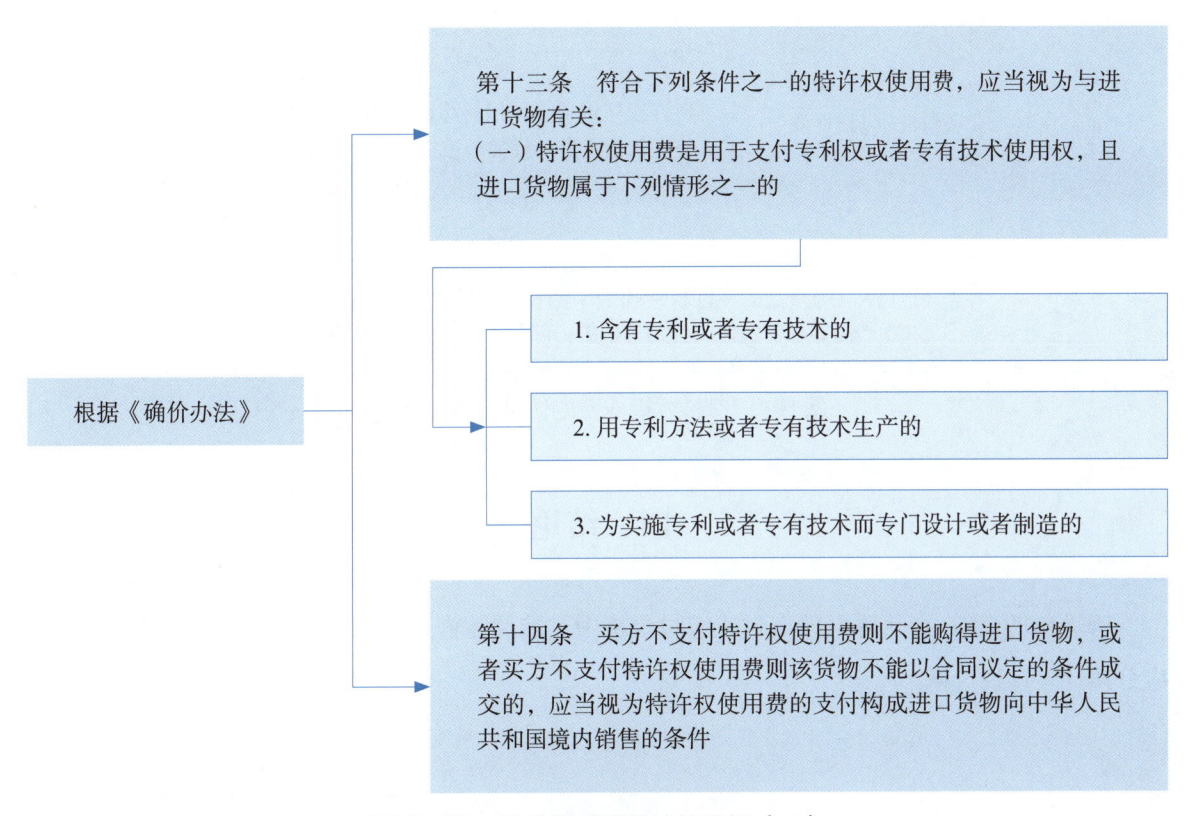

图 6-16 技术提成费的法律依据（二）

三、估价分析

特许权使用费中技术提成费的估价分析见图 6-17。

1. 特许权使用费是否与进口货物有关

情景模拟进口货物中的 CKD 产品零部件含有所转让专利技术的一部分，因此技术提成费的支付与进口 CKD 产品零部件有关

2. 特许权使用费是否是构成进口销售的条件

情景模拟中的进口货物是依据技术许可协议相关使用技术授权许可内容前提下，由卖方出口销售至中国境内的。若买方未支付特许权使用费，则被估货物不可能以合同议定的条件成交，因此特许权使用费的支付构成进口销售的条件

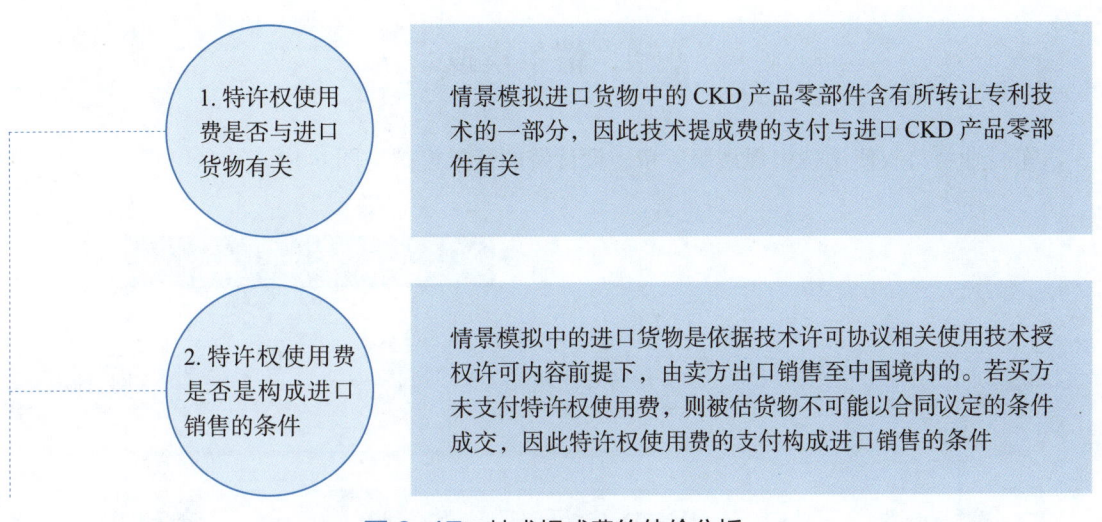

图 6-17 技术提成费的估价分析

```
                    ┌─────────────────────────────────────────────────┐
  ╭──────────╮     │ 特许权使用费是按销售净额的相应比例另行支付的，因此 │
  │3.特许权使用费│──┤ 并未包括在进口货物的申报价格中                    │
  │是否已包括在实│   └─────────────────────────────────────────────────┘
  │付或应付价格中│
  ╰──────────╯     ┌─────────────────────────────────────────────────┐
                    │ 情景模拟所涉及的特许权使用费中的技术提成费的一部分是进口│
                    │ CKD产品零部件实付或应付价格的一部分，应分摊计入计税价格│
                    └─────────────────────────────────────────────────┘
```

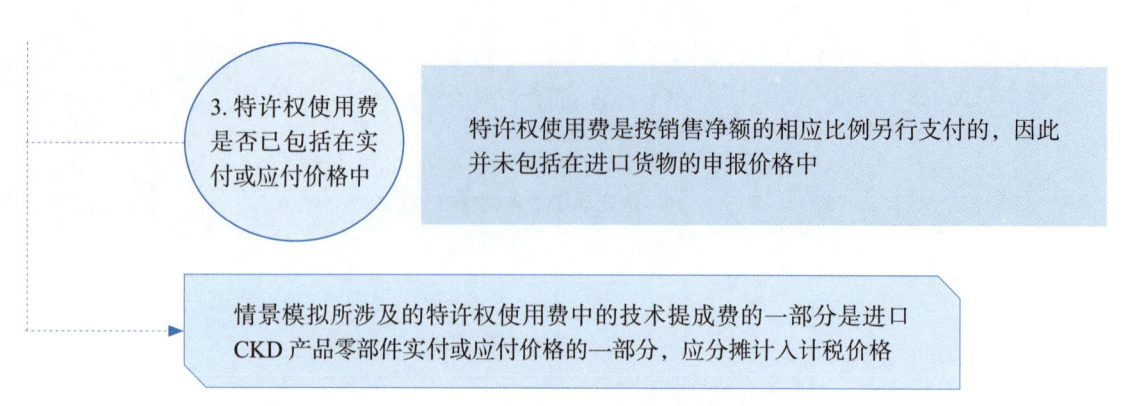

图 6-17　技术提成费的估价分析（续）

四、结论

所进口的 CKD 产品零部件实付或应付价格中，涉及特许权使用费中的技术提成费的部分，应分摊计入计税价格。

第七节
特许权使用费：规划服务费、设计费

一、情景模拟

汽车行业特许权使用费中规划服务费、设计费的情景模拟见图 6-18。

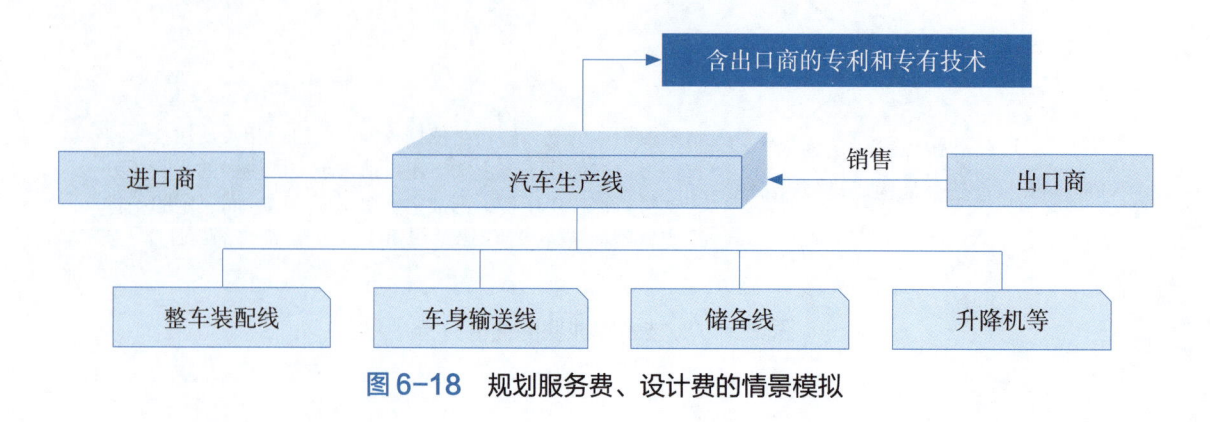

图 6-18　规划服务费、设计费的情景模拟

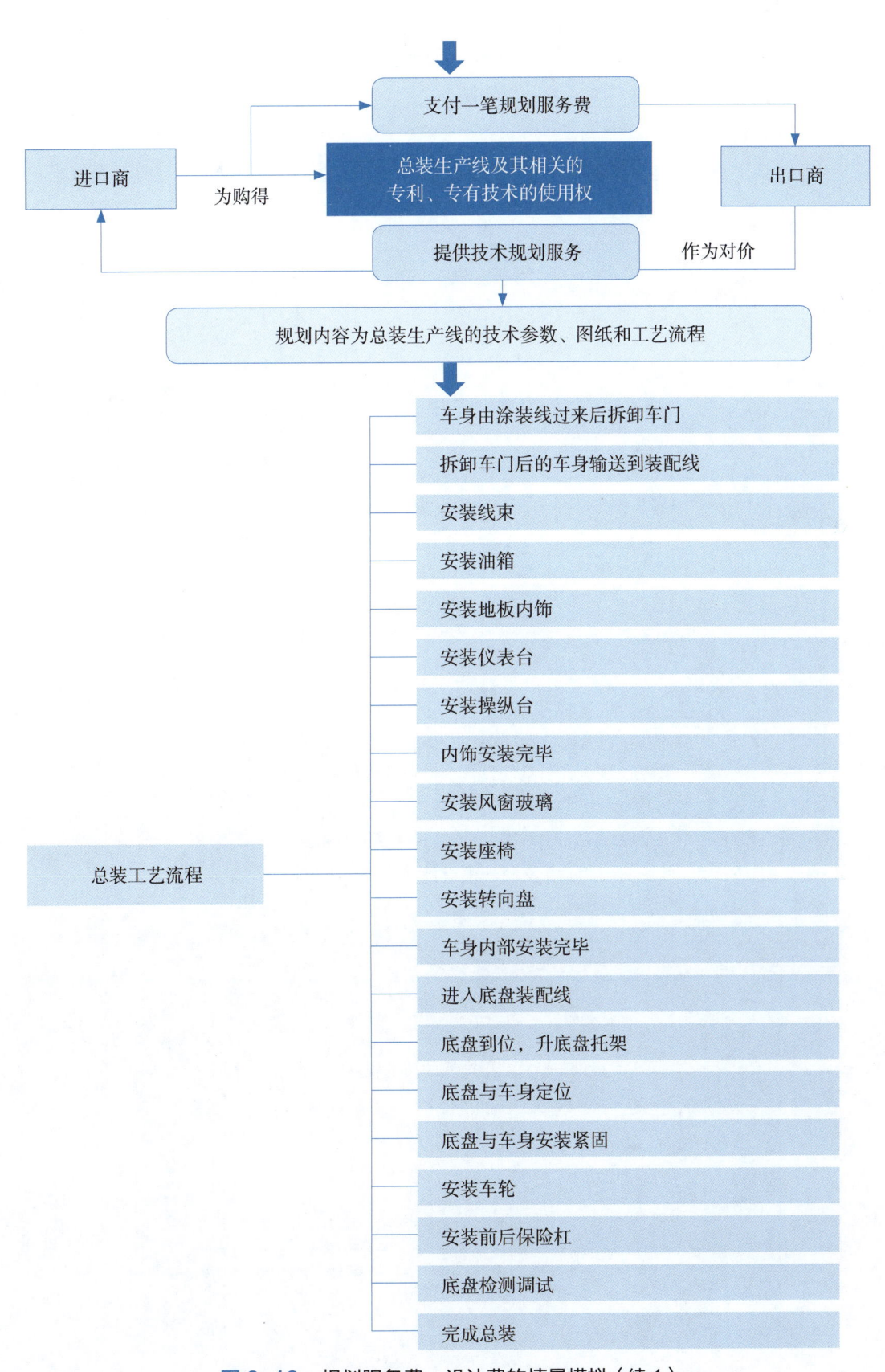

```
                              ↓
           ┌──────→ 支付一笔规划服务费 ──────┐
           │                                │
  ┌─────┐  │  ┌──────────────────┐          ┌─────┐
  │进口商│─为购得→│总装生产线及其相关的│         │出口商│
  └─────┘     │专利、专有技术的使用权│         └─────┘
     ↑       └──────────────────┘           ↑
     │            ↓                          │
     └──── 提供技术规划服务 ────作为对价──────┘
                  ↓
     ┌──────────────────────────────────┐
     │规划内容为总装生产线的技术参数、图纸和工艺流程│
     └──────────────────────────────────┘
```

总装工艺流程：
- 车身由涂装线过来后拆卸车门
- 拆卸车门后的车身输送到装配线
- 安装线束
- 安装油箱
- 安装地板内饰
- 安装仪表台
- 安装操纵台
- 内饰安装完毕
- 安装风窗玻璃
- 安装座椅
- 安装转向盘
- 车身内部安装完毕
- 进入底盘装配线
- 底盘到位，升底盘托架
- 底盘与车身定位
- 底盘与车身安装紧固
- 安装车轮
- 安装前后保险杠
- 底盘检测调试
- 完成总装

图 6-18　规划服务费、设计费的情景模拟（续1）

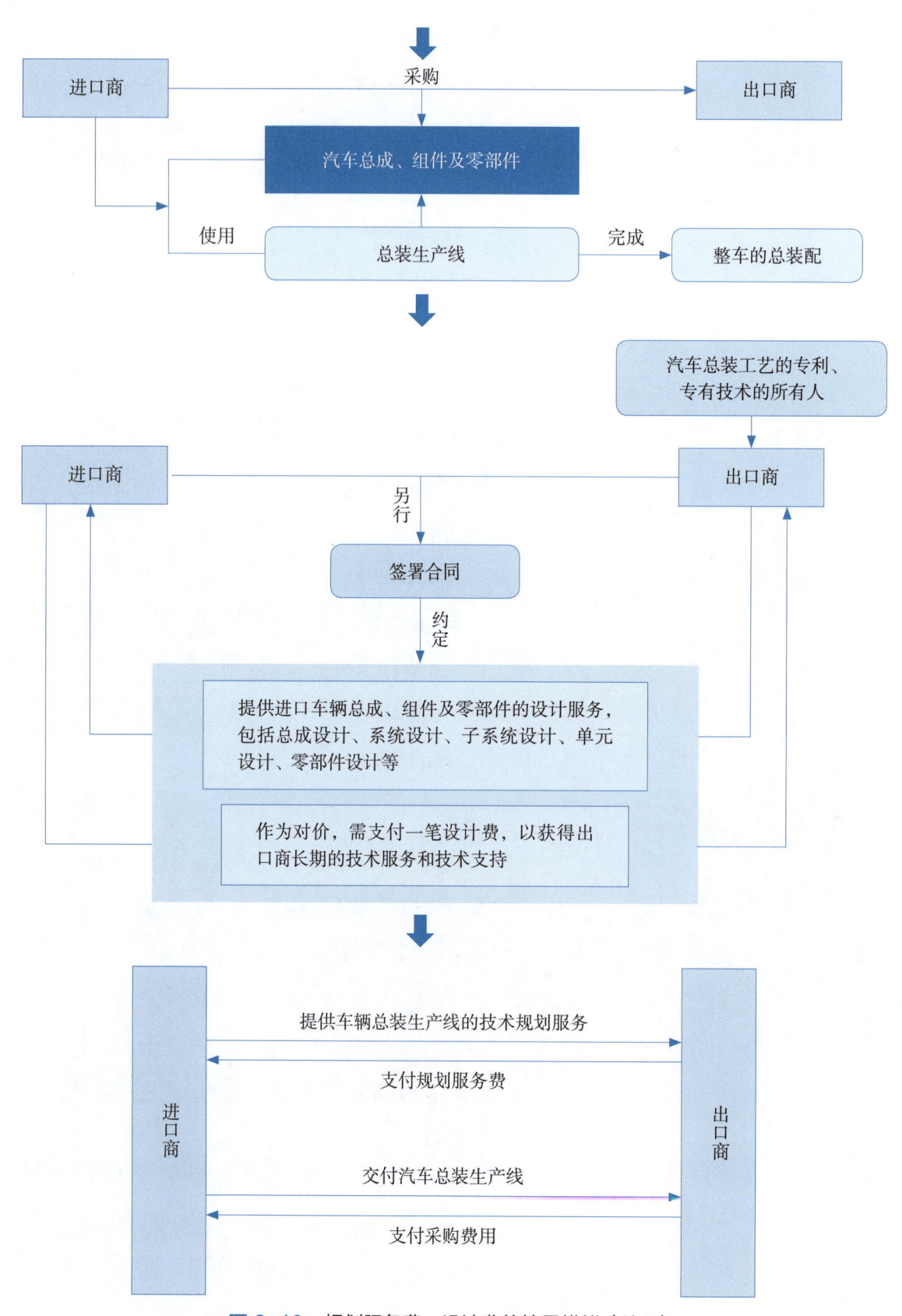

图 6-18 规划服务费、设计费的情景模拟（续2）

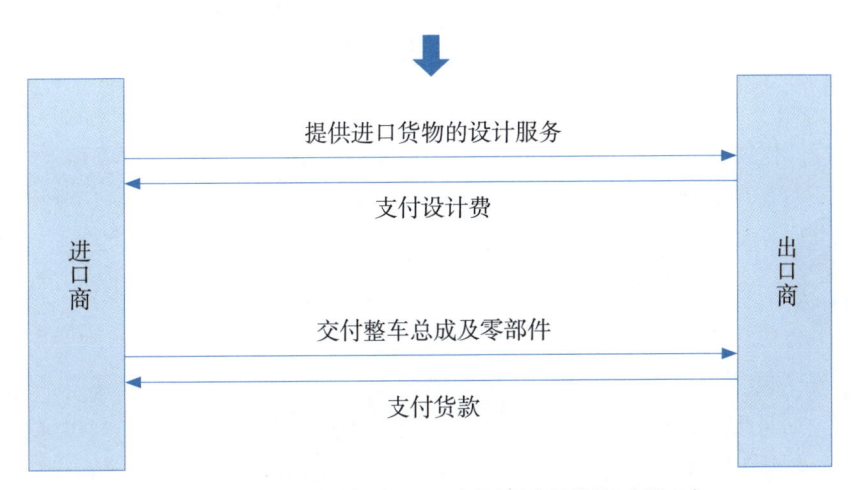

图 6-18　规划服务费、设计费的情景模拟（续3）

二、法律依据

汽车行业特许权使用费中规划服务费、设计费的法律依据见图 6-19。

根据《确价办法》

第十三条　符合下列条件之一的特许权使用费，应当视为与进口货物有关：
（一）特许权使用费是用于支付专利权或者专有技术使用权，且进口货物属于下列情形之一的

1. 含有专利或者专有技术的

2. 用专利方法或者专有技术生产的

3. 为实施专利或者专有技术而专门设计或者制造的

第十四条　买方不支付特许权使用费则不能购得进口货物，或者买方不支付特许权使用费则该货物不能以合同议定的条件成交的，应当视为特许权使用费的支付构成进口货物向中华人民共和国境内销售的条件

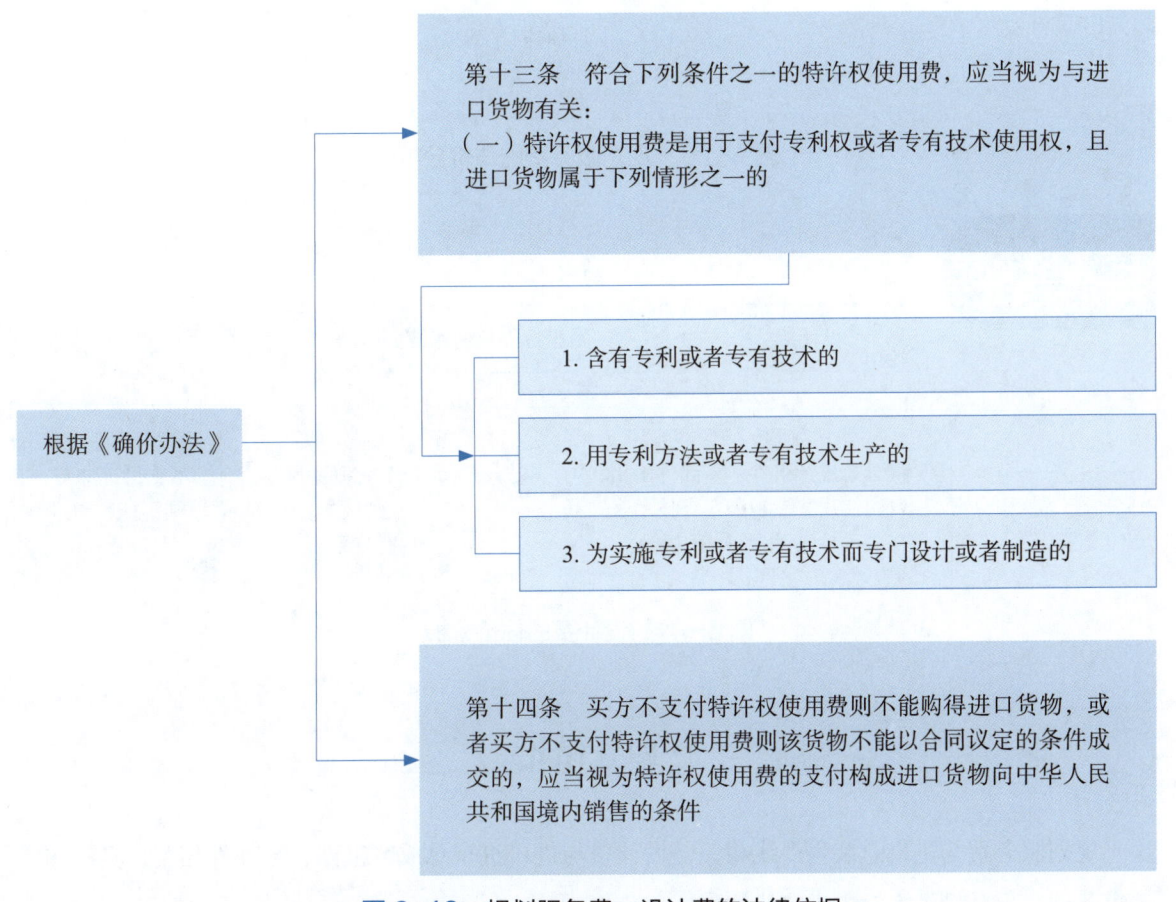

图 6-19　规划服务费、设计费的法律依据

三、估价分析

汽车行业特许权使用费中规划服务费、设计费的估价分析见图6-20、6-21。

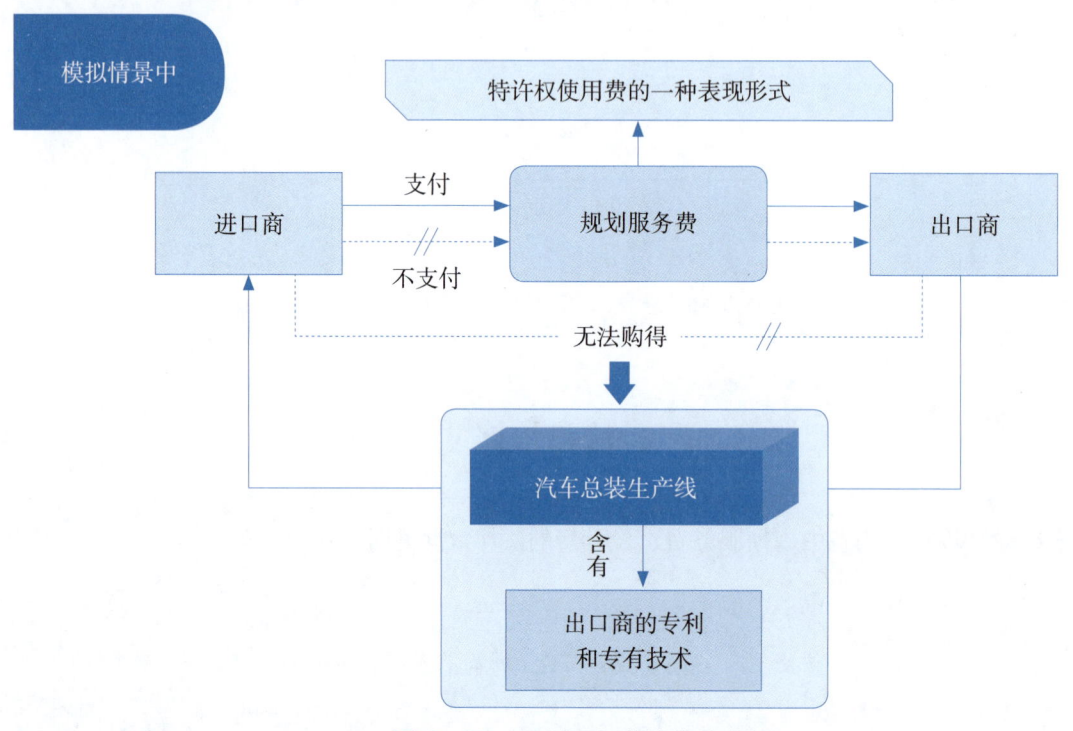

图6-20 规划服务费的估价分析

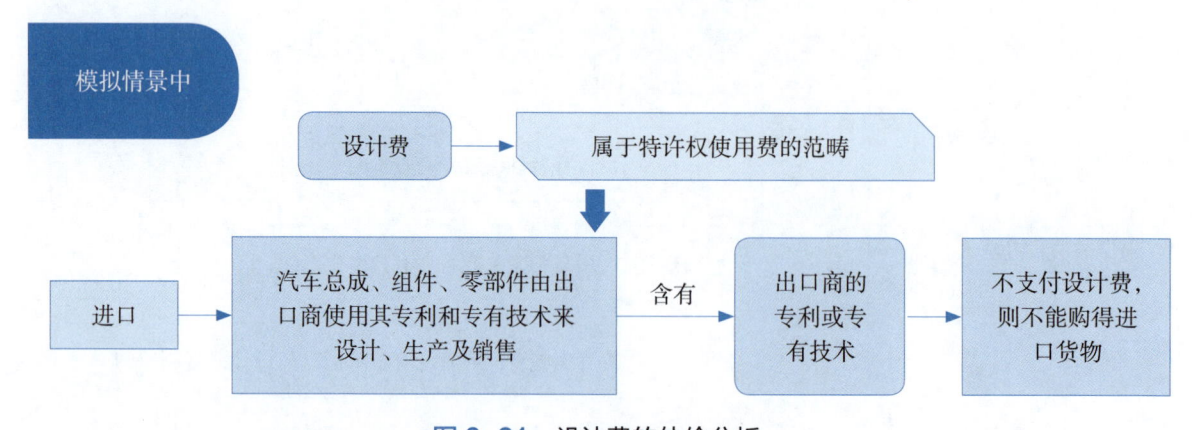

图6-21 设计费的估价分析

四、结论

规划服务费与进口总装生产线相关,设计费与进口汽车总成、组件、零部件相关,且都构成销售条件,应分别计入对应进口货物的计税价格。

第八节
技术提成费和商标使用费

一、情景模拟

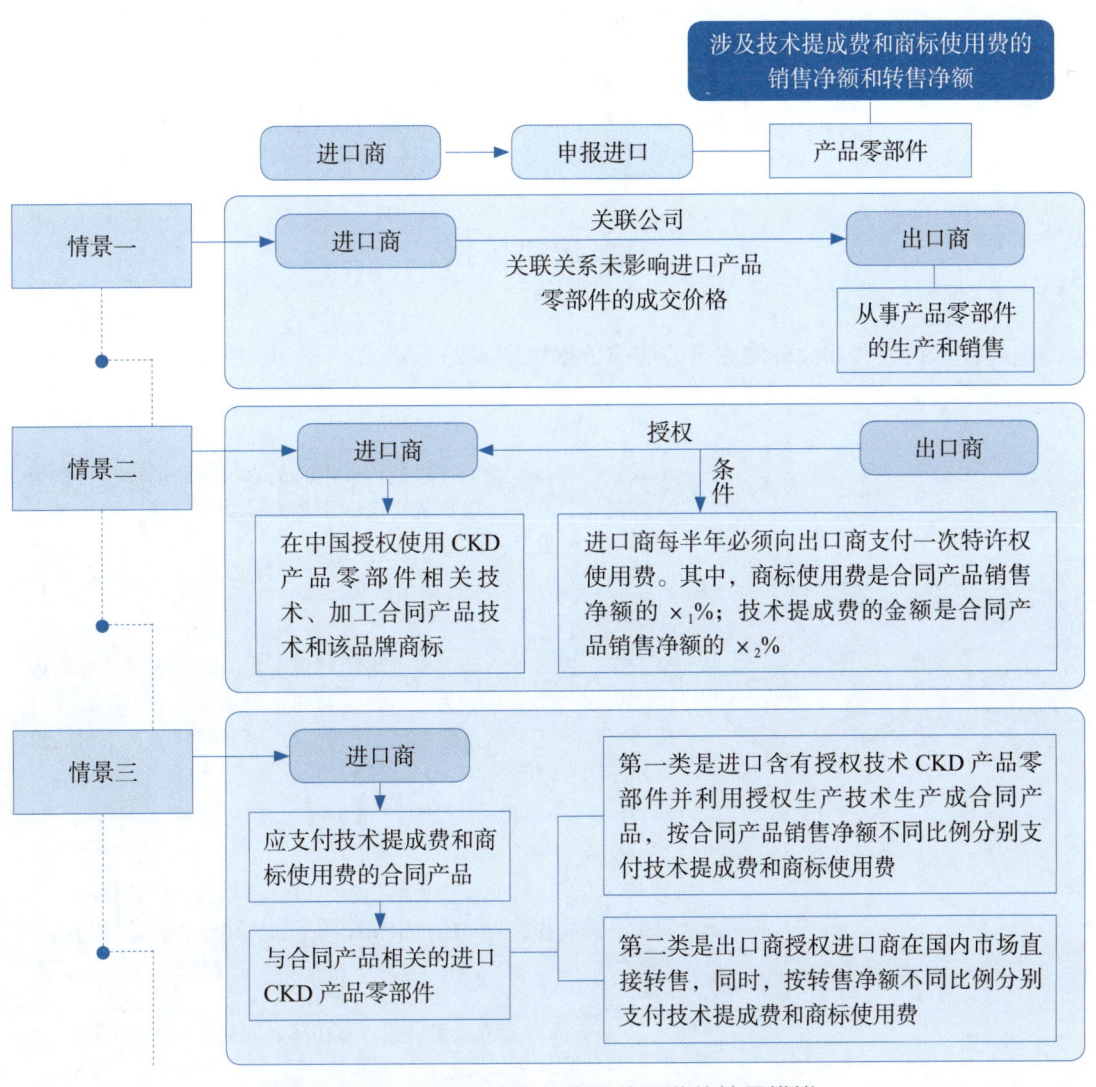

制造业技术提成费和商标使用费的情景模拟见图 6-22。

```
                          进口商 → 申报进口 → 产品零部件
                                              [涉及技术提成费和商标使用费的
                                               销售净额和转售净额]

情景一 ──→ 进口商 ──关联公司──────────────→ 出口商
                  关联关系未影响进口产品
                  零部件的成交价格
                                              从事产品零部件
                                              的生产和销售

情景二 ──→ 进口商 ←────授权──────────── 出口商
                                    条件
         在中国授权使用CKD          进口商每半年必须向出口商支付一次特许权
         产品零部件相关技         使用费。其中，商标使用费是合同产品销售
         术、加工合同产品技       净额的 ×₁%；技术提成费的金额是合同产
         术和该品牌商标           品销售净额的 ×₂%

情景三 ──→ 进口商
         
         应支付技术提成费和商      第一类是进口含有授权技术CKD产品零
         标使用费的合同产品       部件并利用授权生产技术生产成合同产
                                品，按合同产品销售净额不同比例分别支
                                付技术提成费和商标使用费
         
         与合同产品相关的进口      第二类是出口商授权进口商在国内市场直
         CKD产品零部件           接转售，同时，按转售净额不同比例分别
                                支付技术提成费和商标使用费
```

图 6-22 技术提成费和商标使用费的情景模拟

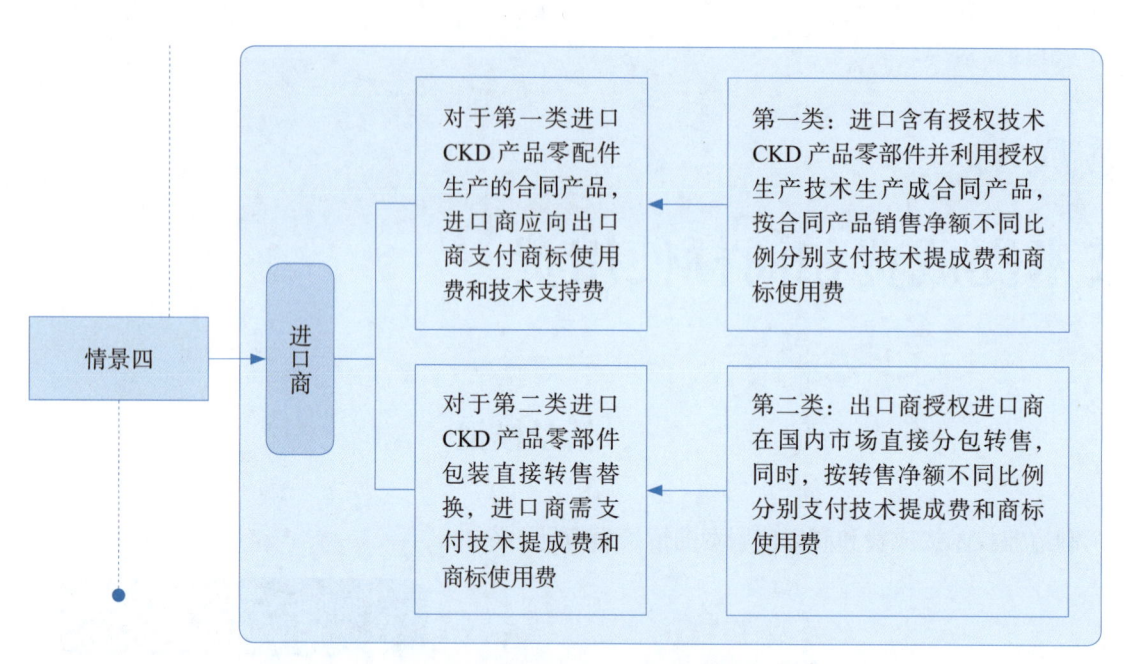

```
                                         第一类：进口含有授权技术
              对于第一类进口              CKD产品零部件并利用授权
              CKD产品零配件              生产技术生产成合同产品，
              生产的合同产品，    ◀────  按合同产品销售净额不同比
              进口商应向出口              例分别支付技术提成费和商
              商支付商标使用              标使用费
              费和技术支持费
   情景四 ──▶ 进
              口
              商
              
              对于第二类进口              第二类：出口商授权进口商
              CKD产品零部件              在国内市场直接分包转售，
              包装直接转售替     ◀────   同时，按转售净额不同比例
              换，进口商需支              分别支付技术提成费和商标
              付技术提成费和              使用费
              商标使用费
```

图 6-22　技术提成费和商标使用费的情景模拟（续）

二、法律依据

制造业技术提成费和商标使用费的法律依据见图 6-23。

```
                    第五条　进口货物的计税价格，由海关以该货物的成交价格为
                    基础确定，并应当包括货物运抵中华人民共和国境内输入地点
                    起卸前的运输及其相关费用、保险费

                    第七条　进口货物的成交价格，是指卖方向中华人民共和国境
  根据《确价办法》   内销售该货物时买方为进口该货物向卖方实付、应付的，并且
                    按照本章第三节的规定调整后的价款总额，包括直接支付的价
                    款和间接支付的价款

                    第十一条　以成交价格为基础确定进口货物的计税价格时，未
                    包括在该货物实付、应付价格中的下列费用或者价值应当计入
                    计税价格：
                    ……
                    （三）买方需向卖方或者有关方直接或者间接支付的特许权使用
                    费，但是符合下列情形之一的除外
```

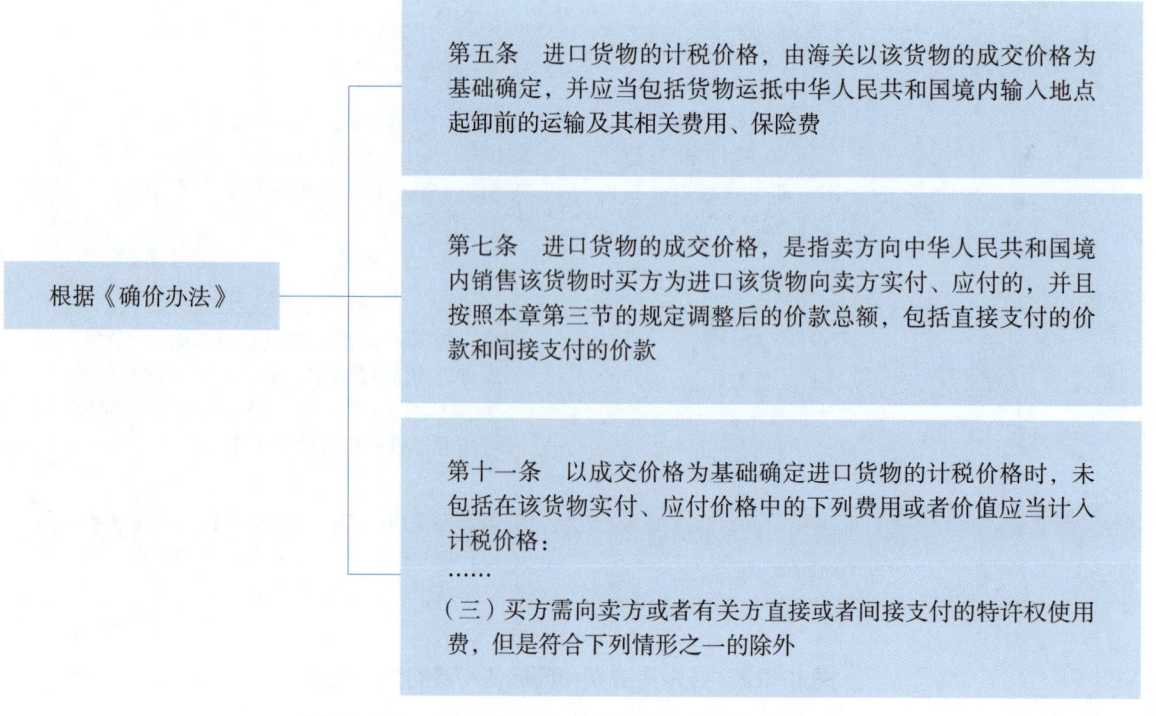

图 6-23　技术提成费和商标使用费的法律依据

第六章 特许权使用费应用场景

```
根据上述规定，符合下列条件之一的特许权使用费可不计入进口货物计税价格
├── 1. 特许权使用费与该货物无关
└── 2. 特许权使用费的支付不构成该货物向中华人民共和国境内销售的条件。
    ……纳税人应当向海关提供本条所述费用或者价值的客观量化数据资料。纳税人不能提供的，海关与纳税人进行价格磋商后，按照本办法第六条列明的方法确定计税价格

                    ↓

        ├── 特许权使用费与该货物无关
        └── 特许权使用费的支付不构成进口销售的条件（特许权使用费已包括在实付或应付价格中）

                    ↓

根据《确价办法》
├── 第十三条  符合下列条件之一的特许权使用费，应当视为与进口货物有关：
│   （一）特许权使用费是用于支付专利权或者专有技术使用权，且进口货物属于下列情形之一的：
│   1. 含有专利或者专有技术的；
│   2. 用专利方法或者专有技术生产的；
│   3. 为实施专利或者专有技术而专门设计或者制造的。
│   （二）特许权使用费是用于支付商标权，且进口货物属于下列情形之一的：
│   1. 附有商标的；
│   2. 进口后附上商标直接可以销售的；
│   3. 进口时已含有商标权，经过轻度加工后附上商标即可以销售的
│
└── 第十四条  买方不支付特许权使用费则不能购得进口货物，或者买方不支付特许权使用费则该货物不能以合同议定的条件成交的，应当视为特许权使用费的支付构成进口货物向中华人民共和国境内销售的条件
```

图 6-23 技术提成费和商标使用费的法律依据（续）

三、估价分析

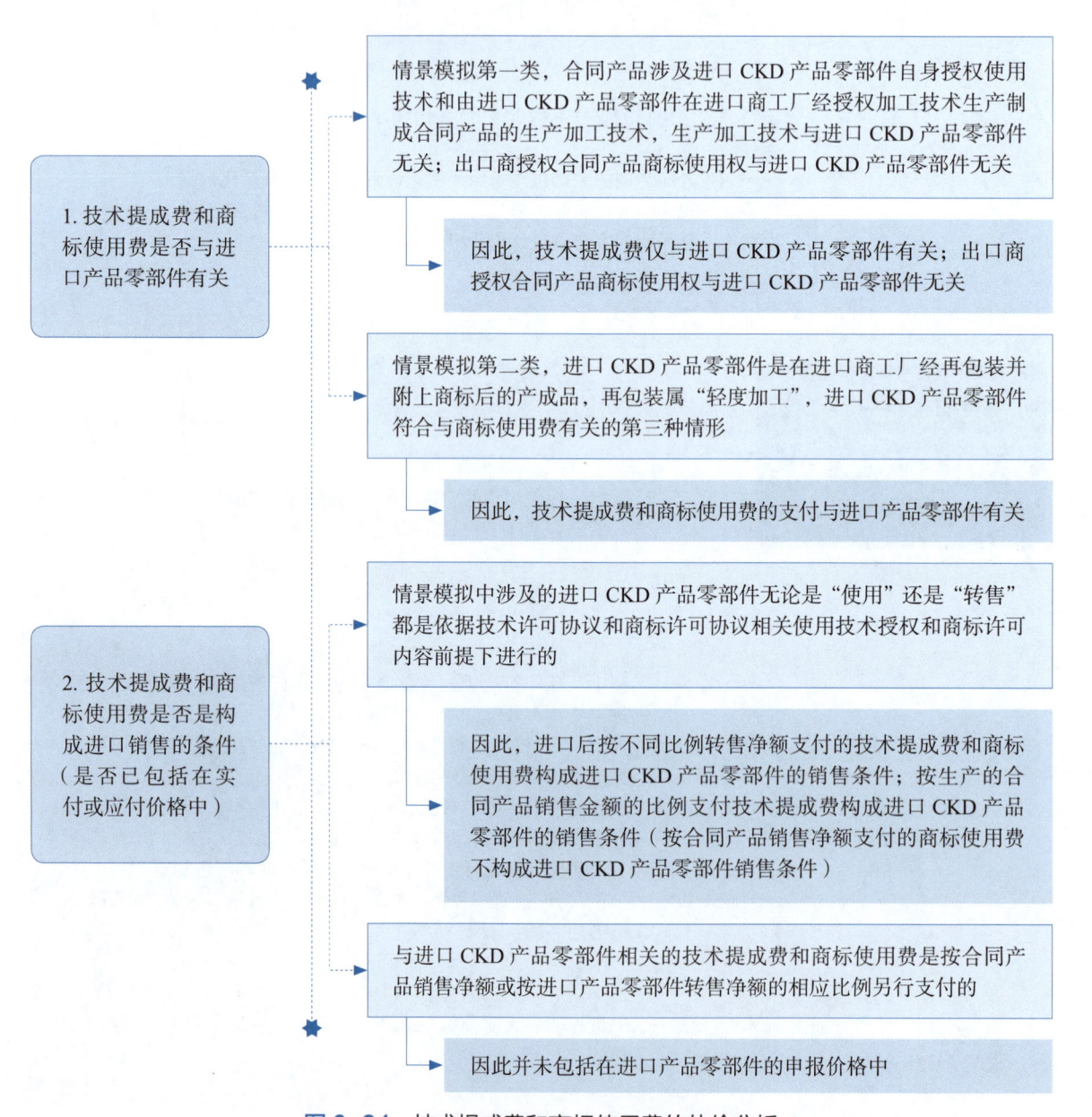

制造业技术提成费和商标使用费的估价分析见图 6-24。

1. 技术提成费和商标使用费是否与进口产品零部件有关

- 情景模拟第一类，合同产品涉及进口 CKD 产品零部件自身授权使用技术和由进口 CKD 产品零部件在进口商工厂经授权加工技术生产制成合同产品的生产加工技术，生产加工技术与进口 CKD 产品零部件无关；出口商授权合同产品商标使用权与进口 CKD 产品零部件无关
  - 因此，技术提成费仅与进口 CKD 产品零部件有关；出口商授权合同产品商标使用权与进口 CKD 产品零部件无关

- 情景模拟第二类，进口 CKD 产品零部件是在进口商工厂经再包装并附上商标后的产成品，再包装属"轻度加工"，进口 CKD 产品零部件符合与商标使用费有关的第三种情形
  - 因此，技术提成费和商标使用费的支付与进口产品零部件有关

2. 技术提成费和商标使用费是否是构成进口销售的条件（是否已包括在实付或应付价格中）

- 情景模拟中涉及的进口 CKD 产品零部件无论是"使用"还是"转售"都是依据技术许可协议和商标许可协议相关使用技术授权和商标许可内容前提下进行的
  - 因此，进口后按不同比例转售净额支付的技术提成费和商标使用费构成进口 CKD 产品零部件的销售条件；按生产的合同产品销售金额的比例支付技术提成费构成进口 CKD 产品零部件的销售条件（按合同产品销售净额支付的商标使用费不构成进口 CKD 产品零部件销售条件）

- 与进口 CKD 产品零部件相关的技术提成费和商标使用费是按合同产品销售净额或按进口产品零部件转售净额的相应比例另行支付的
  - 因此并未包括在进口产品零部件的申报价格中

图 6-24　技术提成费和商标使用费的估价分析

四、结论

情景模拟中所涉及的第一类技术提成费和第二类进口 CKD 产品零部件技术提成费和商标使用费是进口汽车零部件实付或应付价格的一部分，应调整计入其计税价格。

第九节 协助费

一、情景模拟

制造业协助费的情景模拟见图 6-25。

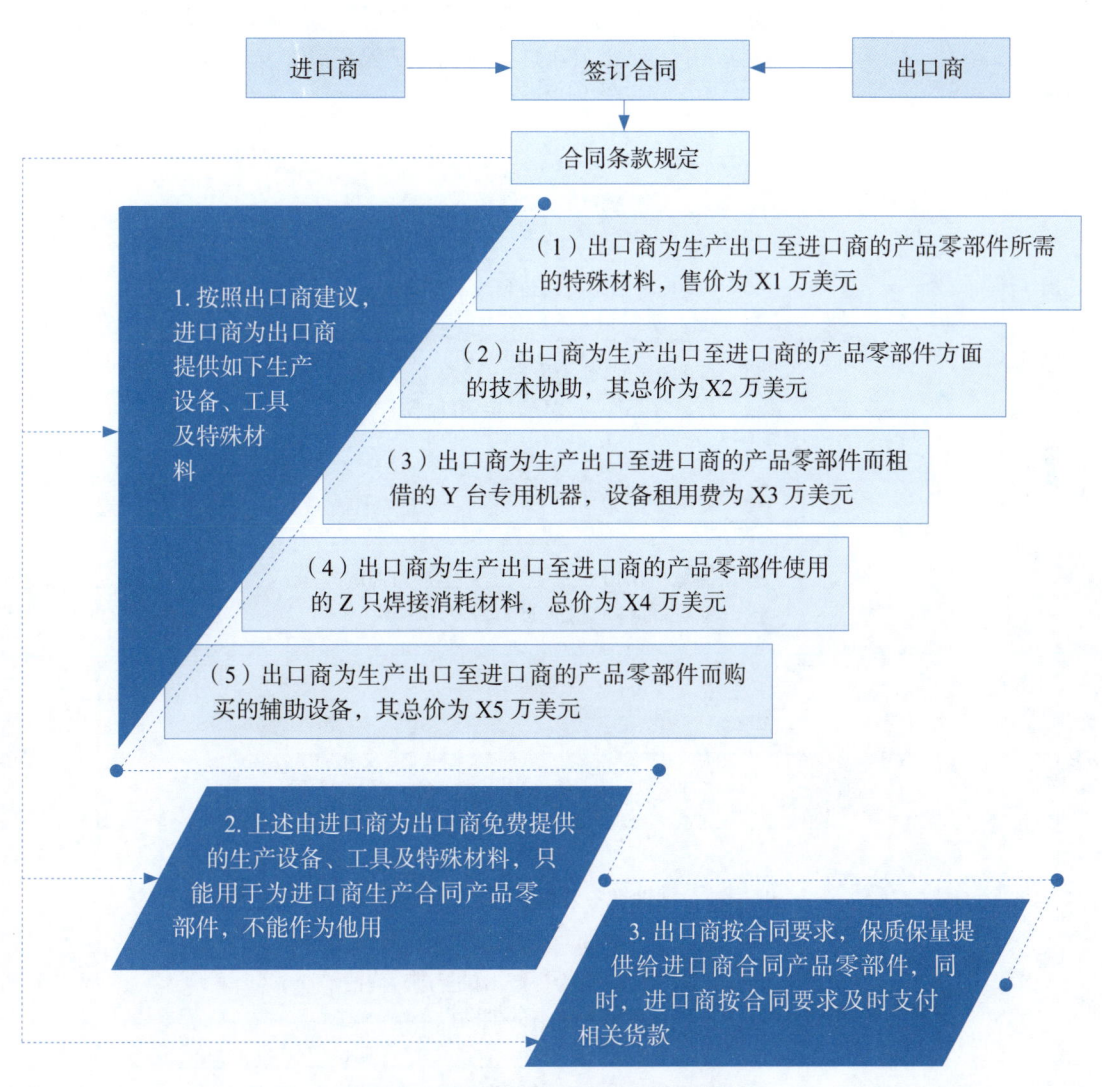

```
进口商 → 签订合同 ← 出口商
           ↓
        合同条款规定
```

1. 按照出口商建议，进口商为出口商提供如下生产设备、工具及特殊材料：

（1）出口商为生产出口至进口商的产品零部件所需的特殊材料，售价为 X1 万美元

（2）出口商为生产出口至进口商的产品零部件方面的技术协助，其总价为 X2 万美元

（3）出口商为生产出口至进口商的产品零部件而租借的 Y 台专用机器，设备租用费为 X3 万美元

（4）出口商为生产出口至进口商的产品零部件使用的 Z 只焊接消耗材料，总价为 X4 万美元

（5）出口商为生产出口至进口商的产品零部件而购买的辅助设备，其总价为 X5 万美元

2. 上述由进口商为出口商免费提供的生产设备、工具及特殊材料，只能用于为进口商生产合同产品零部件，不能作为他用

3. 出口商按合同要求，保质保量提供给进口商合同产品零部件，同时，进口商按合同要求及时支付相关货款

图 6-25 制造业协助费的情景模拟

```
                    ↓
         ←———— 支付期间采购进口产品零部件货款 ————→
         ←———————— 其间采购进口产品零部件 ————————→
```

┌───┐
│   │
│   ←———— 支付材料费 X1 万美元 ————→   │
│   │
│   进口商购买出口商为生产出口至进口商的产品零部件   │
│   所需的特殊材料   │
│   │
│   ←———— 支付技术协助费 X2 万美元 ————→   │
│   │
│   进口商购买出口商为生产出口至进口商的产品零部件   │
│   方面的技术协助   │
│   │
│   ┌──────────────┐   │
│   │ 期间费用一次性计入 │   │
│   └──────────────┘   │
│   │
│   ←——— 支付焊接消耗材料价格 X4 万美元 ———→   │
│   │
│   进口商购买出口商为生产出口至进口商的   │
│   产品零部件的 Z 只焊接消耗材料   │
│   │
│   ←———— 支付设备租用费 X3 万美元 ————→   │
│   │
│   进口商承担出口商为生产出口至进口商的   │
│   产品零部件而租借的 Y 台专用机器   │
│   │
└───┘

出   进
口   口
商   商

┌───┐
│   ┌────────────────────┐   │
│   │ 企业会计折旧科目相关费用计入 │   │
│   └────────────────────┘   │
│   │
│   ←——— 支付辅助设备采购费用 X5 万美元 ——→   │
│   │
│   进口商购买出口商为生产出口至进口商的   │
│   产品零部件所需的辅助设备   │
│   │
└───┘

图 6-25　制造业协助费的情景模拟（续）

二、估价分析

制造业协助费的估价分析见图 6-26。

1. 进口商 → 进口国（地区）海关 —呈交→ 以成交价格为基础的价格申报单 → 随附出口商有关的商业单证、账册

2. 根据《确价办法》，以成交价格为基础加上下列协助费用：

（1）X1 万美元为进口商向出口商供应加工合同产品零部件所需的专用材料而支付的费用。进口商将特殊材料免费提供给出口商，用于出口商合同产品的生产和出口销售至进口商，其价格并未包括在进口产品零部件的计税价格中 → 该笔调整符合《确价办法》第十一条（二）的规定，应计入进口产品零部件的计税价格

（2）X2 万美元为进口商支付的生产出口至进口商产品零部件方面的技术协助费用 → 根据《确价办法》第十一条（二）的规定，由进口商免费向出口商提供的技术协助的价值，应计入进口产品零部件的计税价格，以涵盖这部分工程服务支出

（3）X3 万美元为进口商免费供应给出口商 Y 台专用机器而承担的费用，专用焊接机器仅用于生产进口产品零部件 → 根据《确价办法》第十一条（二）的规定，这笔费用应计入进口产品零部件的计税价格

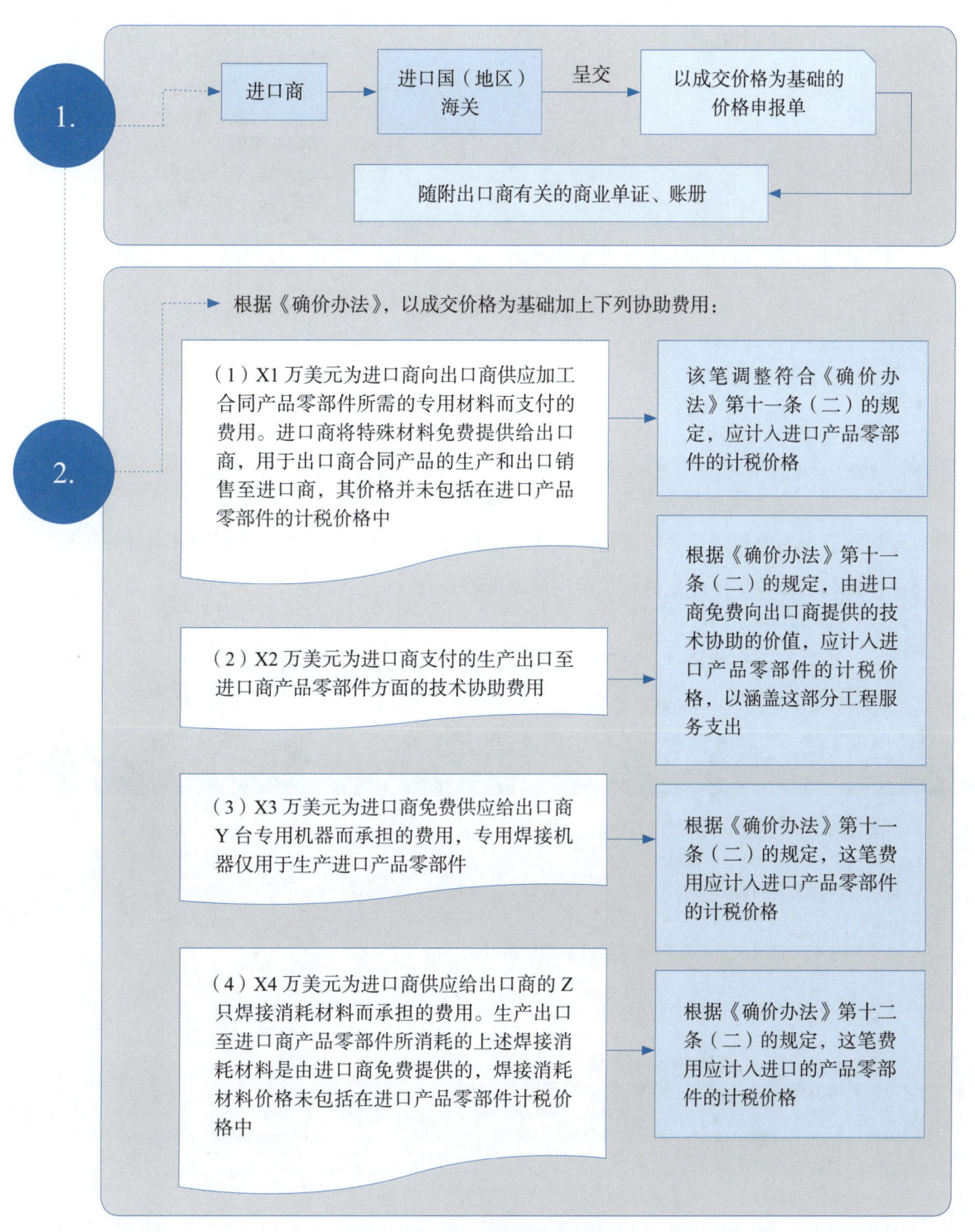

（4）X4 万美元为进口商供应给出口商的 Z 只焊接消耗材料而承担的费用。生产出口至进口商产品零部件所消耗的上述焊接消耗材料是由进口商免费提供的，焊接消耗材料价格未包括在进口产品零部件计税价格中 → 根据《确价办法》第十二条（二）的规定，这笔费用应计入进口的产品零部件的计税价格

图 6-26 协助费的估价分析

（5）X5万美元为进口商向出口商供应加工合同产品零部件所需的辅助设备而支付的采购费用并计入进口商固定资产会计科目（直接分摊法）

根据《确价办法》第十一条（二）和第十二条的规定，这笔费用应根据国内公认会计原则进行折旧，企业会计科目折旧期间为10年，每年按采购费用的1/10（直线分摊法）计入进口零部件的计税价格

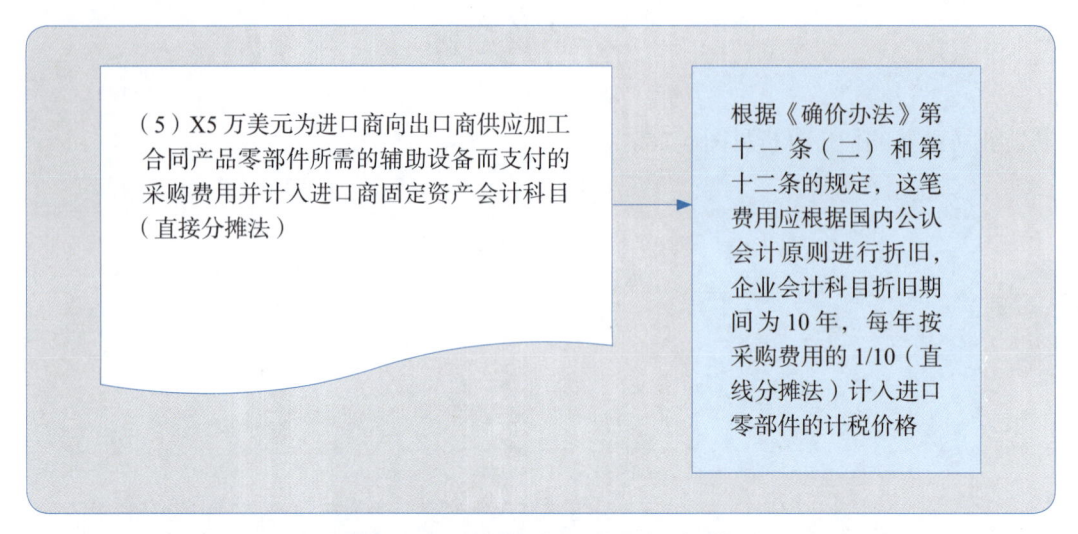

图 6-26　协助费的估价分析（续）

三、结论

综上所述，以成交价格为基础，将为生产进口产品零部件而产生的特殊材料费、技术协助费、专用机器设备的租用费及所需辅助设备、消耗材料费用，作为协助费调增计入计税价格。

生产进口产品零部件产生的相关费用清单见表6-1。

表 6-1　生产进口产品零部件产生的相关费用清单表

单位：万美元

费用名称	费用金额
进口商支付的生产合同产品零部件的特殊材料费	X1
进口商支付的生产合同产品零部件的技术协助费	X2
进口商支付的生产合同产品零部件的专用机器的租用费	X3
进口商支付的生产合同产品零部件的焊接消耗材料	X4
进口商支付的生产合同产品零部件所需辅助设备的采购费用（企业会计科目折旧期间为10年，每年按采购费用的1/10进行计入）	X5/10
进口产品零部件的计税价格调整项	汇总 =X1+X2+X3+X4+X5/10

第十节 进口后费用

一、情景模拟

制造业进口后费用的情景模拟见图 6-27。

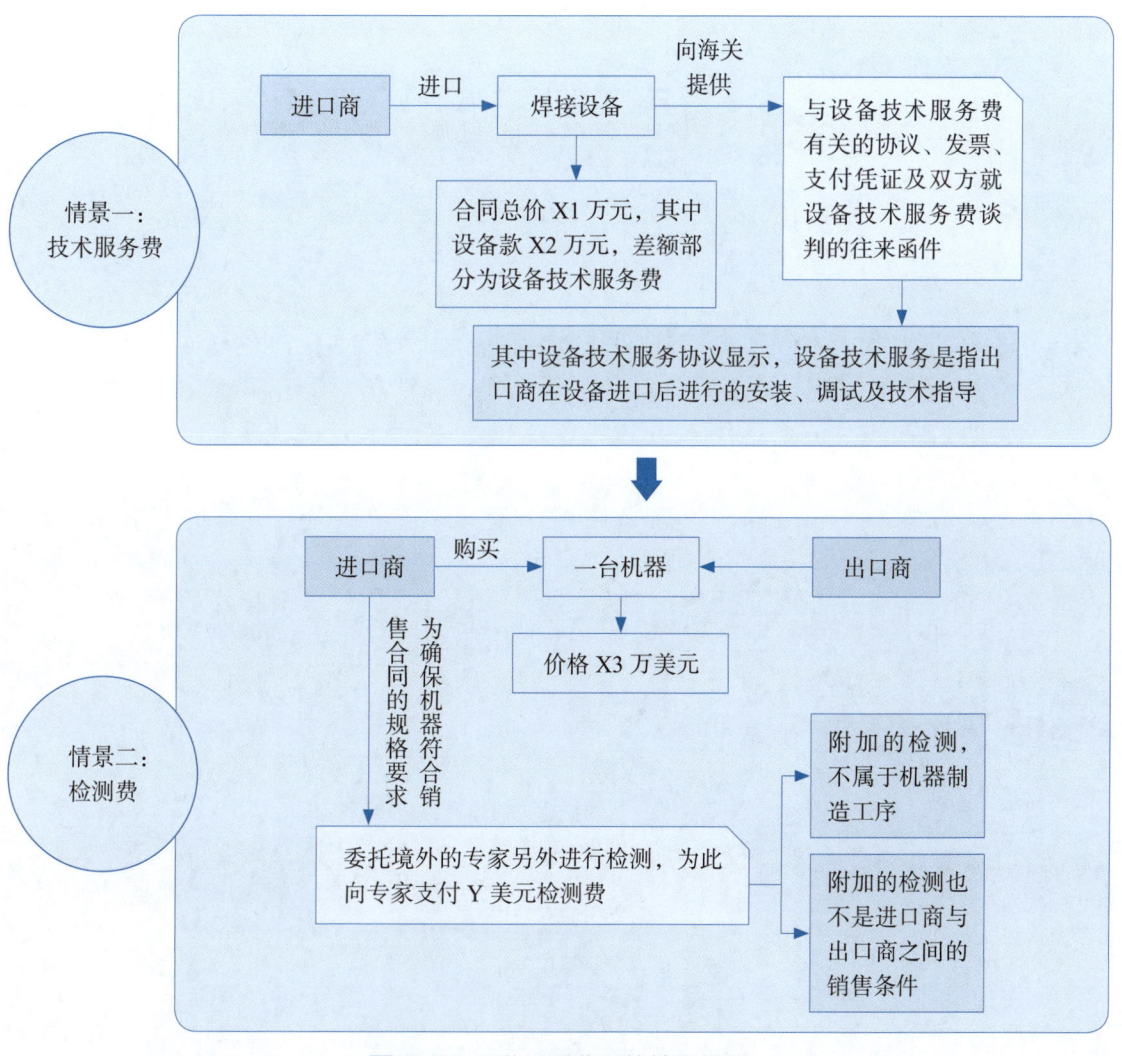

情景一：技术服务费

进口商 —进口→ 焊接设备 —向海关提供→ 与设备技术服务费有关的协议、发票、支付凭证及双方就设备技术服务费谈判的往来函件

合同总价 X1 万元，其中设备款 X2 万元，差额部分为设备技术服务费

其中设备技术服务协议显示，设备技术服务是指出口商在设备进口后进行的安装、调试及技术指导

情景二：检测费

进口商 —购买→ 一台机器 ←— 出口商

价格 X3 万美元

为确保机器符合销售合同的规格要求，委托境外的专家另外进行检测，为此向专家支付 Y 美元检测费

- 附加的检测，不属于机器制造工序
- 附加的检测也不是进口商与出口商之间的销售条件

图 6-27 进口后费用的情景模拟

情景三：
广告费

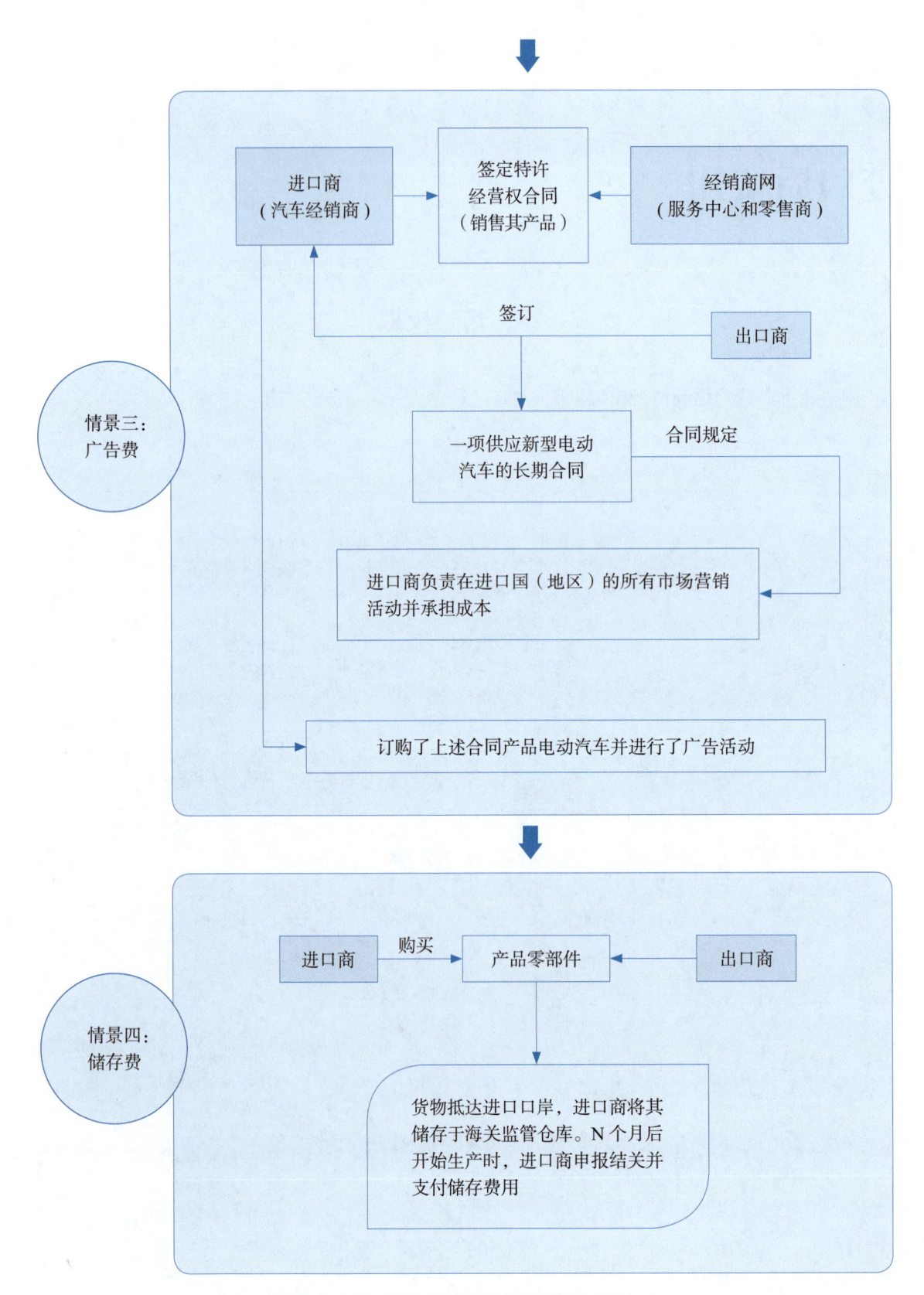

- 进口商（汽车经销商）
- 签定特许经营权合同（销售其产品）
- 经销商网（服务中心和零售商）
- 签订
- 出口商
- 一项供应新型电动汽车的长期合同 —— 合同规定
- 进口商负责在进口国（地区）的所有市场营销活动并承担成本
- 订购了上述合同产品电动汽车并进行了广告活动

情景四：
储存费

- 进口商 —购买→ 产品零部件 ← 出口商
- 货物抵达进口口岸，进口商将其储存于海关监管仓库。N个月后开始生产时，进口商申报结关并支付储存费用

图 6-27　进口后费用的情景模拟（续）

二、法律依据及估价分析

制造业进口后费用的法律依据及估价分析见图 6-28。

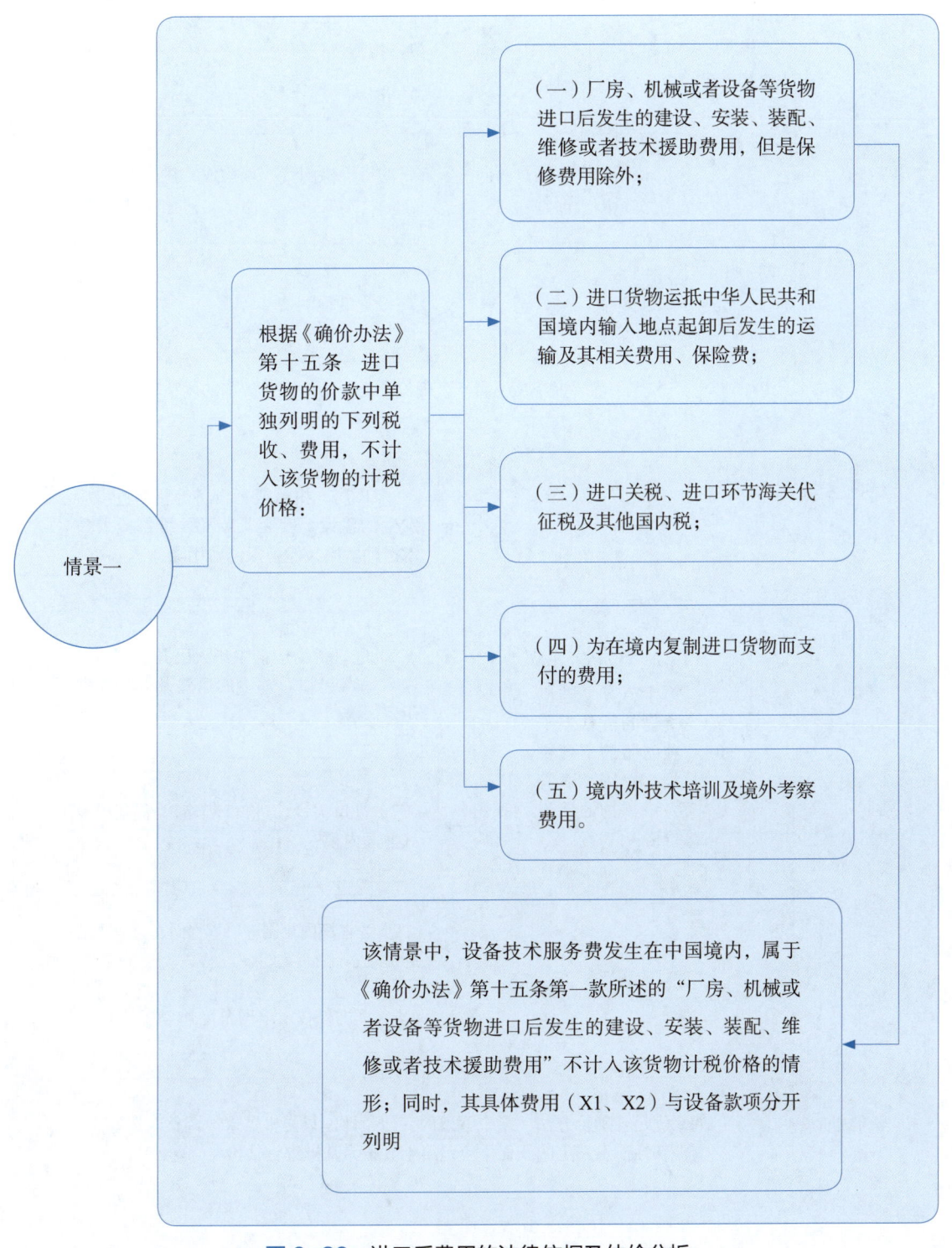

情景一 → 根据《确价办法》第十五条 进口货物的价款中单独列明的下列税收、费用，不计入该货物的计税价格：

（一）厂房、机械或者设备等货物进口后发生的建设、安装、装配、维修或者技术援助费用，但是保修费用除外；

（二）进口货物运抵中华人民共和国境内输入地点起卸后发生的运输及其相关费用、保险费；

（三）进口关税、进口环节海关代征税及其他国内税；

（四）为在境内复制进口货物而支付的费用；

（五）境内外技术培训及境外考察费用。

该情景中，设备技术服务费发生在中国境内，属于《确价办法》第十五条第一款所述的"厂房、机械或者设备等货物进口后发生的建设、安装、装配、维修或者技术援助费用"不计入该货物计税价格的情形；同时，其具体费用（X1、X2）与设备款项分开列明

图 6-28 进口后费用的法律依据及估价分析

```
                    (1) ┌─→ 进口商 ──支付──→ 专家 ←──无关──→ 出口商
                        │                      │                    ↓ 未
                        │                      │           既未直接也   出受
                        │                      ↓           未间接支付   口益
                        │                   机器检测费      ╌╌╌╌╌╌     商
                        │                      │
                        │                      ↓
                        │         ┌────────────────────────────────────┐
                        │         │ 该情景中,进口商向专家支付的机器检测费, │
                        │         │ 未构成实付或应付价格的一部分          │
                        │         └────────────────────────────────────┘
                        │
                    (2) ├─→ 进口商 ──────→ 支付专家的检测费
                        │
                        │                 ┌──────────────────────────────────┐
                        │                 │ 不属于《确价办法》第十一条规定的调整项 │
                        │                 └──────────────────────────────────┘
       情景二 ─────────┤
                        │                                ┌──────────────────────┐
                        │                           ┌──→ │(一)厂房、机械或者设备等货物进口后│
                        │                           │    │发生的建设、安装、装配、维修或者技│
                        │                           │    │术援助费用,但是保修费用除外;    │
                        │                           │    └──────────────────────┘
                        │                           │
                        │                           │    ┌──────────────────────┐
                        │                           ├──→ │(二)进口货物运抵中华人民共和国境内│
                        │                           │    │输入地点起卸后发生的运输及其相关费│
                        │         ┌──────────┐     │    │用、保险费;                 │
                        │         │根据《确价办│     │    └──────────────────────┘
                        │         │法》第十五条 │     │
                        │         │进口货物的价│     │    ┌──────────────────────┐
                    (3) └─────→ │款中单独列明│─────┼──→ │(三)进口关税、进口环节海关代征税及│
                                  │的下列税收、│     │    │其他国内税;                  │
                                  │费用,不计入│     │    └──────────────────────┘
                                  │该货物的计税│     │
                                  │价格:      │     │    ┌──────────────────────┐
                                  └──────────┘     ├──→ │(四)为在境内复制进口货物而支付的费│
                                                   │    │用;                          │
                                                   │    └──────────────────────┘
                                                   │
                                                   │    ┌──────────────────────┐
                                                   └──→ │(五)境内外技术培训及境外考察费用。│
                                                        └──────────────────────┘

                    ┌──────────────────────────────────────────────────┐
                    │如果满足《确价办法》第十五条的其他条件,只要机器未经调整改造等│
                    │其他在性质上发生的变化,应以第十五条为基础进行估价         │
                    └──────────────────────────────────────────────────┘
```

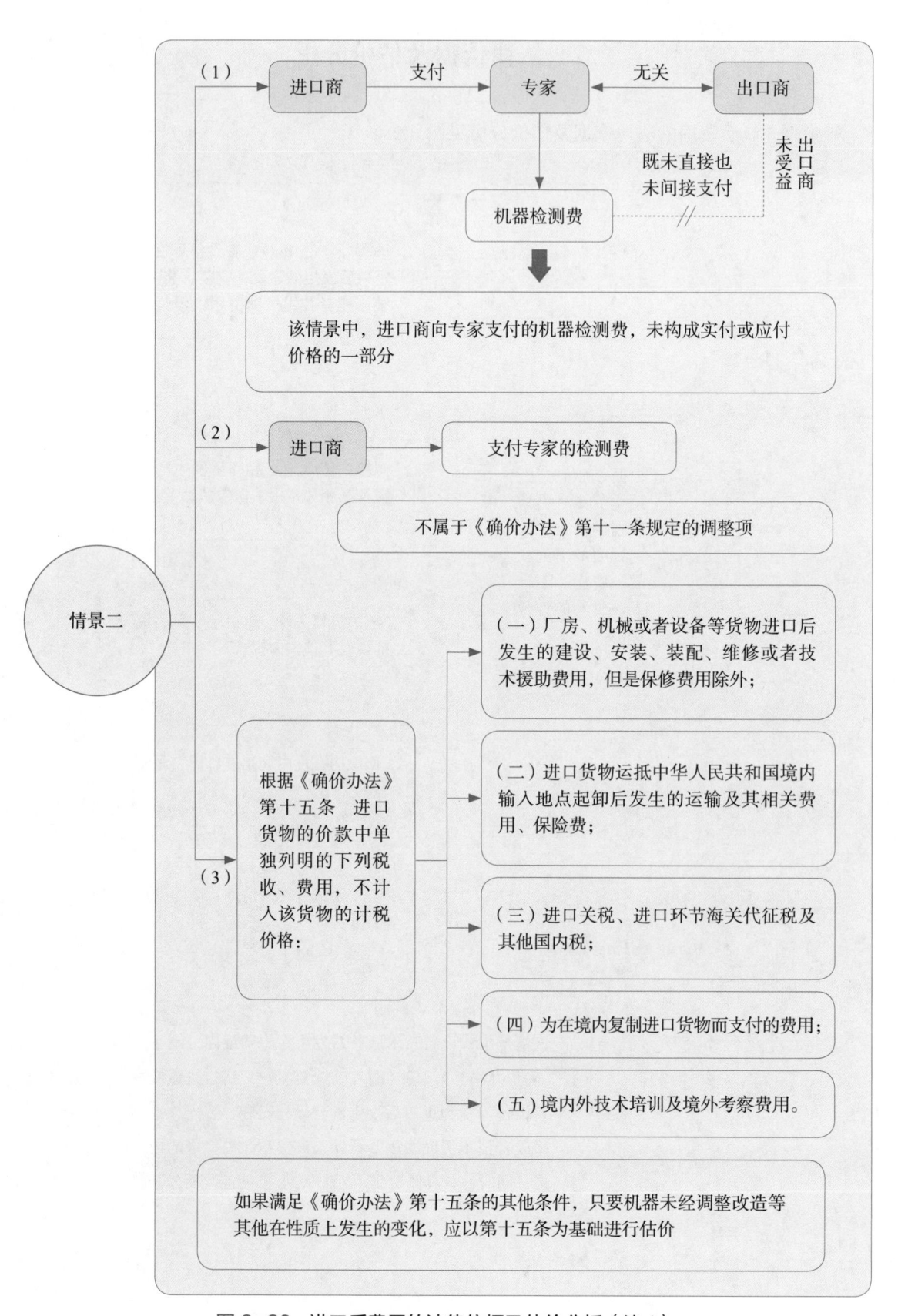

图 6-28 进口后费用的法律依据及估价分析(续 1)

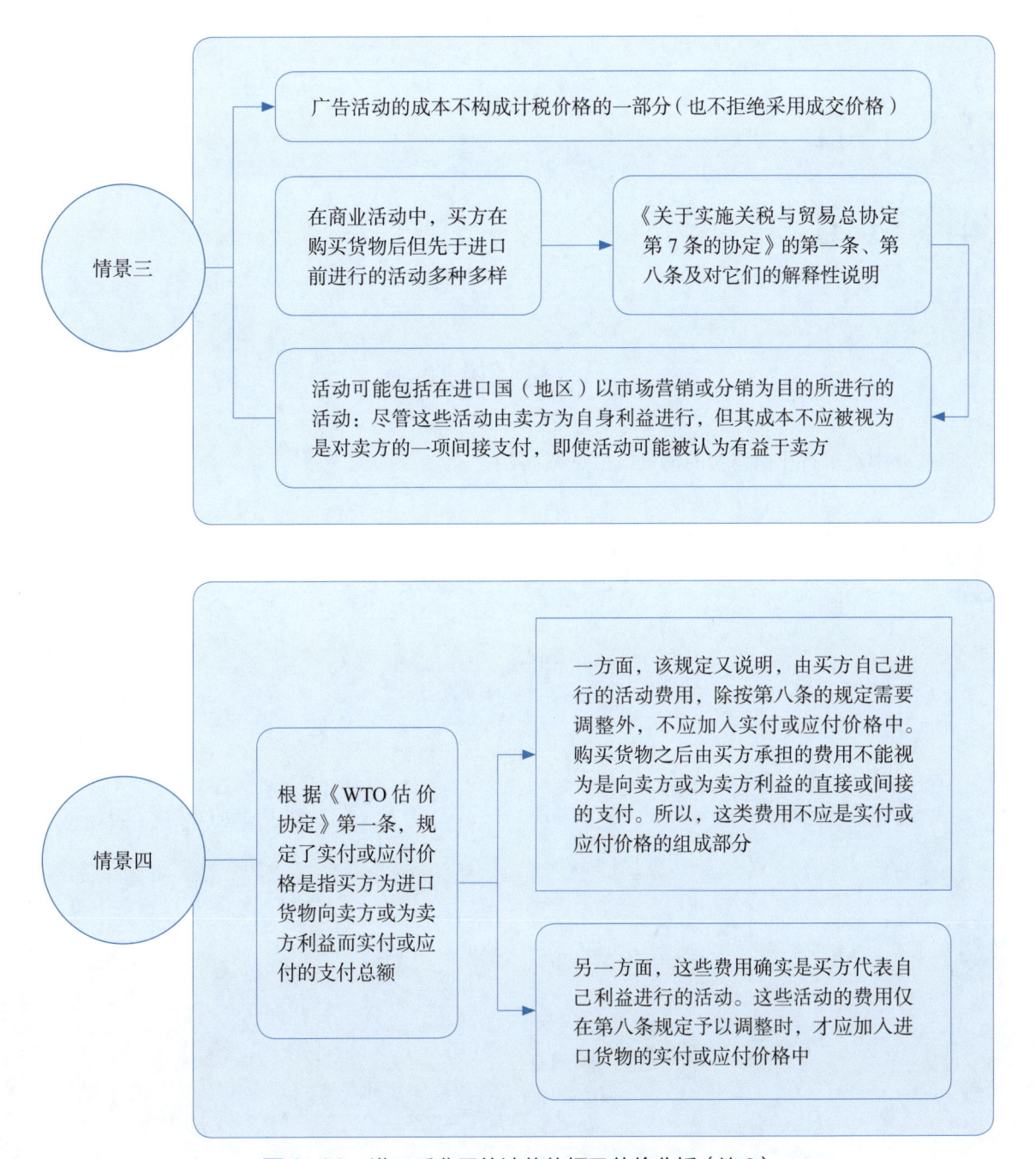

```
                    ┌─────────────────────────────────────────────────────────────┐
                    │  广告活动的成本不构成计税价格的一部分（也不拒绝采用成交价格）      │
                    └─────────────────────────────────────────────────────────────┘

         ┌──────┐   ┌──────────────────┐   ┌──────────────────────┐
         │      │   │ 在商业活动中，买方在│   │《关于实施关税与贸易总协定│
         │ 情景三│──▶│ 购买货物后但先于进口│──▶│ 第7条的协定》的第一条、第│
         │      │   │ 前进行的活动多种多样│   │ 八条及对它们的解释性说明│
         └──────┘   └──────────────────┘   └──────────────────────┘

                    ┌─────────────────────────────────────────────────────────────┐
                    │ 活动可能包括在进口国（地区）以市场营销或分销为目的所进行的       │
                    │ 活动：尽管这些活动由卖方为自身利益进行，但其成本不应被视为       │
                    │ 是对卖方的一项间接支付，即使活动可能被认为有益于卖方            │
                    └─────────────────────────────────────────────────────────────┘
```

情景三 / 情景四 图示

图 6-28　进口后费用的法律依据及估价分析（续 2）

三、结论

情景一、二、三、四属于《确价办法》第十五条规定的单独列明的进口后费用，不应计入进口货物的计税价格。

第十一节
保修费之一

一、情景模拟

制造业中汽车行业保修费的情景模拟见图 6-29。

1 进口商 → 签订整车销售合同 ← 出口商

其中一项条款规定：

由进口商提供所购汽车的两年保修（配件和修理工作）。第一年的保修费用包括在进口商应付的汽车价款中

2 整车销售合同规定：

- 第二年的保修费
- 将按每辆车一定金额计算出的独立支付方式

进口商 —支付→ 出口商

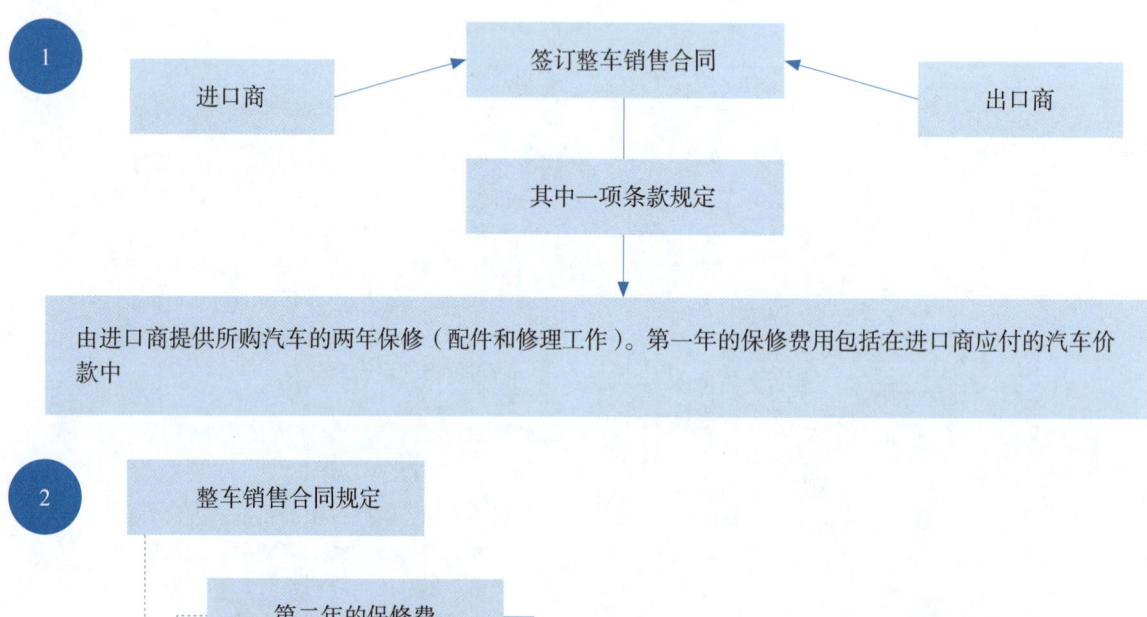

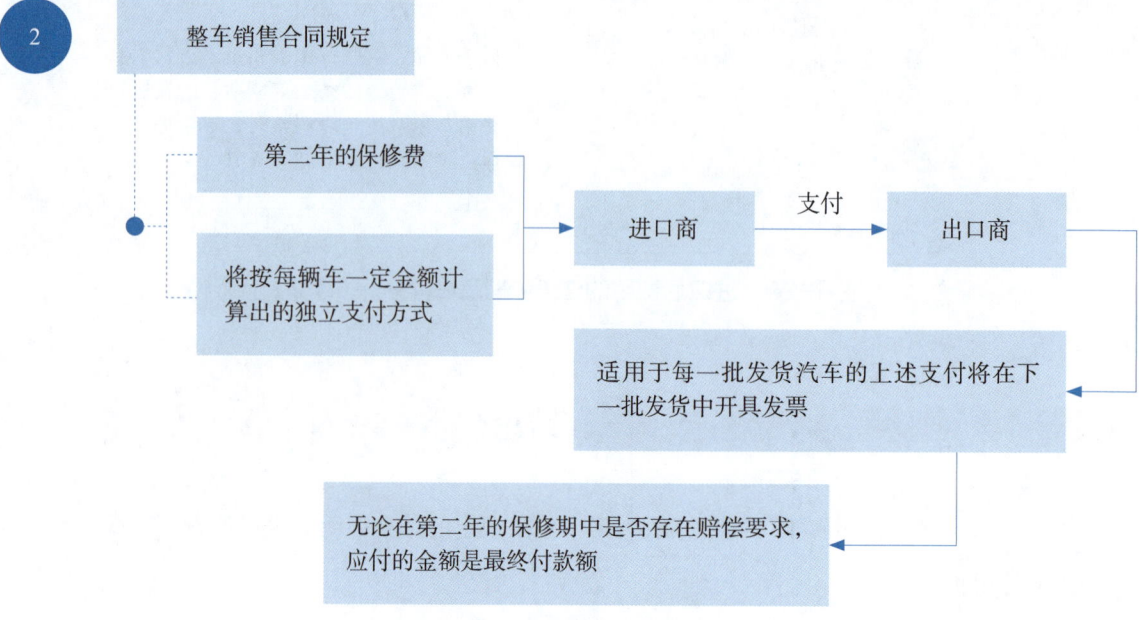

适用于每一批发货汽车的上述支付将在下一批发货中开具发票

无论在第二年的保修期中是否存在赔偿要求，应付的金额是最终付款额

图 6-29 保修费的情景模拟

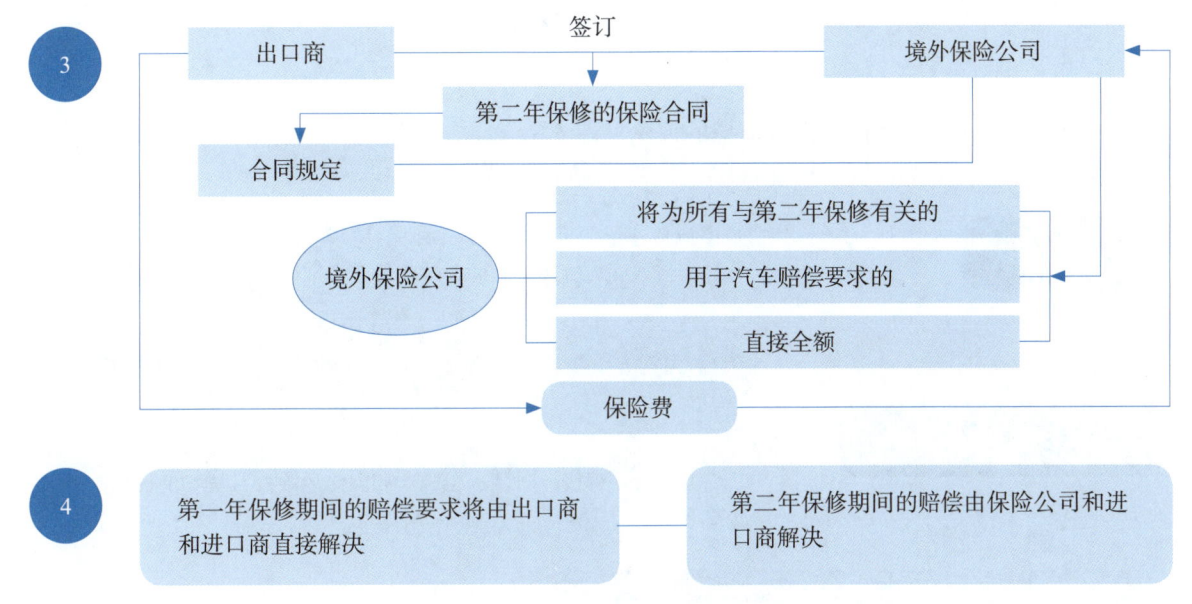

③ 出口商 —签订→ 境外保险公司
第二年保修的保险合同
合同规定

境外保险公司 → 将为所有与第二年保修有关的 / 用于汽车赔偿要求的 / 直接全额

保险费

④ 第一年保修期间的赔偿要求将由出口商和进口商直接解决

第二年保修期间的赔偿由保险公司和进口商解决

图 6-29　保修费的情景模拟（续）

二、法律依据及估价分析

制造业中汽车行业保修费的法律依据及估价分析见图 6-30。

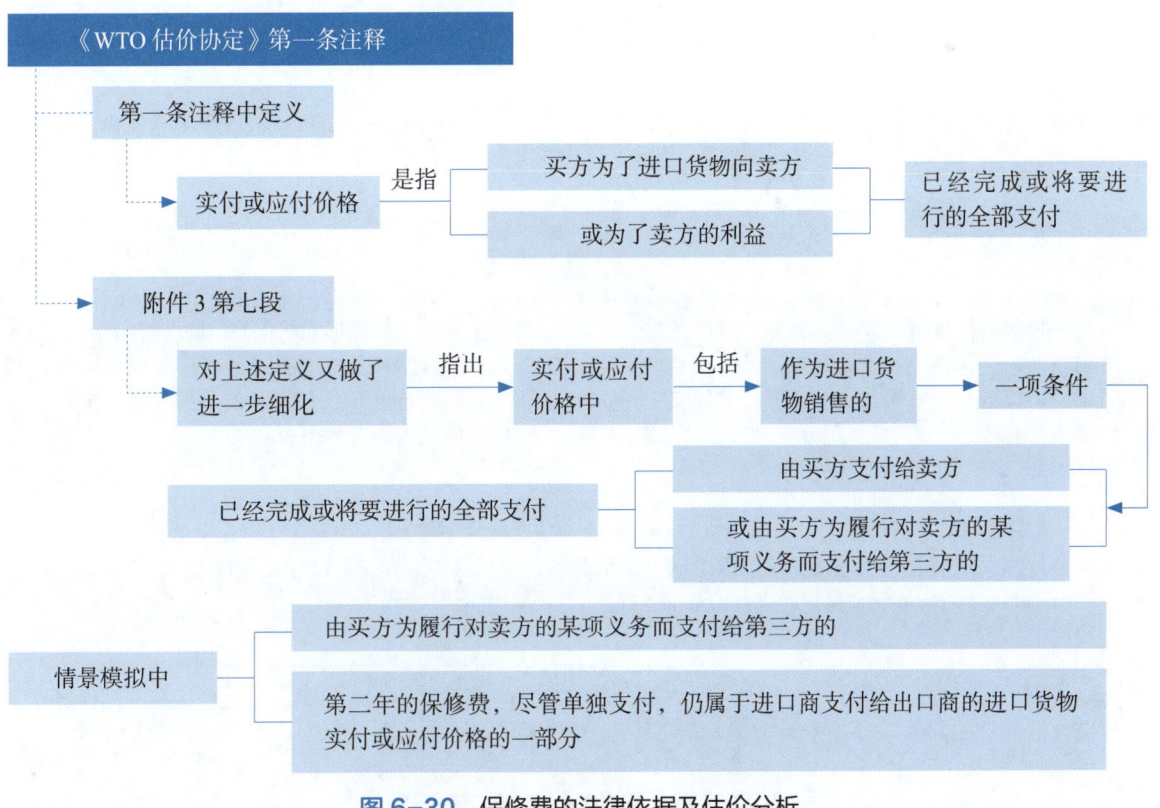

《WTO 估价协定》第一条注释

第一条注释中定义
实付或应付价格 —是指→ 买方为了进口货物向卖方 / 或为了卖方的利益 → 已经完成或将要进行的全部支付

附件 3 第七段
对上述定义又做了进一步细化 —指出→ 实付或应付价格中 —包括→ 作为进口货物销售的 → 一项条件

已经完成或将要进行的全部支付 → 由买方支付给卖方 / 或由买方为履行对卖方的某项义务而支付给第三方的

情景模拟中
- 由买方为履行对卖方的某项义务而支付给第三方的
- 第二年的保修费，尽管单独支付，仍属于进口商支付给出口商的进口货物实付或应付价格的一部分

图 6-30　保修费的法律依据及估价分析

三、评论

制造业中汽车行业保修费情景模拟的评论见图 6-31。

1. 基本原则 → 该情景模拟传达了一个基本原则，即无论金额在发票上是怎样的，该笔支付符合实付或应付价格的定义，因此是成交价格的一个组成部分

2. 保修费的两种基本情形
- （1）由卖方直接或间接承担成本和保修风险，该条款反映在货物的价格中
- （2）由买方直接或间接承担成本和保修风险并且货物的价格有所考虑

（1）由卖方直接或间接承担成本和保修风险，该条款反映在货物的价格中 → 由卖方承担保修

- 如果保修已包括在货物单位中，按协定处理保修费用的困难将并不显现
- 当卖方向买方提供保修时，卖方在制定货物价格时会考虑保修因素
- 任何可归因于保修的额外成本将是价格的一部分且作为销售的一个条件将支付该部分成本

在此种情况下，协定不允许作任何扣除，且保修是成交价格的一部分即使其与货物的实付或应付价格相区分

当卖方将保修转嫁给买方时，卖方可能选择在货物以外另开保修的发票。此时，保修成本仍是出口销售的一项条件且应被认为是实付或应付价格也就是总的支付的一部分

如果卖方以合同形式将保修风险转嫁给第三方，那么可能表现为交易被分开了。卖方与第三方签订的合同显示任何风险均由第三方根据卖方指令或代表卖方承担保修风险

对实付或应付价格的定义是为进口货物向卖方或为卖方利益而已付或应付的支付总额。实付或应付价格包括作为销售进口货物的条件由买方向卖方或为履行卖方的义务而由买方向第三方实付或应付的全部款项

所以，当卖方要求买方向第三方支付，而该第三方已与卖方签约提供保修，该笔支付应包括在进口货物的成交价格中。同样地，如果保修由与卖方有关系的其他方提供则情况也是一样的

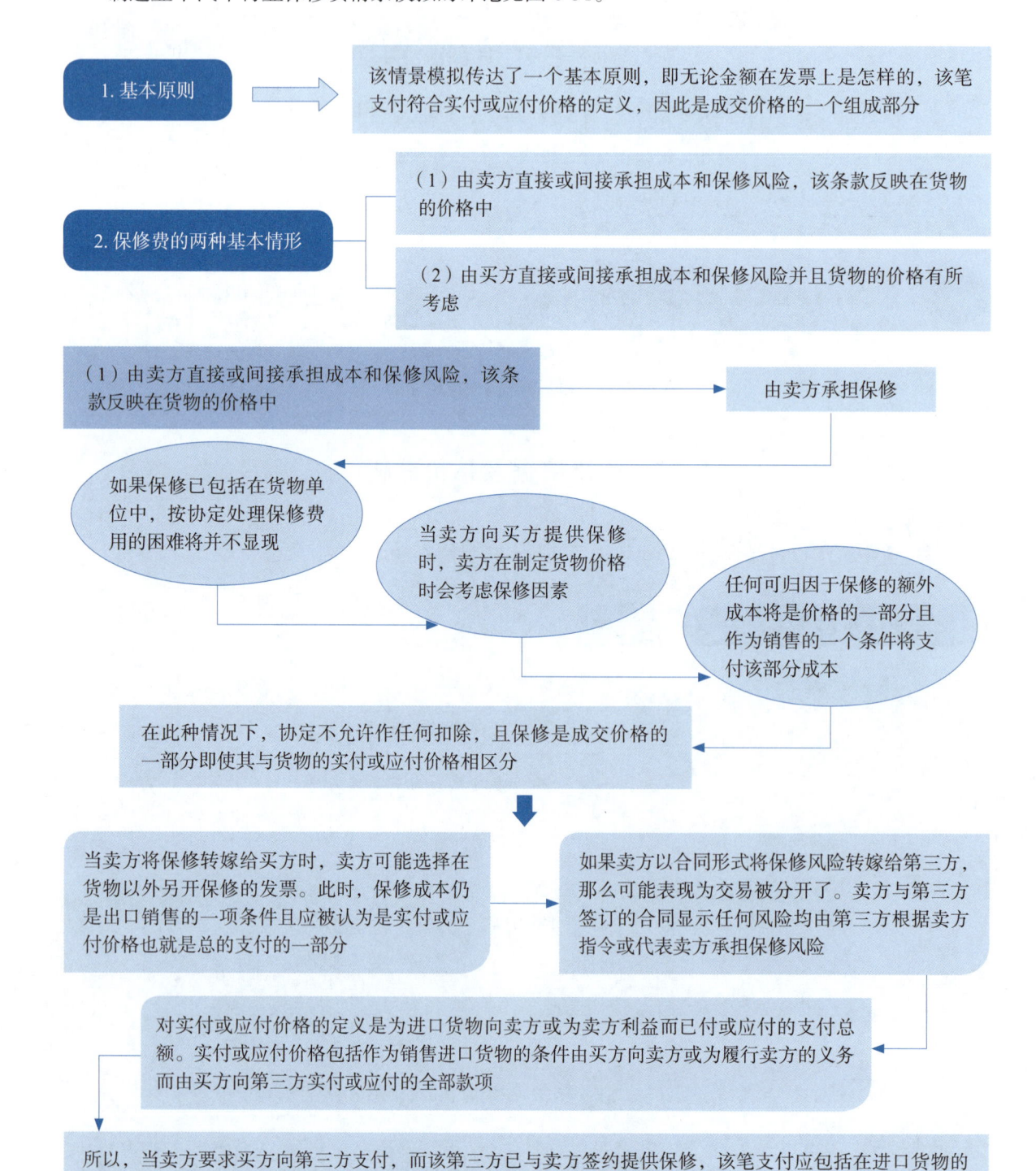

图 6-31 保修费情景模拟的评论

第六章 特许权使用费应用场景

（2）由买方直接或间接承担成本和保修风险并且货物的价格有所考虑 → 由买方承担保修

如果合同约定由买方决定自行承担保修成本并自行制定保修政策，则此保修费不构成成交价格实付应付部分

3. 保修协议

针对交易是两个分开的合同的标的情况
- 一个是货物的合同
- 另一个则是保修的合同

卖方或买方有时通过"单独的"合法的合同对保修另行支付

对这种情况，应对货物"销售"的所有的环境及"保修"进行仔细检查

保险保修与估价

按照卖方要求，由买方支付购买的保险保修，产生保险理赔时保险公司"免费"提供的保修部件及人工服务应根据《确价办法》第七条规定进行估价

图 6-31　保修费情景模拟的评论（续）

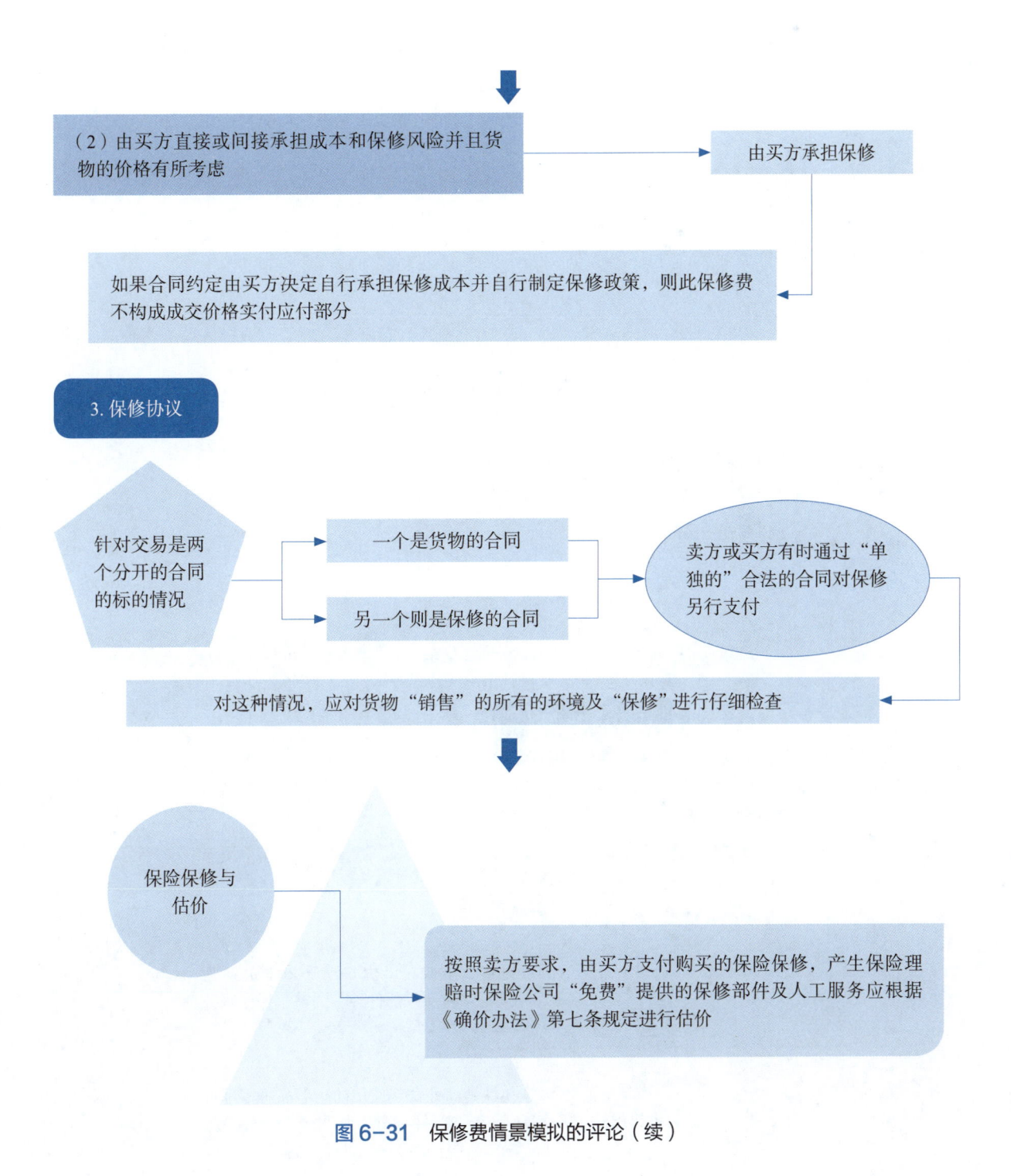

四、结论

无论发票形式如何，该笔保险费作为进口产品的保修费，其支付符合实付或应付价格的定义，因此是成交价格的一个组成部分。

235

第十二节
保修费之二

一、情景模拟

制造业中汽车行业保修费的情景模拟见图 6-32。

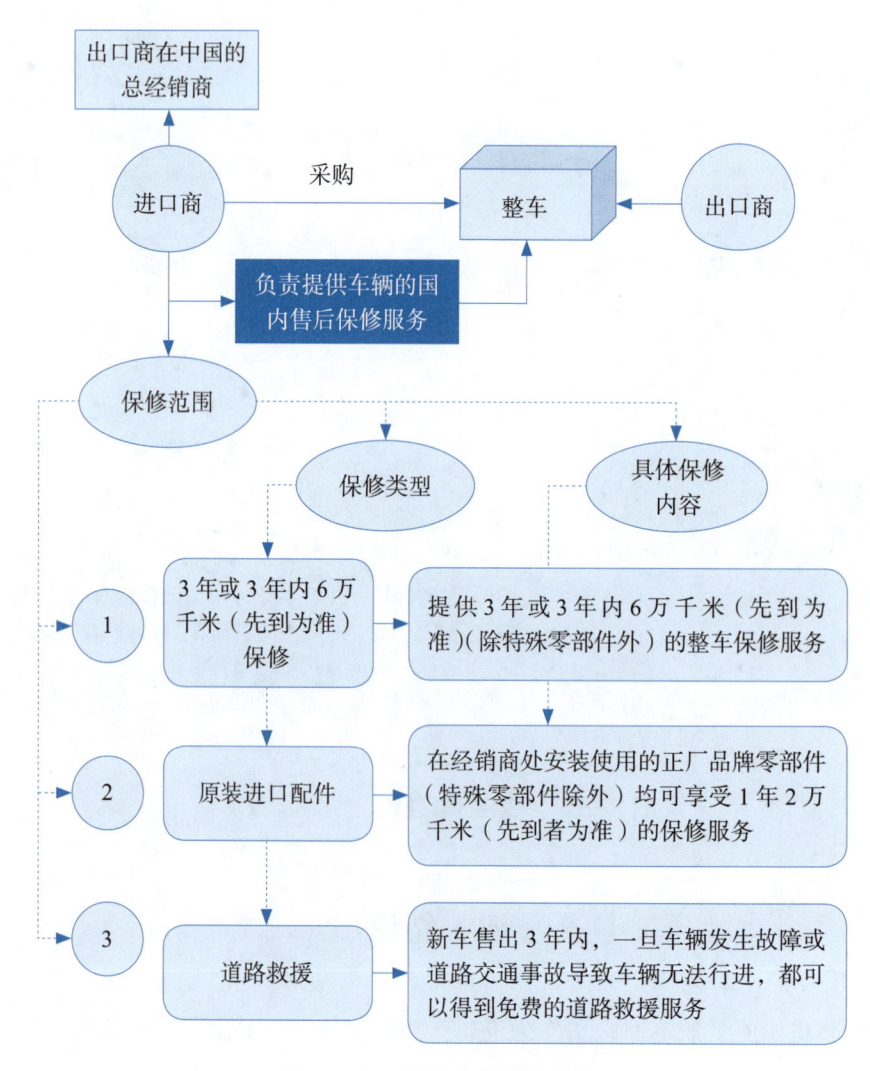

图 6-32 保修费的情景模拟

三大道路救援故障类型见图 6-33。

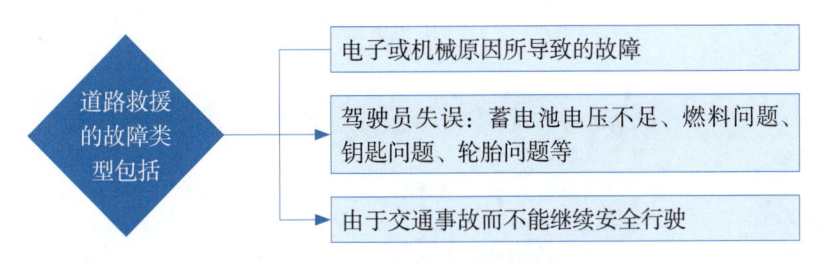

```
道路救援的故障类型包括
├── 电子或机械原因所导致的故障
├── 驾驶员失误：蓄电池电压不足、燃料问题、钥匙问题、轮胎问题等
└── 由于交通事故而不能继续安全行驶
```

图 6-33　三大道路救援故障类型

道路救援可提供的服务类型见图 6-34。

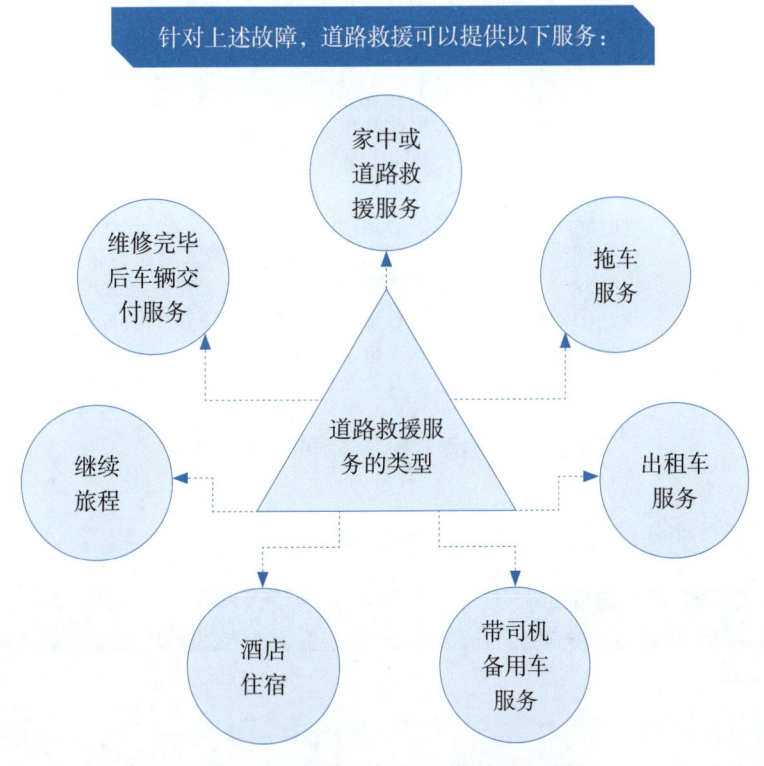

针对上述故障，道路救援可以提供以下服务：

道路救援服务的类型：
- 家中或道路救援服务
- 拖车服务
- 出租车服务
- 带司机备用车服务
- 酒店住宿
- 继续旅程
- 维修完毕后车辆交付服务

图 6-34　道路救援可提供的服务类型

道路救援具体服务内容见图 6-35。

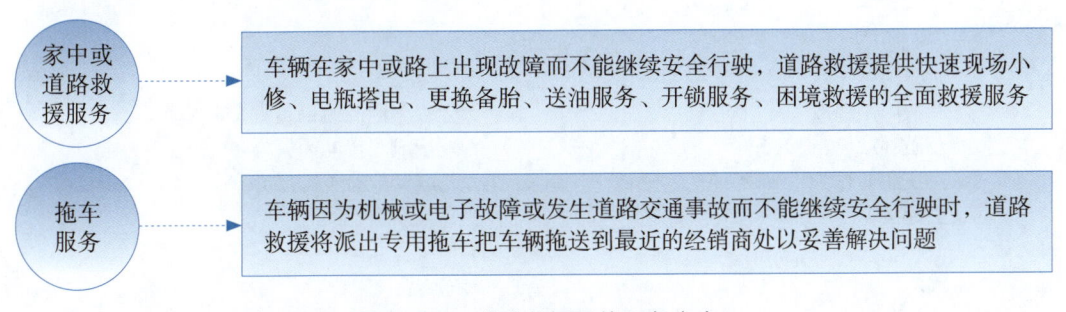

家中或道路救援服务	车辆在家中或路上出现故障而不能继续安全行驶，道路救援提供快速现场小修、电瓶搭电、更换备胎、送油服务、开锁服务、困境救援的全面救援服务
拖车服务	车辆因为机械或电子故障或发生道路交通事故而不能继续安全行驶时，道路救援将派出专用拖车把车辆拖送到最近的经销商处以妥善解决问题

图 6-35　道路救援具体服务内容

出租车服务：车辆由道路救援拖运送到经销商处，将为驾驶员和车上乘客（合法限座人数）提供出租车服务，并报销 50 千米之内的出租车费

带司机备用车服务：车辆出现机械或电子故障或道路交通事故（驾驶员错误除外）导致车辆不能继续安全行驶，经由道路救援中心安排的拖车服务被送至经销商以备妥善解决。检查结果表明车辆不能在当天完成维修，并且驾驶员及车上乘客身处居住地时，将提供 3 天以内的带司机的高档备用车服务。此权益取决于当时备用车的情况

酒店住宿：如果驾驶员及车上乘客（合法限座人数）愿意留在车辆故障发展地等待车辆完成维修，道路救援会为客户预订酒店住宿并支付酒店住宿费用。该服务涵盖驾驶员及车上乘客（合法限座人数）

继续旅程：如果驾驶员及车上乘客（合法限座人数）愿意继续旅程或返回家中，道路救援会根据客户的情况为客户安排妥当的交通方式。该服务涵盖驾驶员及车上乘客（合法限座人数）

维修完毕后车辆交付服务：如果车辆出现机械或电子故障或道路交通事故（驾驶员错误除外）导致车辆不能继续安全行驶后，道路救援已将车辆送到经销商处进行修理，同时也为客户提供了继续旅程的服务。在车辆完成维修后，道路救援将安排客户前来取车，并为客户支付用以取回车辆所花费的相关交通费用（交通费、出租车费等）

图 6-35　道路救援具体服务内容（续）

无法提供道路救援的情况见图 6-36。

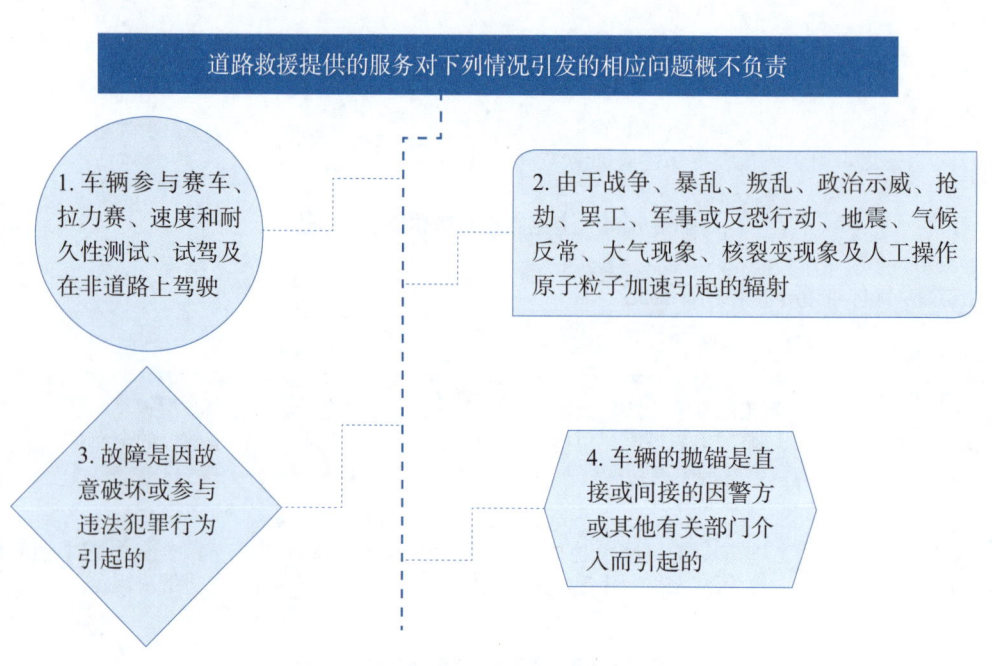

道路救援提供的服务对下列情况引发的相应问题概不负责

1. 车辆参与赛车、拉力赛、速度和耐久性测试、试驾及在非道路上驾驶

2. 由于战争、暴乱、叛乱、政治示威、抢劫、罢工、军事或反恐行动、地震、气候反常、大气现象、核裂变现象及人工操作原子粒子加速引起的辐射

3. 故障是因故意破坏或参与违法犯罪行为引起的

4. 车辆的抛锚是直接或间接的因警方或其他有关部门介入而引起的

图 6-36　无法提供道路救援的情况

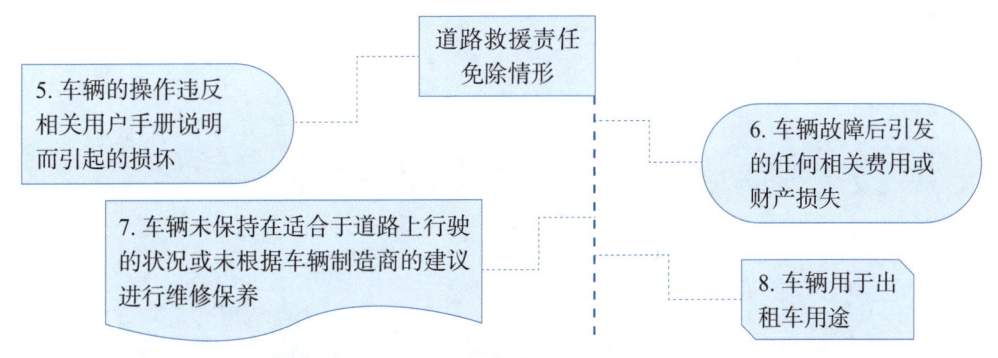

5. 车辆的操作违反相关用户手册说明而引起的损坏

6. 车辆故障后引发的任何相关费用或财产损失

道路救援责任免除情形

7. 车辆未保持在适合于道路上行驶的状况或未根据车辆制造商的建议进行维修保养

8. 车辆用于出租车用途

图 6-36 无法提供道路救援的情况（续）

制造业中汽车行业进口整车保修费用的情景模拟见图 6-37。

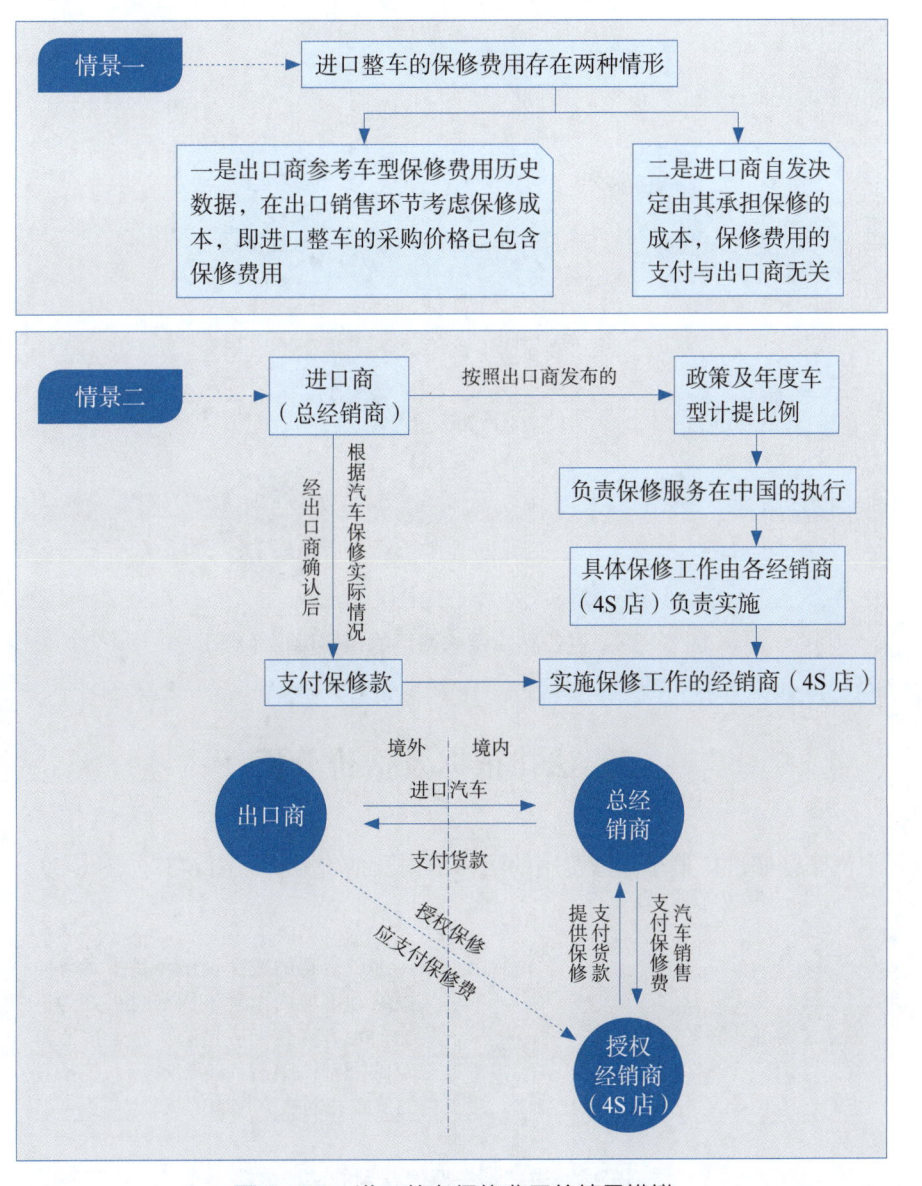

情景一：进口整车的保修费用存在两种情形
- 一是出口商参考车型保修费用历史数据，在出口销售环节考虑保修成本，即进口整车的采购价格已包含保修费用
- 二是进口商自发决定由其承担保修的成本，保修费用的支付与出口商无关

情景二：进口商（总经销商）按照出口商发布的政策及年度车型计提比例，经出口商确认后，根据汽车保修实际情况支付保修款给实施保修工作的经销商（4S店）。负责保修服务在中国的执行，具体保修工作由各经销商（4S店）负责实施。

境外：出口商
境内：总经销商、授权经销商（4S店）

进口汽车、支付货款、授权保修、应支付保修费、提供保修款、支付货款、汽车销售、支付保修费

图 6-37 进口整车保修费用的情景模拟

239

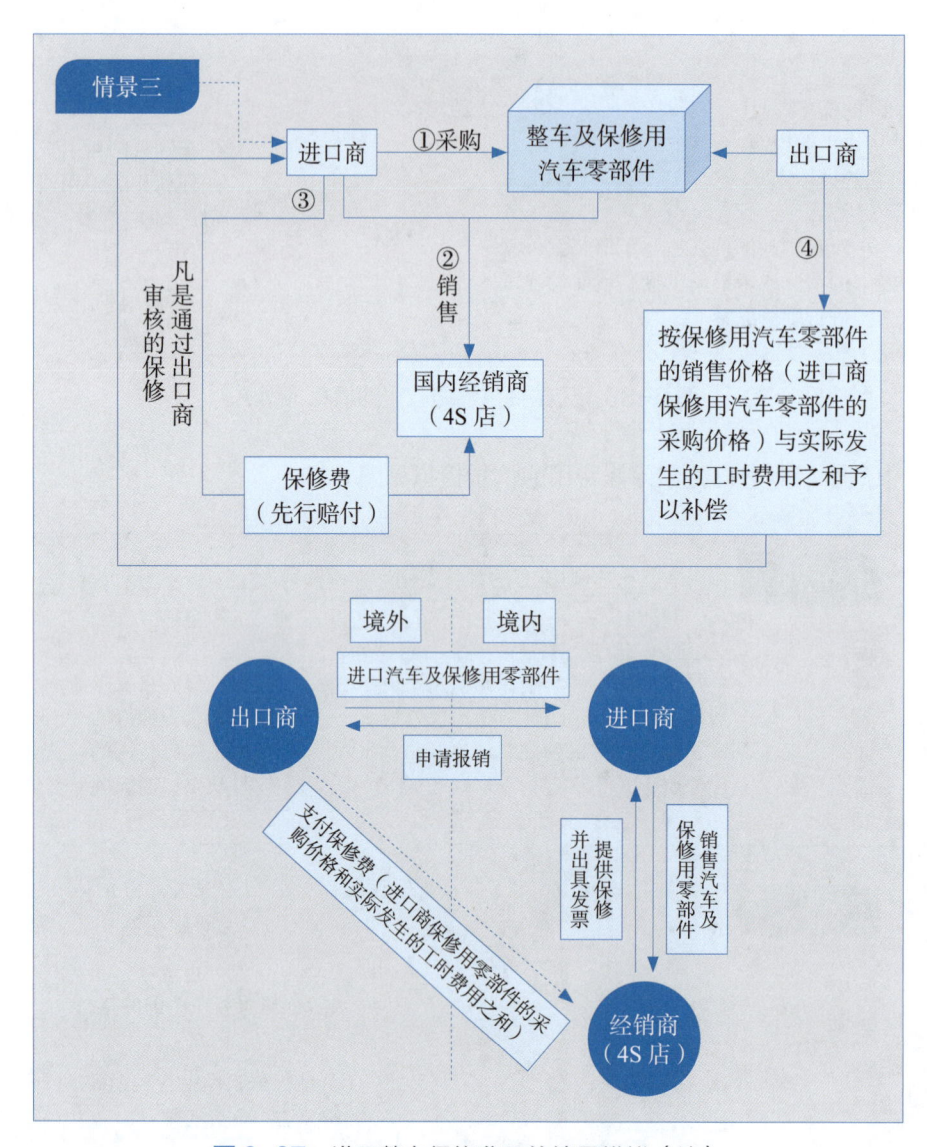

图 6-37 进口整车保修费用的情景模拟（续）

二、法律依据及估价分析

制造业中汽车行业进口整车保修费用的法律依据及估价分析见图 6-38、图 6-39。

根据《确价办法》 → 第七条 进口货物的成交价格，是指卖方向中华人民共和国境内销售该货物时买方为进口该货物向卖方实付、应付的，并且按照本章第三节的规定调整后的价款总额，包括直接支付的价款和间接支付的价款

图 6-38 进口整车保修费用的法律依据

第六章 特许权使用费应用场景

情景一中

保修费用有两种情形
- 保修费用已包含在进口货物的计税价格中
- 进口商自发决定承担保修责任，直接或间接承担成本和保修风险，由进口商自己从事的活动，不构成实付或应付价格的一部分

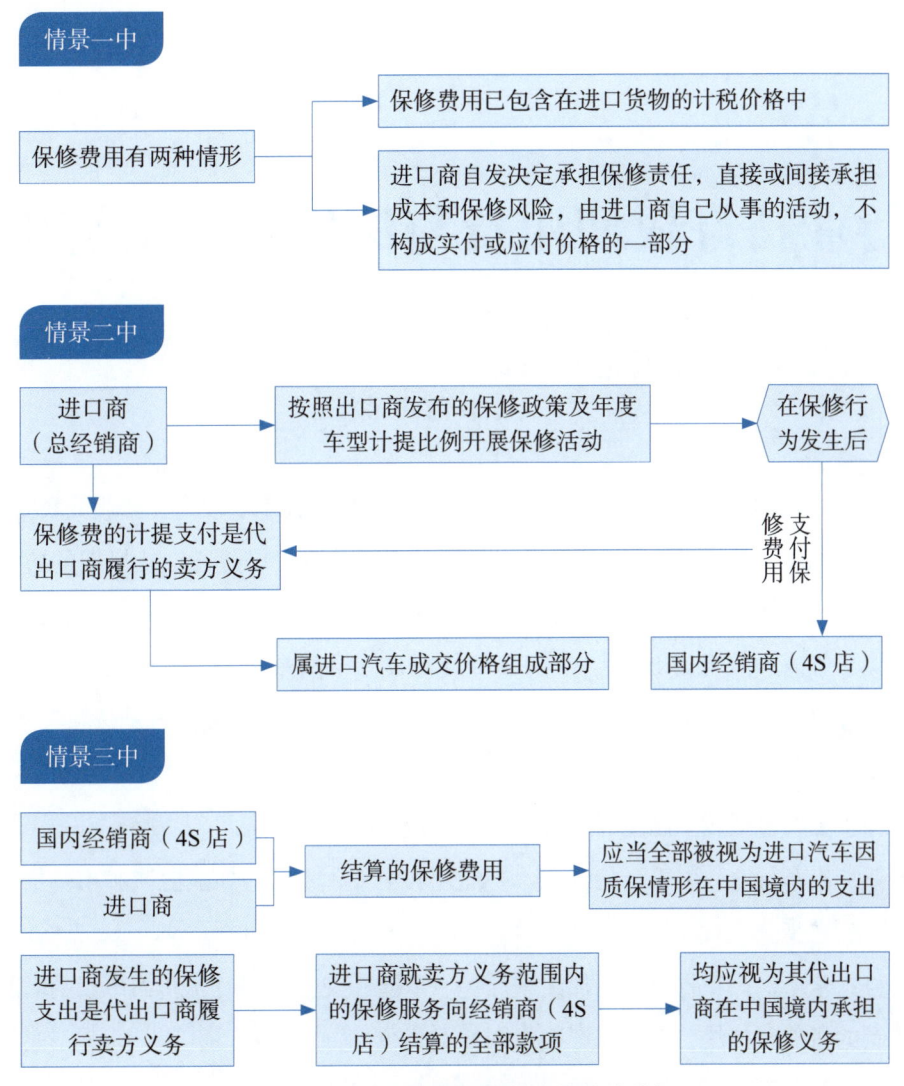

情景二中

进口商（总经销商）→ 按照出口商发布的保修政策及年度车型计提比例开展保修活动 → 在保修行为发生后

保修费的计提支付是代出口商履行的卖方义务 ← 支付保修费用

属进口汽车成交价格组成部分

国内经销商（4S店）

情景三中

国内经销商（4S店）、进口商 → 结算的保修费用 → 应当全部被视为进口汽车因质保情形在中国境内的支出

进口商发生的保修支出是代出口商履行卖方义务 → 进口商就卖方义务范围内的保修服务向经销商（4S店）结算的全部款项 → 均应视为其代出口商在中国境内承担的保修义务

图 6-39　进口整车保修费用的估价分析

三、结论

情景一的保修费用已包含在进口货物的计税价格中，或保修费用不构成进口货物实付或应付价格的组成部分，不应计入进口货物计税价格。情景二、三的保修费用均构成进口货物实付或应付价格的组成部分，应当计入进口货物计税价格。

第十三节
汽车行业特许权使用费与保修费估价解析

一、汽车行业概况

汽车行业是全球经济的重要支柱产业，具有涉及范围广、技术要求高、产业关联度高的特点。

发展历程：汽车行业起源于19世纪末，经历了多个关键发展阶段。从早期的仿制和组装到现代的规模化生产和技术创新，汽车行业不断发展壮大。

市场规模：全球汽车市场庞大，产销量持续增长。中国汽车工业协会数据显示，2023年，我国新能源汽车产销量分别达958.7万辆和949.5万辆，同比分别增长35.8%和37.9%，市场占有率达31.6%。

产业结构：主要包括整车制造、零部件生产、汽车经销三大板块。

技术创新：汽车行业致力于可持续性、智能化和个性化发展。新能源汽车市场增长迅速，自动驾驶技术不断进步。

市场趋势：未来，汽车行业将更加注重环保、节能和安全。同时，新兴市场的崛起也将为汽车行业带来新的机遇和挑战。汽车生产线见图6-40。

图6-40 汽车生产线

二、行业定价政策

汽车行业的定价政策通常会受到多种因素的影响，包含以下几个方面：

市场需求和竞争：汽车厂商会根据市场需求和竞争情况来制定价格。如果市场需求旺盛，竞争激烈，厂商可能会采取较低的价格来吸引消费者；反之，如果市场需求不足，厂商可能会提高价格以保持利润。

成本：汽车的生产成本包括原材料、劳动力、研发等方面的费用。厂商通常会根据成本来确定价格，以确保能够覆盖成本并获得利润。

品牌和定位：汽车品牌和车型的定位也会影响价格。高端品牌和豪华车型通常会定价较高，而经济型车型则会相对较低。

消费者心理：消费者对价格的敏感度和心理预期也会影响定价。厂商可能会采用定价策略来满足消费者的心理需求，例如，定价尾数为"999"或采用套餐定价等。

政策法规：政府的政策法规也可能对汽车定价产生影响。例如，政府可能会对新能源汽车给予补贴或优惠政策，以鼓励其发展。

地区差异：不同地区的市场需求、消费水平和竞争情况可能不同，汽车价格也可能存在地区差异。

三、应用场景

（一）进口货物含有研发费用案例

1. 贸易流程

进口货物及研发贸易流程见图 6-41。

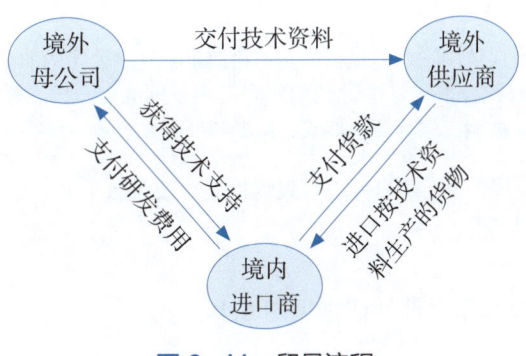

图 6-41　贸易流程

2. 技术开发协议条款

技术开发协议条款主要内容见图 6-42。

授权条款：境外母公司同意向境内进口商履行下列研发服务：设计、重新设计或改进零部件；设计和完善样品；准备工程和测试规范、流程表、材料清单以及建议使用的原材料；提供零部件图纸和装配图；必要生产设备的描述

支付条款：作为开发服务的对价，境内进口商应向境外母公司支付研发费用。研发费用相当于境外母公司为提供服务而发生的实际成本和费用外加双方根据经合组织转让定价指导文件所作的基准分析得出的合理利润（X%）。该报酬应包括境外母公司提供服务时实际发生的直接和间接成本，包括但不限于：人工工资、社保缴费及其他管理成本、与所提供服务相关的差旅费、专用材料及设备成本和必要的外购服务成本

研发内容：技术研究准备；设计和制图的进一步完善；软件和硬件工程；对于设计验证和流程验证的测试准备和支持；对于技术的咨询和服务

终止条款：本协议终一旦终止，研发服务终止且境内进口商应当立即迅速停止生产合同产品，并迅速归还境外母公司所有的一切和技术相关的文件和保密信息

图 6-42　技术开发协议条款

3. 采购框架协议条款

采购框架协议条款主要内容见图 6-43。

保证条款：境外供应商保证每个采购订单所涉及的所有货物将符合由境外母公司提供给供应商的所有规格、标准、图纸、样品和（或）说明、质量要求、性能要求、形式和功能要求

保密条款：使用境外母公司的信息只为向境内进口商供应货物的目的。"境外母公司的信息"是指境外母公司或其代表或分包商向境外供应商提供的所有技术信息

质量条款：境外供应商向境内进口商提供的货物将满足境外母公司的质量要求。境外供应商保证所有货物都符合采购订单记载的所有说明、标准、图样、样品和描述，包括但不限于：质量、性能、适合度、形式、功能和外观

图 6-43　采购框架协议条款

4. 供应商管理文件

供应商管理文件的进口产品零部件依据见图 6-44。

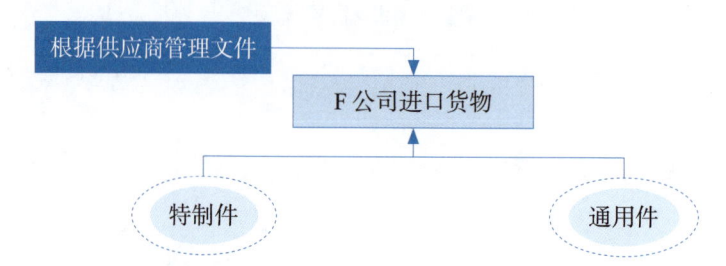

根据供应商管理文件 → F公司进口货物 → 特制件 / 通用件

图 6-44　供应商管理文件的进口产品零部件依据

供应商管理文件的产品特制件与通用件的区别见图 6-45。

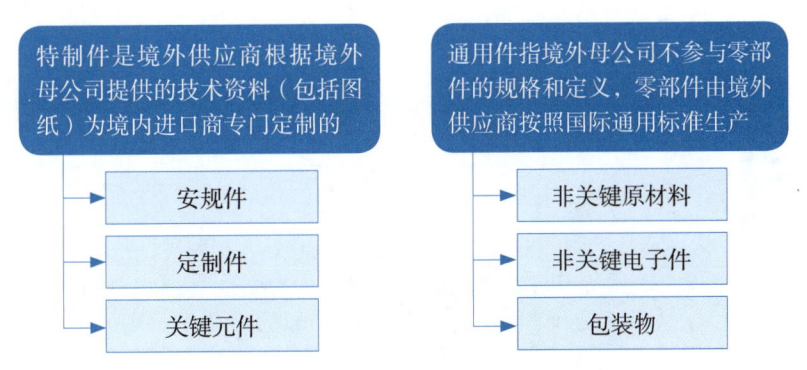

```
┌─────────────────────┐                    ┌─────────────────────┐
│ 特制件是境外供应商根据境外 │                    │ 通用件指境外母公司不参与零部 │
│ 母公司提供的技术资料（包括图 │                    │ 件的规格和定义，零部件由境外 │
│ 纸）为境内进口商专门定制的  │                    │ 供应商按照国际通用标准生产   │
└─────────────────────┘                    └─────────────────────┘
         ├──► 安规件                                 ├──► 非关键原材料
         ├──► 定制件                                 ├──► 非关键电子件
         └──► 关键元件                               └──► 包装物
```

图 6-45 产品特制件与通用件的区别

5. 估价结论

估价结论见图 6-46。

> **估价结论**
>
> 进口商支付的研发费与进口货物的特制件相关，且构成销售条件，应计入相关进口货物的计税价格

图 6-46 估价结论

（二）进口商品技术资料入股案例

1. 基本情况

境内外买卖双方关系见图 6-47。

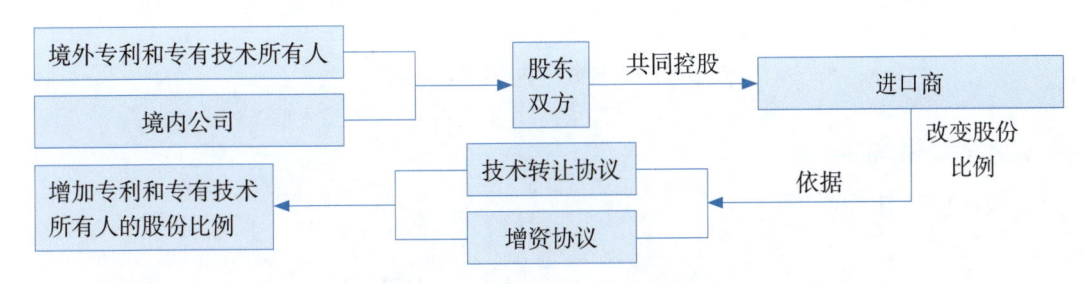

图 6-47 境内外买卖双方关系

境外卖方技术入股见图 6-48。

```
非现金出资的形式
    ↓
以技术转让协议中规定的专有技术、技术文件和工业产权入股
    ↓
上述专有技术、技术文件和工业产权用于生产进口货物
```

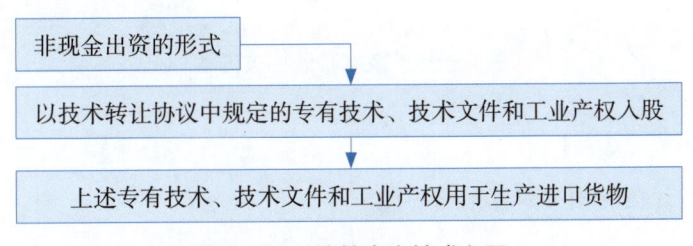

图 6-48 境外卖方技术入股

245

2. 技术转让协议和增资协议的关键条款

买卖双方技术协议关键条款见图 6-49。

```
双方股份     ┌─ 作为公司仅有的两个股东方，双方同意该公司注册资本以非现
资本增加    ─┤   金出资的形式，由人民币 X1 亿元，增至人民币 X2 亿元
及注资       │
             └─ 在注资之日，专利和专有技术所有人应以授权许可的形式，向
                进口商注册注资价值为（X2–X1）亿元人民币（注入资产），
                使用技术转让协议中规定的专有技术、技术文件和工业产权制
                造和销售合同产品，该许可证总价值应为人民币 Y 元
```

图 6-49 买卖双方技术协议关键条款

3. 增资评估报告相关条款

增资评估报告相关条款见图 6-50。

```
专利和专有技术所有人以授权许可的形式将专有技术的使用权转让给进口商，
实现对进口商的增资
                            ↓
根据双方约定，上述授权许可的专有技术为技术使用权，该使用权包括：在
国内制造、销售合同产品及其零部件的独占性权利
                            ↓
上述技术使用权进口商不可转让和不可再许可第三方制造、销售技术许可合
同约定的产品
```

图 6-50 增资评估报告相关条款

4. 技术转让相关内容

技术转让相关内容见图 6-51。

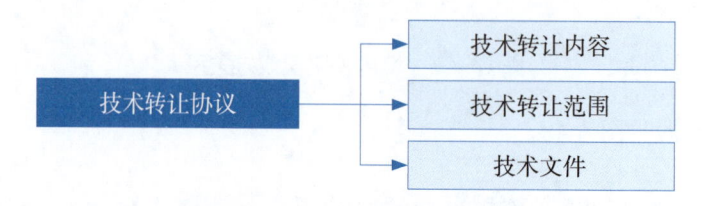

```
                    ┌─ 技术转让内容
技术转让协议 ───────┼─ 技术转让范围
                    └─ 技术文件
```

图 6-51 技术转让相关内容

（三）规划服务费、设计费

规划服务费、设计费的相关内容见图 6-52。

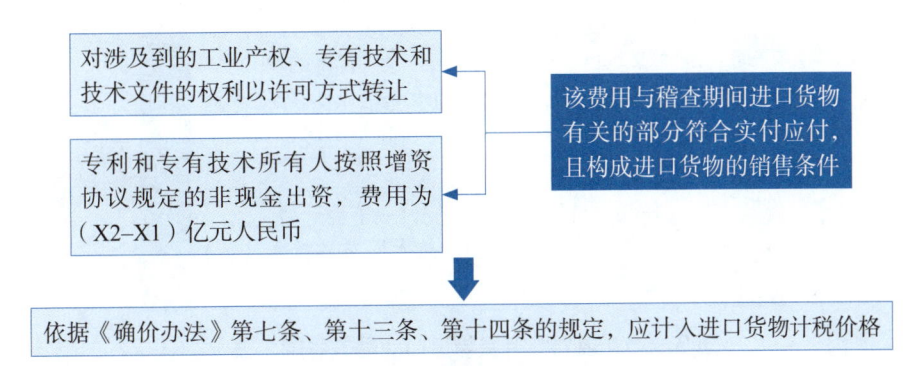

对涉及到的工业产权、专有技术和技术文件的权利以许可方式转让

专利和专有技术所有人按照增资协议规定的非现金出资，费用为（X2–X1）亿元人民币

该费用与稽查期间进口货物有关的部分符合实付应付，且构成进口货物的销售条件

依据《确价办法》第七条、第十三条、第十四条的规定，应计入进口货物计税价格

图 6-52　规划服务费、设计费

1. 基本情况

产品总装生产线见图 6-53。

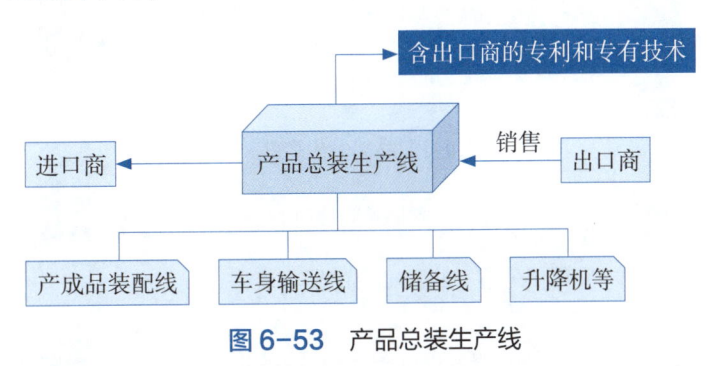

含出口商的专利和专有技术

进口商 ← 产品总装生产线 ← 销售 ← 出口商

产成品装配线　车身输送线　储备线　升降机等

图 6-53　产品总装生产线

规划服务费与进口商品关系见图 6-54 至图 6-56。

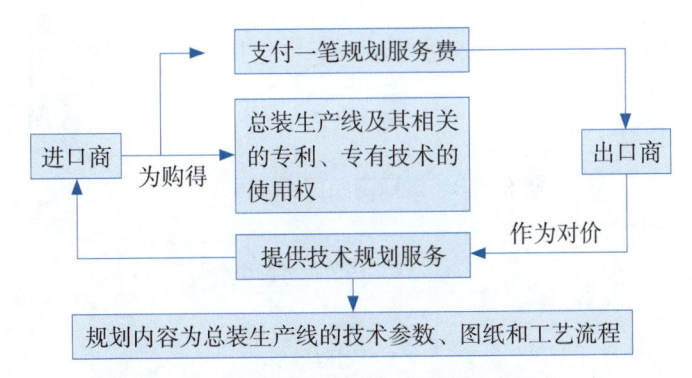

进口商 — 支付一笔规划服务费 → 出口商

为购得 总装生产线及其相关的专利、专有技术的使用权

提供技术规划服务　作为对价

规划内容为总装生产线的技术参数、图纸和工艺流程

图 6-54　规划服务费与进口商品关系图（一）

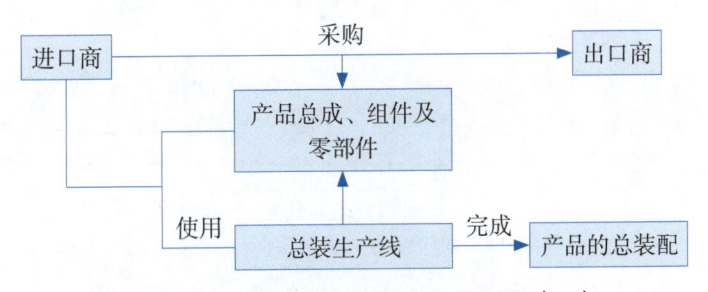

进口商 — 采购 → 出口商

产品总成、组件及零部件

使用 总装生产线 完成 产品的总装配

图 6-55　规划服务费与进口商品关系图（二）

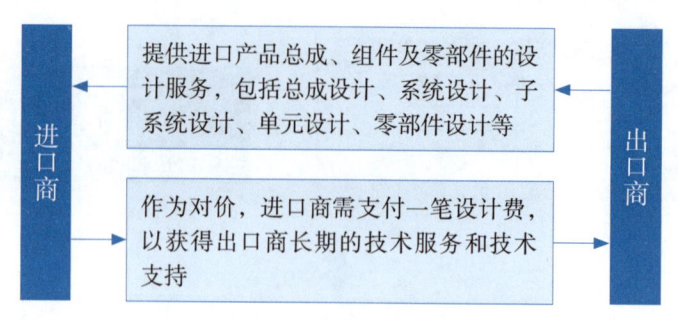

图 6-56　规划服务费与进口商品关系图（三）

2. 贸易流程

进口商品的贸易流程见图 6-57 至图 6-59。

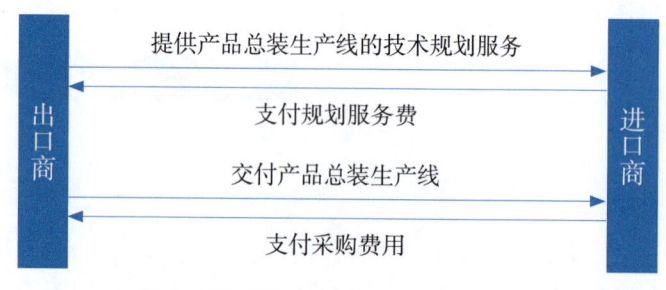

图 6-57　进口商品的贸易流程（一）

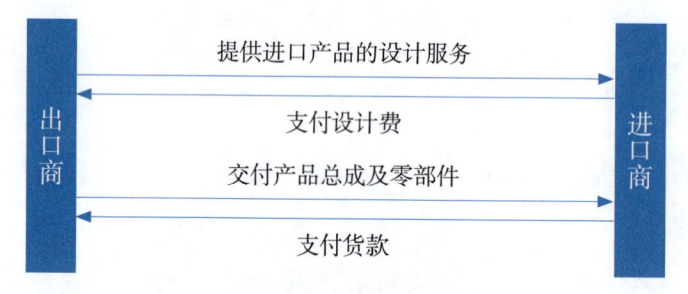

图 6-58　进口商品贸易流程（二）

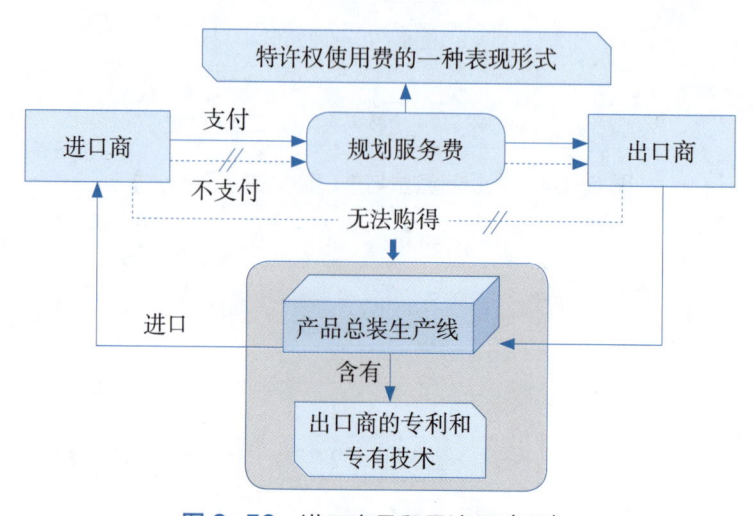

图 6-59　进口商品贸易流程（三）

248

设计费与进口商品关系见图 6-60。

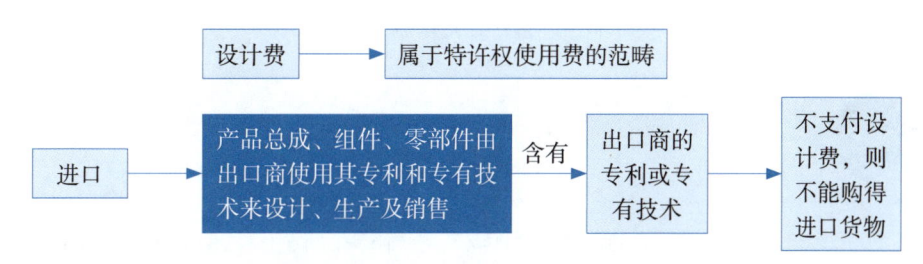

图 6-60 设计费与进口商品关系

3. 估价结论

规划服务费与进口总装生产线相关，设计费与进口产品总成、组件、零部件相关，且都构成销售条件，应分别计入对应进口货物的计税价格。

（四）技术转让费案例

1. 股权构成

股权构成见图 6-61。

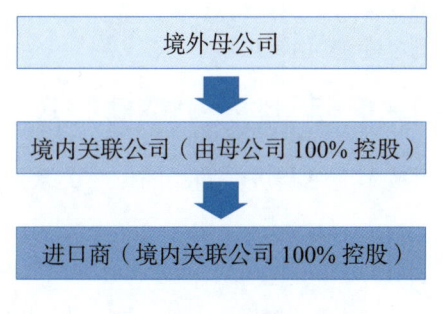

图 6-61 股权构成

2. 贸易流程

贸易流程见图 6-62。

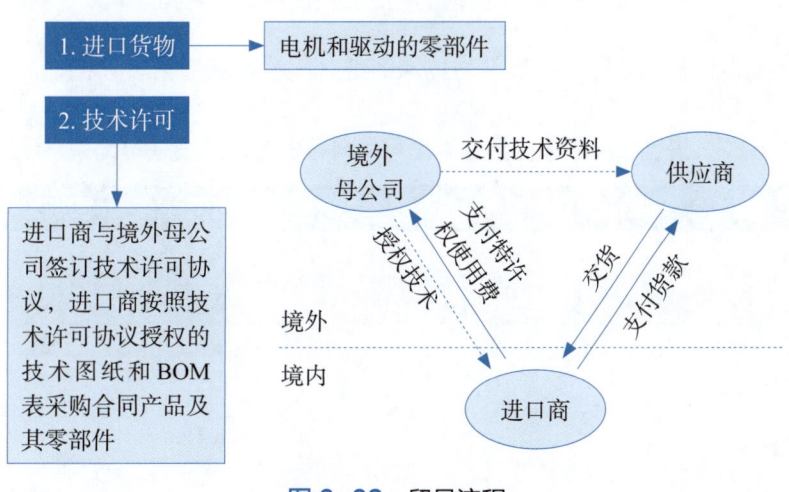

图 6-62 贸易流程

3. 特许权使用费的应税审查

特许权使用费的应税审查下技术许可协议相关条款见图 6-63。

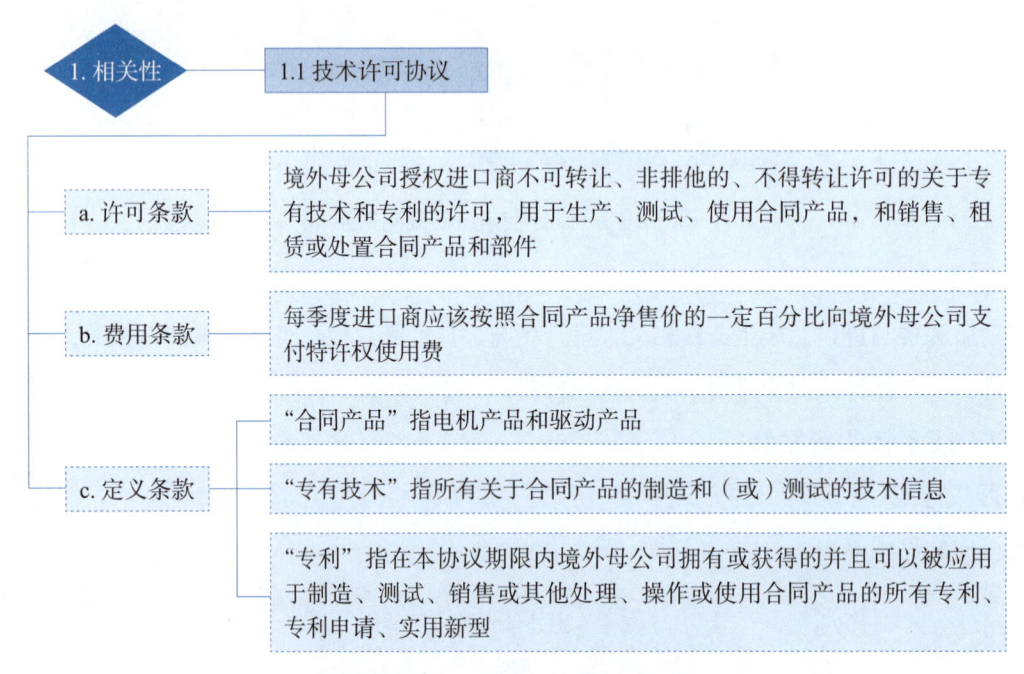

```
1. 相关性 ── 1.1 技术许可协议
           │
           ├── a. 许可条款：境外母公司授权进口商不可转让、非排他的、不得转让许可的关于专有技术和专利的许可，用于生产、测试、使用合同产品，和销售、租赁或处置合同产品和部件
           │
           ├── b. 费用条款：每季度进口商应该按照合同产品净售价的一定百分比向境外母公司支付特许权使用费
           │
           └── c. 定义条款：
                "合同产品"指电机产品和驱动产品
                "专有技术"指所有关于合同产品的制造和（或）测试的技术信息
                "专利"指在本协议期限内境外母公司拥有或获得的并且可以被应用于制造、测试、销售或其他处理、操作或使用合同产品的所有专利、专利申请、实用新型
```

图 6-63　技术许可协议相关条款

特许权使用费的应税审查下技术图纸与进口商品的比对关系见图 6-64。

1.2 技术图纸与进口商品的比对关系

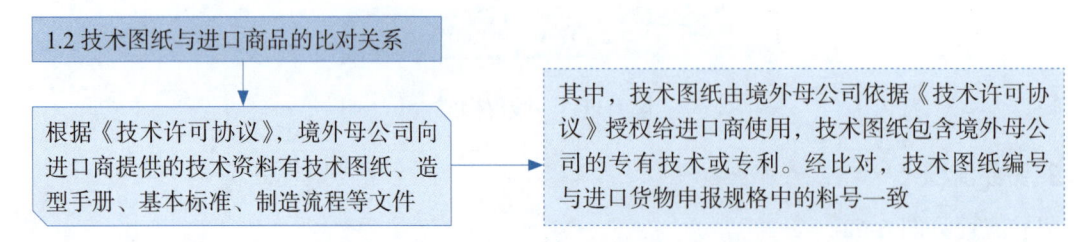

根据《技术许可协议》，境外母公司向进口商提供的技术资料有技术图纸、造型手册、基本标准、制造流程等文件

其中，技术图纸由境外母公司依据《技术许可协议》授权给进口商使用，技术图纸包含境外母公司的专有技术或专利。经比对，技术图纸编号与进口货物申报规格中的料号一致

图 6-64　技术图纸与进口商品的比对关系

进出口商品报验品名、型号（料号）与技术图纸对比关系示例见表 6-2。

表 6-2　进出口商品报验品名、型号（料号）与技术图纸对比关系示例

序号	进口商品申报品名	申报型号	图纸编号	图纸所有人
1	电机	X1	X1	S 公司
2	高速电力机车用 IGBT 模块	X2	X2	S 公司
3	变频调速装置	X3	X3	S 公司
4	绝缘门极晶体管	X4	X4	S 公司
5	电路板	X5	X5	S 公司

表 6-2续

序号	进口商品申报品名	申报型号	图纸编号	图纸所有人
6	电机用定子总成	X6	X6	S公司
7	高速电力机车用双辅助变流器	X7	X7	S公司
8	电源板	X8	X8	S公司
9	电机用转子总成	X9	X9	S公司
10	逆变柜	X10	X10	S公司
11	电抗器	X11	X11	S公司
12	电缆	X12	X12	S公司
13	螺栓	X13	X13	S公司
14	螺母	X14	X14	S公司

特许权使用费与进出口商品"相关性"确认过程见图 6-65。

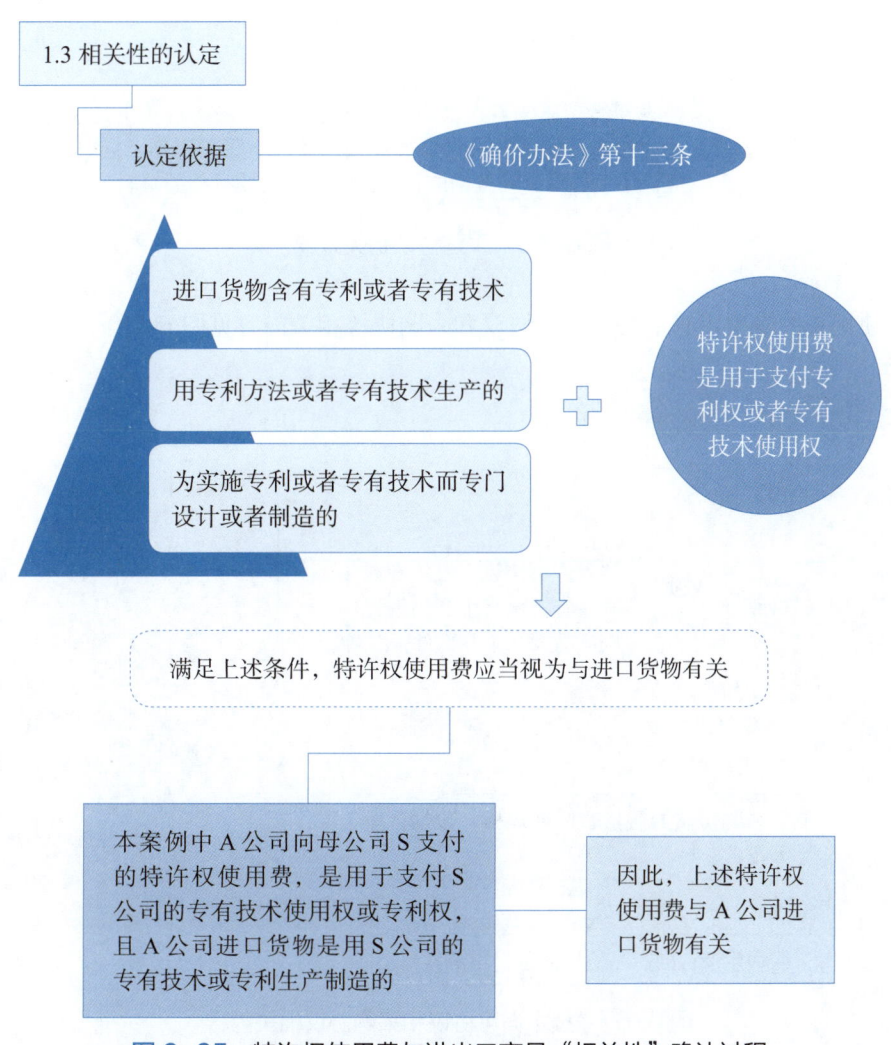

1.3 相关性的认定

认定依据 —— 《确价办法》第十三条

- 进口货物含有专利或者专有技术
- 用专利方法或者专有技术生产的
- 为实施专利或者专有技术而专门设计或者制造的

+

特许权使用费是用于支付专利权或者专有技术使用权

⇩

满足上述条件，特许权使用费应当视为与进口货物有关

本案例中A公司向母公司S支付的特许权使用费，是用于支付S公司的专有技术使用权或专利权，且A公司进口货物是用S公司的专有技术或专利生产制造的

因此，上述特许权使用费与A公司进口货物有关

图 6-65 特许权使用费与进出口商品"相关性"确认过程

特许权使用费的应税审查下采购协议相关条款见图 6-66。

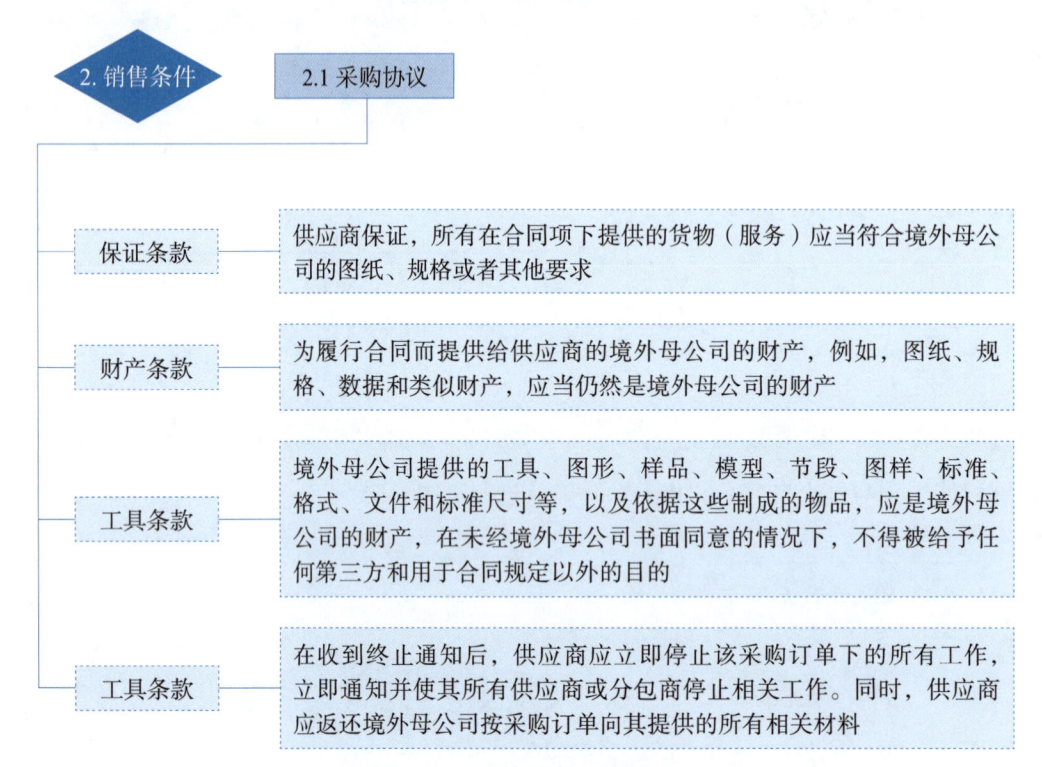

2. 销售条件 — 2.1 采购协议

- **保证条款**：供应商保证，所有在合同项下提供的货物（服务）应当符合境外母公司的图纸、规格或者其他要求
- **财产条款**：为履行合同而提供给供应商的境外母公司的财产，例如，图纸、规格、数据和类似财产，应当仍然是境外母公司的财产
- **工具条款**：境外母公司提供的工具、图形、样品、模型、节段、图样、标准、格式、文件和标准尺寸等，以及依据这些制成的物品，应是境外母公司的财产，在未经境外母公司书面同意的情况下，不得被给予任何第三方和用于合同规定以外的目的
- **工具条款**：在收到终止通知后，供应商应立即停止该采购订单下的所有工作，立即通知并使其所有供应商或分包商停止相关工作。同时，供应商应返还境外母公司按采购订单向其提供的所有相关材料

图 6-66　采购协议相关条款

特许权使用费的应税审查下技术许可协议和采购协议相关内容见图 6-67。

2.2 技术许可协议和采购协议

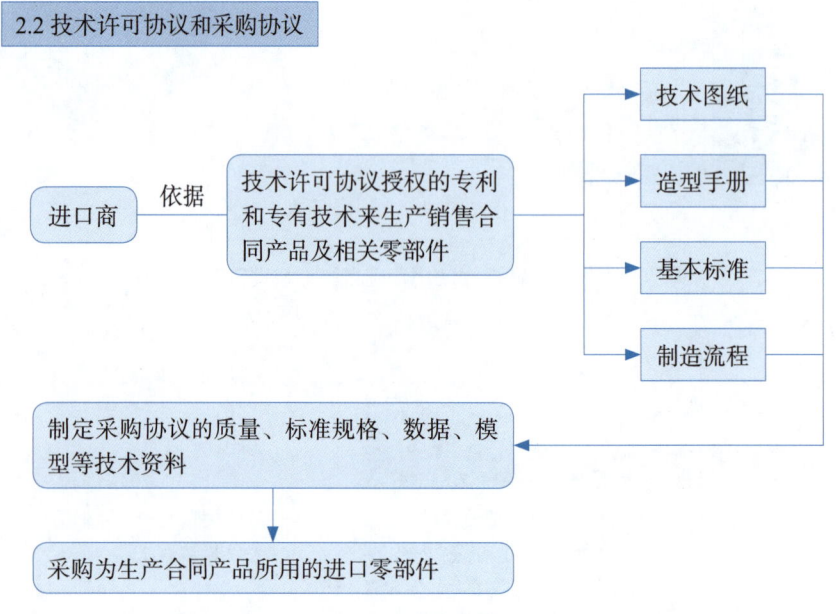

进口商 —依据→ 技术许可协议授权的专利和专有技术来生产销售合同产品及相关零部件 → 技术图纸 / 造型手册 / 基本标准 / 制造流程 → 制定采购协议的质量、标准规格、数据、模型等技术资料 → 采购为生产合同产品所用的进口零部件

图 6-67　技术许可协议和采购协议相关内容

特许权使用费的应税审查下《海关估价纲要》关于销售条件的规定相关内容见图 6-68。

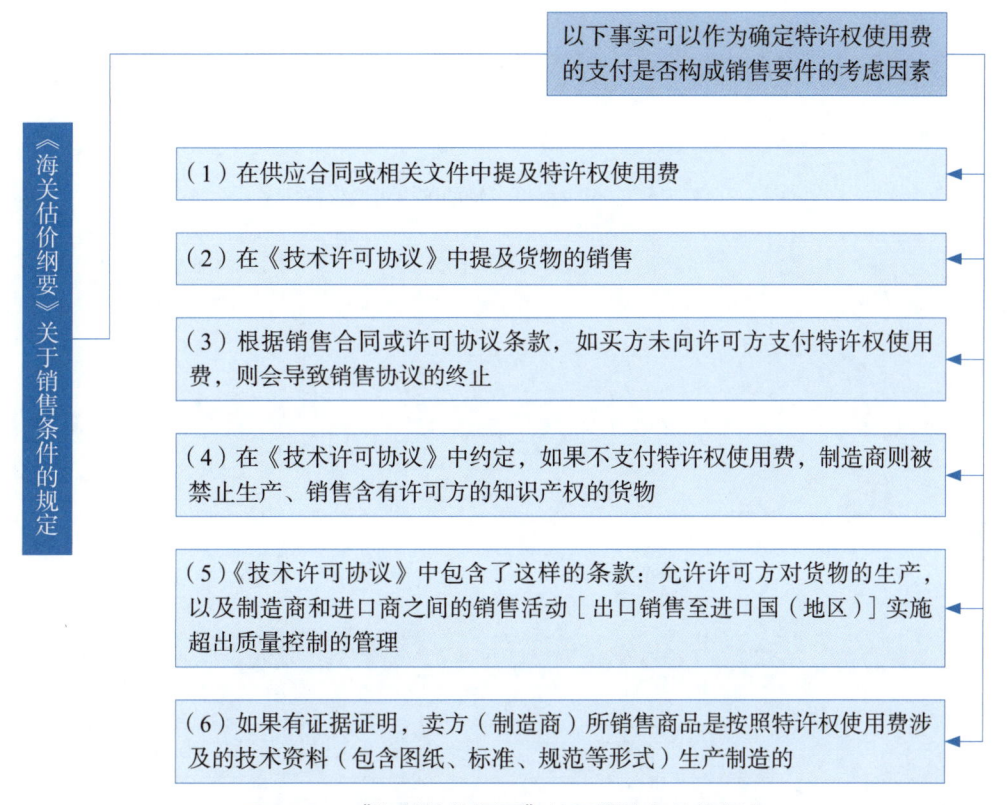

```
《海关估价纲要》关于销售条件的规定

以下事实可以作为确定特许权使用费的支付是否构成销售要件的考虑因素

（1）在供应合同或相关文件中提及特许权使用费

（2）在《技术许可协议》中提及货物的销售

（3）根据销售合同或许可协议条款，如买方未向许可方支付特许权使用费，则会导致销售协议的终止

（4）在《技术许可协议》中约定，如果不支付特许权使用费，制造商则被禁止生产、销售含有许可方的知识产权的货物

（5）《技术许可协议》中包含了这样的条款：允许许可方对货物的生产，以及制造商和进口商之间的销售活动［出口销售至进口国（地区）］实施超出质量控制的管理

（6）如果有证据证明，卖方（制造商）所销售商品是按照特许权使用费涉及的技术资料（包含图纸、标准、规范等形式）生产制造的
```

图 6-68 《海关估价纲要》关于销售条件的规定

4. 估价结论

案例估价结论见图 6-69。

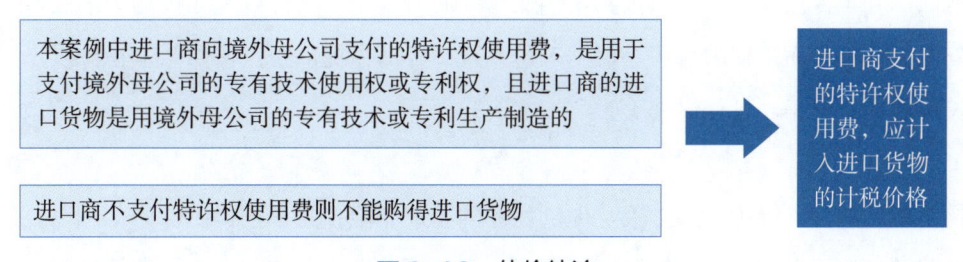

```
本案例中进口商向境外母公司支付的特许权使用费，是用于支付境外母公司的专有技术使用权或专利权，且进口商的进口货物是用境外母公司的专有技术或专利生产制造的

进口商不支付特许权使用费则不能购得进口货物

→ 进口商支付的特许权使用费，应计入进口货物的计税价格
```

图 6-69 估价结论

（五）进口汽车保修费案例

1. 基本情况

进口汽车保修费案例基本情况见图 6-70。

图 6-70 基本情况

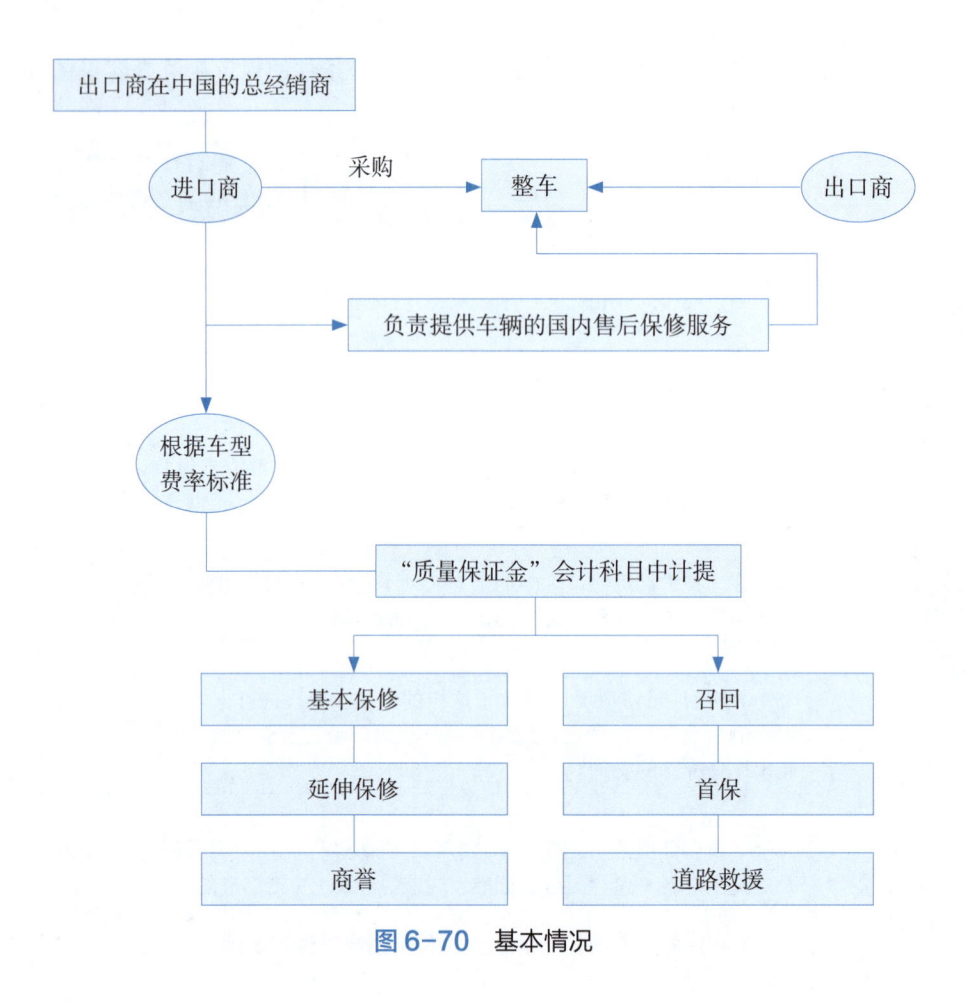

2. 主要保修项目

（1）基本保修和延伸保修

基本保修和延伸保修是指厂商依照车辆保修手册所规定的条件以及相关的中国法律，为消除车辆缺陷或更换部件而采取的行为。根据三包政策，厂商在提供两年保修（基本保修）的基础上，增加延长保修期至三年（延伸保修）。

（2）商誉

商誉是指厂商为了维护品牌形象及提供良好的客户体验，为车辆提供保修范围以外的维修和部件更换服务，用于合理解决在车辆使用期间出现的消费者争议或重大投诉等特殊问题。

（3）召回

根据《缺陷汽车产品召回管理条例》的规定，召回为消除汽车销售以后发现的可能危及人身和财产安全的产品缺陷，或为了提高或保持车辆的性能、安全性、可靠性或持久性而提供的服务。

（4）道路救援

为销售给中国客户的车辆提供道路紧急救援服务，其目的是为了帮助客户解决与所购车辆相关的各种问题，包括拖车、换胎、开锁、电瓶充电和租车(在故障车辆不能及时修复时)等，从而提高客户在国内用车的满意度。

（5）首保

首保是指首次免费保养，是对车辆提供预防养护，包括车辆销售给客户以后的机油更换、机油滤清器更换、常规更换及常规检查等，用以提升品牌的体验度。

3.进口汽车保修费用情景模拟

进口汽车保修费用的情景模拟与前文进口整车保修费用一致，此处不再赘述。

4.保修合同

（1）保修条款

保修义务应遵循出口商规定的适用于合同区域的保修条款。如果总经销商认为应该在合同区域提供更宽泛的保修服务，则应在事先获得出口商同意的情况下提供该保修服务。总经销商按照全球联保手册的规定提供保修服务，手册规定对所有在保修期限内的维修使用特定零部件。所有车辆都应在系统上确认保修期和保修范围。

（2）索赔处理

处理索赔的步骤如下：及时向出口商提交完整的索赔信息，一旦完成维修并提出索赔，总经销商必须通知出口商以便对索赔进行授权。所有价值超过 X 元的索赔都必须进行付款授权。

（3）补偿

出口商按照其制定的费率，补偿总经销商根据协议要求提供的经批准的保修服务。

（4）经销商标准

总经销商应完全满足出口商的经销商标准，并保证在协议期限内持续满足该标准。

（5）经销商标准

上述规定对于免费服务、商誉维修和由出口商负担的车辆召回行为具有同等效力。

5.法律依据及估价分析

法律依据及估价分析与前文制造业中汽车行业进口整车保修费用的法律依据及估价分析一致，此处不再赘述。

6.结论

估价结论与前文制造业汽车行业进口整车保修费用一致，此处不再赘述。

第十四节
集成电路行业特许权使用费与协助费估价解析

一、行业概况

集成电路（Integrated Circuit，"IC"）是指经过氧化、光刻、扩散、外延、蒸铝等半导体制造工艺，把构成具有一定功能的电路所需的半导体、电阻、电容等元件以及它们之间的连接导线全部集成在一小块硅片上，然后焊接封装在一个管壳内的电子器件，其分类见图 6-71。

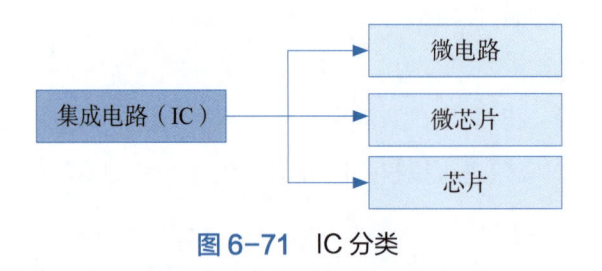

图 6-71　IC 分类

集成电路产业链概览见图 6-72。

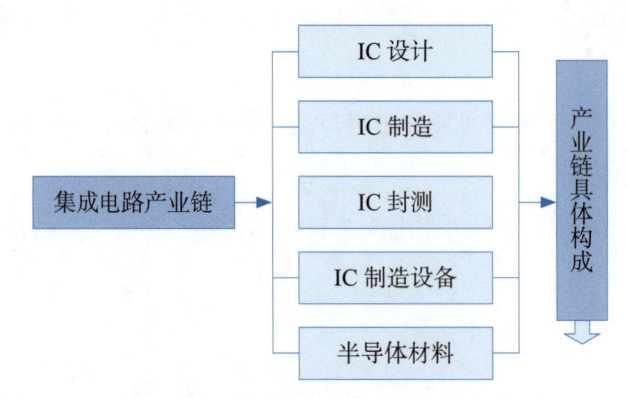

图 6-72　集成电路产业链概览

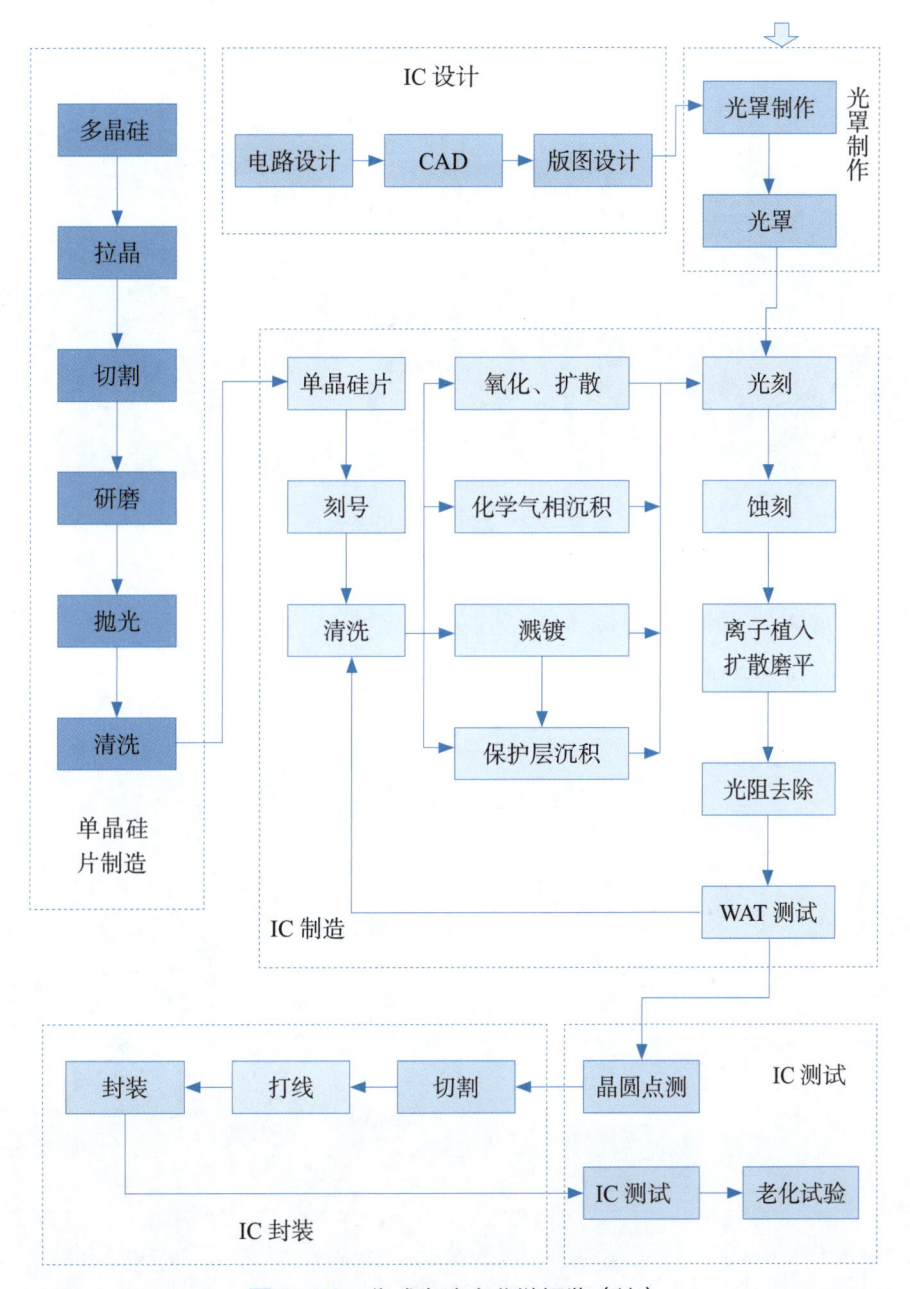

图 6-72 集成电路产业链概览（续）

二、行业定价政策

（一）硬件成本

芯片硬件成本公式如下：

芯片硬件成本＝（晶圆成本＋掩膜成本＋封装成本＋测试成本）/最终成品率。晶圆切割机示意图见图 6-73。

图 6-73 晶圆切割机示意图

（二）设计成本

集成电路设计成本概览见图 6-74。

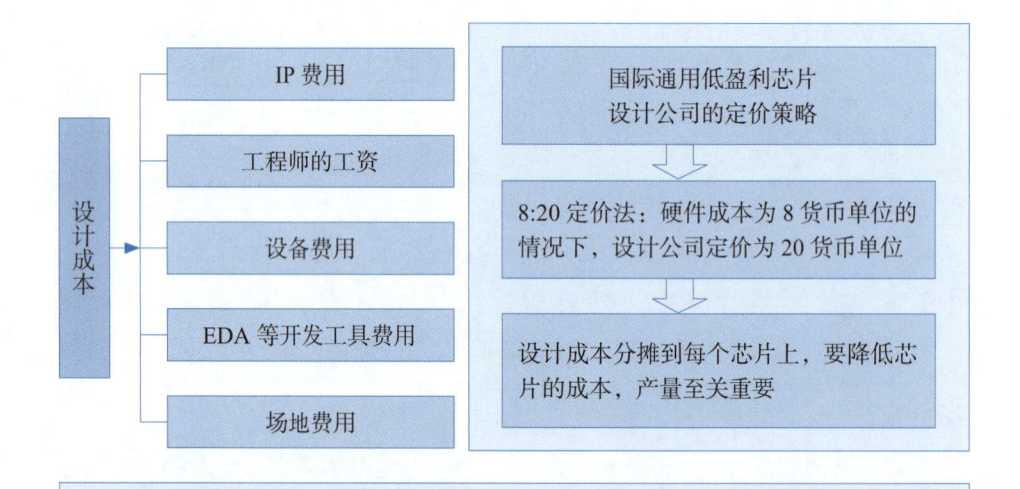

图 6-74 设计成本

集成电路产业链中不同环节的收费模式见图 6-75。在 IP 市场的收费模式中，IP 核向无晶圆厂半导体供应商收取基本授权费和版税。这种模式确保了 IP 核能够从其知识产权中获得收入，同时也为无晶圆厂提供了使用这些 IP 进行生产的合法性。

在集成电路产业链中，晶圆代工厂和无晶圆厂半导体供应商之间的资金流动方向显示，IP核在产业链中扮演着核心角色，通过授权费和版税与晶圆代工厂和无晶圆厂半导体供应商建立经济联系，促进了整个产业链的运作和资金流动。

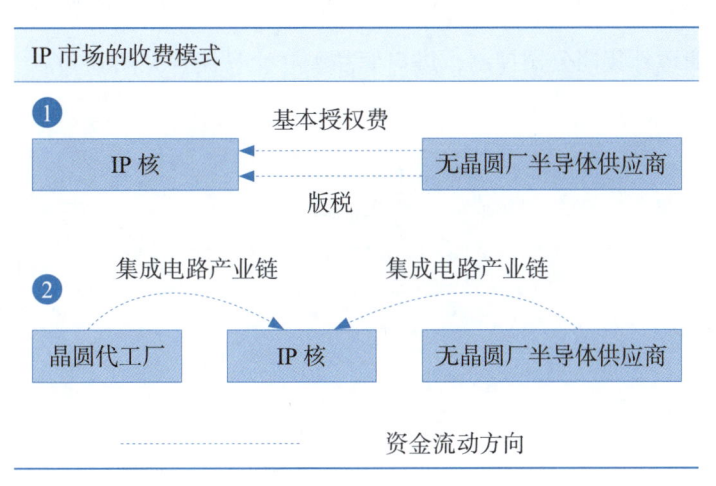

图 6-75　集成电路产业链各环节收费模式

（三）集成电路跨境公司同期资料主要内容

集成电路跨境公司同期资料主要内容见图 6-76。

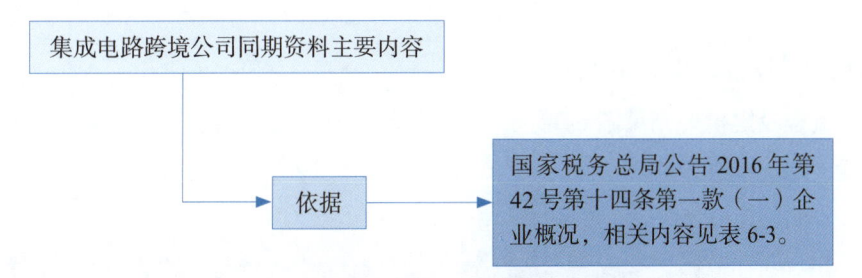

图 6-76　集成电路跨境公司同期资料主要内容

表 6-3　集成电路企业概况内容表

	内容
企业概况内容	1. 组织结构，包括企业各职能部门的设置、职责范围和雇员数量等
	2. 管理架构，包括企业各级管理层的汇报对象及汇报对象主要办公所在地等
	3. 业务描述，包括企业所属行业的发展概况、产业政策、行业限制等影响企业和行业的主要经济和法律问题，主要竞争者等
	4. 经营策略，包括企业各部门、各环节的业务流程，运营模式，价值贡献因素等
	5. 财务数据，包括企业不同类型业务及产品的收入、成本、费用和利润
	6. 涉及本企业或者对本企业产生影响的重组或者无形资产转让情况，以及对本企业的影响分析

三、应用场景

（一）企业关系

进口商是出口商境外集团公司的子公司，负责从集团公司进口产品，在境内再销售给第三方。进口商受出口商境外集团公司控制，进口商品关联交易流程见图6-77。

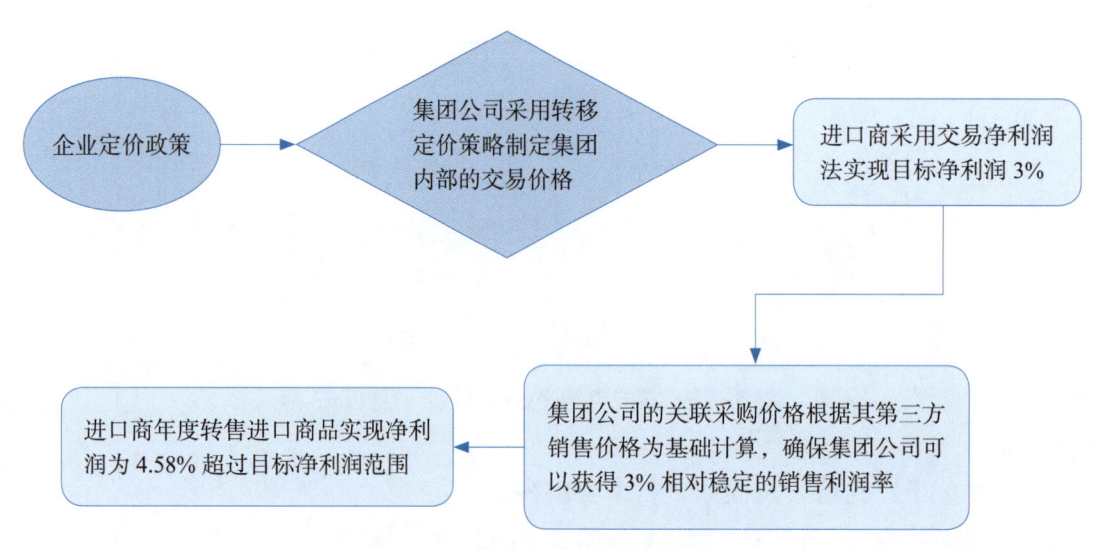

图 6-77 进口商品关联交易流程

（二）分销业务流程及定价原则

分销业务流程及定价原则见图6-78。

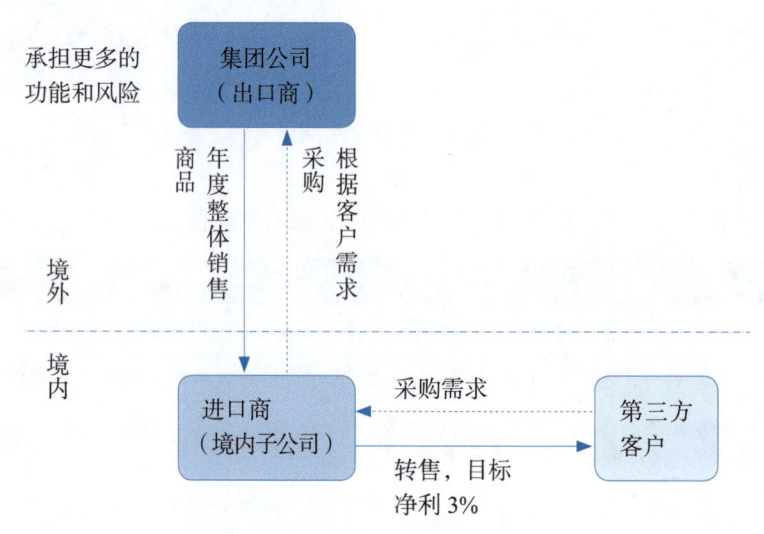

图 6-78 分销业务流程及定价原则

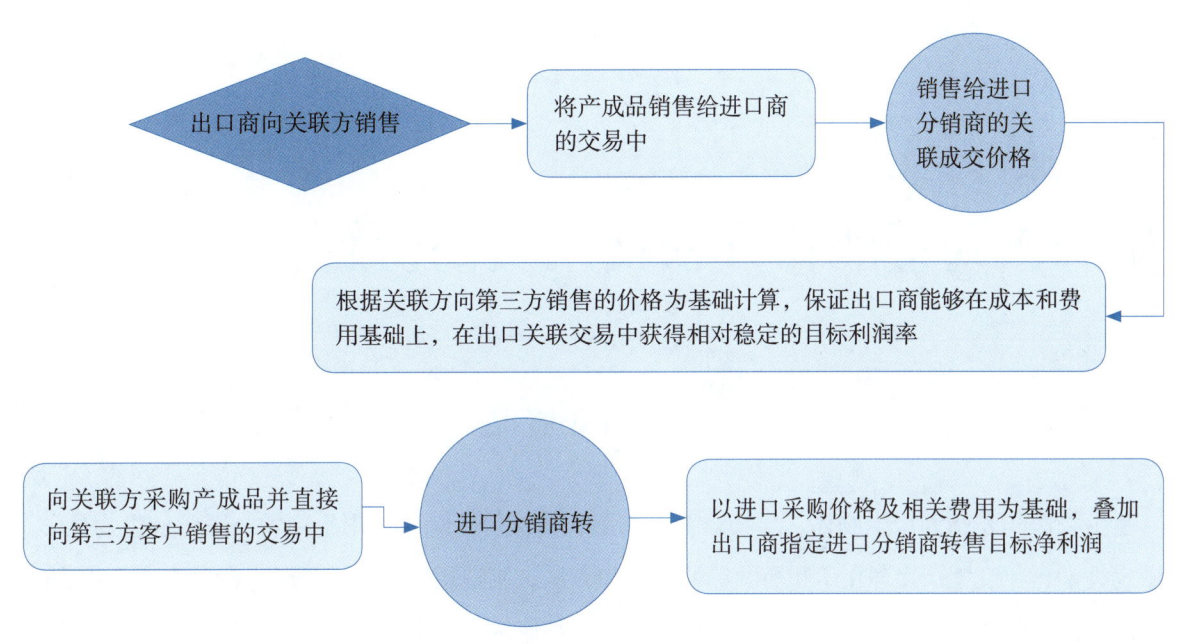

```
出口商向关联方销售 → 将产成品销售给进口商的交易中 → 销售给进口分销商的关联成交价格
根据关联方向第三方销售的价格为基础计算，保证出口商能够在成本和费用基础上，在出口关联交易中获得相对稳定的目标利润率

向关联方采购产成品并直接向第三方客户销售的交易中 → 进口分销商转 → 以进口采购价格及相关费用为基础，叠加出口商指定进口分销商转售目标净利润
```

图 6-78　分销业务流程及定价原则（续）

（三）估价分析

综上可见，出口商境外集团公司向海关反馈进口商年度整体分销业务的关联交易，利用其在某个领域的市场优势，通过进口商进口销售高利润产品和进口销售亏损产品来叠加达到进口商年度分销业务目标利润。因此，进口商的交易利润是以部分商品亏损销售抵减后的利润为基础所得，亏损销售严重背离市场一般规则，是企业特殊情形或特殊战略的考虑，不应该由于其部分进口商品转售净利畸高而掩盖对进口商品成交价格造成严重影响的现象。

根据《确价办法》第十六条、第十七条（二）、第二十三条规定对进口商品重新估价，调整对进口商品成交价格造成实质影响进口商品的计税价格，参照公司转移定价政策按照《确价办法》法定顺序依次选用估价方法进行估价。

（四）估价结论

上述解析恰恰反映了企业整体转移定价策略合理，但部分进口货物的价格却不符合海关估价规定的情况。

在不能使用相同或类似货物价格估价方法时，由于企业能够提供客观详细的倒扣价格需要的，按照进口状态销售给无关的第三方的境内第一销售价格、管理费用、营业费用、运杂费、关税及其他税费等量化数据，因此适用倒扣价格法。

根据估价理由使用倒扣价格法并实施估价，既兼顾了企业自身的转移定价策略和商业水平的差异，又使估价结果在合法的基础上更加合理。

进口商品涉及不同品种及型号，按照《确价办法》第十七条（二）、第二十三条规定对进口商品重新估价。

第十五节
生物医药行业特许权使用费估价解析

一、行业概况

生物医药是指利用生物体、生物组织、细胞、体液等，综合运用生物学、医学、生物化学、微生物学、免疫学、物理化学和药学等的原理和方法，制造用于预防、诊断、治疗和康复疾病的制品、技术和药物的学科。它侧重于从分子水平、细胞水平、个体水平等多个层面研究生物体的生理、病理过程，并开发创新新的治疗方法和药物。

生物医药的范畴广泛，涵盖了基因工程药物、细胞治疗、生物疫苗、抗体药物、蛋白质药物、生物诊断试剂等多个领域。这些产品和技术通常具有高特异性、高效性和低副作用等特点，为人类健康事业的发展提供了新的途径和希望。医疗器械设备见图6-79。

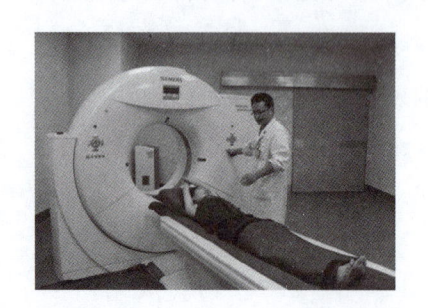

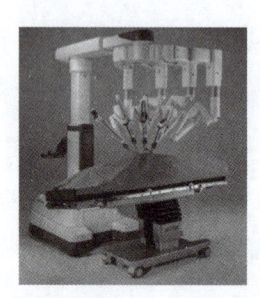

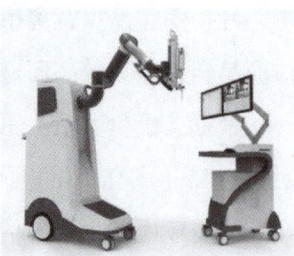

图6-79 医疗器械设备

生物医药行业是一个高度创新、技术密集且具有巨大发展潜力的领域。

在市场规模方面，近年来全球生物医药市场持续增长，受到人口老龄化、慢性疾病增加、对医疗健康需求的提升以及科技进步等因素的推动。

在技术创新方面，基因编辑、细胞治疗、免疫治疗等前沿技术不断取得突破，为疾病的诊断和治疗带来了新的方法和希望。例如，CAR-T细胞疗法在血液肿瘤治疗中显示出显著疗效。研发投入是生物医药行业的重要特点之一。新药研发需要经历漫长的过程，包括临床前研究、临床试验等多个阶段，通常需要耗费大量的资金和时间。

在政策环境方面，各国（地区）政府普遍重视生物医药产业的发展，出台了一系列支持政策，如研发资金支持、税收优惠、加速审批流程等，以促进创新药物的研发和上市。

在产业链方面，包括上游的原材料供应、研发服务，中游的药品生产制造，以及下游的销售和医疗服务等环节。

然而，生物医药行业也面临一些挑战，例如，研发风险高，很多项目在研发过程中可能失败；知识产权保护问题；以及药品价格和可及性等社会关注的焦点问题。

二、行业定价政策

生物医药行业的定价政策受到多种因素的影响，包括但不限于以下几个方面：

成本考量：定价需要覆盖研发成本、临床试验费用、生产和分销成本等。由于生物医药研发投入巨大且风险高，成本回收是定价的重要因素之一。

创新价值：对于具有显著创新和突破性的药物，可能会给予一定的价格溢价，以激励创新和研发投入。

医疗需求和效益：如果药物能够治疗严重或危及生命的疾病，并且带来显著的临床效益，其价格可能相对较高，但也需要在社会可承受范围内。

竞争情况：市场上同类药物的竞争情况会影响定价。竞争激烈时，价格可能受到一定的抑制。

医保政策：医保支付能力和覆盖范围对药品定价有重要影响。药品定价需要考虑医保基金的可持续性和患者的自付负担。

国际参考价格：一些国家（地区）会参考其他国家（地区）同类药品的价格来制定本国（地区）的定价政策。

药物经济学评估：通过评估药物治疗的成本效果、成本效益等，为定价提供科学依据。

社会舆论和伦理考量：公众对药品价格的可接受程度以及伦理道德因素也会在定价决策中被考虑。

三、应用场景

（一）药品技术提成费估价案例（特许权使用费类）

1. 案例基本情况

买方某公司（中国）是卖方某公司（日本）制药株式会社在中国设立的独资生产型企业，其在境内某口岸进口盐酸雷莫司琼注射液和贝前列素钠片等药品的原料粉末和半成品。

根据双方签订的技术协作合同、交易基本合同书以及相关付款凭证。买方自卖方处购买医药品的原料粉末和半成品,其中"原料粉末"是指生产医药品用的化合物,"半成品"是指从"原料粉末"至临床医药品的某一阶段制品,进口实际货物为未配量的散装药。同时,卖方向买方有偿提供相关专有技术,主要包括:

(1)从"原料粉末"制造医药品的制造方法;

(2)医药品制造过程中所使用的各种材料的质量管理标准及其分析方法;

(3)医药品的包装、保管、运输有关的信息;

(4)医药品的药理性、毒性及临床使用的有关信息等。

专有技术费用金额为医药品国内的纯销售额乘以相应的提取比率,其中"纯销售额"是指从总销售额中减去退货、销售折扣后的金额。买方已实际对外支付专有技术费,并未包括在进口货物的成交价格中。

2. 关于特许权使用费是否应计入计税价格的认定

根据《确价办法》第十一条第三款规定,买方需向卖方或有关方直接或间接支付的特许权使用费应当计入计税价格,但是符合下列情形之一的除外:特许权使用费与该货物无关;特许权使用费的支付不构成该货物向中华人民共和国境内销售的条件。海关据此对某公司(中国)支付的特许权使用费进行审查。

(1)特许权使用费是否与进口货物有关

某公司(中国)进口货物为原料粉末和半成品,涉及的特许权属于专有技术。根据《确价办法》第十三条第一款的规定,特许权使用费是用于支付专利权或专有技术使用权,且进口货物属于下列情形之一的:含有专利或专有技术的货物;用专利方法或者专有技术生产的货物;为实施专利或专有技术而专门设计或制造的货物,应视为与进口货物有关。

①与进口原料粉末无关

技术协作合同明确注明"本合同不包括与原料粉末制造有关的专业技巧",因此,原料粉末不符合与进口货物有关的三种情形之一,即特许权使用费支付与进口货物无关。

②部分特许权使用费与进口半成品有关

技术协作合同规定的专有技术包括由原料生产到临床医药品各个阶段的信息和技巧,具体包括 A 从原料粉末制造医药品的制造方法,B 制造过程中的质量管理及分析方法,C 包装、保管、运输有关的信息,D 药理性等临床使用信息。其中进口"半成品"涉及的专有技术为 A 和 B 项,符合"用专利方法或专有技术生产的货物"的条件,应视为与进口货物有关。C 和 D 项属于进口后使用的专有技术,指向最终临床销售的医药品,与进口"半成品"无关。

(2)特许权使用费的支付是否构成进口销售的条件

根据《确价办法》第十四条,买方不支付特许权使用费则不能购得进口货物,或买方不支付特许权使用费则该货物不能以合同议定的条件成交的,应当视为特许权使用费的支付构成进口货物向中华人民共和国境内销售的条件。

某公司（中国）提供的进口货物交易基本合同书中明确规定，根据双方签订的技术协作合同，卖方同意向买方提供原料粉末、半成品；当技术协作合同在合同期间中途结束时，与本合同相对应的原料粉末、半成品也随之全部结束供应。从货物合同中可以看出，某公司（中国）在有偿购买专有技术的前提下，才能自某公司（日本）进口原料粉末和半成品，而且技术合同一旦中止，买方将不能购买进口货物。因此，买方不支付特许权使用费将不能购得进口货物，即特许权使用费的支付构成进口销售的条件。

3. 特许权使用费的分摊计算

鉴于某公司（中国）支付的部分特许权使用费与进口货物有关，且构成进口销售的条件，因此，海关认定应计入计税价格，但需要根据实际情况予以分摊：一是应税的特许权使用费只涉及进口半成品，不包括原料粉末；二是半成品对应的特许权使用费中，进口前从原料制造半成品过程中涉及的制造、质量控制等费用符合计入的条件，进口后包装成最终形状，以及保管、运输、临床使用信息等费用不计入计税价格。

据此，海关对某公司（中国）近三年的账目进行核查，一是要求企业提供涉及进口半成品的医药品纯销售额，对特许权使用费进行分摊，分摊公式为：半成品支付的特许权使用费 = 半成品对应的纯销售额 × 提取比率；二是分别计算出每批进口半成品的 CIF 成本，国内相应发生的医药品的包线、保管、运输及临床使用的信息等费用，确定半成品的应税比例，具体公式为：半成品的应税比例 = 半成品 CIF 成本 /（半成品 CIF 成本 + 医药品包装、保管、运输及临床信息费用）。

企业需要向国家药品监督管理局提交药品的生产工艺、处方、稳定性试验数据、产品质量标准、急性毒性试验数据、长期毒性试验数据、安全性数据、药物代谢的数据等，在指定的临床机构进行临床试验，并组织相关培训。半成品的分包装是一个需要相当工艺水平及大量技术信息的复杂过程，由此产生的包装、试验、临床、培训的费用也约占药品生产总成品的一半。

经海关与企业磋商，确定半成品涉及的特许权使用费比例为 47.38%，最终按照"应税特许权使用费 = 半成品支付的特许权使用费 × 应税比例"补税。

4. 关于是否存在重复征税的问题

海关认定半成品部分的特许权使用费应计入计税价格后，某公司（中国）又提出，一方面特许权使用费已在国内税务局上缴了相应的预提所得税，海关再次对该费用征税应属于对同一课税对象的重复征税；另一方面，某公司（日本）制药株式会社为全球性企业，在世界多个国家（地区）设有分公司，其他国家（地区）均未对该费用实施征税，因此，认为中国海关对该笔费用征税缺乏法律依据。

对此，海关认为根据《关税法》第二十五条和《确价办法》第十一条的规定，特许权使用费是法定计入计税价格的调整项目,本案例中特许权使用费与进口货物有关,且构成进口货物销售条件。因此,特许权使用费纳入计税价格是合法的。

根据《中华人民共和国企业所得税法实施条例》第二十条的规定,企业所得税法第六条第(七)项所称特许权使用费收入,是指企业提供专利权、非专利技术、商标权、著作权以及其他特许权的使用权取得的收入。无形资产,是指不具实物形态但能带来经济利益的资产。本税目的征收范围包括:转让土地使用权、转让商标权、转让专利权、转让非专利技术、转让著作权、转让商誉。因此,所得税的纳税人是在中国境内出售特许权使用费并取得收入的那一方,即本案中的某公司(日本)。

根据上述分析,所得税的客税对象为无形资产,纳税人为某公司(日本)。而海关特许权使用费的客税对象为进口药品(半成品),纳税业务人则为某公司(中国)。从营业执照及企业章程来看,两个公司是完全独立的法人实体,因此,海关征收特许权使用费是合理的,不存在重复征税的问题。

同时,某公司(中国)在中国开展营业活动,应遵守《确价办法》,对符合规定的特许权使用费应依法纳税,其他国家是否征税不能作为中国海关执法的依据。

5. 相关说明

海关在审核特许权使用费时普遍存在两个难点,一是如何认定特许权使用费的支付构成进口销售的条件;二是如何对应税的特许权使用费进行分摊。

(1)如何认定特许权使用费的支付构成进口销售的条件

特许权使用费计入计税价格应同时满足两个条件,一是与进口货物有关,二是特许权使用费的支付构成销售的条件。在估价实践中,海关首先需要明确特许权种类,进而按照《确价办法》第十一条的规定,确定特许权使用费是否与进口货物有关。然而,其中的难点在于如何确定费用的支付构成货物销售的条件。目前海关很难在技术合同中直接发现明示性的条款,必须通过条款间的逻辑关系推导出相关结论。本案例中,技术协作合同未体现任何构成销售条件的条款,海关通过审核货物交易基本合同书的相关条款,最终得出"有偿获得专有技术构成销售货物的条件"。

(2)如何对应税的特许权使用费进行分摊

很多情况下,进口商对外支付的特许权使用费只有部分应当计入计税价格,如应税的特许权使用费只涉及部分进口货物,或特许权使用费只有部分符合计入的要件,这就要求海关在审核过程中加强与纳税人的沟通。根据《确价办法》第四十二条的规定,纳税人向海关申报时,应当按照本办法的有关规定,如实向海关提供发票、合同、提单、装箱清单等单证。根据海关要求,纳税人还应当如实提供与货物买卖有关的支付凭证以及证明申报价格真实、准确的其他商业单证、书面资料和电子数据。货物买卖中发生本办法第二章第三节所列的价格调整项目的,或者发生本办法三十五条所列的运输及其相关费用的,纳税人应当如实向海关申报。

本案例中，进口货物为原料粉末和半成品，专有技术包括从原料制造半成品过程中涉及的制造、质量控制等费用，到进口后包装成最终形状，以及保管、运输、临床使用信息等费用。海关通过严格审核技术协作合同，明确各个环节的工艺技术，按照费用的实际指向，根据进口货物的状态，区分应税的技术费用。同时在实际操作中加强与进口商的沟通，依据公认会计原则，以实际发生的成本、费用为基础，予以分摊。

工艺技术流程具体情况见图 6-80。

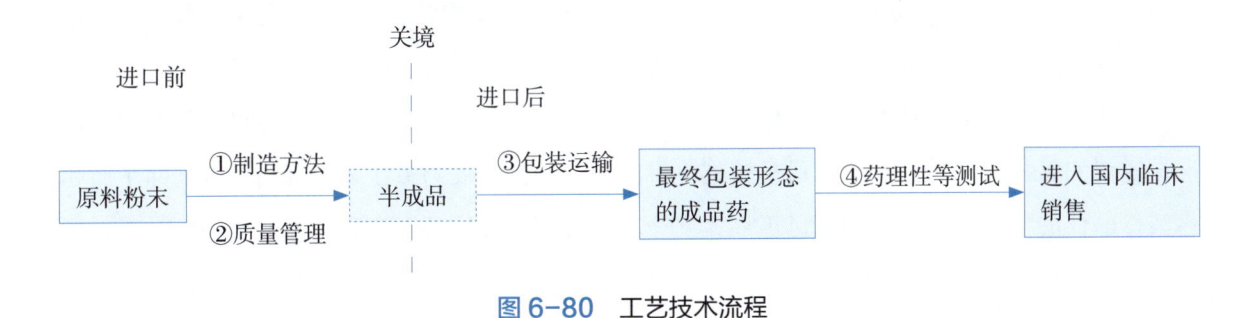

图 6-80 工艺技术流程

（二）超声波诊断仪特许权使用费估价案例（特许权使用费类）

1. 案例企业基本情况

GW 公司（以下简称"GW"）是一家以开发、生产和销售中高档超声波诊断仪、病员监护仪、核磁共振等医疗产品为主的中外合资公司。

G 美国公司（以下简称"G 美国"）是一家专注于高档医疗产品研发的美国公司，从事医疗设备和系统技术管理、许可使用，拥有众多产品知识产权。

GS 公司（以下简称"GS"）是专门负责集团电气医疗产品在中国境内销售的公司。

上述三家企业均为同一集团内的关联企业。

Y 公司是在国内某综合保税区投资设立的外商独资企业，主要从事生产和加工数字投影仪、液晶监视器、背投电视机、数码相机及其使用的主机板、控制板等，并从事售后服务。Y 公司与上述三家企业无任何特殊关系，系 GW 的代工厂之一。

2. 交易流程

GW 是进口交易的买方，向 Y 公司采购彩色超声波诊断仪。

Y 公司是进口交易的卖方，G 美国指定其负责超声波诊断仪的生产，但不参与超声波诊断仪的设计和研发，所有生产用的超声波诊断仪图纸均由 G 美国公司提供。

G 美国为彩色超声波诊断仪的设计研发方，其向 GW 收取研发费用和专利费，收取方式为每台设备销售额的 9.9%。

GS 专门负责 GW 的医疗产品在中国境内的销售。产品在 GW 配好显示器，包装完毕后直接销售给 GS。上述设备的净销售额即指 GW 给 GS 的开票价格。

267

3. 价格审核中初步发现的问题

该批超声波诊断仪在海关以一般贸易方式通关时申报为半成品，但审价关员在赴企业实地调研后发现，该产品在 Y 公司已完成设备主体的全部安装，只缺显示器，已构成整机特征。该超声波诊断仪通关时已贴好商标，申报价格为 2760 美元 / 台。而同期同类型货物的海关一级风险参数价格为 15000 美元 / 台。GW 解释称，该彩色超声波诊断仪是 GW 在某年底针对中国农村市场推出的机型，其绝大部分的零部件均为国产，在国内组装完成，且只有一个国产探头；而售价在 15000 美元 / 台以上的超声波诊断仪，往往都是从国外直接整机进口，另外还会多配 2 个备用探头。两者配置不同，价格悬殊不具有可比性。但依据 GW 提供的内销发票，其内销价格依然远高于进口价格。据此审价关员初步判定，该进口的超声波诊断仪可能存在漏报应税费用的情况，遂对 GW 实施了价格核查。通过核查，审价关员在其年度财务报表中发现，GW 除了向超声波诊断仪的生产工厂 Y 公司支付正常货款外，与 G 美国之间还存在着美元非货物贸易支付的情况。GW 提供的财务数据显示，近年来，GW 陆续向 G 美国支付产品销售提成共计 2000 余万美元。为此，审价关员与 GW 就该产品销售提成付款是否应税开展了进一步沟通。

4. 估价分析

考虑到 GW 除申报价格外，还另外支付了研发和专利费用。故海关根据《确价办法》第一条、第十三条和第十四条规定对申报价格进行进一步审核。

根据《确价办法》相关规定，GW 支付的专利费是否应该计入应税价格，主要看是否满足以下两个条件：特许权使用费与该超声波诊断仪有关；特许权使用费的支付构成了该超声波诊断仪向中国境内销售的条件。

（1）企业意见

GW 认为该型号超声波诊断仪的工程设计、工艺制图均由 GW 在国内完成，根据《确价办法》第十一条规定，"以成交价格为基础确定进口货物的计税价格时，未包括在该货物实付、应付价格中的下列费用或者价值应当计入计税价格：……（二）与进口货物的生产和向中华人民共和国境内销售有关的，由买方以免费或者以低于成本的方式提供，并可以按适当比例分摊的下列货物或者服务的价值：……4.在境外进行的为生产进口货物所需的工程设计、技术研发、工艺及制图等相关服务。"故上述工程设计、技术研发、工艺及制图等相关服务的费用无须进行调整分摊。

（2）海关意见

①虽然该超声波诊断仪外观设计、工艺制图均在境内完成，但其核心专利是归境外公司所有的。GW 所支付的特许权使用费，针对的是使用 G 美国所拥有的专利和技术图纸等知识产权的权力，而非在境内进行外观设计、工艺制图等相关服务本身的费用。这一点最终也得到了 GW 的认可，GW 承认后续的外观设计和工艺制图等都是以 G 美国的核心专利和软件为基础开展的。

故可以认定该特许权使用费与该超声波诊断仪有关。

②关于GW特许权使用费的支付是否构成销售的条件。《确价办法》第十四条规定："买方不支付特许权使用费则不能购得进口货物，或者买方不支付特许权使用费则该货物不能以合同议定的条件成交的，应当视为特许权使用费的支付构成进口货物向中华人民共和国境内销售的条件。"最终GW也承认在国内每销售一台设备都要向G美国支付设备销售额9.9%的研发和专利使用费，如不支付则不能购得该货物。海关据此认定GW特许权使用费的支付构成进口货物向中国境内销售的条件。

5. 估价结论

根据《确价办法》第十三条、第十四条规定，海关认定GW对外支付的特许权费，符合专利应税的两个条件，应根据特许权使用费应税的计征标准予以补税。

经过多轮价格磋商，企业与海关最终达成一致意见，同意对部分超声波诊断仪按照近三年净销售额的9.9%来补缴海关税款。

6. 相关说明

（1）对于贸易事实的调查是开展特许权使用费审查的前提条件

在特许权使用费案件的审查中，买卖双方之间关于特许权协议的安排及执行过程，对于最终的案件认定具有重要的意义。买卖双方签订协议的原因和目的，是海关审查认定特许权是否与进口货物有关、是否构成货物进口销售要件的关键。但是，在实践过程中，仅通过协议的文本本身很难发现协议签订的实质性原因，此时就需要海关关员从企业的贸易行为出发重点审核以下两个关键点：一是专利持有人是不是境外公司；二是境外专利持有人是否因此有收益。如果两个关键点能够确认，那么再去严格审核特许权使用费，大部分情况下都会满足《确价办法》关于特许权使用费的以上两个条件。

（2）其他应付款项是本案例的突破口

日常审价工作中，审计报表的其他应付款是海关审核大型企业进口货物价格关注的重点之一，特别是关联企业间的其他应付款，其中很可能包含境内公司与境外关联方之间发生的特许权使用费等多种应税费用。本案例中，尽管审价关员通过数据分析认定其进口价格偏低，但GW与Y公司除了超声波诊断仪货款支付之外，未发生其他任何费用。通过后续的价格核查，审价关员在GW的财务数据报表中发其与G美国存在大额的其他非货贸易应付款，并将其作为主要突破口，进一步深挖，找出GW和G美国之间发生的与进口超声波诊断仪有关的专利费和研发费，最终完成了对GW的估价补税。

（3）加强特许权使用费等应税费用的审核是海关审价的趋势

随着全球产业分工的进一步细化，越来越多的研发设计企业剥离了自身的生产职能，专心投入产品的研发和销售，将生产交由代工厂负责。在此种模式下，代工厂只负责产品的生产，销售给委托方的价格通常只是材料费和加工费，产品本身涉及的专利费、研发设计费等费用不会包含在进口货物价格之中，导致进口价格偏低。对于代工厂出口销售至中国境内的产品，应加强特许权使用费等应税费用的审核，防止出现漏报的情况。

该项交易的完整流程见图 6-81。

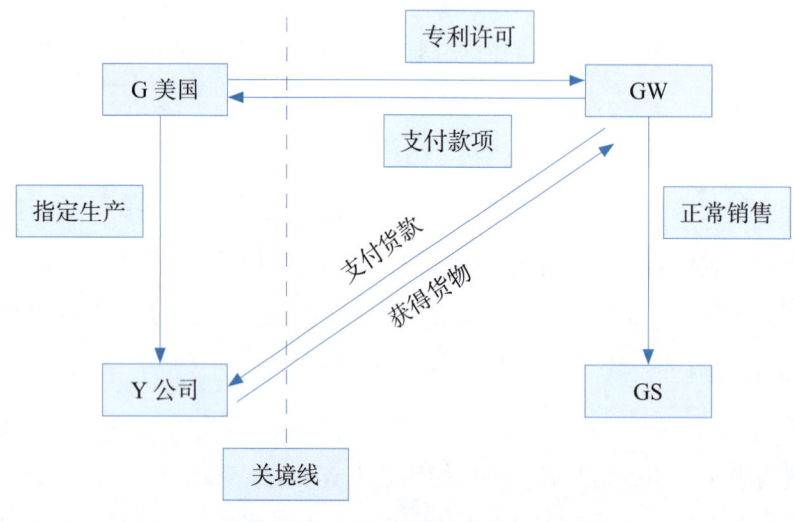

图 6-81　交易的完整流程示意图

第七章

商品特许权使用费合规管理辅助系统

高水平开放高质量发展智慧海关建设总体框架见图 7-1。

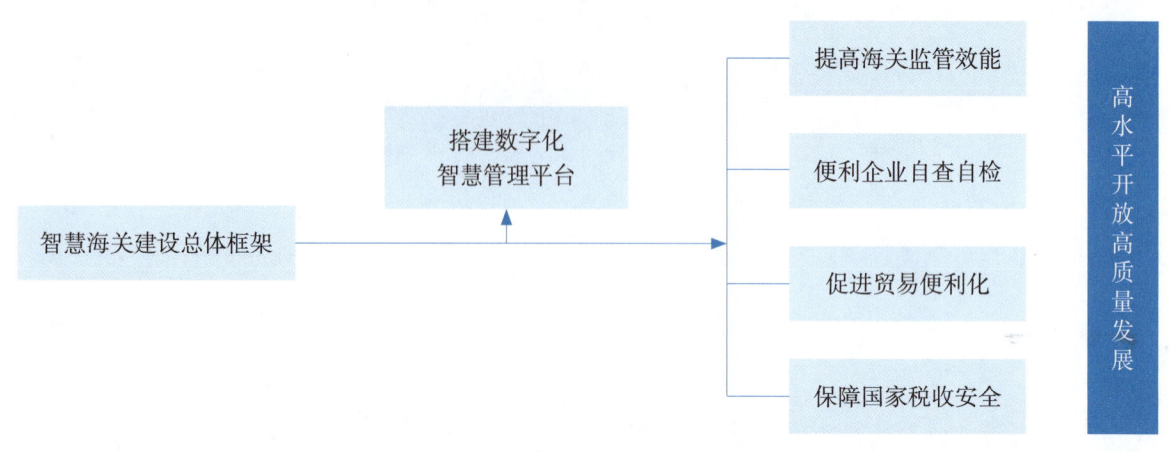

图 7-1　智慧海关建设总体框架

中华人民共和国国家版权局计算机软件著作权登记证书与软件截屏见图 7-2。

图 7-2　计算机软件著作权登记证书与软件截屏

第一节
系统登录指南

一、登录注册模块

（一）系统体验版

用户登录商品特许权使用费合规管理辅助系统（以下简称"系统"）体验版前，无须插入加密锁 U 盾，输入号码即可登录，直接进入系统，见图 7-3。

图 7-3　系统体验版界面

（二）系统完整版

用户在登录系统完整版时，登录前须插入加密锁 U 盾，按照网址进行登录。当未插入 U 盾时会显示弹窗提示；当用户插入后，用户需输入登录账号，点击"登录"，系统会弹出设备选择框，选择设备后点击"连接"，系统会自动输入密码，再次点击"登录"即可进入系统，见图 7-4。

图 7-4　系统完整版界面

二、首页说明模块

首页中对特许权使用费的相关内容进行说明描述，大体分为以下部分。

（一）全流程地图

系统根据上报流程，通过资金、技术、单证、实货四个方面进行核实，上传相关性文档及费用后，最终确认审核过程环节中的问题所在，避免用户漏填错填。

用户根据系统提供的模板下载编写，这样能够确保用户使用时将需要用到的条款内容、金额等相关信息自动识别到系统中，保证上报规范，方便海关审查。技术合同样式见图 7-5。

图 7-5　技术合同样式

（二）服务贸易形式描述

对特许权使用费中所包括的服务贸易形式进行详细说明描述，包括技术的买断、许可、专有技术、特许和经销、交钥匙工程、合营六种。

（三）特许权使用费

将特许权使用费的整体流程以图片形式进行说明，表明特许权使用费是指进口货物的买方，为取得知识产权权利人及权利人有效授权人关于专利权、商标权、专有技术、著作权、分销权、销售权的许可或转让而支付的费用。

（四）应税特许权使用费

根据《WTO估价协定》对应税特许权使用费中成交价格调整项一般介绍性说明进行规定，并强调"成交价格"与"计税价格"对应在进口货物上的说明解释。

（五）关于特许权相关费用的归纳总结

包括特许权使用费、保修费、协助费、其他费用四类费用，并根据四类费用表明需要关注的理由，以及在贸易单证和财务科目中审查的重点。

（六）应税特许权使用费的认定

从认定依据、认定条件等角度进行对应税特许权使用费的认定方面进行解释。

当用户阅读完系统中关于特许权使用费的描述后，系统会给出开始填报，进入到系统企业首页中。

三、企业首页模块

企业用户进入系统后，可以在首页中看到自己的申报记录，点击开始申报，进入项目申报界面，进行新一轮的申报流程。

点击"开始申报"，会弹出"申报记录"，在弹窗中选择寻找行业类型（目前系统存在三个行业类型，分别为汽车、医疗设备、芯片），点击"行业类型"后，开始选择申报费用计算方式［目前系统存在三种费用计算方式分别为全部计入、待量化分摊（包括消费）、待量化分摊（不包括消费）］，并填写备注后即可进入项目申报界面见图7-6、图7-7。

图 7-6　企业首页界面

图 7-7　特许权使用费申报记录界面

系统根据行业内的规定规范，对申报费用计算方式做如下解释：

根据《确价办法》第十一条、第十三条和第十四条，被稽查人对外支付的特许权使用费应量化分摊后计入进口商品的计税价格。

（一）直接分摊计入进口商品计税价格

关税＝进口商品计税价格调增的特许权使用费×关税率。

增值税＝（进口商品计税价格调增的特许权使用费＋关税＋消费税）×增值税率。

（二）混合特许权使用费分摊方法

应计入进口商品计税价格的特许权使用费＝对外实付、应付的特许权使用费×（与特许权使用费相关的进口商品计税价格＋关税）/与特许权使用费相关的制成品的总成本。

四、企业个人中心模块

点击"个人中心"可对企业基本信息进行修改、保存。用户填写用户账号、企业名称、绑定手机、企业性质、法定代表人联系电话、联系人、联系人电话、企业地址、法定代表人、管理类别、工商注册资本、经营范围、信用等级、特许权使用费相关专利/专有技术/商标负责部门、报关业务负责部门、公司部门、公司股权结构、持有其他公司股权结构、境外供应商、境外关联公司、境内关联公司、关联公司职责、海关编码、公司注册成立时间等信息后，再进行保存，个人中心界面见图 7-8。

图 7-8　个人中心界面

五、项目管理模块

项目管理模块针对企业用户中对相关行业的项目进行增、删、查、改，每个项目可对应多个 BOM 清单。用户填写项目名称、项目的开始日期和项目结束日期后即可新增项目，项目管理界面见图 7-9。

图 7-9 项目管理界面

六、项目申报模块

用户在企业首页点击"开始申报"后进入申报界面，左侧项目申报阶段分为四个部分，分别是资金、技术、单证、实货。每一部分会有独立的填写内容和上传文件区域。

（一）资金

系统在用户点击"开始申报"按钮后，会自动跳转到资金模块，主要包括研发费用、制造成本、销售成本、管理费用四部分。根据用户申报类型，在系统中选择填写相应费用金额。

1. 研发费用

用户填写特许权使用费时会产生多种不同类型的费用，因此我们需要选择特许权使用费用的类型，包括专利或者专有技术使用权、商标权、著作权、分销权、销售权或者其他类似权利。每种权利对应的费用类型不相同，对应的类型下需填写的相应字段也不同。填写时，要基于技术合同中对研发的要求进行相应填写。

用户在填写研发费用基础信息后，需在随附清单中选择上传的文件类型，并进行文件补充。上传后的文件会显示在系统中，并支持删除、修改文件操作，研发费用申报界面见图 7-10。

图 7-10　研发费用申报界面

2. 制造成本

用户填写制造成本金额后，可以选择性上传依据文件。系统会在列表中展示文件条目，并支持用户对文件条目进行删除、查看操作，制造费用界面见图 7-11。

图 7-11　制造费用界面

3. 销售成本

用户填写销售成本金额后，可以选择性上传依据文件。系统会在列表中展示文件条目，并支持用户对文件条目进行删除、查看操作，销售成本界面见图 7-12。

图 7-12 销售成本界面

4. 管理费用

用户填写管理费用金额后，可以选择性上传依据文件。系统会在列表中展示文件条目，并支持用户对文件条目进行删除、查看操作，管理费用界面见图 7-13。

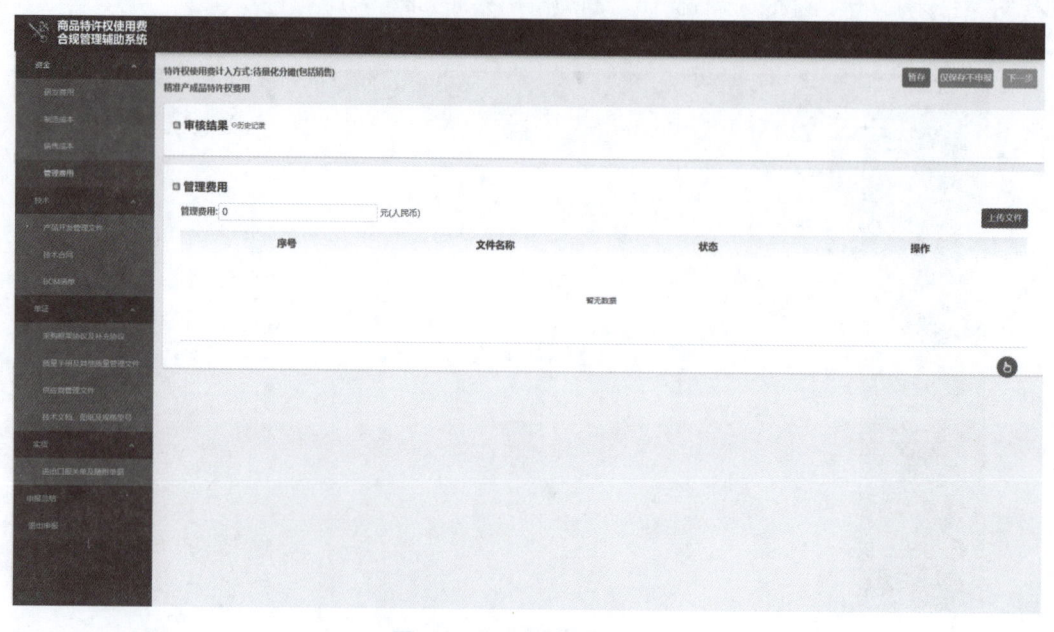

图 7-13 管理费用界面

（二）技术

1. 产品开发管理文件

用户点击"产品开发管理文件"后，需按项目流程上传软硬件开发过程文档（见图 7-14），开发里程碑文件（包括项目申请、移交报告、评审报告、文件计划等，见图 7-15），技术标准、图纸（零部件图纸）、参数（产品零部件参数）文件（见图 7-16）。用户上传文件后，会在列表中展示文件名称、状态，可以进行查看、删除操作。

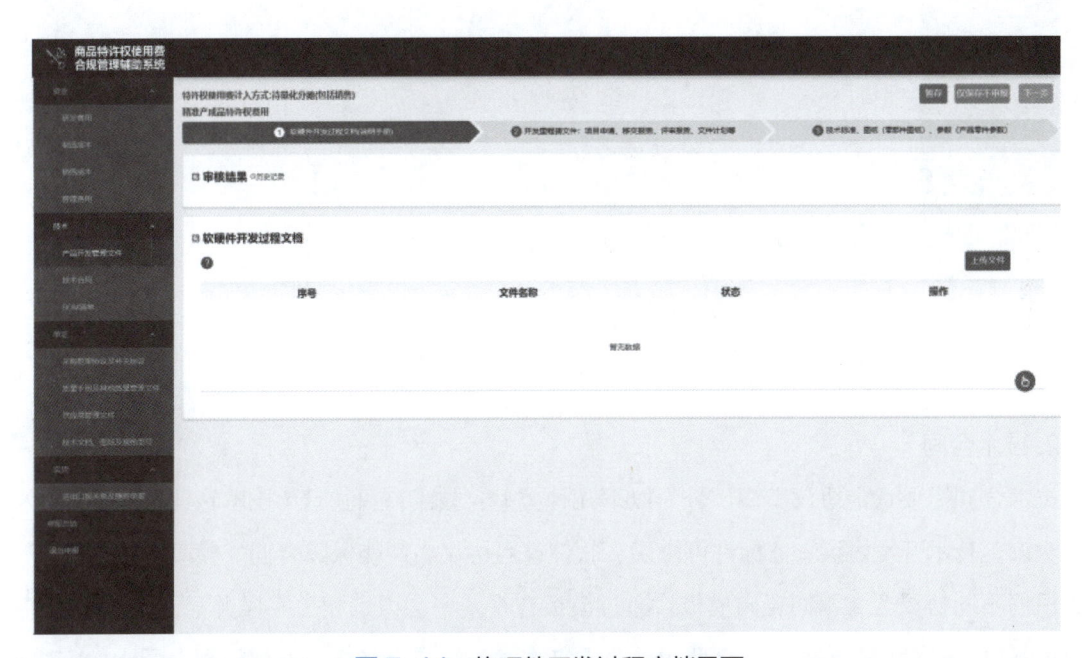

图 7-14　软硬件开发过程文档界面

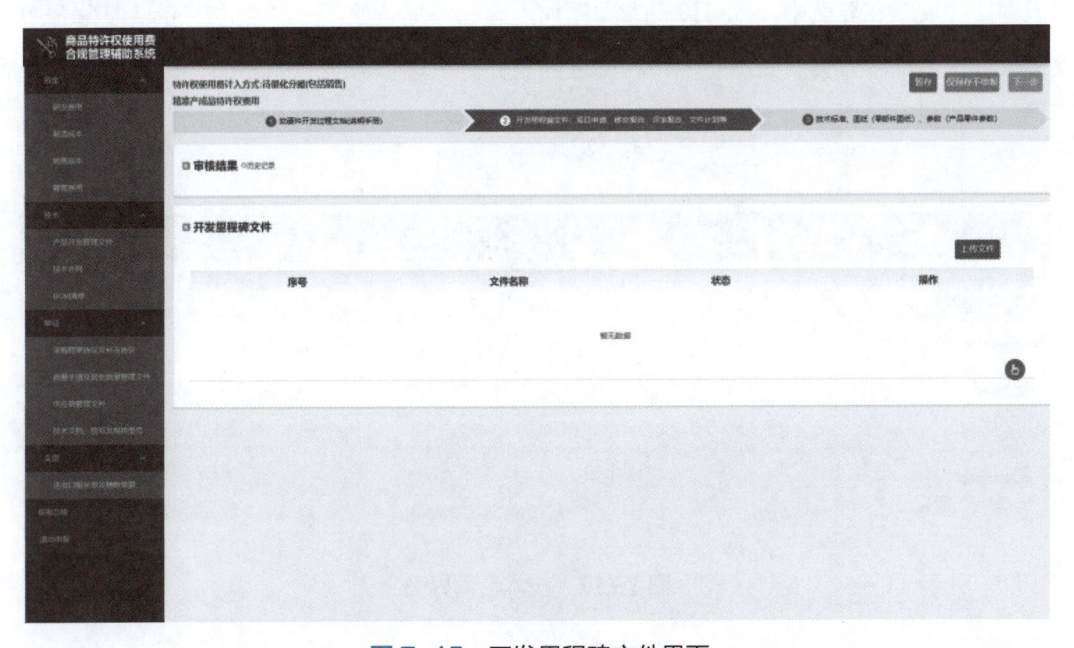

图 7-15　开发里程碑文件界面

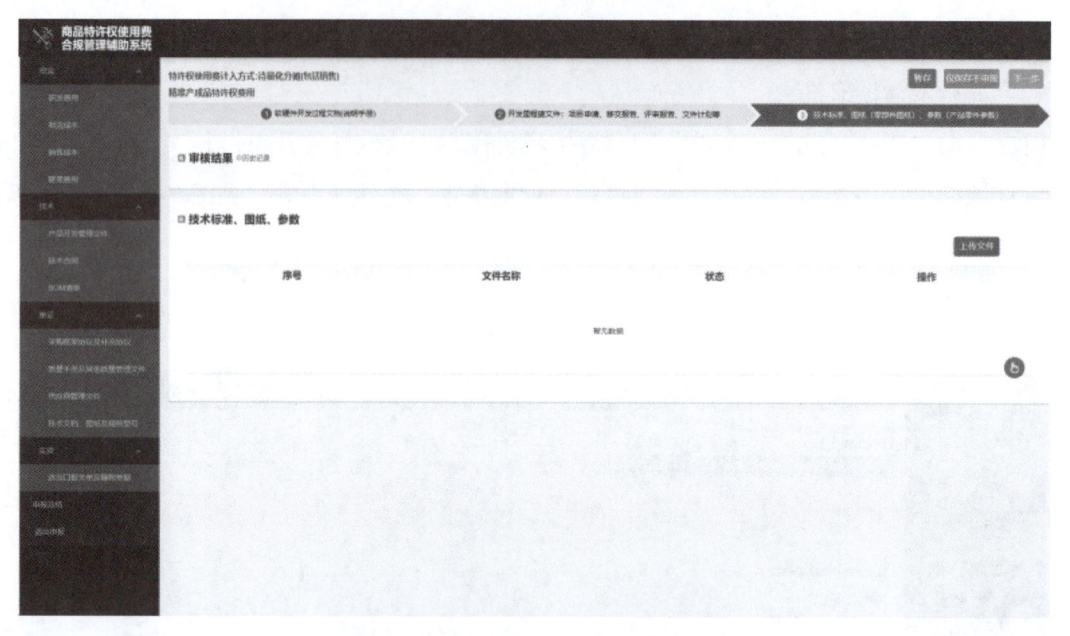

图 7-16　技术标准、图纸、参数界面

2. 技术合同

技术合同需要选定协议类型，分为以下几种类型：技术许可协议/技术转让协议、技术规划服务协议、技术开发协议、商标许可协议、软件许可协议、产能保障合同、模具托管协议。

根据不同协议会有不同合同模板，通过模板在系统中会识别相关字段并显示在系统界面上，用户也可以再进行订正更改；选定费用单，重点技术条款内容与终止条款根据合同中的字样也会进行识别，并展示在界面中；也可以点击"添加内容"增加条款条目，点击"新增段落"增加条款条目数量。界面下方会看到用户上传的文件列表，可以进行查看、删除操作。技术合同界面见图 7-17。

图 7-17　技术合同界面

图 7-17　技术合同界面（续）

3. BOM 清单

BOM 清单是指物料清单表。申报时用户提前新建项目管理模块中的项目后，方可在 BOM 清单模块中显示本次特许权使用费申报的项目关联绑定的表单。根据项目管理中建立的项目进行绑定，绑定后在系统中可以下载 BOM 清单模板。用户根据模板填写 BOM 清单表上传，BOM 清单便会与该项目进行绑定。系统会针对 BOM 清单表中的字段进行识别，并展示在系统中，BOM 清单界面见图 7-18。用户也可以在系统中对列表内容进行修改或删除产品条目操作。文件列表会展示用户上传的 BOM 清单文件条目，文件可进行删除操作，但 BOM 清单列表中已上传文件中的数据不会被删除。

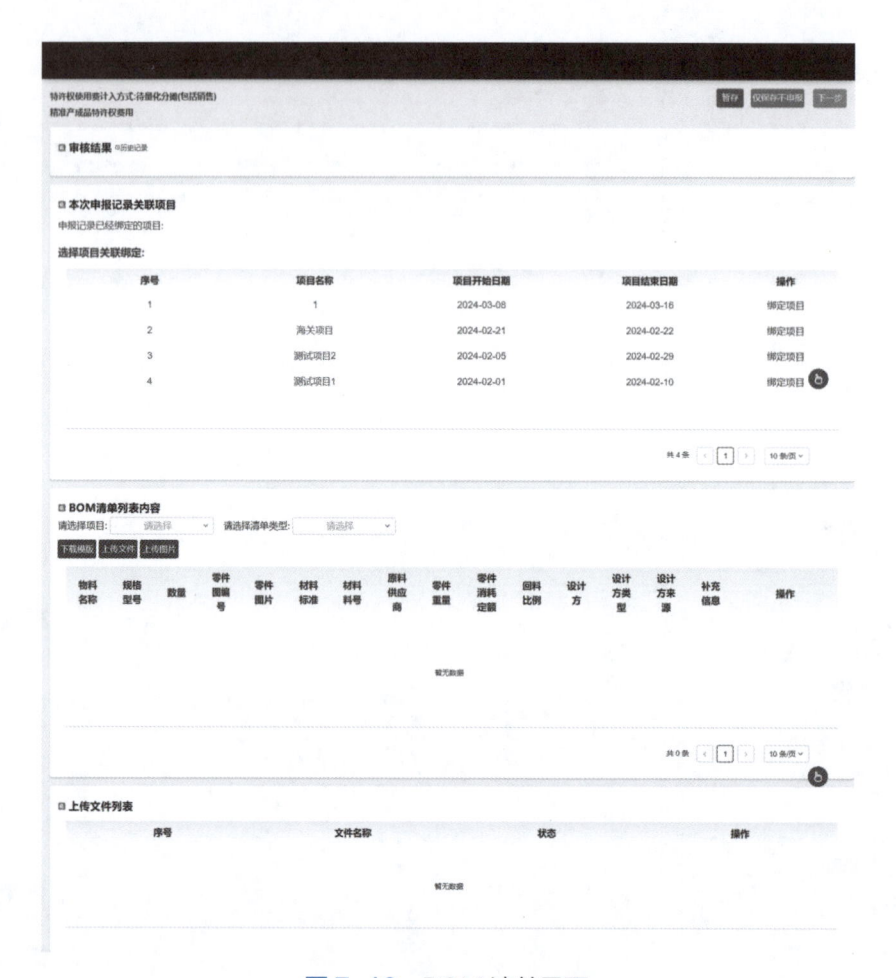

图 7-18 BOM 清单界面

BOM 清单列表分为两种：物料清单与设备清单，主要区分管理系统中上传的图片信息等内容。物料通常指原材料、半成品和成品等生产过程中所需的物质，而设备则是指生产所需的各种机器、设备、工具等。物料清单样式、设备清单样式分别见图 7-19、图 7-20。

■ 物料清单（ROM 表）

序号	物料名称	规格型号	数量	零部件图编号	零部件图片	材料标准	材料号	原材料供应商	零部件重量	零部件消耗定额	回料比例

签名：
编制日期：
审核日期：
标准化日期：

图 7-19 物料清单样式

■ 设备清单

序号	设备名称	规格型号	设备数量	设备图编号	设备图片	设备标准	设备料号	设备供应商	设备重量	设备消耗定额	回料比例

签名：
编制日期：
审核日期：
标准化日期：

图 7-20　设备清单样式

（三）单证

1. 采购框架协议及补充协议

值得注意的是，采购通则作为集团公司采购方面的框架性协议，对采购合同和采购订单具有统一的约束力，即采购通则约定进口采购行为中的权利义务，明确采购标的、技术要求和知识产权等。采购订单作为实际贸易过程中的第一手单证，原则上包括了进口采购货物的规格型号和技术要求。同时，企业要求供应商严格按照采购订单的规格，生产提供符合企业技术要求和质量标准的合格产品。

因此，采购与供应商管理、质量管理和技术研发之间密不可分，脱离了任何一方面来审视进口货物的采购，都无法客观真实地还原贸易实质。

采购框架协议及补充协议包括采购条款及条件和供应商供货标准。采购条款及条件中，上传文件后，系统会根据后台规定的字段读取文件中的文字，并展示在质量条款（详细描述进口商品包含专利或专有技术）、保证条款（详细描述进口商品需要遵循技术合同授权的技术标准、图纸、规格等）、协议范围条款（买方、卖方遵循的约定）、终止条款、其他补充条款中，见图 7-21。所有条款均可添加内容，且新增或删除条款文字。

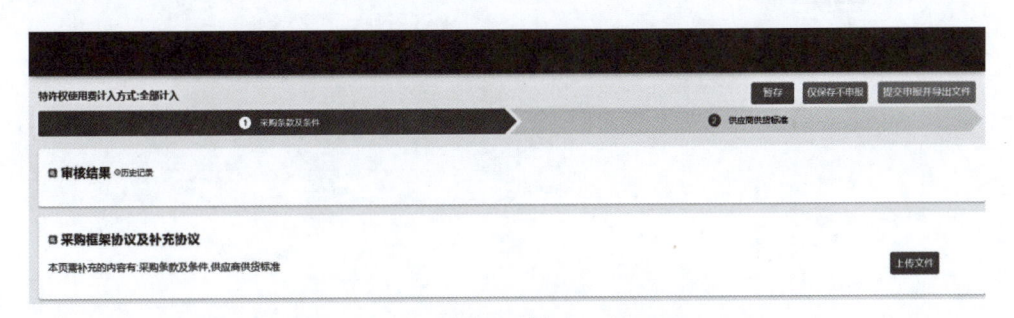

图 7-21　采购条款及条件读取显示界面

图 7-21　采购条款及条件读取显示界面（续）

用户可在采购订单模块下载模板，填写上传文件后，系统可识别文件，并展示在采购订单列表中。列表可以进行删除、修改操作。

用户上传文件后，系统在上传文件列表中会新增文件条目，支持用户删除操作，但不会删除采购订单模块中的数据。

用户在供应商供货标准中，可上传文件展示在供应商供货标准列表中，供应商供货标准界面见图 7-22。

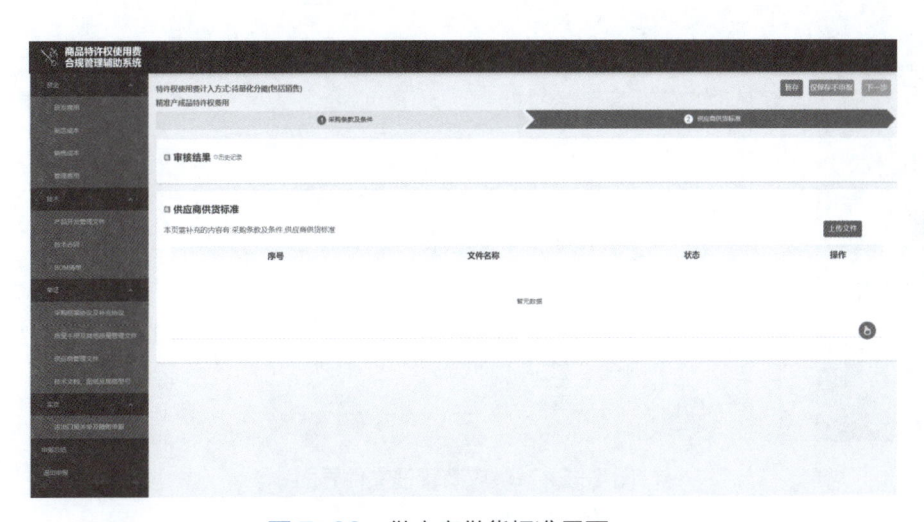

图 7-22　供应商供货标准界面

2. 质量手册及其他质量管理文件

用户在质量手册及其他质量管理文件中，可以上传文件展示在质量手册及其他质量管理文件列表中。文件上传补充内容包括质量体系、质量管理计划、质量标准等，质量手册及其他质量管理文件界面见图 7-23。

图 7-23　质量手册及其他质量管理文件界面

3. 供应商管理文件

用户在供应商管理文件中，可以上传文件展示在供应商管理文件列表中。文件上传补充内容包括供应商类型，技术交付等，供应商管理文件界面见图 7-24。

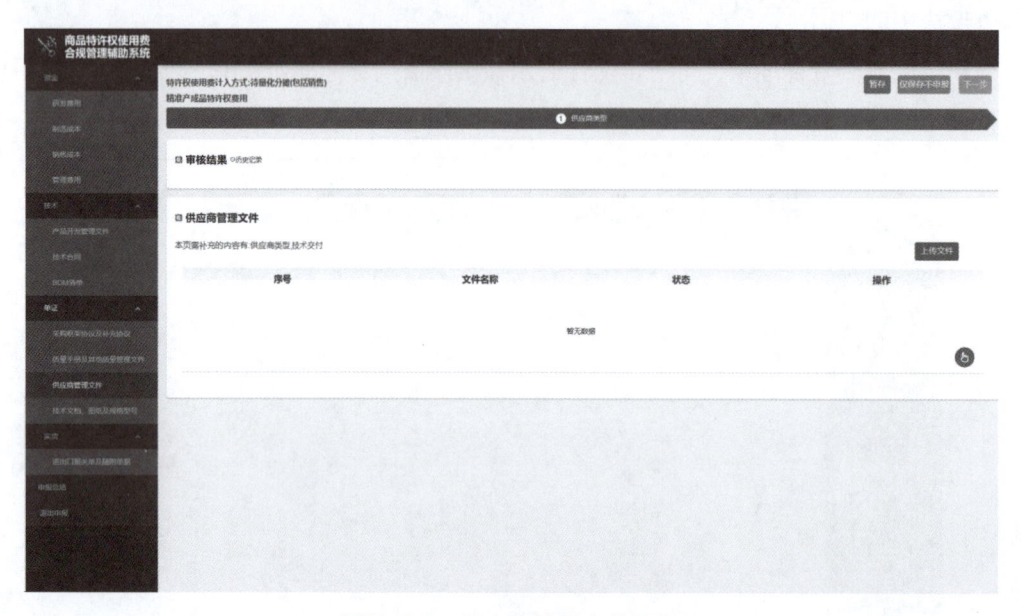

图 7-24　供应商管理文件界面

4. 技术文档、图纸及规格型号

用户在技术文档、图纸及规格型号中，可以上传文件展示在技术文档、图纸及规格型号列表中。文件上传补充内容包括技术文档、图纸及规格型号文件等，技术文档、图纸及规格型号界面见图 7-25。

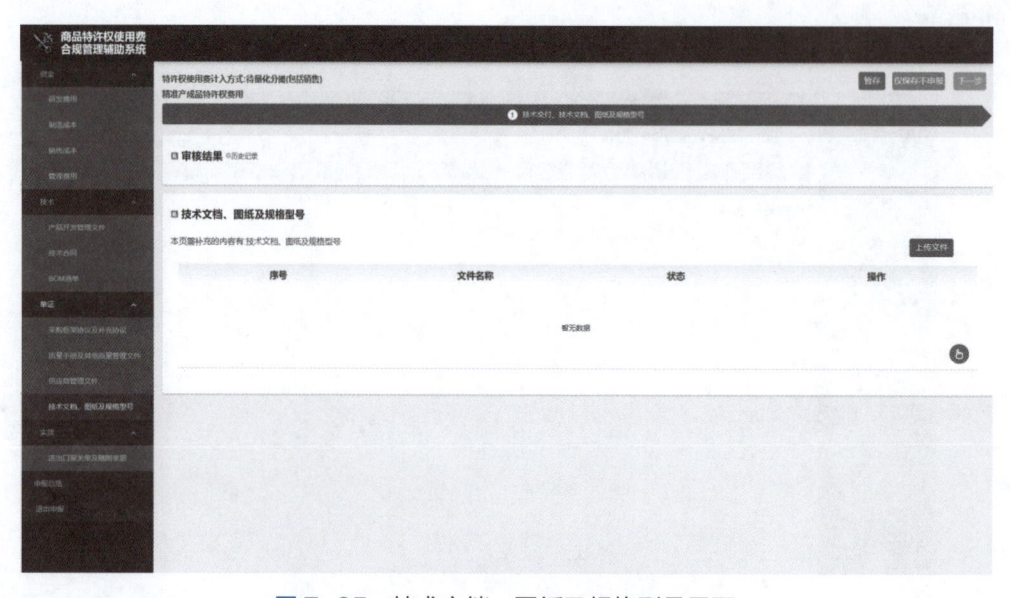

图 7-25　技术文档、图纸及规格型号界面

（四）实货

进出口报关单及随附单据子模块包括报关单、报关单随附合同、发票、装箱单、提货单等内容。用户新建报关单后上传报关单文件，系统根据报关单文件中字段内容，展示在基础信息与商品申报中，用户可对基础信息与商品申报进行修改，报关单界面见图7-26。

图 7-26　报关单界面

报关单主要为进口商品海关开具的单据,该单据会记录进口商品的商品内容、收货人员、日期等相关信息。

报关单随附合同、发票、装箱单主要以运输舱单为准,上传相关文件会展示在列表中,支持用户进行删除、查看操作,报关单随附合同、发票、装箱单(舱单)界面见图7-27。

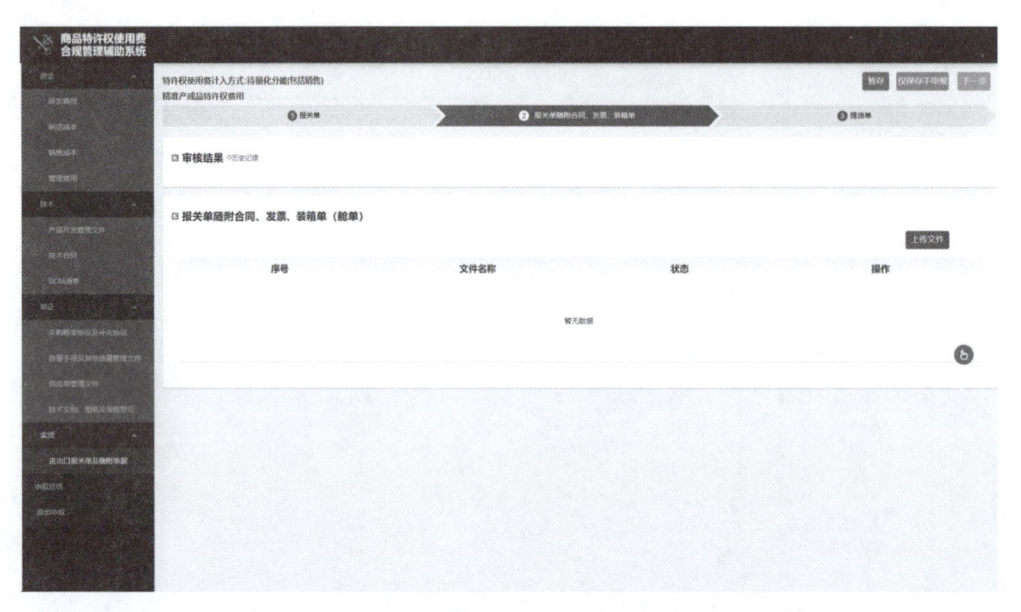

图 7-27 报关单随附合同、发票、装箱单(舱单)界面

提货单主要以进口货物提货单(提运)为准,上传相关文件会展示在列表中,并支持用户进行删除、查看操作,进口货物提货单(提运)界面见图7-28。

图 7-28 进口货物提货单(提运)界面

七、申报总结模块

申报项目后可在申报总结模块界面中，针对系统中上传的各个模块的文件以及数据进行申报审核及总结。

（一）申报类型

根据开始申报时选择的申报类型，系统会自动按照该类型进行展示，并告知用户，系统按照该类型计算处理的公式，用户需填写价格预裁定决定书编号，选择海关是否确定，以及选择海关是否申请价格预裁定，并填写相应说明，作为备注依据。

（二）资金部分

根据申报类型，以及在系统资金模块中填写的各部分的资金数额，系统会显示实际申报时的数值，并代入公式后生成各部分费用，最终给出实证关税。

（三）系统审核结果

系统会根据以上所有内容给出最终的审核结果，并写明提交时间，附上本次申报文件清单列表。四部分上传的文件都会展示于此。支持批量导出文件；支持用户最终保存本次申报所有数据，以及下载申报配置格式，用于交付海关进行审核。企业用户可下载标准申报表向海关进行申报，并可下载稽查报告。

八、提交记录模块

系统中申报提交后导出的格式文件可在"导入文件中"进行导入，形成一条列表记录，并支持用户查看申报时间、结束时间、审核结果、审核备注，进行查看、删除操作，提交记录操作界面、记录提交列表界面见图 7-29、图 7-30。

图 7-29　提交记录操作界面

图 7-29 提交记录操作界面（续）

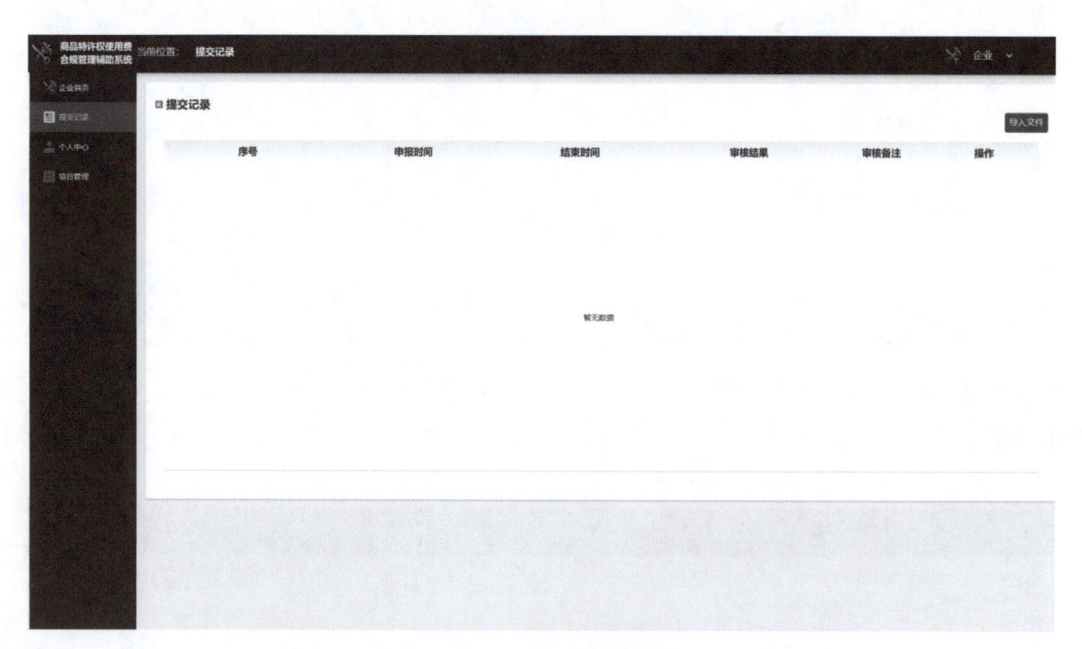

图 7-30 记录提交列表界面

注意：在每个界面进行填报、修改后点击"暂存"，保留申报记录和填写内容，下次进入系统继续填报、修改可通过首页列表进入；点击"仅保存不申报"保留填写记录，可从系统首页看到该条记录，但不可修改，仅做自查自检使用；点击"下一步"，确认把该条申报记录上传至服务器中供海关方审查，下次进入系统可从系统首页和申报记录中看到该条记录，但不可修改，海关审核后，通过即完成申报，不通过还可进行修改。操作界面见图 7-31。

图 7-31 操作界面

若未暂存或申报，点击退出申报会进行二次确认，确保申报人员对申报材料保存后退出，提示界面见图 7-32。

图 7-32 提示界面

九、海关登录模块

海关用户登录时输入网址后，选择海关选项，输入用户名密码即可登录。当前系统拥有多个海关的用户名及密码。

第一次登录后，海关用户需更改密码，更改密码后，需用新密码进行登录，之后不会再提示修改密码，修改密码界面见图 7-33。

图 7-33 修改密码界面

十、海关首页模块

海关用户进入系统后，可以在首页看到企业用户申报情况，包括申报数据和审核数据，海关用户首页界面见图 7-34。对审核整体情况进行整体把控。在"当前任务"可对企业申报的信息进行审核查看，通过点击"导入文件"，将企业用户拷贝的格式文件进行上传，即可获取企业申报特许权使用费的相关信息，包括企业名称、申报时间、稽查时间、审核状态、审核备注等。

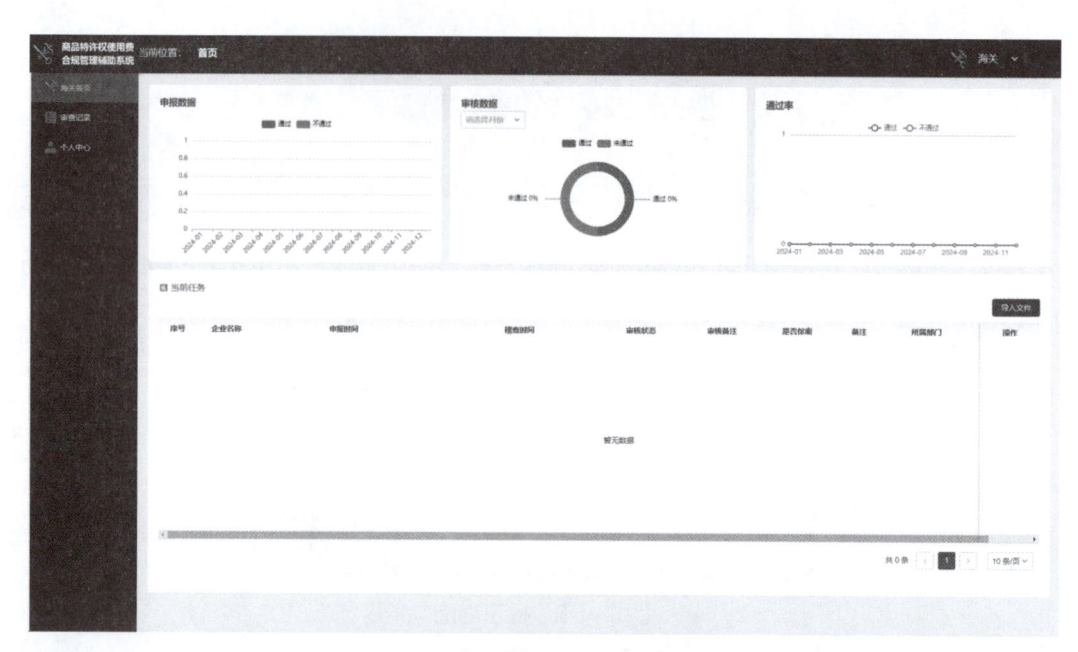

图 7-34 海关用户首页界面

十一、审核企业模块

海关在首页中"当前任务"项下点击状态待审核的文件，进入对企业上报的申报信息进行审核，审核企业界面见图 7-35。

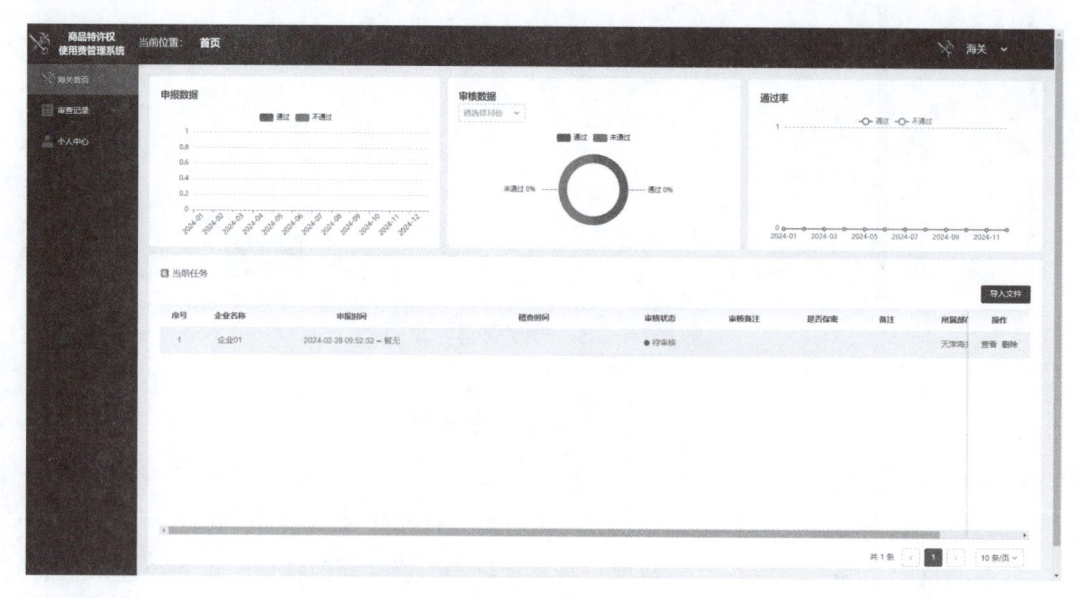

图 7-35 审核企业界面

在审核过程中,针对每一模块子项,进行审核。点击"通过"或"不通过"审核该子模块的正确与否;不通过时可选填写修改意见并确认,则该审核的结果会显示在审核结果记录之中,具体审核界面见图 7-36 至图 7-38。

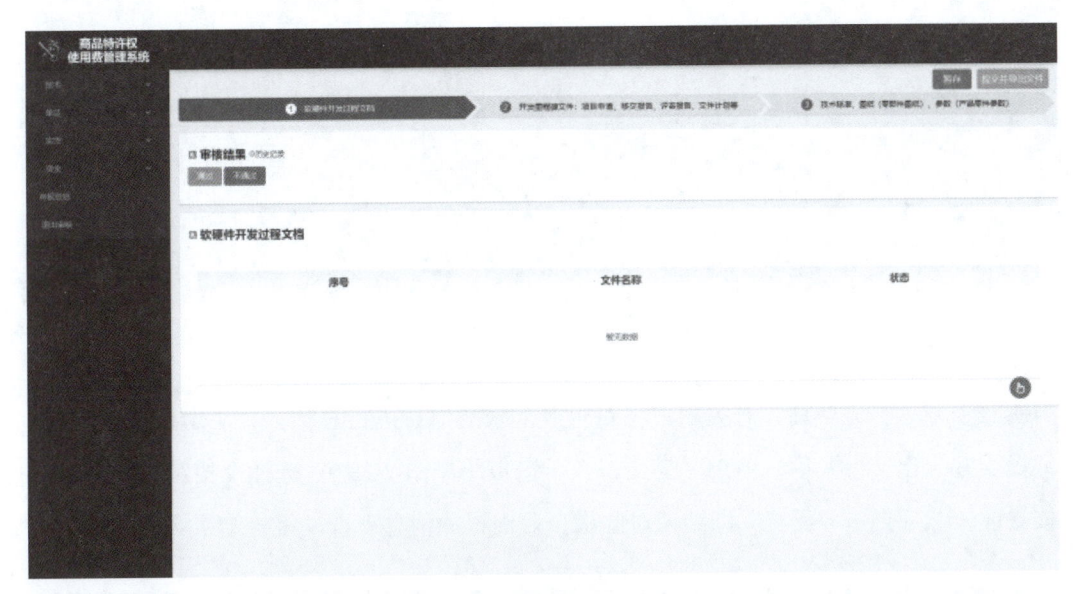

图 7-36　审核界面(一)

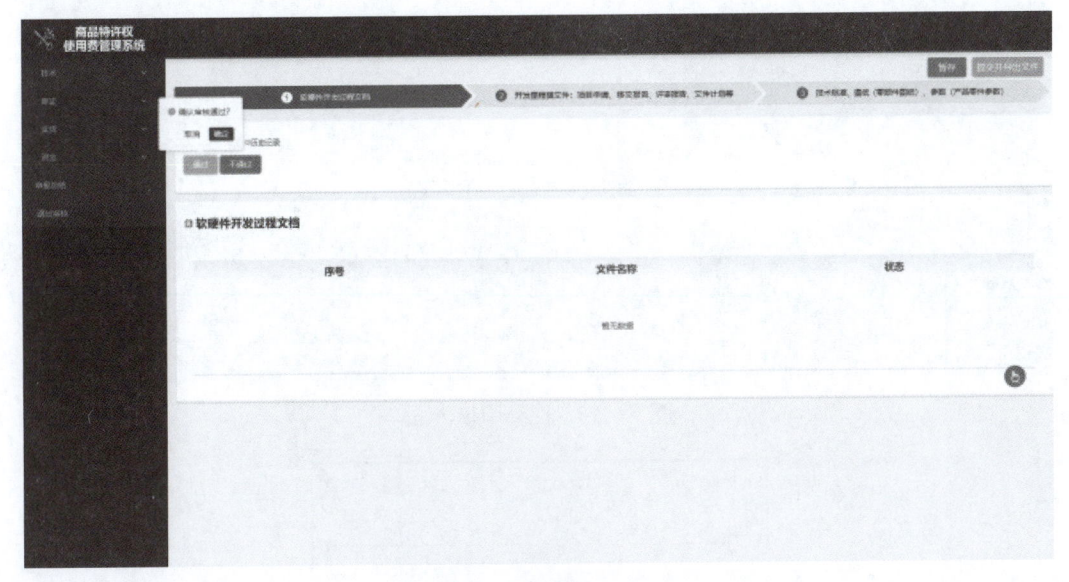

图 7-37　审核界面(二)

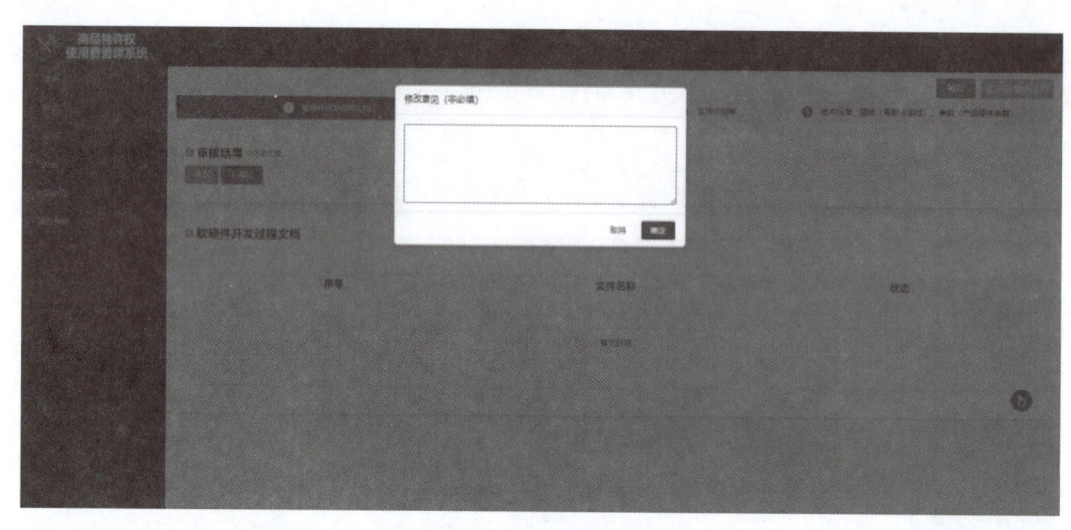

图 7-38 审核界面（三）

当所有子项审核完毕后，海关用户将对企业上报的信息进行总结，并决定此申报是否通过。点击"提交并导出文件"后，弹出"提交审核"窗口（见图 7-39）；选择审核结果，并可选性填写审核备注，然后点击"提交"即结束对此次企业申报的信息审查，审核结果界面见图 7-40。

图 7-39 提交审核界面

图 7-40 审核结果界面

十二、审查记录模块

进入审查记录模块，可以进行条件查询，包括企业名称、审核结果、申报日期。所有审核记录都在此列表内显示，审查记录界面见图 7-41。

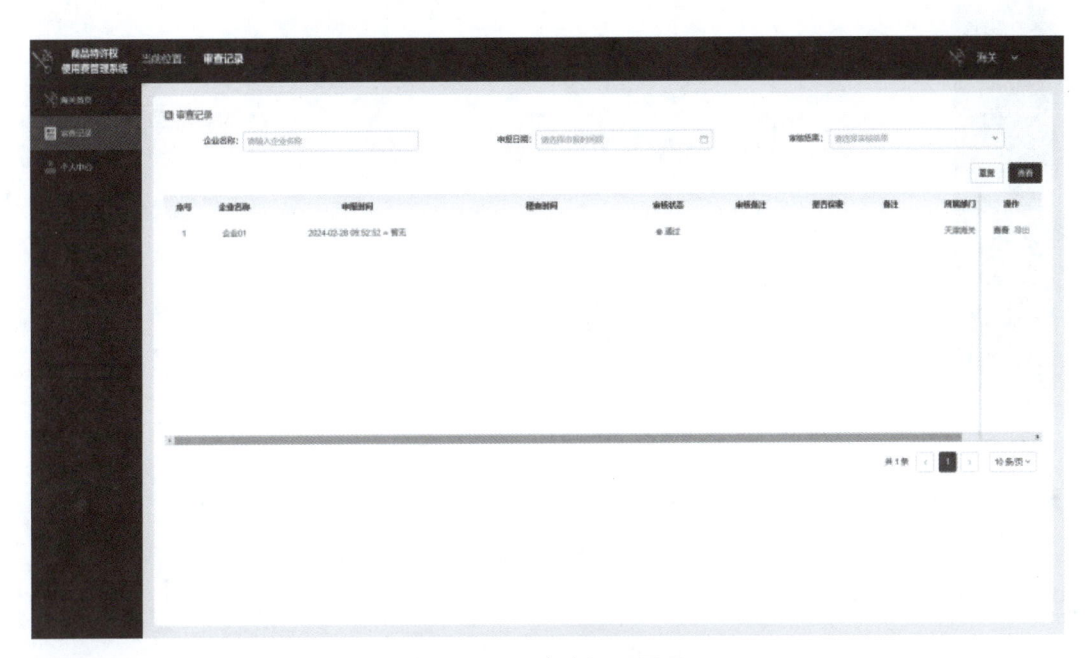

图 7-41 审查记录界面

在审查记录界面，点击某一行申报记录的"查看"，可对企业申报内容进行查看，查看界面见图 7-42。

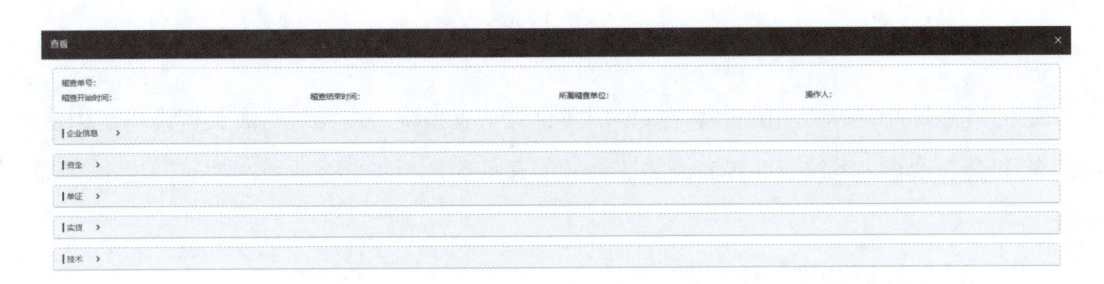

图 7-42 查看界面

十三、海关个人中心模块

海关用户支持点击"个人中心"，对企业基本信息进行修改、保存，其界面见图 7-43。

图 7-43 个人中心界面

第二节
系统概述

一、目标

系统的目标是开发一套单机版特许权使用费合规审查系统，以实现对海关特许权使用费的自动化计算和合规检查。系统能够提高海关监管效能和准确性，降低企业成本和时间成本。同时满足以下目标。

（一）自动化计算特许权使用费

根据货物类型、税率等参数，系统能够自动化计算特许权使用费金额，减少人工操作和错误。

（二）合规审查

系统能够对特许权使用费计算结果进行审核和验证，确保其符合相关法规和规范性文件的要求。

（三）用户管理

系统提供用户管理功能，包括用户注册、登录、权限分配等，以保证系统的安全性和稳定性。

（四）数据导出

系统能够将合规审查结果导出为相应的报告，方便用户下载和查看。

（五）系统设置

系统提供系统参数设置、日志管理等功能，方便管理员进行系统配置和管理。

二、系统组成

系统用户角色分为企业用户、海关用户、管理人员用户，各用户角色对应的功能见图 7-44。

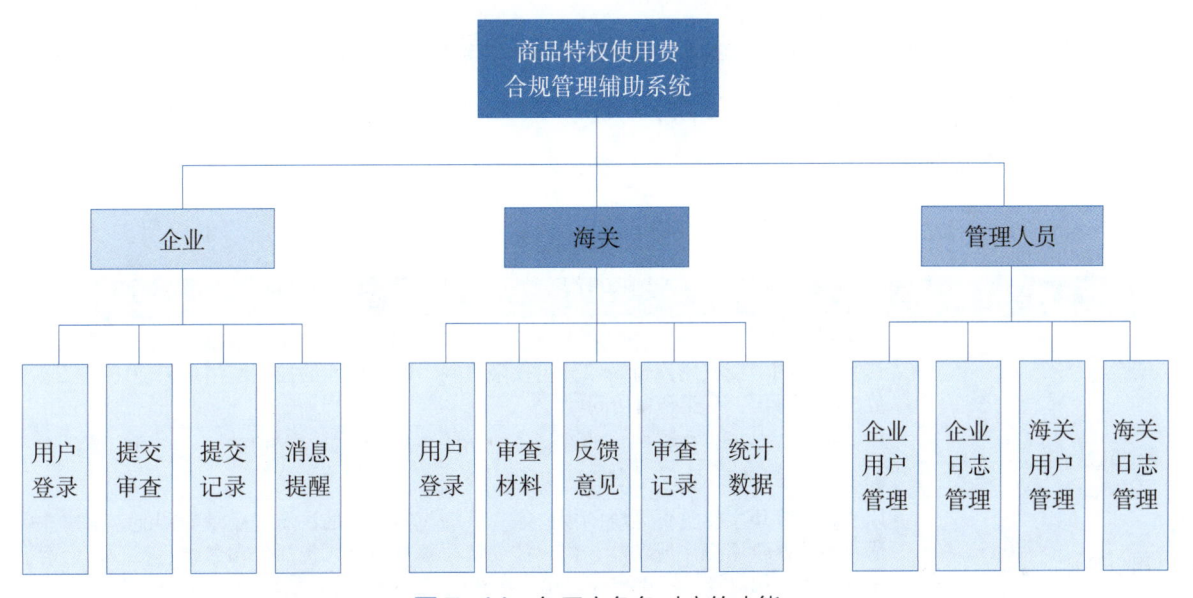

图 7-44　各用户角色对应的功能

（一）用户界面

负责与用户进行交互，提供操作界面和可视化展示。

（二）业务逻辑层

负责处理系统的核心业务逻辑，包括特许权使用费的计算、合规审查等。

（三）数据访问层

负责与数据库进行交互，实现数据的存储和访问。

（四）数据库

用于存储系统数据，包括用户信息、货物数据、特许权使用费计算结果等。

（五）系统管理模块

负责对整个系统进行管理和维护，包括日志管理、参数设置等。

第三节 功能概述

一、功能分解

系统中的多个关键功能模块及其描述,如安全功能、用户登录功能、用户管理功能、提交审查记录功能、基本填写信息检验与关联检验功能、上传文件管理功能、统计数据功能、操作日志管理功能和基本数据维护功能,见表7-1。

表7-1 功能分解表

功能名称	功能描述
安全	安全模块的目的是防止未经授权的人员创建、读取、修改或删除系统的某些数据,其中对不同的授权用户也采取分组权限机制。通过界面的控制使用户只能访问权限范围内的页面,不能越权访问
用户登录	用户登录模块主要负责用户的登录验证功能,包括密码储存功能。系统对用户的密码进行加密存储,确保用户信息的安全性
用户管理	用户管理模块主要负责系统的用户账户管理包括用户的注册、登录等功能。用户注册:系统提供用户注册功能,用户需要填写基本信息,包括公司名称、统一社会信用代码等。用户登录:用户通过用户名和密码进行登录,系统验证用户的身份信息,并根据其权限分配相应的操作功能
提交审查记录	提交审查记录模块主要负责接收和处理用户的审查申请记录。审查申请提交:用户可以通过系统提交审查申请,填写相关信息,如货物类型、特许权使用费金额等。审查记录存储:系统存储用户的审查申请记录,包括申报时间、货物类型、特许权使用费金额等信息
基本填写信息检验与关联检验	基本填写信息检验与关联检验模块主要负责对用户填写的信息进行检验和校验。基本填写信息检验:系统对用户填写的信息进行基本检验,如检查必填项是否填写、数据格式是否正确等。关联检验:系统对用户填写的信息进行关联检验,如检查货物类型与税率是否匹配、特许权使用费金额是否符合规范等
上传文件管理	上传文件管理模块主要负责对用户上传的文件进行管理和限制。文件大小限制:系统限制上传文件的大小,避免过大文件对系统造成压力和影响。文件格式限定:系统限定上传文件的格式,只允许上传特定格或的文件,如PDF、DOC等
统计数据	统计数据模块主要负责对系统中的数据进行统计和分析。数据统计:系统可以统计审查申请的数量、通过率等信息,方便海关工作人员进行监管和分析
操作日志管理	操作日志管理模块主要负责记录系统的操作日志
基本数据的维护	基本数据维护功能:针对系统中的基础数据进行增、删、改和查询等维护。维护的主要内容包括,联系人、用户名、密码等系统基本数据。(注:此项功能会受用户权限的限制)

二、用户视角功能

(一) 特许权使用费企业申报子系统功能

特许权使用费企业申报子系统功能包括：申报信息内容录入、全部申报信息内容的结构化预处理、申报内容是否合规判断、申报内容导出和申报记录留存，见图7-45。

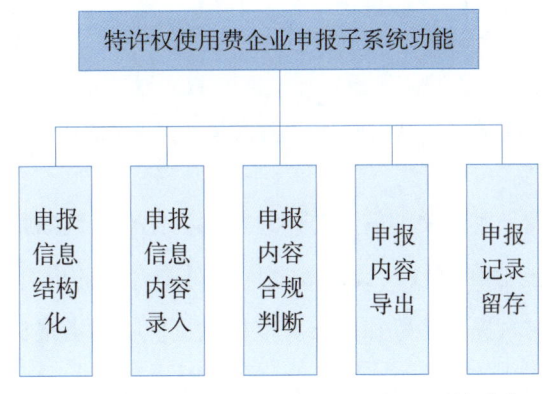

图 7-45 特许权使用费企业申报子系统功能

1. 申报信息结构化处理：该功能能够将用户上传的申报信息进行结构化处理，将信息分解为不同的字段，并自动归类。系统能够识别并提取关键信息，如申报主体、申报类型、申报金额等，并按照预设的规则对信息进行分类和整理。同时，系统还具备对填报信息的校验和纠错功能，确保信息的准确性和完整性。

2. 申报信息内容录入：该功能支持多样化的信息录入方式，包括文字输入、表格填写、上传文件等。用户可以通过界面输入或上传文件来提交申报信息。系统能够自动解析和存储申报信息，避免因格式或标准不同而导致的数据转换问题。

3. 申报内容合规判定：该功能能够对申报内容进行合规性判断，确保申报信息符合相关法规和政策要求。系统内置合规性规则和条件，能够自动对申报信息进行比对和分析。若申报内容存在不合规情况，系统将给予相应的提示或警告，并提供修改建议，确保申报的合规性、准确性和规范性。同时，系统还支持对申报材料完整性的校验功能，及时发现并提示申报内容完整性的情况，确保申报材料的准确性和完整性。

4. 申报内容导出：该功能允许企业用户将他们在系统中填报的申报内容导出为文档格式。这样，企业用户可以方便地保存申报内容，同时也方便海关在系统中导入数据进行进一步的处理和分析。

5. 申报记录保存：该功能能够完整保存每一份申报记录，确保数据的可追溯性和可查性。

(二) 特许权使用费海关审查子系统功能（见图7-46）

1. 申报材料信息审核：该功能能够对用户提交的申报材料进行全面审核，包括材料的完整

```
                    特许权使用费海关审查子系统功能
                                 │
     ┌──────────┬──────────┼──────────┬──────────┐
   申报材料    审核意见    审核记录    审核记录    数据统计
   信息审核              保存        查询
```

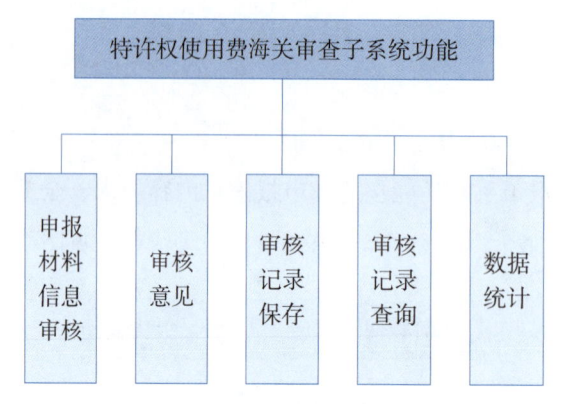

图 7-46 特许权使用费海关审查子系统功能

性、规范性和准确性等方面。实现关键信息与预设规则的比对，判断是否符合要求。

2. 审核意见：该功能能够在审核人员审核过程中对不合格的内容项目提供针对性的审核意见，为申报人员重新提交材料提供参考和指导。审核意见包括对申报材料的评价、建议和修改意见等，满足不同情况和审核标准的需求。

3. 审核记录保存：该功能能够完整保存每一份申报材料的审核记录，包括审核时间、审核人员、审核意见等信息。审核记录能够根据不同的查询条件进行查询和检索，以确保数据的可追溯性和可查性。

4. 审核记录查询：该功能能够根据不同的查询条件对审核记录进行查询和检索。查询条件包括审核结果、审核时间，用户可以根据需要进行组合和筛选。

5. 数据统计：该功能能够对审核数据进行统计和分析，生成相应的数据报表或图表。统计数据包括申报数量、审核数量、通过数量、未通过数量等，以便更好地了解申报情况和趋势。

（三）用户信息管理功能

主要包括：

1. 账号管理功能，包括账号的密码修改、创建账号等；

2. 用户基本信息管理功能；

3. 操作日志留存功能。

（四）信息安全管理功能

主要包括：

1. 数据加密：该功能确保数据在传输和存储过程中的安全性。使用加密算法对敏感数据进行加密，以防止未经授权的访问和数据泄露。

2. 访问控制：该功能对用户的访问权限进行管理。根据用户的角色和权限设置不同的访问级别，确保只有授权的用户才能访问相关数据和功能。

3. 安全审计：该功能记录用户的操作日志和系统的安全事件。这样可以追踪和监控系统的安全状态，及时发现潜在的安全威胁和异常行为。

4.漏洞管理：该功能能够及时发现和修复系统中的安全漏洞。可以采用漏洞扫描和漏洞修补等技术手段，提高系统的安全性和稳定性。

5.安全更新与补丁管理：该功能能够及时获取和应用安全补丁和更新。这样可以修复已知的安全漏洞，提高系统的安全性和防御能力。

6.日志管理与分析：该功能对系统生成的日志进行集中管理和分析。可以通过日志分析来发现潜在的安全问题和异常行为，并及时采取相应的措施进行处置。

参考资料

[1]　ISO 10006:2017, 质量管理　项目质量管理指南 [S]. 北京.

[2]　项目管理协会. 项目管理知识体系指南（PMBOK 指南）[M]. 北京：电子工业出版社，2018.

[3]　国际会计准则委员会. 国际会计准则 [M/OL].

[4]　世界贸易组织. 海关估价协议：关于实施 1994 年关税与贸易总协定第 7 条的协议 [M/OL].

[5]　海关总署关税征管司. 中华人民共和国进出口税则 [M]. 北京：中国海关出版社有限公司，2024.